Super Secret Book for Girls

Andrea J. Buchanan & Miriam Peskowitz

SUPER SECRET Book for Girls

Das einzig wahre
Handbuch
für Mütter und ihre Töchter

Aus dem Englischen von Martin Kliche

cbj ist der Kinder- und Jugendbuchverlag
in der Verlagsgruppe Random House

Für Emi und Nate, meine wagemutigen Kinder. A. B.

Gewidmet meinem Papa, Danny Peskowitz, für unvergessliche Anglertouren
nach Second Bridge und für vieles mehr. M. P.

© **Mix**
Produktgruppe aus vorbildlich
bewirtschafteten Wäldern, kontrollierten
Herkünften und Recyclingholz oder -fasern
www.fsc.org Zert.-Nr. SGS-COC-004980
© 1996 Forest Stewardship Council

FSC

Verlagsgruppe Randomhouse FSC-DEU-0100
Das für dieses Buch verwendete FSC-zertifizierte Papier
Zanto liefert M-real Zanders, Gohrsmühle, Bergisch-Gladbach

Die Ratschläge in diesem Buch sind von den Autoren und dem Verlag sorgfältig geprüft worden,
dennoch kann eine Garantie nicht übernommen werden. Eine Haftung der Autoren bzw.
des Verlags für Personen-, Sach- und Vermögensschäden ist deshalb ausgeschlossen.

Gesetzt nach den Regeln der Rechtschreibreform

1. Auflage 2010
© der deutschsprachigen Ausgabe 2010 cbj, München
Alle deutschsprachigen Rechte vorbehalten
© 2009 Andrea J. Buchanan und Miriam Peskowitz
Die englische Originalausgabe erschien 2009 unter dem Titel:
»The Double-Daring Book for Girls«
bei Harper Collins Publishers
Übersetzung: Martin Kliche
Redaktionelle Beiträge: Dr. Bernd Flessner
Illustrationen: Alexis Seabrook
Redaktion und Satz: Hans W. Kaiser
Bildredaktion: Tanja Nerger
Umschlagkonzeption: Basic-Book-Design, Karl Müller-Bussdorf
MP · Herstellung: AnG
Reproduktion: Lorenz & Zeller, Inning a. Ammersee
Druck und Bindung: Polygraf print, spol. s.r.o., Prešov
ISBN 978-3-570-13985-1
Printed in the Slovak Republic

www.cbj-verlag.de

Die Idee und das Konzept für dieses Buch
sind inspiriert von Conn und Hall Igguldens
The Dangerous Book for Boys.
Der Verlag und die Autorinnen
danken den Verfassern für ihre
Zustimmung zu diesem Buch.

Inhalt

Einführung

—— ✕ ——

Frauen und Mädchen hatten im Lauf der Geschichte nicht sehr oft Gelegenheit zu beweisen, wie mutig sie sein können. Auch heute noch gibt es viele Regeln, die ihnen sagen, was sie alles nicht dürfen. Die alte, aber immer noch aktuelle Tugend des Muts hilft dir, diese überkommenen Regeln vom Tisch zu wischen. Mut haben, beherzt sein bedeutet, dass man sich etwas zutraut und fähig ist, etwas zu wagen.

Bereits das *Secret Book for Girls* zeigte die vielen Facetten des Muts. Mit ihm bestehst du Abenteuer und überwindest Gefahren, er macht dich zuversichtlich und hilft dir, Risiken, die das Leben mit sich bringt, nicht ängstlich zu umgehen. Der Mut im Alltag – die Zivilcourage – ist wichtig, wenn du etwas Neues ausprobieren willst, deiner Freundin zur Seite stehst oder eine winzige Chance ergreifst, aus der sich vielleicht etwas Großes entwickeln kann.

Bei der Recherche zu diesem Buch entdeckten wir viele wagemutige Frauen und Mädchen: Cowgirls, die harte Männerarbeit verrichteten; Radfahrerinnen, die zu einer Zeit, als Frauen keine Hosen tragen durften, ihre viktorianischen Röcke gegen Pumphosen tauschten; Frauen, die ihr Leben riskierten, um der Sklaverei zu entkommen – und dann anderen zur Flucht verhalfen; Frauen, die den Himmel beobachteten und die Geheimnisse des Universums entdeckten, und mutige junge Frauen, die zu einer Zeit Musikerinnen und Wissenschaftlerinnen wurden, als niemand ihnen dieses zutraute.

Neben solchen Geschichten enthält das Buch Anleitungen zum Basteln und für sportliche Aktivitäten und Spiele sowie Wissenswertes über Gott und die Welt. Du entdeckst, wie man einen Blitz in seinem Mund erzeugt, in einem Zelt übernachtet, die Sterne beobachtet, den Hinterhof in einen Garten verwandelt, eine Piñata aus Papiermaschee macht oder eine tolle Pyjamaparty feiert. Du erfährst, wie man eine Zeitschrift herausgibt, ein Zimmer streicht oder ein Theaterstück inszeniert. Andere Kapitel beschäftigen sich mit dem Flechten von Zöpfen, der Traumdeutung, mit Kartenspielen oder enthalten Tipps, wie man keine Langeweile aufkommen lässt.

Mutige Mädchen überwinden Hindernisse und helfen ihren Freundinnen, erklimmen Berge und sagen ihre Meinung. Sie stellen Fragen, interessieren sich für Abenteuer und finden diese in ihrer Umgebung. Ihr Motto lautet: Habe Spaß, sei neugierig und führe ein aufregendes, interessantes Leben! Finde deinen Weg und folge deinen Träumen. Du musst dich nur trauen!

Andrea J. Buchanan
Miriam Peskowitz

Sterne beobachten

— ➤◄ —

In klaren dunklen Nächten kann man bis zu 2000 Sterne mit bloßem Auge erkennen. Dafür braucht man nur seine Augen, Neugier und eine dunkle Nacht. Nützlich sind noch einige andere Dinge: ein Fernglas, eine Sternkarte der Region und eine Taschenlampe, damit man die Karte im Dunkeln lesen kann. Auf die Taschenlampe klebt man vorn eine rote Folie, sodass ihr Licht nicht stört.

Der beste Ort, um Sterne zu beobachten, liegt erhöht und fernab der Stadt. Auf einem Hügel, einer Bergkuppe oder sogar (mit Erlaubnis deiner Eltern) auf dem Dach deines Hauses bist du dem weiten Nachthimmel ein Stückchen näher. Doch zuerst wartest du etwa 20 Minuten, damit sich deine Augen an die Dunkelheit gewöhnen. Danach erkennst du auch dunklere Sterne sehr viel leichter, wenn du den Himmel absuchst.

Schon das alte Kinderlied »Blinke, blinke, kleiner Stern« sagt uns, dass Sterne flimmern. Am Himmel kannst du viele flimmernde Sterne erkennen. Doch das tun sie nur scheinbar, weil sich ihr Licht durch die unruhige Erdatmosphäre ausbreitet, die einige Lichtstrahlen streut. Planeten flimmern nicht, weil sie viel näher an der Erde sind.

Mit einer Sternkarte findest du Sternbilder oder bestimmte Sterne. Die beste Karte ist eine Planisphäre. Diese runde Sternkarte kann man auf jedes Datum und jede Uhrzeit einstellen. Sie zeigt dir die Sternbilder, die dann sichtbar sind. Auf jeder Sternkarte findest du Punkte, für die Sterne, einen Kreis für den Horizont und die Himmelsrichtungen. Die größeren Punkte stehen für hellere Sterne. Einige helle Sterne sind durch Linien verbunden, die Sternbilder und Asterismen darstellen. Auf den Sternkarten findest du auch die Namen oder Nummern der Sterne, Sternbilder und Asterismen.

Wie du eine Sternkarte benutzt

Blicke nach Süden und halte die Sternkarte so über deinen Kopf, dass die Markierung Norden zu deiner Stirn und die Markierung Süden zu deinem Kinn zeigt. (Denke daran, wenn du eine Taschenlampe benutzt, dass sie durch eine rote Folie leuchtet, damit die Dunkelanpassung deiner Augen nicht aufgehoben wird.) Dann versuchst du, die Sternmuster der Sternkarte am Nachthimmel zu erkennen. Die Sternkarte ist natürlich viel kleiner als der Himmel, sodass die Sterne auf der Karte viel enger zusammenstehen als in Wirklichkeit. Aber sie sind dort oben – und einiges mehr. Vielleicht siehst du sogar Sterne, die auf deiner Sternkarte nicht verzeichnet sind.

Hier findest du eine Sternkarte für die nördliche und eine für die südliche Halbkugel. (Der Himmel sieht je nach Standort unterschiedlich aus.)

Nördliche Halbkugel – Norden

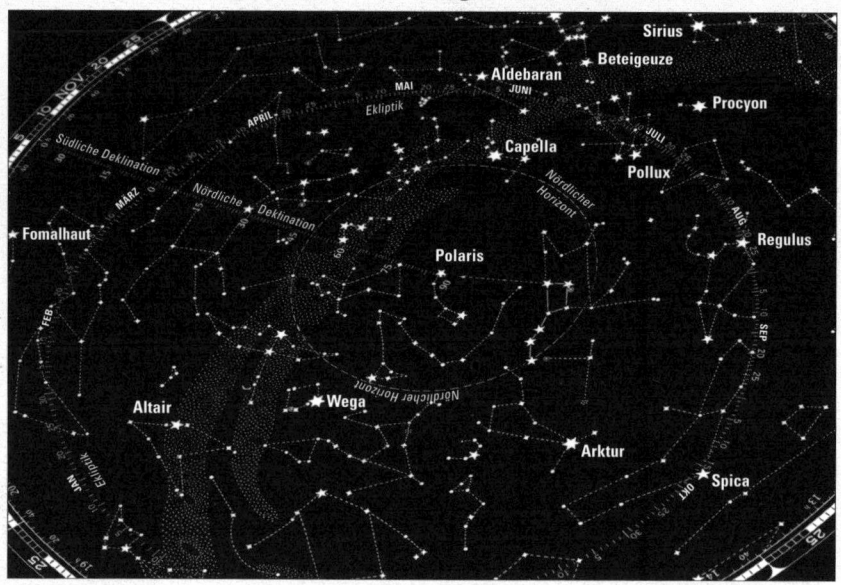

Nördliche Halbkugel – Süden

Südliche Halbkugel – Norden

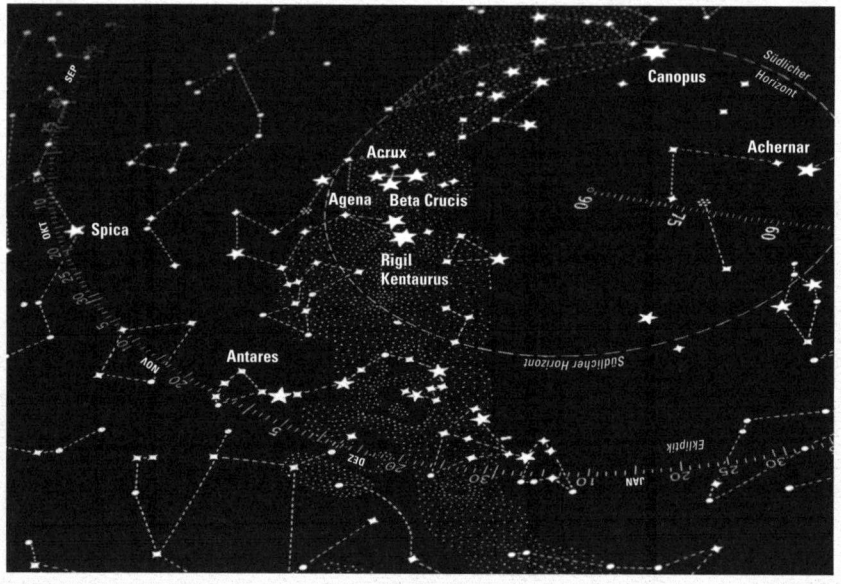

Südliche Halbkugel – Süden

Sternbilder

—— >‹ ——

Vor mehr als 2000 Jahren führten die Sumerer die ersten Sternbilder ein, die
später von den alten Griechen übernommen wurden. Sie erkannten in benach-
barten Sternen bestimmte Muster, mit deren Hilfe sie sich am Himmel orientierten
oder mit denen sie ihre Götter ehrten. Viele Sternbilder zeigen Tiere oder Personen
der griechischen Mythologie. Heute werden Sterne nach ihren Koordinaten benannt, welche die Internationale Astronomische Union (IAU) festlegte. Die IAU
hat den Himmel in 88 Abschnitte eingeteilt: die Sternbilder. Einige bekannte Sternmuster wie der Große Wagen (Sternbild Ursa Maior) sind keine eigenständigen
Sternbilder, sondern Asterismen – Sterne, die zu einem oder mehreren Sternbildern
gehören und ein auffälliges Muster bilden.

DIE STERNBILDER DES TIERKREISES

Die scheinbare Bahn der Sonne am Himmel, wie wir sie von der Erde aus sehen,
nennt man Ekliptik. In diesem Großkreis schneidet die Ebene der Erdbahn die gedachte Himmelskugel. Weil alle Planeten des Sonnensystems in einer Ebene liegen,
findet man entlang der Ekliptik auch den Mond, alle Planeten und 13 Sternbilder.
Diese Sternbilder bilden den Tierkreis, den man auch Zodiakus nennt.

Doch bevor wir die Tierkreissternbilder hier vorstellen, müssen wir erst einmal
Astronomie und Astrologie unterscheiden. Die Astronomie nutzt die Physik und
Mathematik, um das Universum zu beobachten, zu vermessen und zu erklären. Die
Astrologie versucht dagegen, Vorhersagen für die Zukunft aus den Sternen zu deu-
ten. Die Astronomie ist eine Wissenschaft, die Astrologie nur ein Spaß.

Tatsächlich entspricht die Astrologie gar nicht mehr dem Erscheinungsbild des
Himmels. Vor über 2300 Jahren wurde jedem Sternbild und der Zeit, in der es am
Nachthimmel stand, ein astrologisches Zeichen zugeordnet. Doch die Tafeln und
Karten, die Astrologen vor Jahrtausenden anfertigten, wurden nie aktualisiert. In
der Zwischenzeit wurde der Kalender jedoch mehrmals reformiert und durch die
Kreiselbewegung der Erde sieht der Nachthimmel heute völlig anders aus als noch
vor Jahrtausenden. (Als die IAU 1930 die Grenzen der Sternbilder festlegte, führte
sie Ophiuchus als 13. Sternbild entlang der Ekliptik ein, das in keinem Horoskop
erwähnt wird. So liegt z. B. der Frühlings- oder Widderpunkt, an dem die Sonne
über dem Äquator im Zenit steht, heute im Sternbild Fische.) Die Tierkreiszeichen,
die du in nahezu jeder Tageszeitung findest, entsprechen daher nicht mehr den aktuellen Sternbildern entlang der Ekliptik.

Pisces

Aries

Taurus

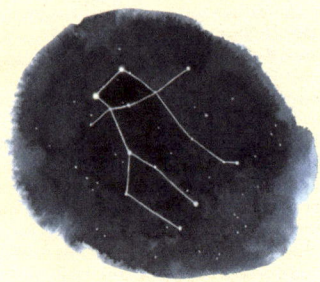

Gemini

Pisces (Fische): Das Sternbild erinnert an die mythische Geschichte von Aphrodite und ihrem Sohn Eros. Aus Furcht vor dem Ungeheuer Typhon sprangen sie in einen Fluss und verwandelten sich in Fische. Damit sie sich nicht verloren, waren sie mit Bändern an den Schwanzenden verbunden. Der hellste Stern, Alpha Piscium, bildet den Knoten der Bänder und trägt den arabischen Namen Alrisha, dem Wort für Schnur.

Aries (Widder): Das Sternbild zeigt den geflügelten Widder, von dem das Goldene Vlies stammt, das die Argonauten suchten. Der Widder war von Königin Nephele geschickt worden, um ihren Sohn und ihre Tochter vor der eifersüchtigen Stiefmutter zu retten. Die Tochter fiel unterwegs vom Rücken des Widders ins Meer, doch der Sohn entkam nach Kolchis. Dort opferte er den Widder Zeus und schenkte dem König von Kolchis das Goldene Vlies. Später raubten Jason und die Argonauten das Goldene Vlies und kehrten mit ihm nach Thessalien zurück, um es im Zeustempel aufzuhängen.

Taurus (Stier): Dieses auffällige Sternbild kann man leicht erkennen. Es zeigt den Stier, in den sich der Gott Zeus verwandelte, um die Prinzessin Europa zu entführen. Europa spielte mit anderen Mädchen am Strand von Tyros, als plötzlich eine Herde Stiere auftauchte. Sie erklomm den Rücken des schönsten Stiers, der sie dann über das Meer zur Insel Kreta entführte und sie zu seiner Frau machte.

Gemini (Zwillinge): Das Sternbild stellt die Zwillinge Castor und Pollux dar. Die Söhne der Königin Leda schlossen sich Jason an, um das Goldene Vlies zu rauben. Als Castor erschlagen wurde, bat Pollux Zeus darum, dass sie unsterblich werden mögen. Zeus zeigte Mitgefühl und stellte daraufhin die unzertrennlichen Zwillinge an den Himmel: Die beiden hellsten Sterne des Sternbilds tragen die Namen Castor und Pollux.

Cancer (Krebs): Das dunkle Sternbild zwischen Gemini und Leo ist nach dem Krebs benannt, der in der griechischen Mythologie gegen Herkules kämpfte. Dieser rang gerade mit dem neunköpfigen Ungeheuer Hydra. Das war keine leichte Aufgabe, denn jedes Mal, wenn er ihm einen Kopf abschlug, wuchsen sofort zwei neue nach. Da schickte die Göttin Hera einen Riesenkrebs, der Herkules angreifen und töten sollte. Doch Herkules zertrat den Krebs einfach. Für seine Tapferkeit versetzte Hera den Krebs später an den Himmel.

Cancer

Leo (Löwe): Auch dieses Sternbild ist nach einem Tier benannt, das Herkules bei einer seiner zwölf Arbeiten erlegte. Der Löwe lebte in der Nähe der Stadt Nemea und verschlang jeden Bewohner, der sich ihm näherte. Sein Fell war gegen alle Waffen gefeit, sogar Pfeile prallten von ihm ab. Erst nach drei Monaten gelang es Herkules, das Tier zu erwürgen. Regulus, der hellste Stern, ist der lateinische Begriff für »kleiner König«.

Leo

Virgo (Jungfrau): Die Göttin der Gerechtigkeit, Dike, ist in dem zweitgrößten Sternbild verewigt. (Manche sahen in ihm aber auch Astraia, die Tochter des Astraios und der Eos, der Göttin der Morgenröte.) Vor Jahrtausenden stand das Sternbild zur Erntezeit am Nachthimmel, sodass es auch Verbindungen zur syrischen Fruchtbarkeitsgöttin Atargatis, zu Erigone, Persephone oder Demeter, der Göttin des Getreides, gibt. Virgo wird deshalb auch häufig mit einer Weizenähre in ihrer linken Hand dargestellt. Der hellste Stern, Spica, bildet die Spitze der Weizenähre. Spica ist das lateinische Wort für »Kornähre«.

Virgo

Libra

Libra (Waage): Vor über 2000 Jahren war dieses Sternbild noch ein Teil des Sternbilds Scorpius. Seine Sterne bildeten noch im ersten Jahrhundert v. Chr. die Klauen des Skorpions, bis die Römer aus ihnen ein eigenes Sternbild machten. Ohne die Verbindung zum Körper gleichen seine Sterne mehr einer Waage als den Klauen eines Skorpions. Seine Vergangenheit spiegelt sich aber immer noch in den Namen seiner hellsten Sterne wider. Alpha Librae, der zweithellste Stern (obwohl *Alpha* eigentlich immer den hellsten Stern eines Sternbilds bezeichnet), trägt den arabischen Namen Zuben Elgenubi, die »südliche Klaue«. Der hellste Stern des Sternbilds, Beta Librae, heißt Zuben Eschamali, die »nördliche Klaue«.

Scorpius

Scorpius (Skorpion): Der aufgerichtete Schwanz mit dem Stachel ist das auffälligste Merkmal des sehr alten Sternbilds. Es zeigt den Skorpion, den die Göttin Hera aussandte, um den Jäger Orion zu töten. Orion hatte damit geprahlt, alle wilden Tiere der Erde töten zu können. Doch bevor er sein Versprechen einhalten konnte, tötete ihn der Skorpion. Sie wurden beide an den Himmel versetzt, damit sie ihren Kampf fortführen können. Der hellste Stern, Antares, liegt im Herzen des Skorpions und leuchtet rötlich.

Ophiuchus

Ophiuchus (Schlangenträger): Das dunkle Sternbild zeigt Äskulap, den griechischen Gott der Heilkunst. Meist hält Äskulap einen Stab in der Hand, um den sich eine Schlange windet. Doch am Himmel umschlingt eine Schlange seine Hüfte, die das Sternbild Serpens (Schlange) bildet. Die Schlange symbolisiert die Wiedergeburt, weil sie sich jedes Jahr erneut häutet.

Sagittarius (Schütze): Das Sternbild zeigt einen Zentauren (halb Mensch, halb Pferd), der einen Bogen spannt. Das alte Sternbild kannten bereits die Sumerer, bevor es von den alten Griechen übernommen wurde. Ursprünglich stellte es den Satyr Krotos dar, einen zweibeinigen Schützen mit Schwanz. Krotos war der Sohn des Hirtengottes Pan.

Capricornus (Steinbock): Dieses seltsame Geschöpf besitzt Kopf und Beine einer Ziege sowie den Schwanz eines Fisches. Die alten Sumerer nannten es »Ziegenfisch«. Für die Griechen stellt es dagegen Pan dar, den Gott der Schafhirten, der Hörner und Beine einer Ziege besaß. Pan war ein verspieltes Geschöpf und jagte Frauen hinterher oder hielt Siesta. Mit seinem lauten Schreien konnte er Menschen verängstigen, daher leitet sich der Begriff »panischer Schrecken« ab. Als er versuchte, die Nymphe Syrinx zu verführen, verwandelte sich diese in Schilfrohr. Pan wollte es gerade fressen, als ein kräftiger Wind durch die Rohre blies und wunderbare Klänge erzeugte. Darauf fügte Pan mit Wachs Rohre unterschiedlicher Länge zu der bekannten Panflöte zusammen.

Aquarius (Wassermann): Auch dieses Sternbild kannten bereits die alten Sumerer. Sie sahen in ihm eine Urne, aus der Wasser floss, und widmeten es dem Gott des Nils. Als die alten Griechen das Sternbild übernahmen, sahen sie im Wassermann den schönen Jüngling Ganymed. Zeus hatte sich in Ganymed verliebt und entführte ihn auf den Olymp, wo Ganymed als Mundschenk den Göttern diente. Andere sahen in dem Sternbild Deukalion, den Sohn des Prometheus, der als einer der wenigen Menschen der großen Sintflut entkam. Wiederum andere Darstellungen zeigen Uranos, den Gott des Himmels, der Wasser über die Erde ausschüttet. Das Sternbild besitzt einen Asterismus, den Wasserkrug, der die Urne oder den Krug bildet.

Sagittarius

Capricornus

Aquarius

Berühmte Frauen
Erster Teil

ASTRONOMINNEN DER ANTIKE

En-Hendu-Anna

En-Hendu-Anna lebte um 2300 v. Chr. und war die erste Frau, über die in der Geschichte berichtet wird. Als Tochter des Königs Sargon von Akkad wurde sie zur Hohepriesterin des Mondgottes Nanna berufen, dem höchsten Amt der Astronomie ihrer Zeit. Sie war auch die erste Schriftstellerin, die in der »Ich-Form« schrieb. Ihre Hymnen und andere Werke wurden auch noch Jahrhunderte nach ihrem Tod so verehrt, dass einige Historiker sie als »den Shakespeare der sumerischen Literatur« bezeichneten.

Theano

Theano wurde im sechsten Jahrhundert v. Chr. in Griechenland geboren. Dort studierte sie Mathematik bei Pythagoras von Samos, den sie später heiratete und dem sie nach Süditalien folgte. Sie war Mathematikerin, Astronomin und lehrte Mathematik, Physik und Psychologie für Kinder. Zu ihren größten Leistungen zählt wohl ein Buch über den Goldenen Schnitt. In ihrer Schrift *Über den Aufbau des Universums* kreisen die acht zu ihrer Zeit bekannten Planeten um ein zentrales Feuer. Dabei entsprechen die Abstände zwischen den Planeten und dem Feuer den Intervallen einer Tonleiter.

Hypatia von Alexandria

Zu den bekanntesten frühen Astronominnen gehört Hypatia von Alexandria, die im alten Griechenland lebte. Schon zu ihren Lebzeiten war sie als Mathematikerin, Astronomin, Philosophin und Lehrerin berühmt. Sie verfasste ein Werk zum astronomischen Wissen ihrer Zeit, das auch Himmelskarten mit den Planeten und Sternen enthielt. Obwohl sie als Gelehrte verehrt und wegen ihres Wissen anerkannt war, begegnete man ihr auch mit großem Misstrauen. Ein wütender Mob tötete sie um 450 v. Chr., weil er sie der Hexerei verdächtigte.

DEUTSCHE ASTRONOMINNEN

Marie Cunitz

Im späten 17. Jahrhundert konnten Frauen in Deutschland Astronomie studieren. Zu dieser Zeit war in Deutschland jeder siebte Astronom eine Frau. Zu ihnen zählte Marie Cunitz, die von ihrem Vater zu Hause in Sprachen, Altphilologie, Naturwissenschaften und Kunst unterrichtet wurde. Im Alter von 40 Jahren veröffentlichte sie 1650 ihr Buch Urania Propitia. Darin vereinfachte sie die Berechnung der Planetenbewegungen, die Johannes Kepler auf seinen Tafeln aufgestellt hatte. Diese Veröffentlichung war für sie als Frau nicht ungefährlich, weil zu dieser Zeit das heliozentrische Weltbild umstritten war und sie eine Anklage wegen Hexerei fürchten musste. Ihr Ehemann schrieb zu ihren späteren Werken ein Vorwort und bestätigte, dass seine Frau diese Werke allein verfasst hatte. Sie selbst versicherte ihren Lesern, dass ihre Arbeit sehr gründlich sei, auch wenn sie von einer Frau erledigt wurde.

Marie Margarethe Kirch

Die Deutsche Marie Margarethe Kirch entdeckte als erste Astronomin einen Kometen, und zwar den von 1702. Leider wurde ihre Leistung nie anerkannt. Als der König erfuhr, dass Kirch einen neuen Kometen entdeckt hatte, nahm er an, dass diese Entdeckung ihr Ehemann Gottfried Kirch gemacht hatte – der dieser Vermutung nicht widersprach. (Erst acht Jahre später teilte er die Wahrheit mit.) Maria setzte ihre Arbeit fort und veröffentlichte ihre Ergebnisse unter ihrem Namen in deutschen Fachzeitschriften. Ihr Sohn wurde 1716 zum Direktor der Sternwarte Berlin berufen, den Maria zusammen mit ihrer Tochter als Assistentin unterstützte. Doch einige Mitarbeiter verdächtigten sie, dass sie mehr als Direktorin denn als Assistentin agiere, und zwangen sie schließlich, sich pensionieren zu lassen. Bis zu ihrem Tod 1720 setzte sie ihre Arbeit auf privater Basis fort.

Caroline Herschel

Caroline Herschel arbeitete im späten 18. Jahrhundert mit ihrem Bruder zusammen, dem Astronomen William Herschel. Sie half ihm nicht nur, den Planeten Uranus zu entdecken, sondern entdeckte selbst Nebel und acht Kometen – keine geringe Leistung bei dem Stand der Technik zu ihrer Zeit. Als erste Astronomin überhaupt wurde sie für ihre Arbeit bezahlt und erhielt von König George III. eine jährliche Pension von 50 Pfund. Sie legte 1797 der Akademie der Wissenschaften einen Index zum Sternkatalog des John Flamsteed vor, der 561 fehlende Sterne und einige Korrekturen enthielt. Ihre Leistungen würdigte die Akademie der Wissenschaften 1828 mit der Goldmedaille. (Erst 1996 erhielt die Astronomin Vera Rubin als zweite Frau diese Auszeichnung.)

AMERIKANISCHE ASTRONOMINNEN

Maria Mitchell

Maria Mitchell war die erste Frau in den USA, die beruflich als Astronomin arbeitete. Als Kind wurde sie von ihrem Vater, der ein begeisterter Astronom war, in Astronomie unterrichtet. Im Jahr 1847 entdeckte sie als erste Frau nach Caroline Herschel einen Kometen. Dafür erhielt sie von König Frederick VI. von Dänemark den Orden, den dieser jedem Menschen versprochen hatte, der einen Kometen mithilfe eines Teleskops entdeckte. Bereits ein Jahr später wurde sie als erste Frau in die American Academy of Arts and Science und 1850 in die American Association for the Advancement of Science aufgenommen. Als erste Frau wurde sie 1865 Professorin am Vassar College nördlich von New York.

Williamina Fleming

Edward Pickering war 1881 über die Arbeit eines männlichen Laborassistenten sehr erbost und behauptete, sein Dienstmädchen könne die Aufgaben besser erledigen. Das 24-jährige Dienstmädchen Williamina Fleming nahm ihn beim Wort und arbeitete die nächsten 30 Jahre in der Sternwarte. In dieser Zeit katalogisierte sie mehr als 200 000 fotografische Platten, entdeckte 222 veränderliche Sterne sowie zehn Novae und entwickelte ein System, um Sterne zu klassifizieren. Wahrscheinlich noch bedeutsamer war, dass sie Frauen für Berechnungen engagierte, von denen viele später eine eigene wissenschaftliche Karriere begannen.

Anni Jump Cannon

Anni Jump Cannon trat 1896 ihre erste Stelle bei Edward Pickering am Harvard-Observatorium an. Sie hatte in Wellesley (ein College für Frauen, das 1870 gegründet wurde) Physik studiert. Später verbesserte sie die Klassifikation der Williamina Fleming. Diese hatte die Wasserstoffkonzentration der Sterne zur Klassifizierung benutzt, die Cannon durch die Temperatur ersetzte. Pickering gestattete ihr sogar, seine Vorlesungen in Physik zu besuchen, obwohl Frauen zu dieser Zeit offiziell nicht an solchen Veranstaltungen teilnehmen durften. Im Alter von 33 Jahren richtete sie sich ein eigenes Labor ein und wurde zur anerkannten Expertin für Sterne. Pickering zahlte ihr (und ihren Assistentinnen) ein Gehalt von 25 Cent pro Stunde. Als erste Frau wurde sie mit dem Ehrendoktor der Universität Oxford ausgezeichnet und in die American Astronomical Society gewählt. Drei Jahre vor ihrem Tod 1938 erhielt sie eine Stelle in Harvard (als William-C.-Bond-Astronomin).

Henrietta Leawitt

Henrietta Leawitt arbeitete ebenfalls in einem Labor Pickerings. Sie begann 1893 als Praktikantin im Alter von 25 Jahren und erhielt erst nach fünf Jahren ein Gehalt. Die gehörlose Frau forschte am Harvard-Observatorium und entdeckte etwa 2400 veränderliche Sterne, von denen etwa 1800 Cepheidenveränderliche waren.

Bei der Auswertung ihrer Daten entdeckte sie die bedeutende Perioden-Leuchtkraft-Beziehung. Cepheidenveränderliche sind Sterne, deren Leuchtkraft sich periodisch ändert. Leawitt entdeckte 1904, dass die Länge der Leuchtkraft-Perioden mit der Größe der Sterne zusammenhing. Dadurch konnte man die Entfernung zu diesen Sternen messen. In Anerkennung ihrer Leistungen wurden ein Planetoid und ein Mondkrater nach ihr benannt.

Steinmännchen

>‹–

Am Wegesrand kann man manchmal aufgetürmte Steinhaufen entdecken, die man Steinmännchen nennt und die häufig kleine Hügel oder Pyramiden bilden. Manche Haufen bestehen einfach nur aus übereinandergelegten Steinen, während andere kunstvollere Formen bilden. Schon seit Jahrtausenden werden Steine aufgeschichtet. Unsere Vorfahren verehrten oder bestatteten früher in vielen Teilen der Welt ihre Toten unter Steinhügeln. In der kanadischen Tundra findet man viele Steinmännchen, die dort Inuksuk heißen und manchmal wie Menschen geformt sind. Das Wort Inuksuk stammt von den Inuit und bedeutet »gleich einem Menschen«. Einige sind bereits über 4000 Jahre alt und dienen als Wegweiser in der Wildnis.

Steinmännchen markieren auch bei uns viele Wanderwege, besonders in felsigem Gelände, in dem keine Bäume für die Markierung zur Verfügung stehen. In den Alpen dienen Steinmännchen auch als Vermessungspunkte oder ersetzen sogar Gipfelkreuze. Steinmännchen symbolisieren schon seit langer Zeit Friedfertigkeit und Freundschaft.

Die Steine liegen ohne zusätzliche Befestigung lose übereinander (mit Ausnahme einiger Gipfelkreuze und Vermessungspunkte). Dazu werden sie sorgfältig gestapelt und ausbalanciert. Um ein Steinmännchen zu bauen, brauchst du viele Steine in allen Größen und Formen und außerdem viel Geduld. Flache Steine erleichtern die Arbeit. Damit alle Steine ausbalanciert sind, müssen sie an mindestens drei Punkten aufliegen. Manchmal helfen auch kleine Steine, die du einfach in die Lücken zwischen den größeren steckst. Zum Ausbalancieren testet du mit den Fingern, ob der oberste Stein fest auf dem unteren liegt. Sonst kannst du ihn auch vorsichtig so lange etwas verschieben, bis er nicht mehr wackelt.

Squash

DIE GESCHICHTE DES SPIELS

Wie Tennis wurde auch Squash in Frankreich erfunden. Dort war im 15. Jahrhundert das Spiel »Jeu de Paume« (Spiel mit der Handinnenfläche) in Klosterhöfen und besonderen Ballspielhäusern sehr beliebt. Anfangs wurde mit der bloßen Hand gespielt, bald jedoch zog man Handschuhe an, aus denen die ersten Schläger entwickelt wurden. Mit einem Netz teilte man die Spielfläche in zwei Felder, sodass zwei oder vier Spieler direkt gegeneinander antreten konnten. Aus Jeu de Paume wurde allmählich Tennis. Zum Training oder nur zum Vergnügen wurde aber immer auch gegen die Wand gespielt, die einen Partner ersetzte. Klosterhöfe waren dafür ideal, denn sie hatten hohe und glatte Mauern. Wie Gefängnisse. Auch dort wurde das Spiel bald bekannt und gelangte nach England. Besonders im berüchtigten Londoner Fleet-Gefängnis wurde das Spiel, das nun »racquets« hieß, sehr beliebt, da es Abwechslung in den Gefängnisalltag brachte. Oft wurde es als »fives« auch ohne Schläger gespielt, die ja kaum jemand besaß. Da in den Gefängnissen ganze Familien, die ihre Schulden nicht bezahlen konnten, inhaftiert wurden, fand das Spiel unter dem Namen „»squash racquets« den Weg in die Schulen. Im 19. Jahrhundert war es bereits im gesamten Commonwealth bekannt. »Squash«, also »quetschen«, stand für den elastischen Ball, »racquet« für den Schläger. Im 20. Jahrhundert wurde es unter dem verkürzten Namen Squash in der ganzen Welt bekannt.

SQUASH IN DEUTSCHLAND

In Deutschland wurden die ersten Squashcourts in den 1930er-Jahren eingerichtet. Einen großen Bekanntheitsgrad erreichte die neue Sportart jedoch nicht. Sie galt als englisch und wurde daher von vielen als nicht geeignet für deutsche Sportler angesehen. Erst nach dem Ende des Zweiten Weltkriegs wurde das Spiel langsam bekannter. Allerdings scheuten viele Sportvereine den Bau von Squashcourts. Bis 1975 gab es lediglich 20 Anlagen in Deutschland. Dann wurde Squash plötzlich zum Trendsport, den vor allem viele gestresste Angestellte und Freiberufler für sich als Ausgleichssport wählten. Ihnen gefiel gerade, dass man nicht einem Verein beitreten und feste Trainingszeiten einhalten musste, sondern sich nach Lust und Laune mit einem Freund einen Squashcourt mieten konnte. Dieser Trend sorgte dafür, dass bis 1990 die Zahl der Squashanlagen auf etwa 1000 anstieg. Zwar nahmen sich nun auch Vereine des neuen Sports an, doch die meisten Anlagen stellten private Unternehmen. In vielen dieser Squashcenter wird auf eine entspannte Atmosphäre großer Wert gelegt, zu der fast immer auch eine Bar gehört, die Fruchtsäfte und andere gesunde Getränke anbietet. Squash soll Leistung und Entspannung zugleich sein.

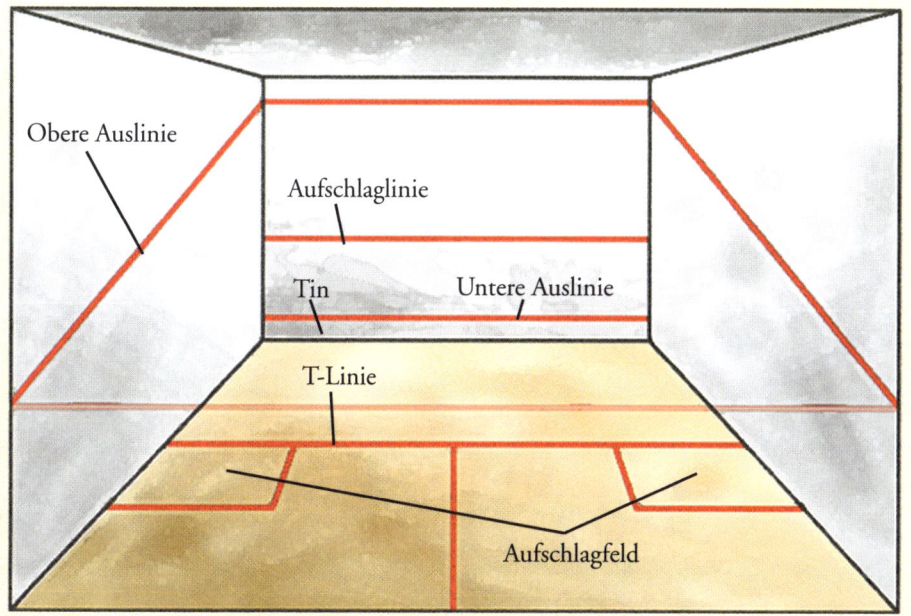

Obere Auslinie

Aufschlaglinie

Tin   Untere Auslinie

T-Linie

Aufschlagfeld

DER COURT

Ein Court ist heute ein Raum von 9,57 m Länge und 6,40 m Breite. Gespielt wird auf die Stirnwand. Die Rückwand ist fast immer aus Plexiglas oder bruchfestem Sicherheitsglas, damit Zuschauer das Spiel verfolgen können. Eine rote Linie, die Auslinie, läuft um den Court und begrenzt den bespielbaren Raum. In 43 cm Höhe verläuft auf der Stirnwand eine weitere rote Linie, Tin genannt, die die Spielfläche nach unten begrenzt. Die dritte rote Linie an der Stirnwand ist die Aufschlaglinie in 1,78 m Höhe. Der Boden ist meist ein hölzerner Parkettboden. Auf ihm markieren Linien den Spielbereich und die beiden Aufschlagfelder. Eine Mittellinie ist auch vorhanden.

BÄLLE UND SCHLÄGER

Ein Squashschläger ähnelt einem Tennisschläger, ist aber leichter und hat eine andere Form. Er wurde eigens für das schnelle Spiel entwickelt. Ebenso die Bälle, die einen Durchmesser von ca. 40 mm haben und rund 24 g schwer sind. Um langsamer oder schneller spielen zu können, je nach den Fähigkeiten der Spieler, gibt es verschieden schnelle Bälle. Man erkennt sie an den farbigen Markierungen: Der langsamste Ball hat zwei gelbe Punkte, der sehr langsame einen gelben Punkt, der langsame einen weißen oder grünen Punkt, der mittelschnelle Ball einen roten Punkt und der schnelle Ball einen blauen Punkt. Wer jedoch glaubt, die schnellen Bälle, die hoch vom Boden abspringen, seien für die Profis, der irrt. Denn diese Bälle sind für Anfänger und Gelegenheitsspieler leichter zu spielen, während die langsamen Bälle kräftiger geschlagen werden müssen, um gut zu springen. Auch erreichen sie oft nur geringe Höhen und sind daher schwerer zu erreichen. Da ein Squashball über 180 km/h schnell sein kann, sollte man unbedingt eine Sicherheitsbrille tragen.

DIE GRUNDREGELN

Der erste Aufschlag wird meist ausgelost. Der aufschlagende Spieler kann nun eine Aufschlagseite wählen und das Spiel beginnen. Nach einem Punktgewinn muss er die Aufschlagseite jedoch wechseln. Der Ball muss die Stirnwand zwischen Aufschlaglinie und Tin treffen und dann im markierten Feld des Gegners aufschlagen. Verliert der Aufschläger den Ballwechsel, so geht der Aufschlag an den Gegner.

Nach jedem Schlag muss der Ball die Stirnwand treffen, darf aber vorher auch die Seitenwände und die Rückwand berühren. Anschließend darf der Ball nur einmal den Boden berühren, bevor er vom Gegner zurückgeschlagen werden muss. Trifft der Ball die Auslinie oder das Tin, oder landet er außerhalb der Auslinie, ist er im Aus.

Auf keinen Fall darf ein Spieler seinen Gegner in irgendeiner Weise behindern. Er muss ihm immer eine gute Sicht auf den Ball und genügend Raum für seine Schläge bieten. Kommt es doch zu einer Behinderung, weil etwa der Gegner in die Flugbahn eines Balls läuft oder einen Schlag auf die Stirnwand versperrt, kann der betroffene Spieler einen Letball fordern. In diesem Fall setzt er den Ballwechsel mit einem Aufschlag fort. Auch wenn ein Spieler einen Schlag nicht ausführen kann, weil er sonst den Gegner verletzen würde, gibt es einen Letball. Ob die Forderung berechtigt ist, darüber entscheidet in einem Turnier der Schiedsrichter. Ansonsten müssen sich die beiden Spieler darüber einigen.

Trifft ein Ball den Gegner oder dessen Schläger, hätte aber mit Sicherheit die Stirnwand erreicht, gilt der Schlag, und der Punkt wird gegeben. Hätte der Ball die Stirnwand mit Sicherheit nicht erreicht, gibt es natürlich keinen Punkt, und der Gegner darf aufschlagen. Hätte der Ball die Seitenwand erreicht, gibt es einen Letball.

DAS SPIEL

Ein Squashspiel wird über drei Sätze gespielt. Einen Satz gewinnt, wer als Erster 11 Punkte erreicht hat. Dabei wird jeder Punkt, den ein Spieler macht, gezählt, völlig unabhängig vom Aufschlagsrecht. Sollte es zu einem 10:10-Gleichstand kommen, folgt ein Tiebreak, der beim Stand von 0:0 beginnt. Den Satz gewinnt dann der Spieler, der zuerst zwei Punkte Vorsprung erzielt.

Seit 1976 finden neben zahlreichen nationalen Turnieren auch Weltmeisterschaften für Männer und Frauen statt. Erster Austragungsort war London. Fast immer sind die Staaten des Commonwealth oder ehemalige Mitgliederstaaten Austragungsorte der Weltmeisterschaft. Häufigstes Austragungsland war Pakistan mit vier WMs. Deutschland war einmal, nämlich 1983, Austragungsort. Die meisten Titel konnte bislang der Pakistani Jansher Khan (* 1969) gewinnen. Gleich achtmal triumphierte er im Endspiel. Ein Deutscher wurde noch nie Weltmeister.

Seit vielen Jahren bemüht sich der Welt-Squash-Verband vergeblich darum, dass Squash als olympische Disziplin anerkannt wird. Doch bislang hat sich das Olympische Komitee immer gegen die schnelle Sportart entschieden. Da die Disziplinen bis zu den Olympischen Spielen 2016 bereits feststehen, hofft der Weltverband nun auf das Jahr 2020.

Hula-Hoop

—— ✕ ——

Bei Hula-Hoop (auch Hula-Hopp) denken wir an Mädchen mit taillenbetonten Röcken, die um 1960 den Reifen um ihre Hüften kreisen ließen. Doch das Spiel ist schon seit Jahrtausenden bekannt. Bereits im 4. Jahrhundert v. Chr. empfahl Hippokrates das Reifentreiben, und auch den Indianern in Nordamerika diente es zum spielerischen Erlernen der Jagd.

WIE DU HULA-HOOP SPIELST

Bei dem Reifen musst du auf die richtige Größe achten. Wenn du ihn vor dir aufstellst, sollte er zwischen Nabel und Brustkorb enden.

Zunächst stellst du dich so hin, dass deine Beine schulterbreit auseinanderstehen und ein Fuß etwas vor dem anderen steht. Den Reifen hältst du an deinen Rücken oberhalb der Hüfte. Mit den Händen drehst du nun den Reifen nach links oder rechts (welche Richtung dir lieber ist) und verlagerst dein Gewicht abwechselnd von einem Bein auf das andere.

Achte darauf, nicht mit den Hüften zu kreisen, sondern schwinge sie vor und zurück. Dadurch kreist der Reifen besser. Sobald du Hula-Hoop in einer Richtung beherrschst, wechselst du die Richtung. Und wenn dir auch das gelungen ist, versuchst du folgende Übungen.

HULA-HOOP-TRICKS

Der Knietanz

Mit geschlossenen Beinen lässt du den Reifen um deine Knie kreisen. Dazu startest du ihn mit der Hand und bewegst die Knie, damit der Reifen ständig kreist. Deine Arme lässt du dabei an den Seiten.

Auf und ab

Du beginnst mit normalem Hula-Hoop (Beine schulterbreit auseinander, Reifen um die Hüfte). Dann lässt du den Reifen bis zu deinen Knien hinabkreisen und anschließend wieder aufwärts zur Hüfte.

Der Fußtanz (Füßeln)

Du drehst den Reifen um ein Fußgelenk. Dann versuchst du mit dem anderen Fuß in den Reifen zu springen, während er kreist.

Schon gewusst?

❖ Das *Hula* in »Hula-Hoop« prägten britische Seeleute. Sie entdeckten im 19. Jahrhundert auf Hawaii Ähnlichkeiten zwischen dem Reifenspiel und dem Hula-Tanz.
❖ In England wurden im 14. Jh. die Reifen für Verletzungen, Herzattacken und Todesfälle verantwortlich gemacht.
❖ Die Hula-Hoop-Begeisterung erreichte gleich im ersten Jahr (1958) in den USA ihren Höhepunkt, als 100 Millionen Reifen verkauft wurden.
❖ Den inoffiziellen Weltrekord hält die Amerikanerin Roxann Rose seit 1987 mit 90 Stunden Hula-Hoop.
❖ Den schnellsten 10-km-Lauf mit einem Hula-Hoop-Reifen hält die Australierin Boo Crystal Chan, die am 12. März 2009 für diese Strecke nur 1 Stunde 27 Minuten und 25 Sekunden benötigte.

Schmücke deinen Reifen!

Du kannst deinen Reifen so gestalten, dass er deinen persönlichen Stil zeigt. Dazu wickelst du Bänder um ihn (und etwa alle zehn Zentimeter flichtst du ein glänzendes Band ein, damit er ganz unverwechselbar wird) oder nimmst farbiges Klebeband (oder ein klares Band, auf das du mit Filzstiften ein Muster malst).

Das griechische Alphabet

Das früheste griechische Alphabet stammt aus einer Zeit, als eine geschriebene Sprache noch gar nicht existierte. Doch bereits zu dieser Zeit entwickelten viele Kulturen Buchstaben für eine Verständigung, die dauerhafter war als das gesprochene Wort und genauer als Zeichnungen auf einer Steintafel oder an Höhlenwänden. Die minoische Schrift Linear B der mykenischen Kultur gehört zu diesen frühen Versuchen.

Die mykenische Linear B entstand um 1500 v. Chr. auf Kreta und wurde bis um 1200 v. Chr. verwendet. Doch weil die mykenische Kultur zu diesem Zeitpunkt durch Brandkatastrophen und Erdbeben endete, wurden die Schriftzeichen nicht überliefert, sodass niemand in der neuen Welt von ihnen wusste. Erst der britische Archäologe Sir Arthur Evans entdeckte 1878 auf Kreta Tontafeln mit Schriftzeichen, die er noch nie zuvor gesehen hatte. Über 50 Jahren vergingen, bis die Schriftzeichen 1952 entziffert werden konnten. Linear B besteht sowohl aus Silben- als auch aus Bildzeichen.

SILBENZEICHEN

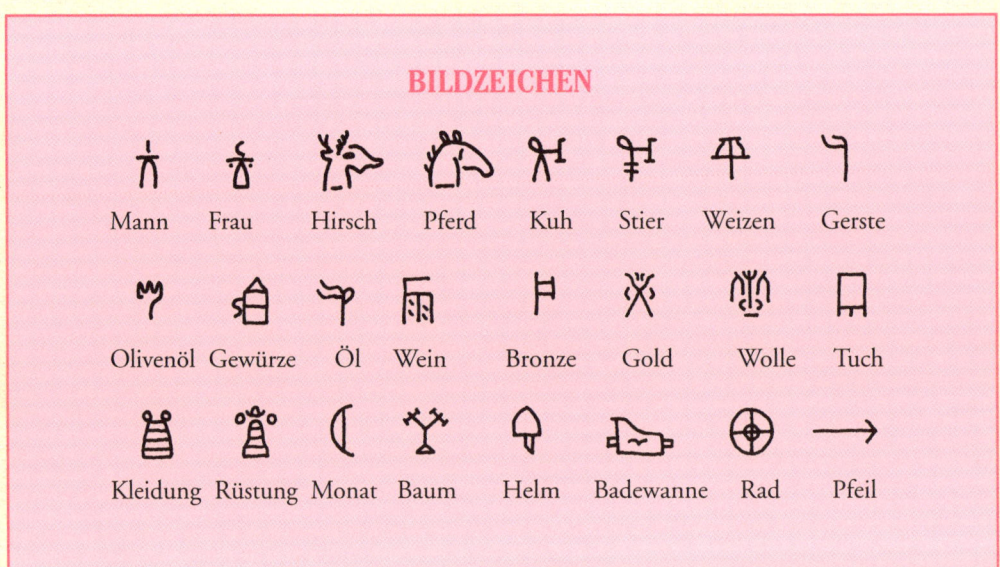

BILDZEICHEN

Mann	Frau	Hirsch	Pferd	Kuh	Stier	Weizen	Gerste
Olivenöl	Gewürze	Öl	Wein	Bronze	Gold	Wolle	Tuch
Kleidung	Rüstung	Monat	Baum	Helm	Badewanne	Rad	Pfeil

Nur wenige Jahrhunderte später entwickelte sich um 800 v. Chr. ein zweites Alphabet. Die Zeichen wurden der phönikischen Sprache entlehnt. Phönikien war ein Teil Syriens und Palästinas, das in der einheimischen Sprache Kanaan hieß. Die neue Form, das attische Griechisch, wurde die Sprache der großen Philosophen Sokrates, Platon und Aristoteles.

Αα	Ββ	Γγ	Δδ	Εε	Ζζ	Ηη	Θθ
Alpha	Beta	Gamma	Delta	Epsilon	Zeta	Eta	Theta
a	b	g	d	e	z	ē	th
Ιι	Κκ	Λλ	Μμ	Νν	Ξξ	Οο	Ππ
Iota	Kappa	Lambda	My	Ny	Xi	Omicron	Pi
j	k	l	m	n	x	o	p
Ρρ	Σσ	Ττ	Υυ	Φφ	Χχ	Ψψ	Ωω
Rho	Sigma	Tau	Ypsilon	Phi	Chi	Psi	Omega
r	s	t	y	ph/f	ch/h	ps	o

Wie du ein Orchester dirigierst

— ⟩⟨ —

Eine Dirigentin erfüllt eine ähnliche Aufgabe wie eine Lokführerin: Sie nimmt Menschen mit auf eine Reise und sorgt dafür, dass alle gleichzeitig sicher und heil ankommen. Erst durch ihre Auffassung des Werks und ihre Fähigkeit, Musiker zur richtigen Zeit einzusetzen, weiß das Orchester mit vielleicht 60 oder mehr Mitgliedern, wie es ein Stück gemeinsam spielen muss.

DER TAKTSTOCK

Das wichtigste Hilfsmittel einer Dirigentin kennt jeder, der schon einmal ein klassisches Konzert besucht oder Bugs Bunny im Fernsehen gesehen hat: Mit einem langen, dünnen schwarzen Stab, der zwischen 30 und 50 cm lang ist, zeigt die Dirigentin den Takt an. Taktstöcke werden erst seit etwa 1830 regelmäßig benutzt. In San Vito Lo Capo dirigierte 1594 eine Nonne mit einem Stab eine Gruppe Musikerinnen. Der Komponist Jean-Baptiste Lully benutzte im 17. Jahrhundert einen langen Stab. Doch anstatt mit ihm zu dirigieren, schlug er ihn im Takt auf den Boden und stach sich dabei in den Fuß. Nach diesem Unglück geriet der Taktstock wieder in Vergessenheit, bis im frühen 19. Jahrhundert Dirigenten wie Daniel Turk und Louis Spohr ihn wieder bei Proben einsetzten. Felix Mendelssohn, der berühmte Komponist und Pianist, dirigierte 1832 ein Konzert der Londoner Philharmoniker mit einem Taktstock.

Besitzt du bereits einen Taktstock? Das ist eigentlich gar nicht notwendig, denn viele Dirigenten benutzen heute keinen. Doch den meisten Dirigenten hilft ein Taktstock, ihre Absichten deutlicher zu machen. Du kannst dir einen richtigen Taktstock kaufen, aber auch irgendeinen Stab benutzen, z. B. einen Bleistift. Brauchst du ein Orchester? Nein, du kannst auch zu der Musik deines DVD-Players dirigieren.

DIRIGIEREN

Den Taktstock hältst du in deiner rechten Hand. Mit ihm gibst du das Tempo (Geschwindigkeit), die Dynamik (Lautstärke) und die Artikulation vor (Abgrenzung der Töne). Mit deiner linken Hand zeigst du den Einsatz der Musiker (dein Zeigefinger zeigt auf einen Musiker) und den Wechsel der Lautstärke an (wenn du sie hebst, spielt das Orchester lauter, senkst du sie, spielt es leiser).

Musikstücke werden in verschiedenen Taktarten gespielt: im Zweivierteltakt, Dreivierteltakt und im Viervierteltakt. Unabhängig vom Takt hebst du am Anfang immer beide Arme an und gibst den Takt durch leichte Bewegung mit einer Hand vor. Später kannst du deinen persönlichen Stil entwickeln. Wenn die Musik lauter werden soll, werden deine Bewegungen ausgreifender. Sollen die Musiker dagegen leiser spielen, bewegst du deine Arme weniger stark. Sind die Töne kürzer und abgehackter (staccato), werden auch deine Bewegungen ruckartiger. Sollen sie dagegen weicher gespielt werden, sind auch deine Bewegungen fließender. Aus diesen Bewegungen entwickelst du deinen Stil, wenn du alle Takte beherrschst.

DER VIERVIERTELTAKT

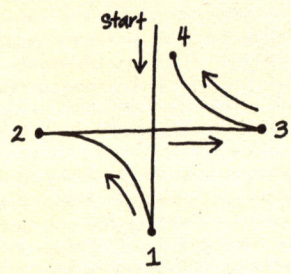

Diese Musikstücke spielt man mit vier Viertelnoten. (Du kannst bis vier zählen, bevor sich der Rhythmus wiederholt.) Du hältst den rechten Arm mit dem Taktstock ungefähr in Höhe der Stirn. Dann führst du den Taktstock gerade nach unten bis zum Brustkorb, um den ersten Takt anzuzeigen. Danach führst du deine Hand nach links bis zur linken Schulter für den zweiten Takt. Für den dritten Takt ziehst du den Taktstock waagerecht zur rechten Schulter und für den vierten wieder nach oben in die Ausgangsposition. Diese Bewegungen übst du langsam und stoppst sie bei jedem Takt deutlich ab.

DER DREIVIERTELTAKT

Die Musikstücke besitzen drei Takte pro Maßeinheit (wie bei dem Lied *We wish you a merry Christmas*). Dabei zeichnest du mit dem Taktstock ein Dreieck in die

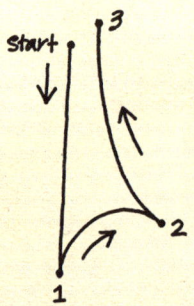

Luft. Du beginnst wieder mit dem erhobenen rechten Arm und dem Taktstock vor deiner Stirn. Dann führst du ihn nach unten bis zum Brustkorb. Für den zweiten Takt führst du ihn nach rechts und für den dritten Takt ziehst du ihn schwungvoll nach oben zurück. Wie bei dem Viervierteltakt musst du auch hier darauf achten, dass du die Takte deutlich darstellst.

DER ZWEIVIERTELTAKT

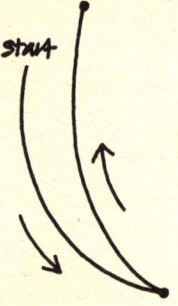

Die Musikstücke besitzen nur zwei Takte pro Maßeinheit (wie bei einem Tango). Als Dirigentin führst du deinen Taktstock dabei einfach nur hoch und herunter. Den Taktstock hältst du vor deiner Stirn und ziehst ihn nach unten, aber im Gegensatz zu den vorherigen Takten beschreibst du dabei eine leichte Kurve nach rechts. Anschließend führst du den Taktstock wieder in seine Ausgangsposition zurück.

Kurze Geschichte des Fahrrads

1817

Der Erfinder Karl Freiherr von Drais (1785–1851) sucht nach einer Möglichkeit, sich schnell ohne Pferd oder Wagen fortzubewegen. 1817 hat er die passende Idee und baut aus zwei hölzernen Speichenrädern und einem einfachen Holzgestell ein lenkbares Laufrad. Um es zu fahren, muss man sich auf den Sattel zwischen den beiden Rädern setzen und sich mit den Füßen vom Boden abstoßen. Mit diesem »Veloziped«, wie Drais seine Erfindung nennt, kann er dreimal so schnell fahren wie ein Fußgänger läuft.

Um die Vorteile dieser Erfindung zu beweisen, fährt Drais von Mannheim nach Schwetzingen und zurück. Die Postkutsche braucht für diese Strecke vier Stunden, Drais nicht einmal eine Stunde.

Seine Erfindung ist bald im ganzen Land bekannt und wird von begeisterten Menschen nachgebaut. Drais führt sein Fahrrad sogar in Nancy und Paris vor. Bald ist es weltbekannt und wird zum Vorbild aller weiteren Entwicklungen. Schon 1819 entstehen die ersten Modelle aus Eisen.

1861

Der Pariser Wagenbauer Pierre Michaux (1813–1883) und sein Sohn stören sich an dem ewigen Abstoßen mit den Füßen. Nach einigem Experimentieren befestigen sie 1861 an der Achse des Vorderrads an jeder Seite eine Tretkurbel. Endlich kann der Fahrer die Füße nun ganz vom Boden nehmen und wirklich frei fahren.

1870

Als der englische Mechaniker James Starley (1830–1881) ein französisches Fahrrad in die Hände bekommt, sucht er nach Möglichkeiten, das Gefährt zu verbessern. Um es schneller zu machen, vergrößert er das Vorderrad und erfindet auf diese Weise das Hochrad.

Außerdem verringert er das Gewicht, indem er moderne Drahtspeichen und Vollgummireifen verwendet. Sein Modell »Ariel« wird schnell ein Renner, obwohl das Fahren eines Hochrads ein Balanceakt ist. Zum Alltagsfahrzeug eignet sich das Hochrad nicht, denn es ist so teuer, dass nur Adelige und Unternehmer es sich leisten können. Unter dem Namen »Rover« gründet Starley auch die erste Fahrradfabrik.

1872

Ungefähr zur selben Zeit kommt der schottische Erfinder Thomas McCall (1834–1904) auf die Idee, nicht das Vorderrad, sondern das Hinterrad anzutreiben.

Beide Räder werden nun wieder gleich groß und das Fahren und Lenken leichter. Als Antrieb dient ein Gestänge, das auf die Hinterachse wirkt.

McCall ist aber nicht der Einzige, der diese Idee hat. Gleich mehrere Mechaniker in Europa bauen ebenfalls Fahrräder mit einem Antriebsgestänge. Wenig später testen wiederum mehrere Erfinder den Kettenantrieb, der sich schließlich durchsetzt.

1880

Alle bis dahin gemachten Erfindungen und Neuerungen fließen seit 1880 in dem sogenannten Sicherheitsniederrad zusammen, das schon stark den heutigen Rädern ähnelt.

Auch der rautenförmige Diamantrahmen findet von nun an immer mehr Verbreitung.

1888

Der schottische Tierarzt John Dunlop (1840–1921) erfindet 1888 schließlich den Luftreifen, der geradezu ideal zum Fahrrad passt. Verbessert wird er durch den Franzosen Édouard Michelin (1859–1940), der die Erfindung in einen Mantel und einen Schlauch zerlegt. Jetzt wird das Fahrradfahren bequem.

1890

Das Fahrrad boomt. Innerhalb von wenigen Jahren wird es zum wichtigsten individuellen Verkehrsmittel in Europa und den USA. Fahren anfangs nur Männer, setzen sich nun auch verstärkt Frauen aufs Rad.

Damenräder erhalten dafür einen Rahmen ohne Oberrohr. Das Auf- und Absteigen mit einem Rock ist so mühelos möglich. Gleichzeitig propagiert die amerikanische Frauenrechtlerin Amelia Bloomer (1818–1894) die Frauenhose, auch Bloomerhose genannt. Mit diesen Pluderhosen wird das Radfahren noch bequemer und zugleich zu einer Demonstration für die Gleichberechtigung.

1894

Als sich Männer über Fahrrad fahrende Frauen lustig machen, wettet die Amerikanerin Anna Kopchovsky (1870–1947), dass sie mit dem Fahrrad die Erde umrunden kann. Am 24. Juni 1894 bricht sie in Boston auf und schafft wirklich das Unglaubliche. Nach der Durchquerung Europas, Asiens und der USA kehrt sie am 24. September 1895 in ihre Heimat zurück.

Fahrradkleidung aus den 1890er-Jahren

1903

Nach dem ersten einfachen Freilauf, erfunden in den USA, bringt in Deutschland die Firma Fichtel & Sachs die Frei-
laufnabe mit Rücktrittbremse auf den
Markt. Die Zweigangschaltung folgt
1907. Die grundlegenden Erfindungen
sind nun gemacht, lediglich die Materialien und das Design ändern sich noch
von Zeit zu Zeit.

1977

Der Amerikaner Joe Breeze (*1953)
führt die Entwicklung eines gelände-
tauglichen Fahrrads konsequent zu Ende
und baut 1977 das erste Mountainbike.
Das neue Rad, mit dem man wirklich
Steigungen und Hänge meistern kann,
wird ein Verkaufsschlager.

1980

Neben Stahl und Aluminium wird
zunehmend die Kohlefaser zu einem
beliebten Material für den Bau von
Fahrradrahmen für Hochleistungsräder.
Sie sind ganz besonders leicht und rosten
auch nicht. Anfangs werden diese Räder
nur von Radrennprofis eingesetzt, später
finden sie ihren Weg auch zu anspruchs-
vollen Kunden in den Fahrradläden.

Spiele im Freien

FANG DEN BALL

Für dieses Ballspiel brauchst du drei oder mehr Mitspielerinnen. Sie bilden einen Kreis, und jede erhält eine Zahl (bei 1 anfangen). Spielerin 1 stellt sich in die Mitte, wirft den Ball in die Luft und ruft die Zahl einer Mitspielerin. Die Spielerin mit dieser Zahl muss ihn fangen, bevor er aufprallt, sonst geht sie in die Mitte.

WASSERVOLLEYBALL

Ihr spielt Volleyball mit Luftballons, die mit Wasser gefüllt sind. Spritzig!

FALLSCHIRMZELT

Wenn du keinen Fallschirm besitzt, nimmst du eine große Decke oder ein Laken. Ihr schwingt zweimal den Fallschirm hoch und runter. Nach dem dritten Mal zieht ihr den Fallschirm hinter eurem Rücken herunter und setzt euch alle unter ihn.

DREIBEINIGER LAUF

Ihr bildet Teams aus zwei Mitspielerinnen. Diese stellen sich so nebeneinander auf, dass beide in dieselbe Richtung blicken. Die linke Spielerin bindet nun ihr rechtes Bein an das linke Bein der rechten Spielerin. Dann laufen sie eine bestimmte Strecke bis zum Ziel. Das schnellste Team gewinnt.

SCHUBKARRENRENNEN

Ihr bildet Teams aus zwei Mitspielerinnen. In jedem Team ist eine Spielerin die Schubkarre, während die andere diese schiebt. Die Spielerin, die eine Schubkarre spielt, setzt beide Hände auf die Erde und die andere Spielerin ergreift ihre Füße. Dann schiebt sie die »Schubkarre«, die auf beiden Händen läuft, bis zur Ziellinie.

Es gewinnt das Team, das die Ziellinie zuerst vollständig, also mit Schubkarre und Schieberin, überquert.

WIE SPÄT IST ES, BÖSER WOLF?

Eine Spielerin ist der böse Wolf und stellt sich mit dem Rücken zur Gruppe, die auf der gegenüberliegenden Seite steht. Die Gruppe fragt: »Wie spät ist es, böser Wolf?« Der Wolf nennt eine Zeit, z. B. zehn Uhr. Die Gruppe geht dann für jede Stunde einen Schritt auf ihn zu. Dann fragt sie wieder: »Wie spät ist es, böser Wolf?« Der Wolf nennt wiederum eine Zeit, oder er sagt: »Mittagszeit!« Er dreht sich um und versucht, Spielerinnen zu fangen. Jede gefangene Spielerin ist danach auch ein Wolf.

Die letzte nicht gefangene Spielerin gewinnt.

EIERLAUF

Du kannst dieses Spiel als Einzelrennen oder als Staffel austragen und verschiedene Varianten wählen: Das Ei wird nur mit der Nase über den Boden gerollt, es wird auf einem Esslöffel getragen, oder der Löffel wird nur mit den Zähnen gehalten.

ZEH-UND-HACKENRENNEN

Jede Läuferin setzt nur Fuß vor Fuß und berührt dabei mit der Ferse des einen Fußes die Zehen des anderen Fußes.

SACKHÜPFEN

Jede Spielerin steigt mit beiden Beinen in einen Kartoffelsack oder in einen Bettbezug und hüpft einen festgelegten Parcours entlang.

SITZFUSSBALL

Dieses Spiel wird ganz genau wie Fußball gespielt, nur dass ihr dabei sitzt und euch rücklings auf Händen und Füßen bewegen müsst.

WASSERBALLONLAUF

Für das Spiel mit mehreren Teams braucht ihr Luftballons, die ihr mit Wasser füllt. Jedes Teammitglied läuft mit seinem Ballon bis zur Ziellinie und setzt sich auf den Ballon, bis er platzt. Dann läuft es zurück und schlägt das nächste Teammitglied ab.

Das Team gewinnt, dessen Ballons zuerst geplatzt sind.

TAUZIEHEN

Zwei Teams packen an je einem Ende eines Seils an und versuchen, das gegnerische Team über die Mittellinie zu ziehen.

KATZEN IN DIE ECKEN

Die Werferin hat einen Ball und steht in der Mitte eines rechteckigen Spielfelds. Die anderen sind die Katzen, die in den sicheren Ecken stehen. Wenn die Werferin »Katzen in die Ecken!« ruft, müssen diese in andere Ecken laufen. Die Werferin wirft nun mit dem Ball nach ihnen. Wird eine Katze getroffen, scheidet sie aus. Die letzte Katze gewinnt das Spiel.

HINDERNISLAUF

Für einen Kurs mit Hindernissen kannst du Bäume wählen, die ihr im Zickzack umkurvt, Kisten, durch die ihr kriecht, oder Seile zwischen Bäume spannen, über die ihr springen müsst. Wer den Hinderniskurs am schnellsten bewältigt, hat gewonnen.

VAGABUNDEN

Zwei Teams stehen sich gegenüber und bilden jeweils eine Kette. Ein Team ruft: »Vagabunden, Vagabunden, will [der Name einer Spielerin] nicht herüberkommen?« Die genannte Spielerin versucht, die gegnerische Kette zu durchbrechen. Wenn ihr das gelingt, nimmt sie eine Spielerin des gegnerischen Teams mit in ihr Team zurück. Gelingt ihr das nicht, bleibt sie im anderen Team. Das Spiel ist beendet, wenn alle Spielerinnen zu einem Team gehören.

RADSCHLAGEN

Wer mit Radschlagen die Ziellinie als Erste überquert, hat gewonnen.

KNOTEN

Sechs Spielerinnen stehen sich in einem Kreis gegenüber. Jede Spielerin ergreift die rechte Hand der gegenüberstehenden Spielerin. Dann ergreift jede die linke Hand einer anderen Spielerin. Das Team gewinnt, das den Knoten löst, ohne die Hände loszulassen.

FRISBEE

Ihr könnt das Frisbee einfach nur von Spielerin zu Spielerin werfen oder aber zwei Teams bilden und nach Art des American Football spielen: Jedes Team versucht das Frisbee hinter die gegnerische Grundlinie des Spielfelds zu bringen. Dabei dürft ihr aber nicht mit dem Frisbee laufen oder Spielerinnen angreifen. Wenn eine Spielerin das Frisbee fallen lässt oder ihr Wurf abgefangen wurde, ist das andere Team an der Reihe.

DRUNTER, DRÜBER, DRUNTER, DRÜBER

Bei diesem Staffelspiel bildet jedes Team eine Reihe, um einen Ball durchzureichen. Die vorderste Spielerin gibt den Ball über ihrem Kopf weiter an die nächste Spielerin hinter ihr. Diese gibt den Ball durch die Beine an die Spielerin hinter ihr und so weiter. Wenn die letzte Spielerin den Ball erhält, läuft sie nach vorn und beginnt das Spiel erneut. Es gewinnt das Team, dessen vorderste Spielerin den Ball zuerst wieder nach vorn bringt.

Pappbecherkerzen

—— ✦ ——

Für diese Bastelarbeit benötigst du Dinge, die ihr vermutlich bereits zu Hause habt. Für die Kerze kümmerst du dich zunächst um Materialien wie Wachs, Docht und ein Gefäß.

Wachs erhältst du aus abgebrannten Kerzenresten, oder du kaufst Kerzen, die es im Sonderangebot gibt. Paraffinwachs bietet jeder Bastelladen zusammen mit Wachsfarben an. Für Kerzen wird als Docht oft ein besonderer Faden angeboten, aber normale Baumwollfäden sind genauso gut. Du kannst auch Dochte von alten Kerzen nehmen, die du vorher schmilzt.

Als Gefäß verwendeten wir einen Pappbecher (ein Plastikbecher ist auch geeignet). Für längere oder dickere Kerzen schneidest du dir einen Milchkarton zurecht. Wenn das Kerzenziehen zu deinem Hobby wird, kannst du auch mit anderen Gefäßen experimentieren. Außerdem brauchst du noch alte Töpfe, Löffel und Zangen. Für das Erwärmen des Wachses solltest du auf dem Flohmarkt nach alten Töpfen suchen. Auf keinen Fall darf geschmolzenes Wachs in die Töpfe und Pfannen deiner Mutter gelangen.

EINIGE ANDERE DINGE, DIE DU NOCH BRAUCHST:

❖ Ein Wasserbad. In einen Topf mit kochendem Wasser stellst du deinen Topf mit Wachs. Besser als ein Topf wäre eine Kanne aus Metall. Benutze für jede Wachsfarbe eine eigene Kanne. Wenn die Kannen einen Ausguss besitzen, kannst du das Wachs viel leichter abgießen.
❖ Zangen und Topflappen
❖ Tablett oder Backblech für die Gefäße
❖ Bleistift, Stricknadel oder Strohhalm, um den Docht während des Härtens gerade zu halten.
❖ Abklebeband, Klebeband oder Heißleim

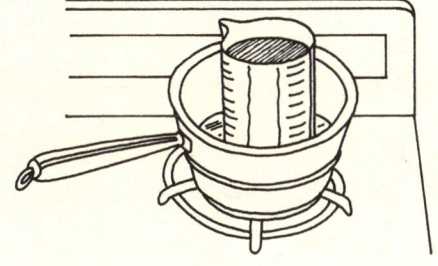

KERZENZIEHEN

Zuerst deckst du deinen Arbeitsplatz großzügig mit alten Zeitungen ab und stellst deine Gefäße bereit. Den Docht schneidest du etwas länger, als dein Gefäß hoch ist, und bringst ihn in die richtige Position. Wir wickelten dafür den Docht um einen

Stift und legten diesen über das Gefäß, sodass der Docht senkrecht hinunterfiel. Du kannst ihn auch noch mit einigen Tropfen Heißleim auf dem Boden des Gefäßes befestigen.

In den großen Topf füllst du Wasser für das Wasserbad. In dieses stellst du die Kanne mit Wachs und schaltest die Herdplatte ein. Mit heißem Wachs kann man sich schlimm verbrennen, bitte daher einen Erwachsenen um Hilfe.

Das geschmolzene Wachs gießt du langsam in deine Gefäße und behältst etwas Wachs zurück. Und fülle die Gefäße nicht ganz voll, sondern lasse am oberen Rand etwas frei. Wozu dieser Trick dient, verraten wir dir jetzt.

Nach ungefähr 20 Minuten beginnt das Wachs auszuhärten. Jetzt schmilzt du das restliche Wachs. Mit einem Stäbchen stichst du von oben in die Kerze. (Achte darauf, dass kein Wachs verspritzt!) Deine Kerze sieht jetzt zwar furchtbar aus, aber das ist kein Grund, um zu verzweifeln. Du entfernst dadurch nur Luftblasen in der Kerze, sodass sich keine unschönen Risse um den Docht bilden können. Das restliche Wachs gießt du nun über die Kerze. Beim Aushärten verbindet es sich mit dem alten Wachs und du erhältst eine flache, glatte Oberfläche.

Nach etwa vier Stunden ist das Wachs hart. Jetzt wickelst du den Docht vom Stift, nimmst die Pappe deiner Gefäße ab und kürzt den Docht auf die richtige Länge.

Trinkglaskerzen

Auch Trinkgläser sind geeignete Gefäße für eigene Kerzen. Aber Vorsicht: Du musst das geschmolzene Wachs vor dem Gießen etwas abkühlen lassen, damit die Gläser nicht zerspringen.

Für das Einsetzen des Dochts verraten wir dir noch einen Trick. Sobald das Wachs geschmolzen ist, tauchst du den Abschnitt des Dochts, der der Höhe deiner Kerze entspricht, in das flüssige Wachs. (Der Docht muss insgesamt aber länger sein, wenn du ihn noch um einen Stift wickeln willst.) Den gewachsten Docht lässt du erkalten, damit er später aufrecht steht. Dann gießt du das flüssige Wachs in das Glas und folgst den Anleitungen des Kerzenziehens für Pappbecherkerzen. Wenn das Wachs gerade zu erstarren beginnt, steckst du den Docht in die Kerze.

WIE BRENNT EINE KERZE?

Es finden mehrere Reaktionen gleichzeitig statt, die sehr kompliziert sind.

1. Paraffinwachs wird aus Rohöl gewonnen. Es ist der Brennstoff der Kerze.

2. Wenn der Docht brennt, schmilzt die Wärme der Flamme das Wachs um den Docht, das schließlich flüssig wird. Der Docht zieht durch Kapillarkräfte (sie werden in dem Kapitel »Papierblumen und die Kapillarwirkung« im *Secret Book for Girls* beschrieben) flüssiges Wachs in die Flamme.

3. Flüssiges Wachs erreicht die Dochtspitze, an der auch die Flamme brennt. Diese verdampft das Wachs, das dann gasförmig wird.

4. Der Dampf verteilt sich um den Docht. Diese besondere Form des Wachses lässt die Flamme brennen. Der Rauch, der beim Ausblasen der Flamme entsteht, ist Wachsdampf. Er kondensiert ohne die Wärme der Flamme und wird sichtbar.

5. Das Dochtende verbrennt, neigt sich zur Seite und verglüht. Die Dochtspitze ist die kühlste Zone mit etwa 800 °C. Daran schließt sich die blaue Zone mit etwa 1000 °C. Um diese Zone befindet sich die gelb-weißliche Zone, die etwa 1200 °C heiß ist. An ihrer Außenseite erreicht die Flamme ihre höchste Temperatur – nahezu 1400 °C.

Warum verbrennt nicht die ganze Kerze?
Der Schmelzpunkt des Paraffins ist so hoch, dass nur das Wachs in der Nähe des Dochts schmilzt. Das Wachs am Kerzenrand wird durch den schmalen Docht nicht ausreichend erwärmt.

Warum brennt ein Docht nicht schneller, wo doch Baumwolle normalerweise sehr schnell verbrennt?
Weil der Dampf des Wachses den Docht kühlt.

Warum brennt die Flamme nach oben?
Weil sie leichter als Luft ist.

Tic-Tac-Toe weltweit

—— ✖ ——

Das Spiel wird seit Jahrhunderten in vielen Ländern gespielt und besitzt deshalb auch viele verschiedene Namen: »tick-tat-toe« in Kanada, »noughts and crosses« (Kreis und Kreuz) in Australien und Südafrika, »Xie-Osies« in Nordirland, und in einigen Teilen der USA heißt es sogar »kisses and hugs« (Küssen und Umarmungen). Das Spiel entwickelte sich aus dem antiken Spiel »Radmühle«, das ein Speichenrad als Spielfeld besaß. Bereits die alten ägyptischen Pharaonen spielten dieses Spiel für zwei Spieler. Auch die alten Römer kannten es. Wir stellen dir hier einige Varianten aus anderen Ländern vor.

ACHI (GHANA)

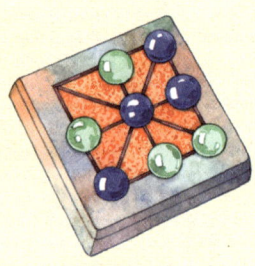

Bei Achi besitzt jede Spielerin vier Spielsteine. Sie werden abwechselnd auf eines der neun Felder gelegt. Dabei versucht jede Spielerin, drei ihrer Spielsteine in eine Reihe zu legen. Während dieser Runden dürfen die Spielerinnen ihre Spielsteine auf dem Spielbrett nicht bewegen. Wenn keine Spielerin mit dem Legen eine Reihe geschafft hat, ziehen sie abwechselnd jeweils einen Spielstein auf ein leeres Feld. Das geht so lange, bis eine Spielerin eine Reihe aus drei Spielsteinen erzielt und damit gewinnt.

YIH (CHINA)

Das chinesische Spiel Yih ist auch eine Variante des Mühle-Spiels. Das Spielfeld gleicht dem des Achi, aber jede Spielerin besitzt nur drei Spielsteine. In der ersten Runde legen die Spielerinnen ihre drei Spielsteine. Dann verschieben sie diese abwechselnd, bis eine Spielerin drei Spielsteine in einer Reihe hat.

MÜHLE

Eine etwas schwierigere Variante bietet das Spiel Mühle. Das Spielfeld kannst du auf Papier oder Pappe aufmalen (oder auch auf Holz, wenn es länger halten soll). Jede Spielerin besitzt neun Spielsteine (dafür nehmt ihr verschiedene Münzen oder Knöpfe).

Wie Achi und Yih wird auch Mühle in zwei Phasen gespielt. Zunächst setzt jede Spielerin abwechselnd ihre neun Spielsteine auf die 24 Felder.

Jede Spielerin versucht, eine Reihe aus drei eigenen Spielsteinen zu bilden. Diese Reihe nennt man Mühle. Gleichzeitig muss man seine Gegnerin daran hindern, eine Mühle zu erzielen. Wenn eine Spielerin eine Mühle hat, darf sie einen gegnerischen Spielstein entfernen. Dabei kann sie aber keinen Spielstein aus

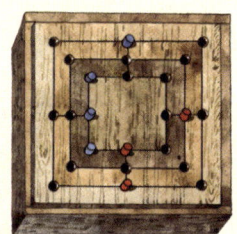

einer Mühle wählen, solange noch freie Spielsteine vorhanden sind.

Sind alle Spielsteine gesetzt, wird abwechselnd ein Spielstein auf ein benachbartes Feld gezogen, um eine Mühle zu bilden oder zu verhindern.

Um zu gewinnen, musst du deine Gegnerin so blockieren, dass sie ihre Spielsteine nicht auf ein freies Nachbarfeld ziehen kann. Oder du nimmst ihr so viele Steine weg, dass sie keine Mühle mehr bilden und deine Spielsteine entfernen kann.

Tipps: Bewege die Spielsteine nicht nur in einem begrenzten Bereich, sondern verteile sie über das ganze Spielfeld. Du kannst mit fünf Spielsteinen zwei benachbarte Mühlen bilden und brauchst dann nur einen Spielstein hin- und herzuziehen. Nun hast du bei jedem Zug eine Mühle und darfst immer einen gegnerischen Spielstein entfernen.

So gewinnst du bei Tic-Tac-Toe

1. Falls möglich beginnst du, dann hast du eine Setzmöglichkeit mehr.

2. Wenn du beginnst, besetzt du die Mitte. Das ist der beste Weg, um zu gewinnen. Du kannst auch eine der Ecken besetzen. Setze aber niemals deinen ersten Zug auf ein Randfeld. Bei deinen nächsten Zügen beobachtest du deine Gegnerin, blockierst sie und besetzt weitere Ecken.

3. Wenn du zuerst eine Ecke besetzt und deine Gegnerin wählt die Mitte, setzt du deinen zweiten Zug in die Ecke diagonal gegenüber deinem ersten Zug. Für den nächsten Zug wählst du wieder eine Ecke, sodass deine Gegnerin nur eine der beiden Möglichkeiten im übernächsten Zug blockieren kann.

4. Wenn du als Zweite an der Reihe bist: Falls deine Gegnerin eine Ecke wählt, nimmst du die Mitte. Nimmt sie die Mitte, wählst du eine Ecke. In den nachfolgenden Zügen blockierst du deine Gegnerin und besetzt so viele Ecken wie möglich.

5. Du blockierst immer einen Gewinnzug (natürlich). Deine Strategie behältst du für dich, denn sonst enden alle Spiele unentschieden.

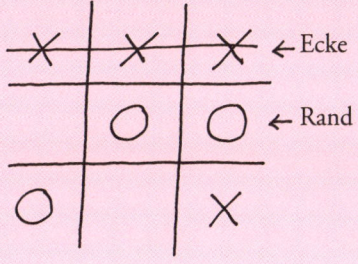

Tierbezeichnungen

— ❯❮ —

Viele Tiere besitzen besondere Bezeichnungen, die das Geschlecht, ihr Alter und auch ihre Fähigkeit zur Fortpflanzung beschreiben.

Tier	Männchen	Weibchen	Jungtier	Kastriertes Tier
Elch	Elchbulle Schaufler	Elchkuh Elchtier	Elchkalb	
Ente	Erpel Enterich	Ente	Küken	
Esel	Hengst	Stute	Fohlen	Wallach
Fisch	Milchner	Rogner	Larve	
Gämse	Bock	Geiß	Kitz	
Gans	Gänserich Ganser Ganterich Ganter	Gans	Küken Gössel Gänsel	
Hase	Rammler Bock	Häsin Zibbe		
Hirsch	Bulle	Hinde Hindin Hirschkuh	Kalb	
Hund	Rüde	Hündin, Fähe	Welpe	
Huhn	Hahn Gockel	Huhn Henne	Küken	
Katze	Kater Katzer	Katze Kätzin	Kätzchen Katzenwelpe	
Pferd	Hengst	Stute	Fohlen	Wallach
Reh	Bock	Ricke, Geiß	Kitz	
Rind	Bulle, Stier	Kuh	Kalb	Ochse
Schaf	Bock Widder	Schaf Aue	Lamm Jährling	
Schwein	Eber	Sau	Ferkel	Altschneider
Wal	Bulle	Kuh	Kalb	
Wildschwein	Keiler	Bache	Frischling	
Ziege	Bock Geißbock	Geiß Zicke	Kitz Zicklein	

Kartenspiele

MAU-MAU

Seit den 1930er-Jahren ist vor allem in Deutschland das Ablegespiel Mau-Mau sehr beliebt.

Gespielt wird Mau-Mau mit einem handelsüblichen deutschen Kartenspiel mit 32 Karten. Nach dem Mischen erhält jede der zwei bis höchstens fünf Spielerinnen sechs Karten. Es gibt auch Regeln, nach denen es nur fünf sind. Die restlichen Karten werden als Stapel verdeckt abgelegt, wobei die oberste Karte abgenommen und aufgedeckt wird. Gespielt wird im Uhrzeigersinn, die Geberin beginnt. Ziel des Spiels ist es, möglichst als Erste seine Karten abzulegen. Wie bei anderen Kartenspielen auch müssen dabei jedoch entweder der Kartenwert (6 auf 6, 10 auf 10) oder die Kartenfarbe (Karo, Herz, Kreuz, Pik) übereinstimmen. Die offene Karte neben dem Stapel gibt den ersten Wert vor, auf den nun reihum abgelegt wird. Wer keine passende Karte in seinem Kartenfächer hat, darf natürlich keine Karte ablegen, sondern muss vom Stapel eine Karte nehmen. Passt sie rein zufällig, darf man sie sofort ablegen. Passt sie nicht, kommt sie in den Fächer der Spielerin. Gäbe es nur diese einfache Grundregel, wäre das Spiel schnell vorbei und hätte auch kaum Spannung. Daher gibt es eine ganze Reihe zusätzlicher Regeln, die durch ständige Ergänzungen so umfangreich sind, dass nur die wichtigsten genannt werden:

1. Legt eine Spielerin eine 8 ab, so muss die Nächste in der Runde aussetzen und darf keine Karte ablegen. Es sei denn, sie hat ebenfalls eine 8. In diesem Fall darf sie sie ablegen, und die nächste Spielerin setzt aus, dies allerdings gleich für zwei Runden.

2. Legt eine Spielerin eine 7, so muss die Nächste in der Runde zwei Karten vom Stapel nehmen, statt eine Karte abzulegen. Hat sie jedoch auch eine 7, so braucht sie keine Karten zu nehmen, sondern kann die 7 ablegen. Allerdings muss dann die nachfolgende Spielerin gleich vier Karten nehmen. Es sei denn, sie hat ebenfalls eine 7, was die Nächste in der Runde dazu zwingt, sechs Karten zu nehmen.

3. Ein Bube kann auf jede beliebige Karte abgelegt werden ohne Rücksicht auf Wert oder Farbe, nur nicht auf einen anderen Buben. Gleichzeitig kann man sich eine Farbe wünschen und so den Spielverlauf ändern, da man ja aus der letzten Ablage weiß, welche Gegenspielerin eine bestimmte Farbe nicht hat.

4. Legt eine Spielerin ihre vorletzte Karte ab, muss sie »Mau« sagen und so ihren bevorstehenden Sieg ankündigen. Versäumt sie dies und will unangekündigt ihre letzte Karte ablegen, muss sie stattdessen eine Karte vom Stapel nehmen. Wer die letzte Karte ablegt, erklärt mit »Mau-Mau«, dass er Sieger ist.

In der Regel wird das Spiel von den verbliebenen Spielerinnen zu Ende gespielt. Ist der Stapel verbraucht, werden die abgelegten Karten umgedreht und zum neuen Stapel.

ESELCHEN

Dieses Spiel gibt es ebenfalls in vielen Varianten und unter vielen Namen, von denen »Eselchen« einer der bekanntesten ist.

Gespielt wird wieder mit einem handelsüblichen Kartenspiel mit 32 Karten. Benötigt werden drei bis sechs Spielerinnen. Die Geberin mischt die Karten und gibt jeder Mitspielerin vier Karten. Sie selbst erhält fünf. Die restlichen Karten werden auf einem Stapel verdeckt abgelegt.

Ziel des Spiels ist es, vier Karten mit dem gleichen Wert zu sammeln. Dazu reicht die Geberin ihre fünfte Karte im Uhrzeigersinn an die nächste Spielerin verdeckt weiter, die prüft, ob sie sie verwenden kann. Anschließend gibt sie diese oder eine andere Karte an die nächste Spielerin verdeckt weiter. Erhält eine Spielerin eine Karte, die sie schon einmal besessen hat, darf sie diese ablegen und vom Stapel eine neue ziehen. Sobald eine Spielerin vier gleiche Karten hat, ruft sie sofort »Eselchen« und beendet das Spiel. So schnell wie möglich müssen nun auch die anderen Spielerinnen ihre Karten auf den Tisch legen und »Eselchen« rufen. Wem dies nur als Letzte gelingt, ist die Verliererin. Sie muss vor den Mitspielerinnen auf den Stuhl steigen und einen Esel nachahmen, inklusive des »I-A«-Lautes.

Kurze Scrabble-Wörter

Das 1931 von dem amerikanischen Architekten Alfred Mosher Butts (1899–1993) erfundene Kreuzwortspiel »Scrabble« zählt zu den bekanntesten und beliebtesten Spielen der Welt. In 121 Ländern sind Ausgaben in 29 verschiedenen Sprachen erschienen. Insgesamt wurden bis heute mehr als 150 Millionen Spiele weltweit verkauft. Im Kern geht es darum, aus beweglichen Buchstabensteinen Wörter auf einem Spielbrett zu legen, das wie ein Kreuzworträtsel aufgebaut ist. Die Wörter müssen natürlich selbst gefunden und mit den bereits ausgelegten Wörtern kombiniert werden. Das allein ist schwierig genug, doch besonders schwer ist es, wenn man am Ende nur noch zwei oder drei Buchstaben hat, aus denen man Wörter bilden muss. Denn Abkürzungen sind nicht erlaubt. Hier sind ein paar Tipps:

AAS Das gilt auch für das Aas.

ABT Ein Mönch, der einem Kloster vorsteht.

AGA Ist ein alter türkischer Titel.

AI Das Ai ist ein Dreizehenfaultier, das in Südamerika lebt.

AIR Das Air ist ein Musikstück wie ein Menuett oder eine Suite.

ALK Ist ein arktischer Seevogel.

ALT Der Alt ist eine tiefe Stimme oder Stimmlage.

AR Ist ein Flächenmaß wie der Hektar.

ARA Der Ara ist ein großer bunter Papagei.

AS Ist eine Note.

AU Die Au ist eine flache und meist feuchte Wiese, die auch Aue geschrieben werden darf.

BAD Kennt jeder, wird aber doch oft vergessen.

BAI Ist ein anderes Wort für Bucht.

BAR Die Bar ist ein kleines Lokal.

BAU Der Bau ist ein Bauwerk oder die Wohnhöhle eines Kaninchens oder Fuchses.

BEO Der Beo ist ein indonesischer Singvogel.

BIT Ursprünglich eine Abkürzung (Binary Digit), aber inzwischen als Kurzwort anerkannt.

BOA Die Boa ist eine Riesenschlange oder ein langer Schal.

BOB Gilt nicht als Name, aber als Rennschlitten.

BON Ein Kassenzettel oder Gutschein.

BUG Das Gegenteil vom Heck, also die Spitze eines Schiffes.

CES Ist eine Note.

CER Ist ein seltenes Metall, aber nicht dessen chemische Formel, die Ce lautet und als Abkürzung nicht verwendet werden darf.

CUP Der Cup ist ein Pokal, den Sportler gewinnen können.

DAN Ist ein Grad oder Rang im Budo, einer Kampfsportart.

DAU Die Dau ist ein arabisches Segelboot.

DES Ist eine Note.

DOM Der Dom ist eine große Kirche.

DUO Ist ein Musikstück für zwei Instrumente.

EGO So nennen Psychologen das Ich.

ERG Ist eine Energieeinheit.

ES Ist eine Note.

FEE Ist die bekannte Märchenfigur.

FUN Der Spaß wurde aus dem Englischen übernommen und gilt.

GAG Das gilt auch für den Gag.

HAG Ist ein von einer Hecke umgebenes Waldstück.

HUB Ist die Strecke, die der Kolben in einer Hydraulik zurücklegt.

JAM Die Jam ist das spontane Zusammenspiel von Musikern.

JOD Ist ein chemisches Element, das Jot ein hebräischer Buchstabe.

JUS Ist ein eingedickter Fleischsaft.

JUX Ist ein Spaß, noch dazu mit einem X.

KID Ist ein weiches Leder.

KIR Ist ein Mixgetränk.

LAB Ist ein Enzym aus dem Kälbermagen, mit dem man Käse macht.

LOT Mit einem Lot misst man die Wassertiefe.

MET Ist ein Honigwein.

ODE Eine Ode ist eine Gedichtform.

OFF Aus dem Off hört man Sprecher im Film oder Fernsehen, die man nicht sieht.

PAX Ist der Friede oder der Friedensgruß.

QI Ist die Lebensenergie in der chinesischen Philosophie.

SOL Ist der astronomische Name für einen Marstag.

TAI Ein Tai ist ein Einwohner Thailands.

VAN Der Van ist ein Kleinbus.

UFO Das Ufo (Unbekanntes Flugobjekt) war mal eine Abkürzung, ist jedoch inzwischen zu einem vollwertigen Wort geworden und gilt daher.

ZAR Der Zar war ein russischer Kaiser.

Lustige Spielereien mit Papier

PAPIERKÜGELCHEN

Diese Anleitung sollten wir eigentlich gar nicht weitergeben, aber wir konnten es doch nicht lassen. Zerknülle ein kleines Stück Papier und nimm es in den Mund, um ein Kügelchen daraus zu formen. Das Kügelchen steckst in einen Strohhalm, zielst und schießt. Übung macht den Meister – aber nie auf andere Personen zielen!

ZEITUNGSBAUM

Zeitungsbäume besitzen viele Namen wie z. B. »Fontäne« oder »Getreidehalm«. Wie du deinen Baum auch nennst, zunächst rollst du eine einzelne Seite einer Zeitung auf. Dazu breitest du die Seite auf dem Tisch aus und rollst sie sehr fest auf. Ungefähr 15 cm vor dem Ende der Seite legst du eine weitere Seite auf die erste und rollst beide Seiten weiter auf. Für den Baum brauchst du mindestens zwei bis vier Seiten Zeitungspapier.

Nachdem du alle Seiten aufgerollt hast, fixierst du ein Ende und die Mitte der Rolle mit Klebeband oder wickelst Gummibänder um sie. Dieser Teil bildet den Baumstamm. Mit einer Schere schneidest du fünf- bis sechsmal in das andere Ende (etwa ein Drittel der Rollenlänge), um die Zweige und Äste zu formen. Dann greifst du durch die Einschnitte in den Hohlraum in der Rollenmitte und ziehst die Äste heraus.

KÄSEKÄSTCHEN

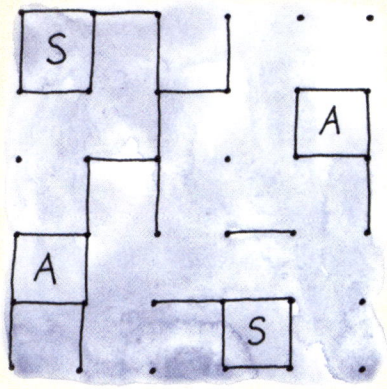

Dieses Spiel ist für zwei oder mehr Spielerinnen. Auf ein Blatt kariertes Papier zeichnest du ein Quadrat aus 6 x 6 Punkten (siehe Zeichnung). Jede Spielerin verbindet zwei Punkte (keine Diagonalen) und versucht, ein Kästchen zu bilden. Selbst wenn eine andere Spielerin bereits drei Seiten markiert hat, gehört das Kästchen dir, wenn du es vollendest. Jede Spielerin markiert ihre Kästchen mit ihren Initialen. Wenn das Quadrat ganz ausgefüllt ist, hat die Spielerin mit den meisten Kästchen gewonnen.

GEHEIMNOTIZEN

So faltet man eine Geheimbotschaft in einen Sicherheitsumschlag:

Schritt 1: Die Anleitung funktioniert am besten mit einem DIN-A4-Blatt. Du nimmst das Blatt im Querformat, sodass sich die längeren Seiten oben und unten befinden. Dann faltest du das Blatt einmal längs zur Hälfte und nochmals längs, sodass du einen länglichen Papierstreifen erhältst. Deine Mitteilung muss auf der Innenseite sein (Abb. **1a** und **1b**).

Schritt 2: Nun faltest du die linke untere Ecke nach oben und die rechte obere nach unten. Die Sternchen in der Abbildung **2** dienen als Hinweise für den nächsten, etwas schwierigeren Schritt.

Schritt 3: Jetzt faltest du wieder die linke untere Ecke so nach oben, dass sie den oberen Rand berührt. Wenn du den Sternchen in der Abbildung **3** folgst, erhältst du den linken Rand des Rechtecks in der Mitte. Mit der rechten Seite verfährst du ähnlich. Du faltest die rechte obere Ecke nach unten, sodass sie den unteren Rand berührt. Dadurch entsteht in der Mitte ein Quadrat.

Die obere Ecke des linken Dreiecks haben wir mit »A« bezeichnet und die des rechten Dreiecks mit »B«. Diese Markierungen helfen dir beim nächsten Schritt. Glätte alle Falze mit dem Fingernagel. Abhängig von dem gewählten Papierformat musst du die Falten der Schritte 3 und 4 anpassen, damit in der Mitte ein Quadrat entsteht.

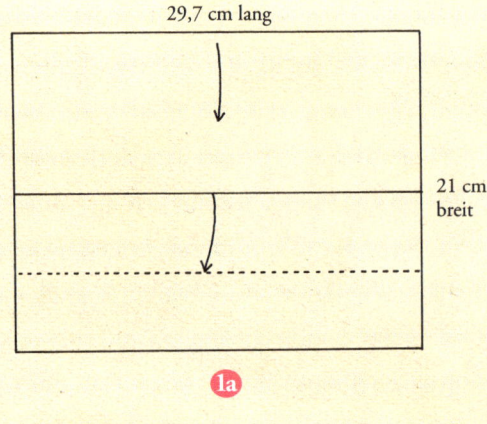

29,7 cm lang

21 cm breit

1a

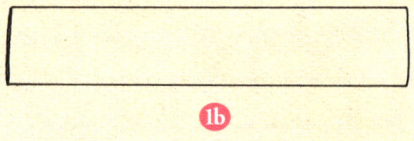

1b

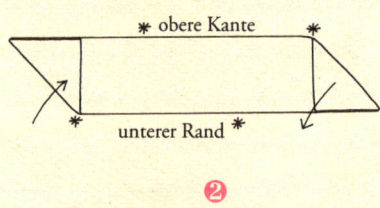

✱ obere Kante ✱

unterer Rand ✱

2

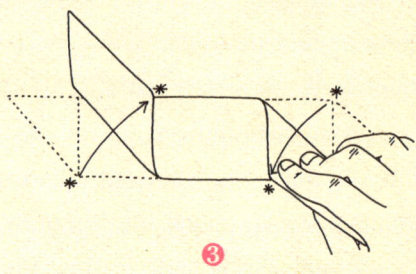

3

Schritt 4: Das Dreieck A faltest du nach rechts und nach hinten. Das Dreieck B faltest du dagegen nach links und nach vorn vor das Quadrat. Deine Notiz gleicht jetzt einem Quadrat, das ein Dreieck oben besitzt (A) und ein weiteres unten (B). In der Mitte des Quadrats verläuft eine diagonale Falte.

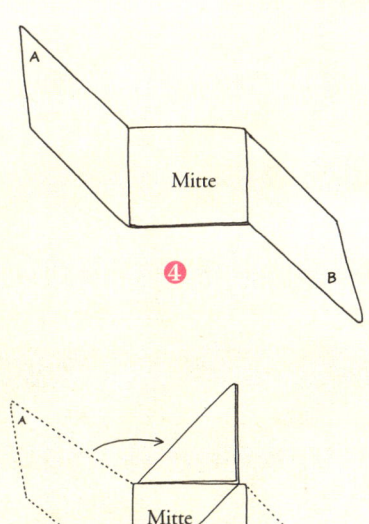

Schritt 5: Zum Schluss faltest du das untere Dreieck B hoch und hinter das Quadrat und steckst es zwischen das Quadrat und das Dreieck A (dazu musst du A etwas entfalten). Dann faltest du das obere Dreieck A nach unten und steckst es unter die diagonale Falte.

Voilà! Jetzt kannst du deine geheime Botschaft verschicken.

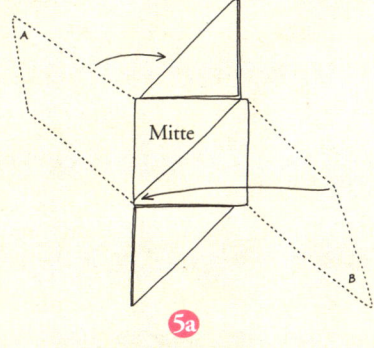

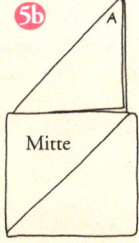

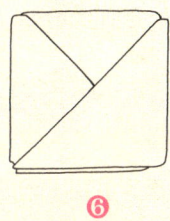

MARMORIERTES PAPIER

Dieses Schmuckpapier wird häufig für Lesezeichen, als Geschenkpapier oder Vorsatz bei Büchern benutzt. Bei der Herstellung legt man ein Blatt Papier vorsichtig in ein Wasserbad mit Wasser- oder Ölfarben, um diese zu übertragen.

Damit die Farbe auf dem Papier haften bleibt, benutzen Kunsthandwerker Alaun und Wasser. Alaun ist nicht leicht anzuwenden und auch nicht im nächsten Supermarkt erhältlich. Wir waren ehrlich skeptisch, als wir von einem überraschenden, aber wirksamen Ersatz hörten: Rasiercreme. Es klingt verrückt, aber es funktioniert. Du brauchst Farbe, Papier und einen Behälter. Als Farben kannst du Tempera-, Wasser-, Acryl- und Malerfarben oder jede andere Farbe verwenden. Der Behälter sollte etwas größer sein als das Blatt Papier, z. B. ein altes Backblech, eine alte Kuchenform oder ein wasserdichtes Tablett.

Zuerst bedeckst du den Boden deines Behälters fingerdick mit Rasiercreme. Mit einem Stück Pappe (Plastikmesser) streichst du die Oberfläche glatt.

Auf der glatten Oberfläche verteilst du einige Tropfen der Farbe. Auf der Rasiercreme verläuft die Farbe nicht und die Creme trägt auch das Papier. Mit den Zinken einer Gabel (oder einem Zahnstocher oder Strohhalm) ziehst du Kreise und Wirbel in die Rasiercreme. Dann nimmst du das Blatt Papier in beide Hände und legst es vorsichtig auf die Rasiercreme. Um Luftbläschen herauszudrücken, streichst du das Blatt sanft von der Mitte zu den Rändern aus.

Sobald das Papier die Farbe aufgenommen hat (was sehr schnell erfolgt), ziehst du es heraus. Mit einem Stück Pappe entfernst du die überschüssige Rasiercreme. Du kannst das Papier auch mit Wasser abspülen – die Farbe bleibt haften. Dann legst du es auf ein Handtuch zum Trocknen und färbst weitere Blätter ein. Gelegentlich musst du die Rasiercreme wechseln.

EIN BLATT ZUM DURCHSTEIGEN

Ein DIN-A4-Blatt faltest du zur Hälfte entlang der Längsseite.

Schritt 1: Am Falz schneidest du etwa 2,5 cm unterhalb des Rands bis etwa 2 cm zum ungefalteten Rand. Von dieser Seite aus schneidest du das Blatt im Abstand von etwa 2,5 cm unterhalb des ersten Schnitts bis etwa 2 cm zur Falz ein.

Schritt 2: Jetzt schneidest du abwechselnd von der ungefalteten Seite und dem Falz das Blatt bis immer etwa 2 cm zum Rand ein, bis du den unteren Rand erreichst. Achte darauf, dass der letzte Schnitt wieder am Falz beginnt.

Schritt 3: Zum Schluss schneidest du alle Falze bis auf den ersten und den letzten durch. Das Blatt besitzt jetzt eine Öffnung, durch die fast jeder hindurchsteigen kann.

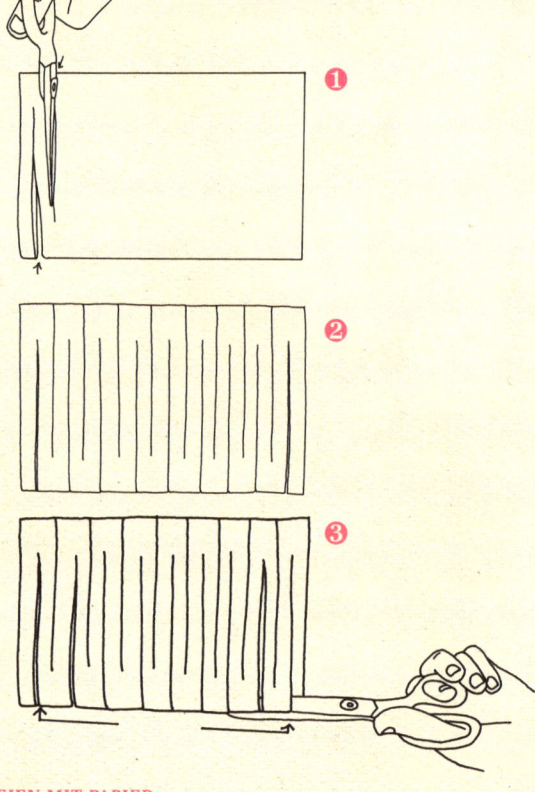

BUCHUMSCHLÄGE

Mit Papiertüten aus dem Supermarkt kannst du Buchumschläge basteln. Dazu schneidest du die Tüten an einer Seite auf und entfernst den Boden. Aber auch ohne Papiertüten kannst du dein Lieblingsbuch mit einer Zeitung, Packpapier oder jedem anderen Papier einschlagen.

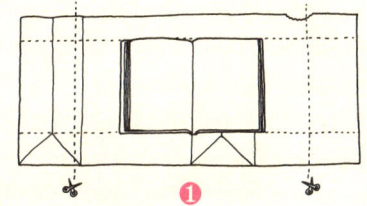

Das Papier legst du auf einen Tisch oder den Boden. Darauf legst du dann dein Buch in die Papiermitte. Wenn das Papier viel zu groß ist, beschneidest du es.

Mit dem geöffneten Buch markierst du den oberen und unteren Rand des Buches. Dann legst du das Buch zur Seite und faltest das Papier an den Markierungen ❶.

Jetzt legst du das Buch wieder auf das Papier und markierst die Seiten ❷.

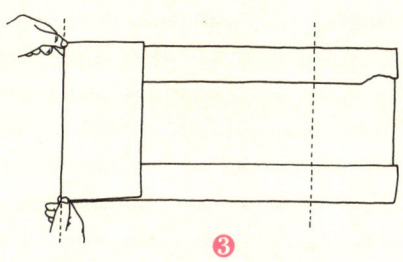

Lege das Buch wieder weg und falte die Seiten links und rechts nach innen. Dein Umschlag besitzt jetzt auf jeder Seite Taschen, in die je ein Deckel des Buches hineinpasst ❸.

Zum Abschluss steckst du den vorderen Deckel des Buches in die linke Tasche und den hinteren in die rechte Tasche deines Umschlags ❹.

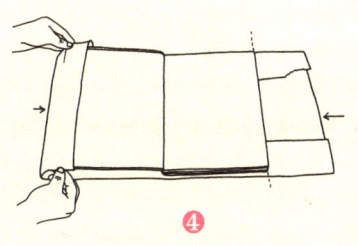

Nachdem du alle Seiten glatt gestrichen hast, ist dein Buchumschlag fertig!

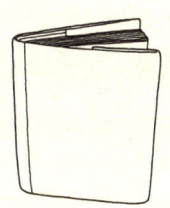

PERLENKETTE AUS PAPIER

Du wickelst bunte Papierstreifen fest um einen Bleistift oder Strohhalm und verklebst die Enden. Sobald der Klebstoff trocken ist, schützt du deine Papierperle mit Lasur oder Lack.

Erster Vorschlag: Du schneidest aus Papier ein Dreieck. Das Dreieck klebst du mit etwas Leim auf einen Strohhalm und wickelst es darum. Dann schneidest du den Strohhalm ab und bastelst neue Perlen.

Zweiter Vorschlag: Aus Papier schneidest du Rechtecke und wickelst diese um einen Stift, Strohhalm oder Stab. Das Ende des Streifens befestigst du mit Leim auf dem Papier. Dann ziehst du den Stab heraus und lasierst deine Perle.

Wenn alle Perlen getrocknet sind, ziehst du sie auf einen Faden.

PAPIERKETTEN

Die klassische Papierkette besteht aus Figuren oder Sternen. Einen langen Papierstreifen faltest du längs zur Hälfte, dann nochmals zur Hälfte und so weiter. Auf die oberste Seite zeichnest du dein Motiv auf. Dabei musst du beachten, dass es bis an beide Seiten reicht. Wenn du dir die Papiermädchen unten betrachtest, die sich an den Händen fassen und an den Rockenden zusammenhängen, weißt du, was wir meinen. Dann schneidest du dein Motiv durch den gesamten Stapel aus. Falls er zu dick ist, nimmst du immer nur die Hälfte des Stapels.

SCHIFFE VERSENKEN

Auf ein Blatt Papier zeichnest du ein Gitter oder benutzt gleich kariertes Papier. Am oberen Rand schreibst du zu den Kästchen die Zahlen 1 bis 13, auf der linken Seite die Buchstaben A bis M. Dieses Spielfeld ist das Meer, auf dem eure Schiffe kreuzen. Jede Spielerin zeichnet nun verdeckt Schiffe verschiedener Kästchengröße (einen Vierer, zwei Dreier, drei Zweier und vier Einer) auf das Spielfeld.

  Eine Spielerin beginnt und nennt eine Koordinate wie z. B. B-10 oder M-6. Die andere Spielerin überprüft, ob sich dort eines ihrer Schiffe befindet. Ist das Kästchen leer, ruft sie »Daneben!« und markiert das Kästchen mit einem Punkt. Dann nennt diese Spielerin eine Koordinate und die andere antwortet.

Beide Spielerinnen wechseln sich so ab. Hat eine Spielerin ein Schiff vollständig versenkt, darf sie eine weitere Koordinate nennen. Die Spielerin, die als Erste die gesamte gegnerische Flotte versenkt hat, gewinnt das Spiel.

Wenn die 1. Spielerin	sagt die 2. Spielerin:	Die 1. Spielerin
danebentrifft,	»Daneben!«	notiert einen Punkt.
das Schiff trifft,	»Treffer!«	notiert ein X.
das ganze Schiff versenkt,	»Versenkt!«	füllt die Kästchen aus.

Die ersten Pilotinnen Europas

Zu Beginn des 20. Jahrhunderts liegt das Fliegen buchstäblich in der Luft. Überall auf der Welt, in den USA und Australien, in England, Frankreich und Deutschland basteln Flugpioniere an Flugmaschinen aller Art. In den USA gelingt schließlich den Brüdern Wilbur (1867–1912) und Orville Wright (1871–1948) der Durchbruch. Mit ihrem Doppeldecker, dem »Flyer«, glückt ihnen am 17. Dezember 1903 der erste kontrollierte Motorflug der Geschichte. Andere folgen ihnen nach, etwa in Frankreich, wo dem Brasilianer Alberto Santos Dumont (1873–1932) am 23. Oktober 1906 ein erfolgreicher Motorflug gelingt. Lange wird er für den ersten der Geschichte gehalten, bevor die Brüder Wright das Missverständnis aufklären. Im Mai 1908 kommen sie sogar persönlich nach Frankreich, um ihre Maschine vorzustellen. Das ganze Land wird vom Flugfieber angesteckt. Ein Jahr später, im September 1909, gastieren sie auf dem Tempelhofer Feld bei Berlin. Hunderttausende Schaulustige verfolgen ihre gewagten Flüge. Unter ihnen sind nicht nur viele Männer, die davon träumen, selbst einmal hinter dem Steuerknüppel eines Doppeldeckers Platz zu nehmen, sondern auch Frauen.

RAYMONDE DE LAROCHE

Im Oktober 1909 trifft sich die Schauspielerin Elise Roche (1884–1919), die sich Raymonde de Laroche nennt, mit den Brüdern Charles und Gabriel Voisin zum Essen. Die reichen Söhne eines Gießerei-Unternehmers bauen in ihrer kleinen Fabrik nicht nur Autos, sondern auch Flugzeuge. Von ihnen stammt auch der Doppeldecker, mit dem Alberto Santos Dumont seine erfolgreichen Flüge absolviert. Zunächst unterhält sich die emanzipierte Frau mit den beiden Männern über Autos, denn sie ist nebenbei nicht nur Malerin und Bildhauerin, sondern fährt auch Autorennen. Dann wechseln sie das Thema und reden über Flugzeuge und die Flug-

schule, die Charles eröffnet hat. Der kennt die sportlichen und technischen Fähigkeiten der selbstbewussten Frau und schlägt ihr spontan vor, bei ihm Flugstunden zu nehmen. Raymonde de Laroche willigt begeistert ein.

Am 22. Oktober schwingt sie sich auf den Pilotensitz eines Voisin-Doppeldeckers auf dem kleinen Flugfeld in Billancourt an der Seine. Ihr Fluglehrer bleibt am Boden, denn das Flugzeug ist einsitzig. Vom Rollfeld aus ruft er ihr zu, wie sie die Maschine zu lenken hat. Schulungsflugzeuge mit Doppelsitzen gibt es noch nicht. Nach einigen Rollübungen am Boden wagt de Laroche den ersten kleinen Luftsprung, der ihr auf Anhieb gelingt. Als sie aus der Maschine steigt, hat auch sie das Flugfieber gepackt. Regelmäßig nimmt sie jetzt Stunden und beherrscht das Flugzeug bald ebenso gut wie ihr Fluglehrer. Am 8. März 1910 erhält sie als erste Frau der Welt den Flugschein. Inzwischen fliegt sie so gut, dass die Brüder Voisin sie als Werkpilotin engagieren, die bei internationalen Wettbewerben für die Doppeldecker werben soll.

Noch im Frühjahr 1910 reist sie nach Ägypten und St. Petersburg und stößt auf große Bewunderung. Auch an der »Großen Flugwoche der Champagne« im Juli 1910 in Reims nimmt sie teil und fliegt perfekt. Nicht aber einer der anderen Teilnehmer, der ihre Flugbahn kreuzt und ihr Flugzeug zum Absturz bringt. Schwer verletzt wird Raymonde de Laroche aus den Trümmern geborgen und verbringt zwei Jahre in Kliniken, bevor sie 1913 wieder durchstartet. Mit einem nagelneuen Doppeldecker legt sie am 25. November im Nonstop-Flug 323,5 km zurück und stellt einen neuen Langstreckenweltrekord für Pilotinnen auf. Später schafft sie mit 4900 m auch noch den Höhenrekord.

Im Ersten Weltkrieg (1914–1918) versucht sie vergeblich, Pilotin der französischen Luftwaffe zu werden. Nach dem Krieg bittet sie ein Testpilot, ihm als Copilotin bei der Erprobung eines neuen Flugzeugs zu assistieren.

Am 18. Juli 1919 starten sie in Le Crotoy bei Paris. Der Pilot verliert die Kontrolle über die Maschine und stürzt zusammen mit Raymonde de Laroche in den Tod. In den Zeitungen der ganzen Welt erscheinen Nachrufe, auch in Deutschland.

KÄTHE PAULUS

Die erste deutsche Flugschülerin ist Käthe Paulus (1868–1935) aus Zellhausen bei Offenbach. Als sie sich im Oktober 1909 auf dem gerade eröffneten Flugplatz Berlin-Johannisthal bei der ebenfalls neuen Flugschule anmeldet, hat sie schon weitaus mehr Stunden in der Luft verbracht als ihr Fluglehrer Paul Erhard. Denn Käthe Paulus ist die bekannteste Luftakrobatin Europas. Und nicht nur das, sie ist auch die Erfinderin des zusammenlegbaren modernen Fallschirms.

Die ungewöhnliche Karriere der gelernten Schneiderin beginnt, als sie 1889 während eines Kuraufenthalts die Landung eines Ballons erlebt. Der Fahrer, der vor ihr aus dem Korb steigt, ist Hermann Lattemann (1852–1894), ein bekannter Frauenschwarm. Auch bei ihm funkt es und die beiden werden ein Paar.

Schon bei ihrem ersten gemeinsamen Aufstieg 1893 ist sie so begeistert vom Ballonfahren, dass sie ihre Arbeit aufgibt, um ihrem Verlobten nachzueifern. Gemeinsam reisen sie nun von Stadt zu Stadt und zeigen verschiedene Kunststücke. Dazu gehört auch der Absprung mit einem Fallschirm, den sie als dritte Frau weltweit wagt. Das Risiko ist groß, denn die damaligen Fallschirme sind unförmige Stoffballen, die viel Platz benötigen und sich nicht immer zuverlässig öffnen. Das weiß natürlich auch das Publikum und hält regelmäßig den Atem an, wenn Käthe Paulus aus dem Korb steigt und nach unten stürzt. Nur einige Zeitungskritiker finden diese Leistung anstößig, vor allem, weil Käthe Paulus Hosen trägt.

Doch das Glück währt nicht lange. Hermann Lattemann stürzt mit einem defekten Ballon ab und stirbt. Käthe Paulus verlässt monatelang ihre Wohnung nicht und steht vor dem Nichts. Dank vieler Briefe von treuen Anhängern entschließt sie sich dann doch, allein weiterzumachen. Sie schneidert sich einen Matrosenanzug und trägt schwarze Schnürstiefel. Unter dem Künstlernamen »Miss Polly« ist sie bald in Paris ebenso bekannt wie in London, Berlin oder Budapest.

Ihre sensationellste Nummer ist der Doppelabsprung, bei dem sie zunächst in großer Höhe aus einem Ballon springt. Nachdem sich ihr erster Fallschirm geöffnet hat, löst sie ihn, um nach einiger Zeit einen zweiten Fallschirm zu öffnen. Bei jeder Vorführung gellen Schreie durch das Publikum. Möglich wird diese Nummer nur durch den von ihr erfundenen Fallschirm, der sich mitsamt allen Leinen sehr klein zusammenlegen und in einer schlauchartigen Packhülle verstauen lässt.

Im Flugzeug sieht sie eine Chance, die Attraktivität ihrer riskanten Nummern noch zu steigern. Monatelang übt die bekannte Luftakrobatin in Berlin und bringt einen Fluglehrer nach dem anderen zur Verzweiflung. Mal ist ihr der Motor zu laut, dann wieder fliegt ihr die Maschine zu schnell. Die Angst, mit der andere Flugschüler kämpfen, fehlt ihr zwar, doch sie merkt schließlich, dass sich Flugzeuge nicht für ihre Zwecke

eignen. Ohne die Prüfung abzulegen, verlässt sie eines Tages den Flugplatz.

Im Ersten Weltkrieg wird sie zur Retterin vieler Ballon- und Zeppelinfahrer, denn sie fertigt mit 20 Näherinnen im Auftrag des Kriegsministeriums mehr als 7000 Fallschirme an.

MELLI BEESE

Wie Raymonde de Laroche ist auch Amélie Hedwig Beese (1886–1925), genannt Melli, eine Künstlerin und studiert von 1905 bis 1909 Bildhauerei in Stockholm. Und wie die Französin ist sie sportbegeistert und liebt vor allem das Hochseesegeln. Als sie in ihre Heimatstadt Dresden zurückkehrt, wird auch sie vom Flugfieber angesteckt. Sie liest jeden Artikel über Flugtechnik und die Leistungen der Flugpioniere. Ihr entgeht auch nicht der Erfolg von Raymonde de Laroche. Noch im selben Jahr besucht sie am Technikum Vorlesungen über Mathematik und Flugtechnik. Schon nach zwei Semestern genügt ihr die Theorie nicht mehr, und sie will selbst fliegen.

Doch als sie im Sommer 1910 auf dem Flugplatz Johannisthal bei Berlin eintrifft, wird sie von einer ersten Flugschule abgewiesen. Nach langem Bitten wird sie dann von einer anderen Flugschule genommen. Bei einem ihrer ersten Schulungsflüge versagt jedoch der Motor. Der Fluglehrer kann die Maschine zwar notlanden, doch Melli Beese bricht sich den Knöchel und muss ein Jahr pausieren. Ihre alte Flugschule aber nimmt sie nicht mehr auf, sodass sie es bei einer dritten versucht. Dort wird sie von Anfang an von ihren Mitschülern gemobbt, die Fliegen für eine rein männliche Tätigkeit halten. So einfach wie in Frankreich haben es Frauen in Deutschland nicht. Immer wieder sabotieren ihre Mitschüler die Maschine, lassen das Benzin ab oder schneiden Kabel durch.

An einer dieser Sabotageakte scheitert auch ihre erste Flugprüfung. Für den zweiten Versuch wählt sie die frühen Morgenstunden des 13. September 1911, übrigens ihr 25. Geburtstag. Noch bevor ihre Mitschüler auf dem Flugplatz eintreffen, wartet sie die Maschine und absolviert vor mehreren eigens bestellten Zeugen mühelos die Prüfungsaufgaben. Damit erhält sie als erste Frau Deutschlands den Flugschein.

Als noch im selben Monat die »Nationale Flugwoche« in Berlin beginnt, nimmt Beese daran teil. Für den Wettbewerb braucht sie einen Passagier. Doch keiner ihrer deutschen Kollegen erklärt sich bereit. Dafür meldet sich überraschend ein französischer Pilot, Charles Boutard (1884–1952), der keine Bedenken hat, sich von einer Frau fliegen zu lassen. Von 24 Teilnehmern erreicht Beese den 5. Platz und stellt mit zwei Stunden und neun Minuten auch noch einen neuen Langzeitweltrekord für Frauen auf. Zusammen mit Boutard, den sie 1913 heiratet, gründet sie die »Flugschule Melli Beese« und bildet erfolgreich Flugschüler aus. Dann aber bricht der Erste Weltkrieg aus und Melli Beese und ihr französischer Mann werden inhaftiert. Ihre Flugzeuge werden ihnen weggenommen, die Flugschule geschlossen. Trotz aller Versuche und einer Klage gegen den Staat gelingt ihnen ein Neuanfang nach dem Krieg nicht mehr. Vor lauter Verzweiflung erschießt sich Melli Beese am 22. Dezember 1925 in einer Berliner Pension.

Die Haare mit Brause färben

Schon seit Jahrtausenden färben sich Menschen ihre Haare. Die ersten Haarfärbemittel wurden aus Mineralien, Insekten und Pflanzen hergestellt. Wie diese alten Färbemittel wirkt auch Brause nur vorübergehend. Sie kann Haare auch nur dunkler, aber nicht heller färben und wirkt deshalb besser bei hellen Haaren.

ACHTUNG: Brausepulver färbt nicht nur die Haare. Schütze deine Kleidung mit einem alten Pullover und lasse dir von einer Freundin helfen.

DAS BRAUCHST DU:

- ◆ 2–4 Päckchen Brausepulver (Kool-Aid) mit deiner Lieblingsfarbe. Wenn du lange dunkle Haare hast, brauchst du etwas mehr.
- ◆ Haarfestiger
- ◆ Essig
- ◆ Badekappe oder Plastikhülle
- ◆ Haushaltshandschuhe
- ◆ Gefäß zum Anrühren
- ◆ Vaseline oder fetthaltige Creme

In einer Schüssel verrührst du zwei bis vier Päckchen Brausepulver (Kool-Aid) mit Haarfestiger (ungefähr doppelt so viel, wie du normalerweise brauchst) zu einer dicken Paste ohne Klumpen. Mit einigen Tropfen Wasser wird die Paste dünnflüssiger oder umgekehrt mit mehr Haarfestiger dickflüssiger. Für lebhaftere Farben mischst du ein bis zwei Teelöffel Essig unter.

Jetzt feuchtest du deine Haare an und schützt mit Vaseline den Haaransatz und den oberen Rand der Ohren. Mit Haushaltshandschuhen verschmierst du die Paste in den Haaren (nicht auf der Kopfhaut).

Nachdem du die Paste in deinen Haaren verteilt hast, setzt du die Badekappe oder Plastikhülle auf. Um deinen Hals legst du ein altes Handtuch, um deine Kleidung und die Möbel zu schützen.

Die Paste muss nun einige Stunden oder sogar über Nacht einwirken. Je länger du sie einwirken lässt, umso farbiger leuchten deine Haare. Anschließend wäschst du die restliche Paste mit Wasser aus.

STRÄHNCHEN

Farbige Strähnchen sind eine gute Lösung bei dunklen Haaren, da diese die Farbe nicht so gut aufnehmen wie hellere Haare. Für Strähnchen nimmst du eine stärker konzentrierte Paste und wendest sie auf trockenes Haar an. Die Paste rührst du aus nur zwei Päckchen zusammen. Dazu brauchst du außerdem noch Aluminiumfolie und entweder einen Pfeifenreiniger, einen Pinsel oder eine neue Zahnbürste.

Die Brause (Kool-Aid) vermischst du wieder mit Haarfestiger. Mit Pfeifenreiniger, Pinsel oder Zahnbürste streichst du eine Strähne von den Wurzeln bis zu den Haarspitzen ein. Nachdem die Paste gleichmäßig verteilt ist, wickelst du die Strähne in Aluminiumfolie ein und behandelst dann die nächste. Nach dem Färben trocknest du die Strähnen mit einem Haartrockner (kleine Stufe) und entfernst die Folien.

Entfärben

Du hast jetzt gelernt, wie du mit Brause (Kool-Aid) deine Haare färben kannst. Überrascht es dich jetzt noch zu erfahren, dass du die Farbe auf deiner Haut am besten mit Zahnpasta entfernst? Du brauchst nur die betroffene Stelle mit Zahnpasta einzureiben und abzuspülen!

Eine Découpage-Schüssel herstellen

Die Découpage-Technik kam zuerst in Venedig um 1750 auf. Die Venezianer nannten sie »l'arte del povero«, die Kunst des armen Mannes. Mit ihr konnte man die begehrten Lackmöbel, Pokale und Vasen imitieren, die zu jener Zeit aus China und Japan importiert wurden. Dafür trugen Künstler bis zu 150 Schichten Lack übereinander auf. Diese Oberfläche war anschließend dick genug, um bearbeitet zu werden.

Découpage war auch eine beliebte Beschäftigung der oberen Klasse der viktorianischen Gesellschaft. Selbst Königin Viktoria liebte diese Betätigung. In dieser Zeit besuchten Frauen häufig ihre Freundinnen für mehrere Wochen. Um sich die Zeit zu vertreiben, widmeten sie sich der kunsthandwerklichen Découpage-Technik. Sie schnitten Landschaftsansichten, Blumen und Vögel aus Papiervorlagen aus und legten sie auf ein Holzbrett. Die Motive schützten sie mit mehreren Lackschichten. Jede Lackschicht wurde abgeschmirgelt, bevor die nächste aufgetragen wurde. So entstand eine glatte, glänzende Oberfläche – und ein Stück Kunsthandwerk.

Auch Königin Marie Antoinette in Frankreich begeisterte sich für Découpage. Nach der französischen Revolution 1789 wurde Frankreich demokratisch und die beim Adel beliebte Découpage-Technik war nicht mehr so gefragt.

In den USA erlebte die Technik um 1960 eine Auferstehung, nachdem Jan Wetstone in Atlanta Mod Podge (aus den Wörtern »modern Découpage«) erfand. Mod Podge klebte und versiegelte wie Lack, es war jedoch leichter anzuwenden. So füllten sich amerikanische Wohnzimmer der 1960er- und 1970er-Jahre mit selbst gebastelten Lampenschirmen, Anrichten, Tapeten und Serviertabletts.

Wenn du wie Königin Viktoria und Jan Wetstone arbeiten willst, suchst du dir ein Papierbild und eine Oberfläche aus. Achte darauf, dass die Oberfläche sauber, trocken und glatt ist. Mit einem scharfen Messer schneidest du dein Motiv aus, klebst es auf die Oberfläche und schützt es mit Lack. Wenn der Lack trocken ist, reibst du ihn mit Stahlwolle oder feinem Sandpapier ab. Dann trägst du die nächste Lackschicht auf und setzt deine Arbeit fort.

SERVIETTENSCHÜSSEL

DAS BRAUCHST DU:

+ Eine Schüssel. Sie wird nur als Form benötigt. Bei deinem ersten Versuch solltest du mit einer kleinen Schüssel beginnen.
+ Klarsichtfolie, um die Schüssel abzudecken.
+ Speiseöl oder Vaseline, damit sich die Folie leichter von der Schüssel abziehen lässt.
+ Pinsel
+ Servietten, die in kleine Stücke geschnitten oder gerissen wurden oder anderes Papier (Zeitung oder ein Magazin)
+ Leim oder Lack, der entweder matt oder glänzend ist. Bastelgeschäfte bieten besondere Lacke an. Du kannst auch vier bis fünf Teelöffel Klarlack mit Wasser verdünnen, um ihn mit einem Pinsel aufzutragen.

Schritt 1: Die Außenseite der Schüssel beklebst du mit der Klarsichtfolie und befestigst sie auf der Innenseite. Vorher kannst du die Schüssel mit Öl oder Vaseline einreiben, um die Folie später wieder leichter zu entfernen.

Schritt 2: Zuerst drehst du die Schüssel um, klebst das erste Papierstück an und befestigst es mit Lack. Diesen Schritt wiederholst du, bis die gesamte Schüssel beklebt ist. Diese erste Schicht bildet später die Innenseite. (Du kannst später, wenn deine Serviettenschüssel fertig ist, innen noch weitere Schichten auftragen.) Jetzt gehst du spazieren oder Fußball spielen, bis diese Schicht getrocknet ist.

Schritt 3: Nachdem die erste Schicht getrocknet ist, trägst du eine zweite und eine dritte auf, bis du zufrieden bist. Der Lack trocknet so fest, dass die Form deiner Schüssel sogar mit nur einer Schicht erhalten bleibt.

Schritt 4: Nachdem alle Schichten getrocknet sind, entfernst du die Folie und die Schüssel. Risse besserst du mit etwas Papier und Lack aus. Oder du trägst eine weitere Schicht auf.

Gefährliche Vulkane

CHAITÉN, SÜDCHILE

Der Vulkan Chaitén ist einer von mehreren Vulkanen der Anden (die zu Chile, Peru, Ecuador und Kolumbien gehören). Er brach im Mai 2008 aus. Die Stadt Chaitén, die nur sechs Kilometer vom Vulkan entfernt im Golf von Corcovado liegt, wurde dabei zerstört. Der vorletzte Ausbruch des Chaitén war vermutlich 7420 v. Chr.

VESUV, ITALIEN

Der Vulkan liegt östlich von Neapel und zerstörte im Jahr 79 die Städte Pompeji, Herculaneum und Stabiae. Er gilt seit 1944 als schlafender Vulkan, doch in seinem Inneren werden Aktivitäten gemessen. Italien besitzt zwei weitere Vulkane: den Ätna an der Ostküste Siziliens und den Stromboli auf den Liparischen Inseln nördlich von Sizilien.

POPOCATEPETL, MEXIKO

Der »rauchende Berg«, wie er in der Landessprache heißt, ist der zweitgrößte Vulkan Nordamerikas und erhebt sich 5452 m über dem Meeresspiegel. Er ist seit 1519, als spanische Eroberer Mexiko erreichten und den Vulkan beobachteten, mehr als 20-mal gefährlich ausgebrochen. Der Vulkan liegt nur etwa 25 km südöstlich der Hauptstadt Mexikos, der bevölkerungsreichsten Stadt der Erde. Diesen Vulkan solltest du beobachten. Die mexikanische Regierung hat eine Webcam aufgebaut, sodass du ihn im Internet sehen kannst.

MERAPI, INDONESIEN

Der Name mehrerer Vulkane auf Indonesien bedeutet passenderweise »Feuerberg«. Einer dieser Vulkane liegt auf Java bei Yogyakarta. Er ist der aktivste Vulkan auf Indonesien und spuckt ungefähr 100 Tage im Jahr Asche aus. Seit 1548 brach er regelmäßig aus. Dabei erfolgten alle zwei bis drei Jahre kleine Eruptionen und alle 15 Jahre größere. Die verheerendsten Ausbrüche fanden 1006, 1786, 1822, 1872 und 1930 statt, bei denen Tausende Menschen ums Leben kamen. Auch 1994 und 2006 wurden gefährliche Ausbrüche beobachtet, als der Vulkan mehrere Monate aktiv war. Sein jüngster Ausbruch fand 2008 statt.

NYIRAGONGO, AFRIKA

Im Virungagebirge der Demokratischen Republik Kongo sind dieser Vulkan und sein Nachbar Nyamuragira Teil einer Vulkankette des Zentralafrikanischen Grabens. Seit dem späten 19. Jahrhundert ist Nyiragongo mehr als 34-mal ausgebrochen. Der Vulkan besitzt einen brodelnden Lavasee in seinem Krater, der 1977 und 1994 ausbrach und alles in seinem Weg zerstörte. Im Jahr 2002 brach der Vulkan erneut aus, zerstörte große Teile der 18 km entfernten Stadt Goma und verschüttete die Landebahn des internationalen Flughafens.

NEVADO DEL RUIZ, KOLUMBIEN

Der nördlichste Vulkan Kolumbiens liegt nur 50 km westlich der Hauptstadt Bogota. Der letzte Ausbruch des Vulkans am 13. November 1985 forderte mehr als 25 000 Opfer und löste eine Eis- und Schlammflut aus, die die nahe gelegene Stadt Armero unter sich begrub und vollständig zerstörte. Die kolumbianische Regierung führte als Konsequenz dieser Tragödie ein Frühwarnsystem ein. Heute warnen akustische Sensoren im Vulkankrater die Behörden vor Aktivitäten des Vulkans, sodass die bedrohte Bevölkerung rechtzeitig vor einem Ausbruch evakuiert werden kann.

FUDSCHIJAMA, JAPAN

In Japan existieren mehr als hundert Vulkane und die Inseln erleben jährlich viele kleinere Ausbrüche. Der größte Vulkan, der Fudschi, ist aber seit 1707 nicht mehr ausgebrochen, als er über einen Monat lang Asche auswarf und alle Städte im Umkreis mit einem Staubmantel bedeckte. Der Fudschi ist ein bekanntes Wahrzeichen Japans und sein 3776 m hoch gelegener Krater ein beliebtes Ziel für Bergsteiger. Doch Geologen warnen, weil der Vulkan bereits früher über 400 Jahre lang schlief.

MOUNT RAINIER, USA

Der Vulkan im amerikanischen Bundesstaat Washington liegt nur etwa 30 km von der Hauptstadt Seattle entfernt und erhebt sich auf 4395 m in den Cascade Range (Gebirgszug). Sein Gipfel besteht aus zwei Kratern, die jeweils etwa 300 m breit sind. Geothermische Wärme hält den Gipfel eisfrei, aber seine Hänge sind mit 26 Gletschern bedeckt. Damit weist er die meisten Gletscher außerhalb Alaskas auf. Nach seinem letzten Ausbruch 1894 entstanden auf den alten Lavaschichten neue Städte. Geologen fragen sich daher besorgt, welche Auswirkungen ein Ausbruch heutzutage hätte.

MOUNT ST. HELENS, USA

Ein weiterer Vulkan im amerikanischen Bundesstaat Washington brach nach 120 Jahren Ruhe am 28. Mai 1980 aus. Die Explosionskraft des Mount St. Helens entsprach etwa 30 000 Atombomben. Bei dem Ausbruch, der neun Stunden dauerte, wurde sein Gipfel abgesprengt, sodass der Vulkan heute nur noch 2530 m hoch ist (vorher 2948 m). Bei dem Ausbruch wurde seine Asche bis nach Neumexiko verweht. Zwischen 2004 und 2008 folgten ständig kleinere Ausbrüche, doch seit Juli 2008 haben Geologen keine Aktivität mehr gemessen.

Die Vulkaninsel in der Sundastraße zwischen Java und Sumatra brach 1883 so laut aus, dass man das Donnern noch in Australien und Indien hören konnte. Die ausgeworfene Asche stieg bis in 80 km Höhe und verteilte sich noch jahrelang in der ganzen Erdatmosphäre, sodass die Temperaturen weltweit spürbar sanken. Das Jahr 1884 wurde als »das Jahr ohne Sommer« bezeichnet, weil die Asche immer noch das Sonnenlicht verdunkelte.

Durch den Ausbruch zerbrach der ehemals 2000 m hohe Vulkan und löste einen Tsunami aus, der die Küsten Westjavas und Südostsumatras verwüstete und über 36 000 Opfer forderte.

Obwohl seit dieser Zeit kein großer Ausbruch mehr erfolgte, ist der Vulkan immer noch aktiv. Er schleuderte im Herbst 2007 erneut Asche, heiße Gase und Lava heraus und brach auch 2008 noch einmal aus.

Tennis

———— >‹ ————

Dieses Spiel war ursprünglich eine sehr beliebte Freizeitbeschäftigung französischer Mönche im 12. Jahrhundert. Die Bälle wurden zunächst mit der flachen Hand gespielt (das Spiel hieß damals »Jeu de Paume«). Später trugen die Spieler besondere Handschuhe, bis sie schließlich Tennisschläger benutzten. Aus dem Ausruf des Aufschlägers »Tenez!« (dt.: Haltet [den Ball]) entstand der Name des Spiels: Tennis.

Tennis wurde auch außerhalb der Klöster immer beliebter, und bereits 1596 besaß allein Paris 250 Tennisplätze. In England war König Heinrich VIII. ein großer Anhänger dieses Sports und ließ 1625 einen Tennisplatz im Hampton Court Palace errichten, der auch heute noch existiert. Das Spiel breitete sich unter den Königshäusern Frankreichs, Spaniens und Italiens (es wurde tatsächlich »königliches Tennis« genannt) aus. Aber in England verlor das Tennis gegenüber anderen Sportarten wie Squash an Beliebtheit – bis das Spiel ins Freie verlegt wurde. Bis dahin wurde Tennis fast ausschließlich in Hallen gespielt. Die Hallen waren eng, an den Stirnwänden befanden sich 1,50 m hohe Netze und in der Platzmitte ein 90 cm hohes Netz. Erst im 19. Jahrhundert entstanden in England, Australien und Amerika Freiluftplätze. Später verbreitete sich Tennis weltweit. Heute zählt es zu den professionellen Sportarten.

Wie man Tennis spielt und was du alles dazu wissen musst, beschreiben wir hier.

DIE AUSRÜSTUNG

Der Schläger: Tennisschläger besaßen ursprünglich einen Rahmen aus Holz. Erst 1967 kam der erste Schläger aus Metall auf den Markt, das in den folgenden Jahren durch Aluminium ersetzt wurde. Mit jedem neuen Material wurde der Schläger leichter und die Schlägerfläche größer. Um 1990 bestanden die meisten Schläger aus Kohlefasern, die noch leichter waren, während sie heute aus Kohlefasern und Titan bestehen.

Dein Tennisschläger muss leicht sein und einfach zu halten. Der Griff, mit dem du den Schläger hältst, sollte einen Umfang von etwa 10 cm haben. Um einen geeigneten Schläger für dich zu finden, umfasst du den Griff. Wenn dein Daumen den ersten Knöchel des Mittelfingers berührt, besitzt er die passende Größe. Die Standardlänge von etwa 70 cm eignet sich sehr gut für Anfänger im Alter von zwölf Jahren oder älter.

Der Ball: Tennisbälle kann man in vielen Geschäften kaufen. Die meisten Bälle bestehen aus Gummi und sind mit Filz überzogen. Ihr Durchmesser liegt zwischen 6,35 und 6,67 cm, und sie sind mit Druckluft gefüllt (du erhältst auch drucklose Bälle, die etwas härter sind). Ob alte Tennisbälle noch geeignet sind, kannst du einfach überprüfen: Halte den Ball in Stirnhöhe und lasse ihn fallen. Wenn er bis zu deinem Bauchnabel hochspringt, kannst du noch mit ihm spielen.

Der Platz: Das Spielfeld ist entweder ein Hartplatz (aus Asphalt oder Beton),

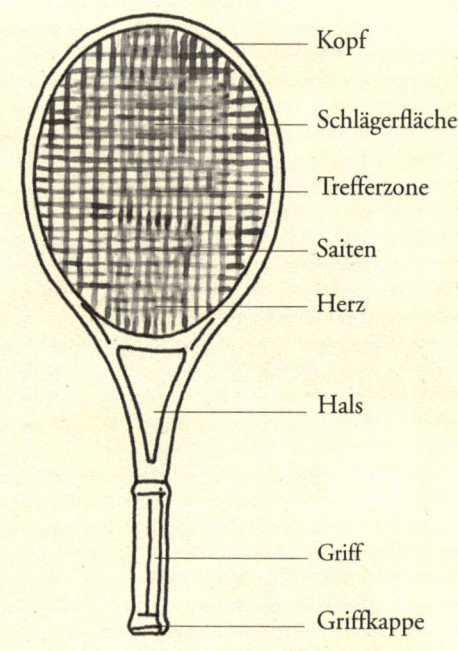

Kopf

Schlägerfläche

Trefferzone

Saiten

Herz

Hals

Griff

Griffkappe

ein Sandplatz (normalerweise ein roter Belag aus zermahlenen Steinen oder Ziegeln, der mit Kunststoff vermischt ist) oder ein Rasenplatz (natürlicher oder Kunstrasen). Das Spielfeld ist mit weißen Linien markiert und beträgt in der Breite für Doppelspiele 10,97 m und für Einzel 8,23 m.

DIE SCHLÄGE

Eine Rechtshänderin spielt eine Vorhand, wenn der Ball auf ihre rechte Seite kommt, und eine Rückhand, wenn er auf ihre linke Seite kommt. Bei einer Linkshänderin ist alles genau umgekehrt. Der dritte Schlag ist der Aufschlag oder das Service. Diese drei Grundschläge muss man unbedingt beherrschen.

Vorhand: Bei der Vorhand stehst du mit dem Körper seitlich zum Netz (deine freie Hand ist zum Netz gerichtet, die Schlägerhand zur Grundlinie). Deine Füße stehen etwa schulterbreit auseinander und deine Knie sind leicht gebeugt. Den Schläger hältst du in Hüfthöhe (so als ob du ihm die Hand geben würdest). Deine Finger umfassen den Griff nicht zu fest und nicht zu locker. Um den Ball zu spielen, ziehst du den Schläger nach hinten und unten, schwingst ihn dann nach vorn und oben, sodass du den Ball ungefähr in Bauchhöhe triffst. Diese Technik nennt man auch Topspin, weil du den Ball oben triffst.

Rückhand: Diesen Grundschlag kannst du mit einer Hand oder auch mit beiden Händen ausführen. Viele Spielerinnen benutzen die beidhändige Rückhand. Du stehst wieder seitlich zum Netz, deine Knie sind leicht gebeugt, aber jetzt ist der Rücken der Schlägerhand zum Netz gerichtet. Sie umfasst den unteren Teil des Griffs, während die andere Hand etwas oberhalb der Schlägerhand greift. Um den Ball zu spielen, ziehst du den Schläger nach hinten und oben und schwingst ihn dann nach vorn. Diese Technik nennt man auch Slice, weil du den Ball von unten »anschneidest«. Sowohl den Topspin als auch den Slice kannst du mit Vor- und Rückhand spielen.

Aufschlag: Jede Spielerin hat zwei Versuche, den Ball beim Aufschlag in das Aufschlagfeld zu spielen. Der Ball muss in dem Aufschlagfeld auftreffen, das der Aufschlägerin diagonal gegenüberliegt. Dazu stellst du dich hinter die Grund-

linie zwischen dem Mittelzeichen und der Seitenlinie. Du stehst wieder seitlich, sodass deine freie Hand zum Netz zeigt. Die Schlägerhand umfasst den Schlägergriff, die andere Hand hält den Ball und deine Augen fixieren ihr Ziel.

Dann lehnst du dich nach hinten und wirfst den Ball in die Luft. Aber achte darauf, ihn nicht zu hoch oder seitlich zu werfen. Den Schläger schwingst du mit gebeugtem Ellbogen nach hinten (so als ob du dich mit ihm am Rücken kratzen wolltest). Dann schnellt der Schläger über deinen Kopf nach vorn und trifft den Ball.

Das Hochwerfen des Balls und das Vorschnellen des Schlägers erfolgen idealerweise in einem Bewegungsablauf. Als Anfängerin beginnst du aber, indem du zuerst den Schläger nach hinten schwingst und erst dann den Ball hochwirfst. Nachdem du den Ball getroffen hast, muss der Schläger wie bei den anderen Schlägen seine Bewegung nach vorn vollenden.

DAS SPIEL

Wenn du nicht wie Heinrich VIII. einen eigenen Platz besitzt, fragst du bei Sportvereinen oder Schulen nach öffentlichen Tennisplätzen. Zum Üben kannst du auch deinen Hinterhof oder eine Garageneinfahrt nutzen. Wenn du allein nur ein paar Schläge trainieren willst, schlägst du den Ball einfach gegen eine Wand.

Bei einem Einzel (zwei Spielerinnen treten gegeneinander an) bestimmt ihr zunächst, wer zuerst aufschlägt – das könnt ihr durch einen Münzwurf ent-

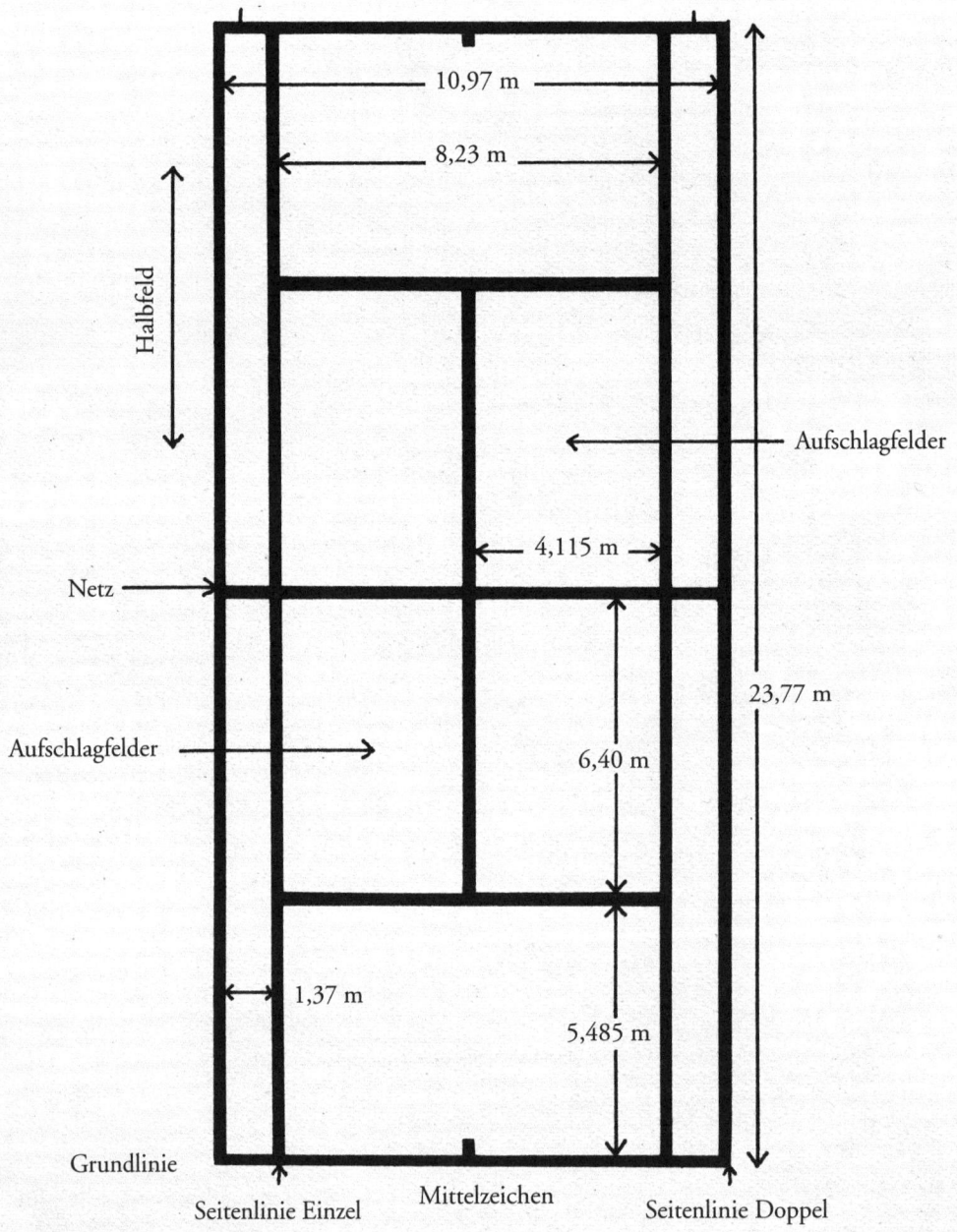

10,97 m

8,23 m

Halbfeld

Aufschlagfelder

4,115 m

Netz

Aufschlagfelder

6,40 m

23,77 m

1,37 m

5,485 m

Grundlinie

Seitenlinie Einzel

Mittelzeichen

Seitenlinie Doppel

scheiden. Anschließend stellen sich beide Spielerinnen an den Grundlinien auf.

Die Aufschlägerin stellt sich hinter die Grundlinie zwischen Mittelzeichen und Seitenlinie und schlägt den Ball in das Aufschlagfeld, das ihr diagonal gegenüberliegt. Nach jedem Punkt wechselt sie auf die andere Seite des Mittelzeichens. Wenn sie beim Aufschlag mit dem Fuß die Grundlinie berührt oder der Ball nicht im richtigen Feld landet, hat sie einen Fehler begangen. Sie darf dann den zweiten Aufschlag spielen. Wenn der Ball das Netz berührt, aber in das richtige Feld trifft, wird der Aufschlag wiederholt. Wenn beide Aufschläge fehlerhaft sind (Doppelfehler), verliert sie den Punkt.

Die Gegnerin darf den Ball beim Aufschlag erst spielen, nachdem er einmal aufgeprallt ist. Springt er zweimal auf, hat sie einen Fehler begangen und verliert den Punkt. Danach dürfen beide Spielerinnen den Ball spielen, bevor er aufspringt. Die erste Spielerin, die vier Punkte mit zwei Punkten Vorsprung erzielt, gewinnt das Spiel. Den Satz gewinnt, wer zuerst sechs Spiele mit zwei Spielen Vorsprung hat. Die Siegerin muss zwei von drei Sätzen gewinnen.

DIE WERTUNG

Ursprünglich wurde nach den Viertelstunden der Uhr gezählt: 15, 30, 45 und 60. Der leichteren Aussprache wegen wurde aber aus 45 später 40.

Ein Satz besteht aus sechs Spielen und ein Spiel aus vier Punkten. Haben beide Spielerinnen sechs Spiele gewonnen, spielen sie weiter, bis eine zwei Spiele Vorsprung hat. Oder sie spielen einen Tiebreak, bei dem sie abwechselnd zwei Aufschläge haben. Erzielt eine Spielerin im Tiebreak sieben Punkte mit zwei Punkten Vorsprung, gewinnt sie den Satz.

Die Zählung nach Punkten ist etwas sonderbar. Null Punkte heißen »Love« (der Begriff leitet sich von dem französischen Wort »l'oeuf« für Ei ab, weil die Null einem Ei gleicht). Für den ersten Punkt sagt man 15, für den zweiten 30 und für den vierten 40. Dabei werden die Punkte der Aufschlägerin zuerst genannt. Wenn die Schiedsrichterin »15 : Love« sagt, hat die Aufschlägerin einen Punkt und ihre Gegnerin noch keinen. Bei einem Spielstand von »15 : 40« hat die Aufschlägerin nur einen Punkt, ihre Gegnerin dagegen bereits drei. Haben beide Spielerinnen die gleiche Punktzahl erreicht, heißt der Spielstand z. B. »15 beide«. Nur wenn beide Spielerinnen drei Punkte haben, nennt man den Spielstand »Einstand«. Bei »Einstand« muss eine Spielerin zwei Punkte Vorsprung haben, um das Spiel zu gewinnen. Den ersten Punkt nach einem »Einstand« nennt man »Vorteil« (z. B. »Vorteil Stefanie«).

Eine Lavalampe basteln

Seit ihrer Erfindung 1964 faszinieren uns Lavalampen. Ihr charakteristische Wirkung entsteht durch Blasen aus Wachs, die in einer Flüssigkeit aufsteigen und wieder hinabsinken. Die Blasen werden durch eine Glühlampe erwärmt. Sie steigen auf und sinken wieder, wenn sie sich abgekühlt haben. Der Anblick einer Lavalampe kann hypnotisierend und beruhigend sein. Ihre Inhaltsstoffe sind jedoch meist giftig. Für deine eigene Lavalampe haben wir deshalb eine Version mit ungiftigen Substanzen ausgewählt.

DAS BRAUCHST DU:

- Babyöl
- Wasser
- Lebensmittelfarbe
- Tabletten gegen Sodbrennen
- Ein Glasgefäß mit Deckel oder eine Sprudelflasche mit Deckel oder einen anderen Behälter, den man zum Schütteln dicht verschließen kann

Das Gefäß füllst du zu etwa zwei Dritteln mit Öl und gibst einige Tropfen der Lebensmittelfarbe hinein. Die Tablette brichst du in sechs bis acht Stücke.

Jetzt füllst du das letzte Drittel des Gefäßes mit Wasser und gibst sofort ein bis zwei Tablettenstücke dazu. Nun kannst du beobachten, wie Blasen aufsteigen. Wenn sie wieder sinken, schüttelst du das Gefäß (achte darauf, dass das Gefäß fest verschlossen ist!) und gibst erneut einige Tablettenstücke hinein.

Die aufsteigende Lava beleuchtest du mit einer Taschenlampe, einer Schreibtischlampe oder einer anderen Lichtquelle, die von hinten oder unten durch das Gefäß scheint.

Du kannst das Babyöl auch durch Sonnenblumenöl oder Rapsöl ersetzen, aber deine Lösung wird dann gelblich. Anstelle der Tabletten kannst du auch Salz nehmen. Du musst dann jedoch ständig Salz nachfüllen, damit die Blasen aufsteigen. Aber nach unserer Erfahrung ist Salz weniger geeignet als die Tabletten.

Deine Lavalampe funktioniert, weil sich Öl und Wasser nicht mischen. Öl ist leichter als Wasser und steigt deshalb nach oben, während Wasser nach unten sinkt. Die Lebensmittelfarbe färbt nur das Öl. Die Tabletten setzen Bläschen aus Kohlendioxid frei, die aufsteigen und oben platzen.

Labyrinthe

Das Ur-Labyrinth stammt vermutlich von der Insel Kreta aus minoischen Zeiten vor ungefähr 3500 Jahren. Der Sage nach wurde es für den furchterregenden Minotaurus errichtet, ein Ungeheuer mit Menschenleib und Stierkopf.

Der König Minos von Kreta hatte einen Krieg gegen Aigeus, den König von Athen, gewonnen. Als Tribut musste König Aigeus jährlich sieben Jungfrauen und sieben Jünglinge nach Kreta in das Labyrinth des Königs Minos schicken. In der Mitte dieses Labyrinths lebte der Minotaurus, der alle Jahre wieder diese jungen Menschen aus Athen verschlang.

Einmal, als wieder die Zeit für den Tribut gekommen war, trat Theseus, der Sohn des Königs Aigeus, hervor und sagte, er wolle den Minotaurus töten. Als Theseus auf Kreta ankam, traf er Ariadne. Die Tochter des Königs Minos verliebte sich in Theseus und versprach, ihm zu helfen. Bevor Theseus das Labyrinth betrat, gab Ariadne ihm einen langen Faden mit, den er unterwegs abwickeln sollte. Theseus ging in das Labyrinth, tötete den Minotaurus und fand mithilfe des Fadens den Weg zurück.

Ist die Geschichte tatsächlich wahr? Eine Münze der Bronzezeit aus der Stadt Knossos auf Kreta zeigt ein rechteckiges Labyrinth – mit dem Stadtwappen in seiner Mitte. Auf Kreta wurde eine Tafel in frühgriechischer Sprache entdeckt. Der Text berichtet von einer »Herrin des Labyrinths« – und warum man gut daran tat, ihr ein Glas Honig anzubieten!

Ein Labyrinth kennt nur einen einzigen verschlungenen Weg: in die Mitte und wieder hinaus. In einem echten Labyrinth geht niemand wirklich verloren. Irrgärten, wie es sie heute gibt, bieten dagegen nahezu unendlich viele Möglichkeiten, die Richtung zu wählen. In ihnen kannst du dich verlieren, und du musst schon etwas nachdenken, um wieder herauszufinden. In diesen »modernen Labyrinthen« lauert aber kein Ungeheuer wie Minotaurus.

Labyrinthe findest du auf der ganzen Welt. Eine portugiesische Villa besitzt einen Mosaikboden, der ein rechteckiges Labyrinth zeigt – und Minotaurus in seiner Mitte. Die Kathedrale von Chartres in Frankreich, die zu ihrer Zeit die höchste und bedeutendste war, zeigt ein kompliziertes Labyrinth mit 15 Bogen in ihrem Fußboden. In Arizona fand man Höhlenmalereien der nordamerikanischen Ureinwohner, die Labyrinthe darstellen. Schwedische Fischer bauten einst Labyrinthe aus Steinen auf Feldern, um Kobolde fernzuhalten.

EIN EIGENES LABYRINTH MALEN

Die Abbildungen zeigen dir, wie du ein klassisches siebenbogiges Labyrinth zeichnest. ❶ Du beginnst mit zwei Linien, die ein Kreuz bilden. In die Ecken malst du rechte Winkel und Punkte. ❷ Von der mittleren Linie ziehst du einen Bogen zu dem rechten Winkel. ❸ Dann ziehst du sieben weitere Bogen (in Gelb und Grün), bis dein Labyrinth vollendet ist. Dieses Labyrinth hat seinen Eingang auf der linken Seite. Um ein Labyrinth mit Eingang auf der rechten Seite zu malen, ziehst du den ersten Bogen nach links.

Kleinere oder größere Labyrinthe beginnst du auf diese Weise.

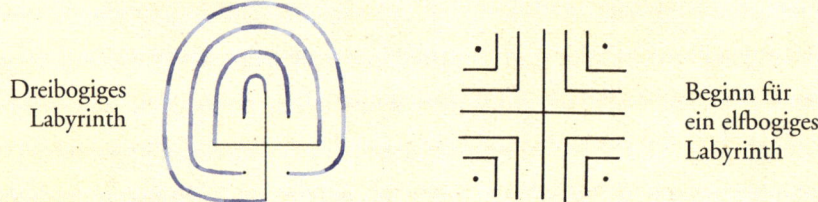

Dreibogiges Labyrinth

Beginn für ein elfbogiges Labyrinth

Wenn du durch dein Labyrinth gehen willst, malst du es mit Kreide oder Farbe auf den Boden. Ein siebenbogiges Labyrinth benötigt eine Fläche von etwa sieben mal acht Metern. Labyrinthe kannst du auch mit Steinen markieren, in den Rasen mähen oder im Herbst in ein abgeerntetes Maisfeld schlagen.

Landwirtschaft im Hinterhof

—— ›‹ ——

Einen Hinterhof in eine Landwirtschaft verwandeln zu wollen, das klingt ziemlich weit hergeholt. Doch nach dem Zweiten Weltkrieg z. B. war es in Deutschland sehr schwer, sich zu ernähren. Viele Menschen bauten in Hinterhöfen, in öffentlichen Parkanlagen und sogar vor dem Berliner Reichstagsgebäude Gemüse an, um sich und ihre Familien zu versorgen. Auch wenn dir kein Hinterhof zur Verfügung steht (oder die Nachbarn dir dies verbieten), kannst du viele Pflanzen in einem Gartenhäuschen, in Kisten und sogar in Blumenkästen mit eigener Bewässerung anbauen.

Mit etwas Planung und Hartnäckigkeit legst du dir dein eigenes Gärtchen an. Es ist ein weitverbreitetes Vorurteil, dass Kinder kein Gemüse mögen. Doch das sollte dich nicht davon abhalten, in deinem Hinterhof eine kleine Gärtnerei zu betreiben (wir kennen tatsächlich viele Kinder, die den Geschmack und das Knacken frischer Möhren und zuckersüßer Erbsen lieben). Bei der Planung achtest du darauf, welches Gemüse deine Familie benötigt. Du kannst deine selbst erzeugten Produkte auch an einem Marktstand verkaufen.

AUSWAHL DER GEMÜSESORTEN

Eine gute Planung muss vor dem ersten Spatenstich stattfinden. Wenn du dein Gemüse an einem Stand verkaufen willst, baust du von jeder Sorte etwas an. Hier folgen einige Vorschläge für geeignete Gemüsesorten.

Salate zählen nicht unbedingt zum Lieblingsgemüse der Kinder, aber Erwachsene halten ihn für etwas Besonderes. Sie bevorzugen meist kleine Salatköpfe mit verrückten Namen. Und sie zahlen dafür auch mehr, insbesondere wenn er aus der Region stammt und ökologisch angebaut wurde (was er auch ist, weil Kinder keinen Kunstdünger verwenden). Deshalb solltest du mehrere Salatsorten anbauen.

Die Anweisungen auf den Päckchen zeigen dir, wann du ihn säen musst. Im Frühling säst du einige Samen aus, bedeckst sie mit Erde und wartest auf die ersten Sprossen. Damit du auch über längere Zeit Salat anbieten kannst, säst du jede Woche welchen aus, bis das Wetter zu warm wird und der Salat »schießt«. (Du kannst Salat auch im Spätsommer zusammen mit Spinat, Weißkohl und Grünkohl für eine zweite Ernte aussäen.)

Manche Menschen mögen Brokkoli, manche Bohnen und andere Radieschen, aber alle lieben Blumen. Mehrere Reihen Blumen anzupflanzen, ist daher eine sehr gute Idee. Tulpen, Margeriten, Sonnenblumen und Wicken lassen sich gut aus Samen oder Zwiebeln ziehen. Um die Blumen an deinem Stand anzubieten, sammelst du leere Gläser und alte Vasen oder kaufst sie auf dem Flohmarkt oder in einem Geschäft.

Frische Kräuter sind auch im Supermarkt teuer, aber du kannst sie leicht selbst anbauen. Zu den beliebtesten Kräutern zählen Basilikum, Dill, Estragon, Koriander, Minze, Oregano, Petersilie und Schnittlauch. Viele Kräuter kannst du in Essig oder Öl einlegen und in Gläsern verkaufen. Wohlriechender Lavendel ist ebenfalls sehr beliebt, er erreicht aber erst nach einigen Jahren eine entsprechende Größe. Mehrjährige Kräuter pflanzt du an einer anderen Stelle als die einjährigen, die du im Herbst einfach untergräbst, um den Boden für das nächste Frühjahr vorzubereiten.

Es gibt noch viele weitere Anbaumöglichkeiten wie Gurken, Tomaten, Karotten, Kartoffeln, Zwiebeln oder Knoblauch. Du könntest dich in einem Gartenkatalog informieren oder Mitarbeiter im Gartencenter befragen, was in deiner Region am besten wächst. Für was du dich auch entscheidest: Schon ein Jahr vor dem Pflanzen beginnst du mit der Planung. Von deinem Garten zeichnest du einen Grundriss mit allen Reihen und Beeten, in denen dein Gemüse wachsen soll. Die Reihen können lang und schmal oder kurz und breit sein. Du kannst auch ein kreisförmiges Beet anlegen, dessen Wege wie Speichen eines Rads zur Mitte führen. Und in den nächsten Jahren kannst du noch andere Möglichkeiten ausprobieren.

AUSSAAT UND WACHSTUM

1. Boden: Die Landwirtschaft erfordert Zeit, Geduld und die Bereitschaft, aus Fehlern zu lernen. Ihre grundlegenden Elemente bilden jedoch Boden, Wasser und Sonne. Zunächst rodest du eine Fläche und entfernst Gräser und Unkraut. Mit einer Grabgabel, Hacke oder einem Spaten gräbst du die obere Schicht (etwa 25 cm) des Bodens um. Der Boden braucht noch Nährstoffe wie Mulch, Dung und seltsame Sachen wie Torf und bestimmte Fischöle. Die Bodenbearbeitung ist mühevoll, aber deine Anstrengungen werden sich später auszahlen.

Bereits jetzt legst du die Beete und Reihen für deine Pflanzen an. Die Wege bedeckst du mit Zeitungen oder Plastikfolien, damit auf ihnen kein Unkraut wächst. Nach unserer Erfahrung erspart eine Stunde dieser Arbeit zehn Stunden Unkraut jäten im nächsten Jahr.

Den Boden für Blumenkästen, Kübel oder kleine Gewächshäuschen vorzubereiten, ist dagegen weniger anstrengend. Erfahrene Gärtner sagen dir, welchen Boden du für deine Pflanzen benötigst.

2. Samen und Setzlinge: Die Anleitungen auf den Päckchen zeigen dir, wann und wie du die einzelnen Samen aussäen musst. Samen für Karotten und Erbsen säst du direkt in den Boden. Dabei drückst du große Samen in den Boden, während kleinere nur ausgestreut und mit Erde bedeckt werden. Bei anderen Pflanzen wie Tomaten nimmst du besser Setzlinge. Diese jungen Pflanzen wurden bereits in Gewächshäusern ausgekeimt und sind schon etwas vorgezogen.

Wir haben noch einen lustigen Tipp: Du legst die Pflanzreihen mit Toilettenpapier aus (das ist wirklich ernst gemeint). Die Samen streust du dann in die Mitte des Papiers und faltest eine Seite über die Samen. Dann bedeckst du das Papier mit Erde. So bleiben die Samen an Ort und Stelle und können nicht verschwinden. Das Papier verrottet später von selbst.

Einige Pflanzen wie Tomaten brauchen Stangen, damit sie nicht umfallen. Kartoffeln wachsen besonders gut unter kleinen Erdhügeln. Wenn die Kartoffeln herauswachsen, häufelst du erneut mit Erde an.

3. Ernte: Während des Wachstums wässerst du deine Pflanzen, jätest Unkraut und wartest. Irgendwann siehst du die ersten Ranken deiner Wicken, wie der Salat treibt und die Tomaten größer und rot werden. Dann nimmst du deinen Korb und erntest die reifen Früchte und Pflanzen.

4. Einstellung: Habe keine Angst. Anfängern unterlaufen immer Fehler und die ein oder andere Pflanze wird nicht gedeihen. Doch abgesehen von der Vorbereitung, der Aussaat und dem Wässern erledigt die Natur den größten Teil der Arbeit. Du wirst viele Tricks selbst entdecken und von anderen lernen.

MARKTSTAND

An einem Stand kannst du deine Tomaten, Erbsen, Salatköpfe und Blumen an Nachbarn oder Passanten verkaufen. Vorher erkundigst du dich im Supermarkt oder auf dem Markt nach den Preisen der einzelnen Produkte. Du musst auch bei der Stadtverwaltung nach einer Genehmigung für einen Stand fragen.

Nach der Ernte baust du den Stand auf. Dazu brauchst du einen Gartentisch oder einen Bollerwagen. Auf einem großen Schild aus Pappe oder einem Tuch wirbst du für deine Erzeugnisse. Das Schild kannst du zwischen zwei Pflanzpfähle spannen, die sich leicht in den Boden drücken lassen. Die einzelnen Gemüsesorten bietest du in Körben oder Kisten an und die Blumen stellst du in Vasen mit etwas Wasser. Du kannst dein Sortiment auch mit selbst gebackenem Kuchen, Handwerksarbeiten oder Getränken ergänzen.

Die Verkaufszeiten gibst du auf deinem Schild an (der Stand ist jeden Freitag- nachmittag geöffnet). Du brauchst auch nicht die gesamte Zeit an deinem Stand zu verbringen. Du schreibst zu jedem Gemüse und jedem Blumenstrauß den Preis auf ein kleines Schild mit dem Hinweis, dass deine Kunden den Betrag in die Kasse geben mögen. Wenn du dann nachmittags aus dem Schwimmbad kommst, zählst du deine Einnahmen und nimmst deinen Stand mit nach Hause.

Neben dem Verkauf am Stand kannst du das Gemüse auch regelmäßig oder auf Bestellung ausliefern. Nicht alle Menschen in deiner Stadt besitzen einen Garten, in dem sie Gemüse anbauen können. Ihnen lieferst du wöchentlich eine Kiste mit frischem Gemüse, das du kurz zuvor geerntet hast. So ein Service existiert bereits in vielen Städten Deutschlands und nennt sich meist »grüne Kiste« oder ähnlich.

Courage

—— >‹‹ ——

Mut oder Courage bedeutet nicht, keine Angst zu haben, sondern Angst zu verspüren und trotzdem das Richtige zu tun. Mut braucht man in vielen Situationen: z. B. ein Torhüter, der sich einem scharfen Schuss entgegenwirft, oder die Freundin, die als Erste etwas Neues ausprobiert oder es wagt, ihre Meinung frei zu äußern. Viele berühmte Menschen haben sich Gedanken über den Mut gemacht.

Du wirst mit jeder Erfahrung stärker, mutiger und selbstbewusster, bei der du deine Angst besiegen musstest.
Eleanor Roosevelt
amerikanische Menschenrechtlerin

Mut ist nicht immer laut. Manchmal ist er die leise Stimme, die dir am Ende eines Tages sagt: »Morgen versuche ich es nochmal.«
Mary Ann Radmacher
amerikanische Schriftstellerin

Handle mutig, und unsichtbare Kräfte werden dir helfen.
Dorothea Brande
amerikanische Schriftstellerin

Man wird nicht mit Mut geboren, aber man kommt mit Möglichkeiten auf die Welt. Ohne Mut können wir keine andere Tugend konsequent leben.
Maya Angelou
amerikanische Schriftstellerin

Nur wer große Fehler macht, erzielt auch große Leistungen.
John F. Kennedy
amerikanischer Politiker

Das Leben ist für niemanden einfach. Aber was soll's? Wir brauchen Ausdauer und vor allem Selbstvertrauen. Wir müssen daran glauben, dass wir für etwas begabt sind und dass wir dies erreichen müssen.
Marie Curie
französische Chemikerin

Ich habe gelernt, dass Mut nicht die Abwesenheit von Angst ist, sondern der Sieg über sie. Der tapfere Mensch ist nicht der, der keine Angst verspürt, sondern der sie besiegt.
Nelson Mandela
afrikanischer Politiker

Wer nicht mutig genug ist, alle Risiken auf sich zu nehmen, wird im Leben nichts vollbringen.
Muhammed Ali
amerikanischer Boxer

Geduld und Selbstvertrauen besitzen magische Wirkungen, vor denen Probleme verschwinden und sich Hindernisse auflösen.
John Quincy Adams
amerikanischer Politiker

*Ich habe keine Angst vor Stürmen,
denn ich weiß, wie ich mein Schiff
steuern muss.*

Louisa May Alcott
amerikanische Schriftstellerin

*Das Leben ist entweder ein mutiges
Abenteuer oder gar nichts.*

Helen Keller
amerikanische Schriftstellerin

*Das Leben hat drei Freunde: Mut,
Verstand und Einsicht.*

afrikanisches Sprichwort

*Wenn dir deine innere Stimme sagt,
»du kannst nicht malen«, dann malst
du selbstverständlich, und die innere
Stimme verstummt.*

Vincent van Gogh
niederländischer Maler

*Eine ruhige See bringt keine guten
Seeleute hervor.*

englisches Sprichwort

*Wenn du Selbstvertrauen besitzt,
kannst du viel Freude erleben. Und
wenn du viel Freude hast, kannst du
erstaunliche Sachen machen.*

Joe Namath
amerikanischer Sportler

*Es ehrt unsere Zeit, dass sie genügend
Mut aufbringt, Angst vor dem Krieg
zu haben.*

Albert Camus
französischer Schriftsteller

*Der Unwissende hat Mut, der
Wissende Angst.*

Alberto Moravia
italienischer Schriftsteller

Sonnenuhren

—— ✦ ——

Bevor die mechanische Uhr erfunden wurde, bestimmten die Menschen die Zeit durch Beobachtung der Sonne und der Schatten, die sie warf. Die alten Ägypter benutzten Gnomone wie Obelisken (ein vierkantiger Steinpfeiler), Sonnenuhren (Geräte mit Markierungen, auf denen der Schatten den Lauf der Sonne anzeigte) und sogar Wasseruhren (Behälter, aus denen Wasser gleichmäßig heraustropfte), um die Zeit zu messen. Die alten Griechen entwickelten die alten Sonnenuhren mit ihrem Wissen der Geometrie weiter und der römische Dramatiker Plautus beschwerte sich darüber, wie die Tage »in unglücklich kleine Portionen« zerhackt wurden. Heute werden unsere Tage durch Uhren, Computer und sogar Telefone in »Bits zerhackt«. Aber auch heute noch werden Sonnenuhren genutzt.

Eine Sonnenuhr besitzt zwei wichtige Bauteile, den Gnomon und das Zifferblatt. Der Gnomon ist der aufrecht stehende Teil der Uhr, der meist eine dreieckige, flossenartige Form hat. Manche Sonnenuhren besitzen aber auch nur einen Stab oder sogar eine riesige Treppe als Gnomon. Das Zifferblatt ist oft eine Platte, auf die der Schatten des Gnomons fällt. Einkerbungen oder Zeichen bilden die Markierungen, um die Stunden anzuzeigen. Manche Zifferblätter besitzen auch zusätzliche Informationen wie Tierkreiszeichen, Himmelsrichtungen oder die Zeiten des Sonnenaufgangs und Sonnenuntergangs.

Sonnenuhren funktionieren natürlich nur, wenn die Sonne scheint und der Gnomon seinen Schatten auf das Zifferblatt wirft. Wohin dabei der Schatten fällt, hängt vom Stand der Sonne am Himmel ab.

DAS BRAUCHST DU FÜR DEINE EIGENE SONNENUHR:

- ✦ Zwei dünne, steife Kartons
- ✦ Schere
- ✦ Winkelmesser oder Geodreieck
- ✦ Lineal
- ✦ Kompass
- ✦ Marker oder Bleistift
- ✦ Klebeband

Das Zifferblatt: Aus dem Karton schneidest du ein 20 cm hohes und 22 cm breites Rechteck. Mit dem Lineal ziehst du eine parallele Linie in 2,5 cm Abstand zum unteren Rand (22 cm). Bei genau 11 cm markierst du die Mitte dieser Linie und ziehst von ihr aus eine senkrechte Linie zum oberen Rand (mit Bleistift). Deine Linien sehen danach wie ein auf dem Kopf stehendes »T« aus ❶.

Die Stundenlinien: Die Anordnung der Linien hängt vom jeweiligen Breitengrad ab (wie weit du vom Äquator entfernt wohnst). Die Maße unten beziehen sich auf 51° nördlicher Länge und 10° östlicher Breite (südlich von Göttingen), sie gelten aber mit geringen Abweichungen für ganz Deutschland.

Den Winkelmesser legst du so an, dass sein unterer Rand auf der Parallelen liegt und seine Mitte genau über der Linie nach oben. Jetzt markierst du folgende Winkel: 5°, 24°, 42°, 57°, 71°, 83°, 95°, 107°, 119°, 133°, 148°, 166° und 185°. Die senkrechte Linie zum oberen Rand radierst du aus. Dann verbindest du mit dem Lineal alle Punkte mit dem Mittelpunkt und beschriftest die neuen Linien von links beginnend mit folgenden Zahlen: 6, 7, 8, 9, 10, 11, 12, 1, 2, 3, 4, 5 und 6. Diese Zahlen geben die Uhrzeit an. Wenn du deine Sonnenuhr aber hauptsächlich im Sommer nutzen willst, musst du die Sommerzeit berücksichtigen. Dazu rechnest du zu jeder Zahl den Wert 1 hinzu ❷.

Der Gnomon: Auf den zweiten Karton zeichnest du ein Dreieck mit 12 cm Grundlinie und 15 cm Höhe. Etwa 1 cm unterhalb der Grundlinie zeichnest du eine weitere Linie parallel zu ihr. Diese Linie ist an den Enden etwas kürzer als die Grundlinie. Die Enden dieser Linie verbindest du mit der Grundlinie ❸.

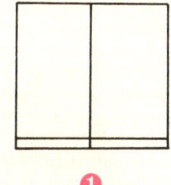

Dann schneidest du das Dreieck aus und faltest es an der Grundlinie. Die Mitte der gefalteten Seite schneidest du ein und klappst eine Seite nach links und die andere nach rechts ❹.

Zusammenbau: Auf der 12-Uhr-Linie des Zifferblatts markierst du einen Punkt in 12 cm Abstand von der Grundlinie. Bis zu diesem Punkt schneidest du die 12-Uhr-Linie ein. Den Gnomon schiebst du in diesen Schnitt, sodass seine schräge Kante nach vorn und die senkrechte zu dir weist. Achte darauf, dass der Gnomon genau aufrecht steht. Dann befestigst du ihn auf der Unterseite des Zifferblatts ❺.

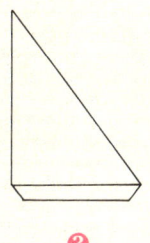

Letzter Schliff: Du kannst die Sonnenuhr jetzt noch nach deinen Vorstellungen verzieren. Wenn du das Zifferblatt nicht verändern willst, kannst du die Sonnenuhr auch auf einen größeren Karton oder eine Holzplatte setzen, die du vorher nach deinen Wünschen gestaltet hast.

Viele Sonnenuhren besitzen traditionell einen Leitspruch. Manchmal sagt dieser etwas über die Zeit aus oder er rühmt die Person des Erbauers. Hier sind einige Vorschläge: »Lasst andere von Stürmen und Regenschauern berichten, ich zeige nur die Sonnenstunden«, »Tempus fugit« (Die Zeit vergeht), »Carpe diem« (Nutze den Tag), »Amicis qualibet hora« (Jede Stunde für meine Freunde).

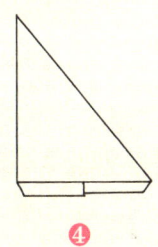

Aufstellen: Mit Sonnenuhr und Kompass gehst du in den Garten und suchst dir eine flache, sonnige Stelle. Dann bestimmst du mit dem Kompass den Norden und stellst deine Sonnenuhr so auf, dass die 12-Uhr-Linie genau auf der Nord-Süd-Linie liegt.

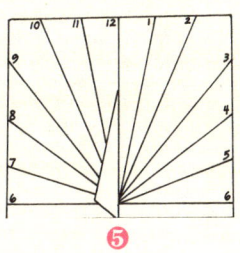

Das chinesische Neujahr

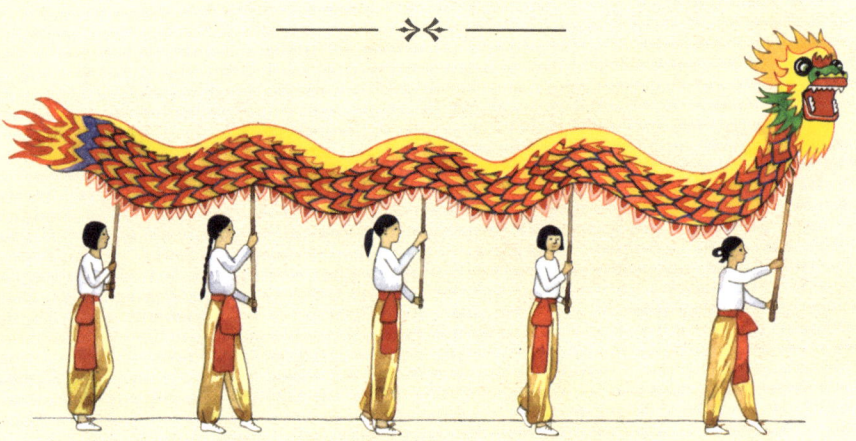

Das chinesische Neujahrsfest fällt stets auf den ersten Neumond eines Jahres – den Beginn des chinesischen Jahrs. Nach einer Legende terrorisierte einmal ein Ungeheuer ein Dorf. Die Dorfbewohner baten den Löwen, das Ungeheuer zu vertreiben. Doch der Löwe lehnte ab, weil er den Palast des Kaisers beschützen musste. Die Dorfbewohner zauberten deshalb den stärksten Drachen herbei, den sie sich vorstellen konnten. Sie bauten einen Drachen aus langen Seidentüchern und hielten ihn mit Bambusstöcken hoch. Gleichzeitig veranstalteten sie ohrenbetörenden Lärm und ein Feuerwerk, womit sie das Ungeheuer verscheuchten.

Heutzutage wird das Neujahrsfest mit Löwen- und Drachentänzen zu Rhythmen von Trommeln, mit Stelzenläufern und farbigen Festwagen gefeiert. Nahezu ein Viertel der Weltbevölkerung feiert das Neujahrsfest. Es findet nicht nur in China statt, sondern auch in vielen asiatischen Ländern, in den Chinatowns großer amerikanischer Städte und sogar in Australien. Der traditionelle chinesische Kalender kennt nur wenige Feiertage, von denen das Neujahrsfest eine besondere Bedeutung besitzt. In Peking und im übrigen China ruht die Arbeit für mindestens zwei Wochen. Das prächtige Feuerwerk dauert in manchen Städten sogar mehrere Tage.

Die Häuser werden gesäubert und festlich mit Laternen, Blumen und Papierbändern geschmückt. Helle Zitrusfrüchte wie Orangen und Mandarinen findet man überall. Rote Bänder werden um Bäume gewickelt. Auf den Tischen stehen viele Köstlichkeiten für Familienmitglieder und Verwandte, die Geldgeschenke in roten Umschlägen austauschen.

Viele Häuser tragen am Neujahrstag den Buchstaben »fu« an ihrer Vorderseite – auf dem Kopf stehend als Wortspiel. »Fu« bedeutet nämlich »viel Glück« und »fu dao le« heißt »das Glück ist angekommen«. »Dao« bedeutet auch »auf dem Kopf stehend«. Deshalb ist der Buchstabe »fu« spielerisch verdreht und zeigt so an, dass das Glück bereits angekommen ist.

DAS TIER DES JAHRES

Jedes neue Jahr steht unter dem Zeichen eines der zwölf Tiere des chinesischen Tierkreises. Zu jedem Tier existieren viele Legenden. Jedes Tierzeichen – ob Tiger, Drache oder Schaf – bestimmt Charakter, Schicksal und Glück des entsprechenden Jahres. Der Tierkreis wiederholt sich alle zwölf Jahre.

DER TRADITIONELLE CHINESISCHE KALENDER

Seit der Revolution 1911 wird in China der westliche Kalender in der Wirtschaft, in Schulen und im Alltag benutzt. Feste werden hingegen immer noch nach dem

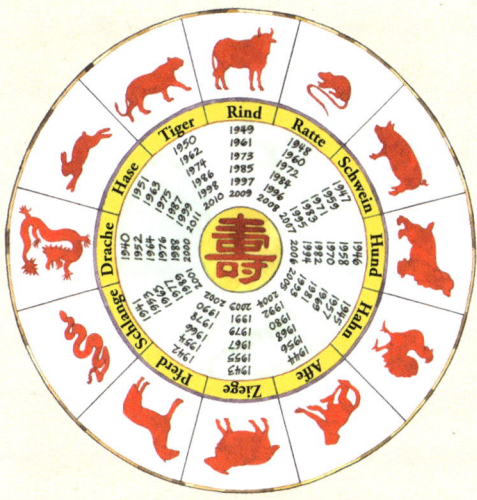

traditionellen chinesischen Kalender gefeiert. Dieser chinesische Kalender erscheint unermesslich kompliziert. Der westliche oder gregorianische Kalender richtet sich nach dem Sonnenjahr, obwohl der Begriff Monat tatsächlich von dem Wort Mond abstammt. Die Chinesen benutzen einen Lunisolarkalender, der den Mondphasen folgt. Jeder Monat ist demnach 29,5 Tage lang. Lunisolarkalender müssen daher häufiger angepasst werden, damit die Monate auch immer in die gleiche Jahreszeit fallen. Dazu kennt der chinesische Kalender Schaltmonate, damit das Mondjahr auch mit dem Sonnenjahr übereinstimmt. Das Schaltjahr in unserem westlichen Kalender fügt alle vier Jahre einen zusätzlichen Tag im Februar ein.

Der chinesische Kalender zählt vom Jahr eins des Gelben Kaisers im Jahr 2698 v. Chr. Unser Jahr 2010 entspricht daher dem chinesischen Jahr 4708. Dieser Kalender ist seit der Revolution 1911 in Kraft. Vorher wurde ein Kalender mit einem 60-jährigen Zyklus benutzt.

Wann ist das chinesische Neujahr?

14. Februar 2010	Jahr des Tigers	4708	8. Februar 2016	Jahr des Affen	4714
3. Februar 2011	Jahr des Hasen	4709	28. Januar 2017	Jahr des Hahns	4715
23. Januar 2012	Jahr des Drachen	4710	16. Februar 2018	Jahr des Hundes	4716
10. Februar 2013	Jahr der Schlange	4711	5. Februar 2019	Jahr des Schweins	4717
31. Januar 2014	Jahr des Pferdes	4712	25. Januar 2020	Jahr der Ratte	4718
19. Februar 2015	Jahr der Ziege	4713	12. Februar 2021	Jahr des Rindes	4719

DAS LATERNENFEST

Das chinesische Neujahrsfest dauert 15 Tage. Es wird am ersten Vollmond des Jahres mit einem Laternenfest abgeschlossen, das man Yuanxiao nennt. Laternen repräsentieren den Vollmond, und alle Menschen hoffen, dass ihnen das kommende Jahr Glück und Freude bringt. Auf den Laternen stehen häufig Rätsel, die jeder zu lösen versucht.

EINE PAPIERLATERNE BASTELN

Chinesische Laternen sind traditionell rot. Für deine Laterne brauchst du: Papier, Schere, Hefter oder Klebeband und Bindfaden. Das Blatt Papier faltest du längs zur Hälfte ❶. Den Falz schneidest du etwa alle 1 cm auf zwei Drittel der Länge ein ❷.

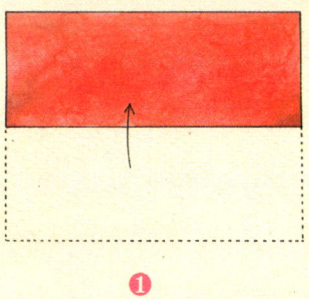

❶

❷

Dann entfaltest du das Blatt und klebst es oben und unten an den Längsseiten zusammen ❸. Aus einem schmalen Papierstreifen (15–20 cm) schneidest du eine Halterung und befestigst sie oben ❹. Aus einem andersfarbigen Blatt (gelb) kannst du eine Rolle falten und in deine Laterne kleben ❺.

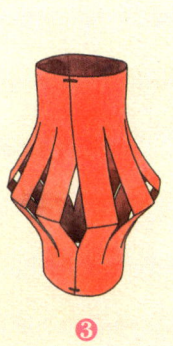

❸

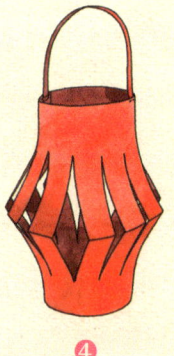

❹

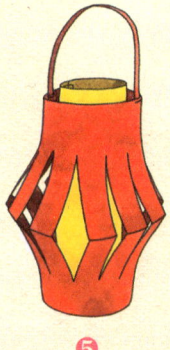

❺

Die Laterne hängst du an eine Schnur. Wenn du eine Lichterkette besitzt, die sich nicht erwärmt, kannst du sie an deiner Laterne befestigen. Aber sei vorsichtig und frage vorher einen Erwachsenen.

Am chinesischen Neujahrsfest werden traditionell rote Briefe ausgetauscht, die auf Mandarin *Hong bao* und in Kanton *Lai see* heißen. Die Briefe enthalten Geld – stets einen geradzahligen Betrag, der Glück bringt. Der Betrag sollte jedoch niemals der Zahl 4 entsprechen, weil sie Unglück bringt. Die Acht ist dagegen eine gute Zahl, denn sie wird wie das Wort *Gesundheit* ausgesprochen. Einige Umschläge enthalten auch Schokoladenmünzen. Unabhängig vom Inhalt bringt der rote Umschlag sowohl dem Empfänger als auch dem Absender Glück. Rote Umschläge werden auch zum Geburtstag oder zur Hochzeit verschenkt.

Für deinen eigenen roten Brief zeichnest du eine Vorlage wie in den Abbildungen und schneidest sie aus ❶. Dann faltest du Fläche 1 über Fläche 2. Du klappst A und B nach innen und klebst sie fest ❷. Deinen Brief verschließt du mit der Lasche C ❸.

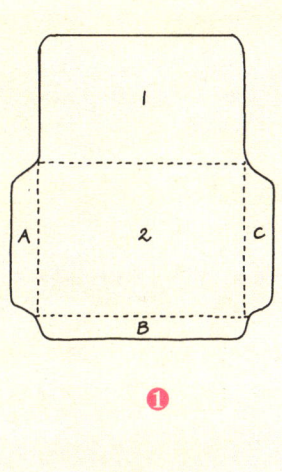

❶

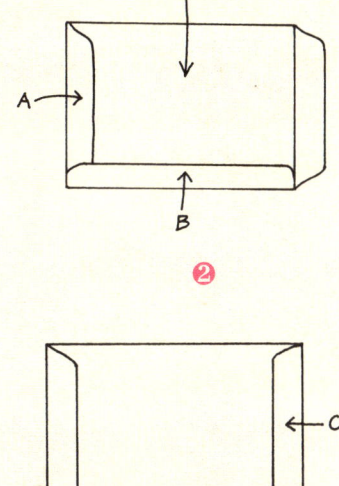

❷

❸

Neujahrsgrüße

Zum chinesischen Neujahr entspricht ein »Gung Hei Fat Choi« im Dialekt des südlichen Kanton dem Wunsch nach Reichtum. In Mandarin, das ursprünglich aus dem Norden stammt, bedeutet »Xin Nian Kuai Le« einfach nur »Frohes Neujahr«.

Berühmte Frauen
Zweiter Teil

---- ❯❮ ----

TÄNZERINNEN AUS EUROPA

Anna Pawlowa

Anna Pawlowa wird am 12. Februar 1881 in der Nähe von St. Petersburg geboren. Ihre Mutter ist eine einfache Wäscherin, wer ihr Vater ist, konnte bis heute nicht geklärt werden. Erzogen wird sie von ihrem Stiefvater, der sie im Alter von drei Jahren adoptiert. Mit sieben Jahren nimmt sie ihre Mutter mit zu einer Ballettvorführung von Tschaikowskys »Dornröschen«. Sie ist so tief beeindruckt, dass sie sich ein Jahr später bei der Kaiserlichen Ballettschule bewirbt, jedoch noch zu jung für die Aufnahme ist, die erst mit zehn erfolgt.

Schon während ihrer Ausbildung entwickelt sie einen eigenen Stil. Da sie sehr zierlich gebaut ist, muss sie mit ihren Ausdrucksmitteln anders umgehen als die anderen Schülerinnen. Ihre Lehrer sind nicht immer begeistert, aber Anna hält durch und trainiert eisern.

Mit 18 macht sie ihren Abschluss und wird ins Kaiserliche Ballett übernommen. Erst spielt sie Nebenrollen, dann folgen Hauptrollen. Auch das Dornröschen darf sie spielen. Langsam wird sie zum heimlichen Star des Ensembles. Als Mathilde Kescheinsska, die Primaballerina des Theaters, ein Kind erwartet, schlägt sie Anna als Ersatz vor, in

Anna Pawlowa

der Hoffnung, dass sie scheitert, um so noch unerreichbarer zu erscheinen. Anna Pawlowa aber meistert die Rolle der Nikija in der »Tempeltänzerin« und wird zum Superstar des Balletts.

Ab 1908 reist sie durch ganz Europa und tritt an den bekanntesten Balletthäusern von London bis Paris auf. »Der sterbende Schwan« wird ihre berühmteste Rolle. 1910 zieht sie nach London und feiert dort einen Erfolg nach dem anderen.

Längst ist ihr Stil zum Vorbild für andere Tänzerinnen geworden. Mit 49 Jahren beschließt sie, ihre Karriere zu beenden, und geht auf eine Abschiedstournee durch Europa. In Den Haag erkrankt sie schwer an Lungenentzündung und stirbt am 23. Januar 1931. Bis heute ist sie unvergessen.

Mary Wigman

Mary Wigman wird am 13. November 1886 in Hannover als Tochter eines Fahrradhändlers geboren. Einige Male wechselt die Familie den Wohnort, sodass sie schon als Kind England und die Niederlande kennenlernt. Auch wird sie bald nicht mehr Marie genannt, sondern Mary.

Nach der Schule studiert sie in Dresden Rhythmische Gymnastik, ist aber unzufrieden mit der Ausbildung, denn sie will eine wirkliche Künstlerin werden. Sie verlässt Dresden und reist kreuz und quer durch Europa, um eine Schule zu finden, die ihren Vorstellungen entspricht. Dabei lernt sie so bedeutende Künstler kennen wie den Maler Emil Nolde, der sie auf die Künstlerkolonie Monte Verità in der Schweiz aufmerksam macht. Dort trifft sie 1913 auf Rudolf von Laban, einen ungarischen Tänzer und Choreografen, der in seiner »Schule für Kunst« neuartige Tanzformen unterrichtet. Endlich hat Mary den passenden Lehrer gefunden.

Sie verbringt den Ersten Weltkrieg in der Schweiz und entwickelt eigene Tanzprogramme, mit denen sie in Zürich und anderen Städten auftritt. Ihr »Hexentanz« und der »Tempeltanz« zählen zu den bekanntesten.

Nach dem Krieg kehrt sie 1919 nach Deutschland zurück und zeigt ihr Können in Hamburg und Dresden. Zum ersten Mal sieht das Publikum einen modernen Ausdruckstanz, der mit dem klassischen Ballett nur wenig zu tun hat. Der Erfolg übertrifft alle Erwartungen. Mary wird ein gefeierter Star und ändert ihren Namen von Wiegmann in Wigman, was internationaler klingt.

In Dresden eröffnet sie 1920 eine eigene Tanzschule. Sie unternimmt Tourneen durch Europa und die USA und wird so ein Weltstar des modernen Tanzes. Das bleibt sie bis zu ihrem Tod am 19. September 1973.

Pina Bausch

Pina Bausch ist die Tochter eines Gastwirts und wird am 27. Juli 1940 in Solingen geboren. Wie so viele Tänzerinnen ist sie schon als Kind vom Ballett begeistert und nimmt Unterricht. Sie tanzt so gut, dass sie schon mit 14 Jahren von der bekannten Folkwangschule in Essen aufgenommen wird, wo sie bis 1958 Tanz studiert. Für ihre Abschlussvorführung wird sie ausgezeichnet und erhält ein Stipendium für die berühmte Juilliard School in New York. Zwei Jahre später tanzt sie bereits an der Metropolitan Opera.

Ihr alter Tanzlehrer an der Folkwangschule bittet sie schließlich 1962, wieder zurück nach Deutschland zu kommen, um dort als Tänzerin und Lehrerin zu arbeiten. Pina nimmt dieses Angebot an und wird innerhalb weniger Jahre zu einer der bekanntesten modernen Tänzerinnen Deutschlands.

Als ihr Lehrer in den Ruhestand geht, übernimmt sie dessen Aufgaben und wird künstlerische Leiterin der Tanzabteilung der Folkwangschule. In Wuppertal gründet sie im Jahr 1973 ihr eigenes Tanztheater und macht es dank ausgefallener Choreografien und Inszenierungen zu einem der besten Ensembles der Welt.

Pina Bausch selbst wird zum Superstar der Tanzszene. Mehrere Welttourneen in 38 Länder machen ihr Theater international bekannt. Bis zu ihrem Tod am 30. Juni 2009 leitet sie ihr Theater, das heute von dem französischen Tänzer Dominique Mercy geführt wird.

Handball

>‹‹

GESCHICHTE EINER SPORTART

Schon Ägypter, Griechen und Römer kannten verschiedene Ballspiele, bei denen man sich den Ball mit den Händen zuwarf. Die Bälle waren meistens aufgeblasene Schweinsblasen oder Bälle aus Pflanzenfasern. Die ältesten bekannten Darstellungen stammen aus Ägypten und sind um 1900 v. Chr. entstanden. Sie zeigen zwei Mannschaften, bestehend aus je drei Mädchen, die gegeneinander antreten. Einige griechische Dichter erwähnen Ballspiele, etwa Homer (um 850 v. Chr.) in der »Odyssee«. Bei dem von ihm beschriebenen »Spiel der Urania« musste der Ball möglichst hoch in die Luft geworfen und vom Gegner sicher gefangen werden. Bei Griechen und Römern ebenfalls sehr beliebt war das »Harpaston«, eine Mischung aus Handball und Rugby. Zwei Mannschaften standen sich auf zwei Spielfeldern gegenüber. Die Spieler hatten die Aufgabe, den Ball über eine Mittellinie ins gegnerische Feld zu tragen oder zu spielen. Der Gegner hat natürlich versucht, dies zu verhindern.

Auch im Mittelalter sind Ballspiele beliebt. So besingt der berühmte Minnesänger Walter von der Vogelweide (1170–1230) in einem seiner Lieder ein Fangballspiel, ohne allerdings die genauen Regeln anzugeben.

Im 19. Jahrhundert wurden in Europa gleich eine ganze Reihe von Fang-, Korb- und Wurfspielen gespielt, aus denen sich nach und nach der heute bekannte Handball entwickelt hat. Einen entscheidenden Schritt machte der dänische Lehrer und Sportler Holger Nielsen (1866–1955), der als Fechter und Pistolenschütze erfolgreich an den Olympischen Spielen 1896 in Athen teilnahm. Er verfasste 1906 die ersten Regeln für ein modernes Handballspiel. Ihm folgte der Berliner Turnwart Max Heiser (1879–1921), der 1915 ein Spiel namens »Torball« erfand, das er zwei

Jahre später in »Handball« umtaufte. Es sollte besonders für Mädchen geeignet sein. Sein Berliner Kollege Carl Schelenz (1890–1956) veränderte die Spielregeln und die Größe des Balls und vollendete damit die Entwicklung. Handball war allerdings vor allem Feldhandball. Noch 1936 war Feldhandball olympische Disziplin. Dann setzte sich jedoch der Hallenhandball durch und wurde 1972 olympische Sportart. Der Feldhandball verschwand, sodass heute unter Handball automatisch Hallenhandball verstanden wird.

Handball wird vor allem in Europa gespielt und ist bei Männern und Frauen gleichermaßen beliebt. Wie im Fußball gibt es eine Bundesliga, Europa- und Weltmeisterschaften. Die deutsche Herrenmannschaft wurde zuletzt 2007 Weltmeister, die Frauen erreichten Platz 3. Bei der WM 2009 erreichten die Männer Platz 5 und die Frauen Platz 7.

DAS SPIELFELD

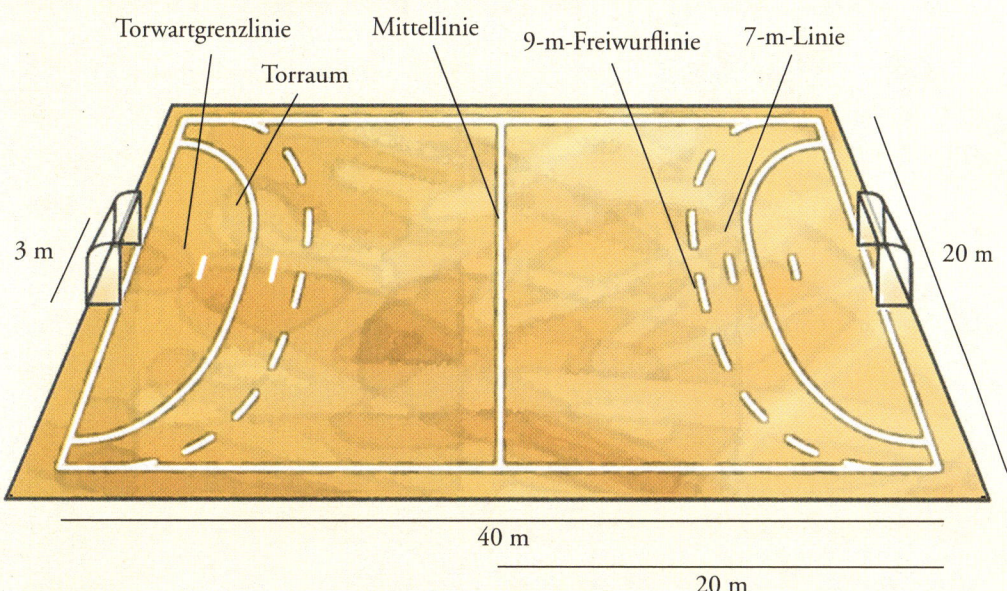

Torwartgrenzlinie   Mittellinie   9-m-Freiwurflinie   7-m-Linie

Torraum

3 m   20 m

40 m

20 m

Die Spielfläche in der Halle ist ein Rechteck mit den Maßen 40 m x 20 m. Sie ist durch eine Mittellinie in zwei Spielhälften unterteilt. Die beiden Tore befinden sich an den schmalen Seiten des Rechtecks. Sie sind 3 m breit und 2 m hoch und nach hinten wie ein Fußballtor durch ein Netz begrenzt. Vor dem Tor befindet sich der nahezu halbkreisförmige Torraum, der von den Feldspielern nicht betreten werden darf, um einen Ball abzuwehren. Ein Angreifer muss den Ball entweder vor der Torraumlinie aufs Tor abwerfen oder in den Torraum springen und den Ball im Flug werfen, bevor er wieder auf dem Boden landet. Einen Meter vor der Torraumlinie in gerader Linie vor dem Tor befindet sich die 7-m-Linie, von der Strafwürfe ausgeführt werden, etwa nach einem Foul.

Außerhalb der Spielfläche befindet sich aúf der Höhe der Mittellinie an jeder Seite ein Auswechselraum für die Auswechselspieler. Ein Austausch ist jederzeit möglich.

DIE GRUNDREGELN

Jede Mannschaft besteht aus sechs Feldspielern und einem Torwart. Bis zu sieben Spieler halten sich im Auswechselraum bereit. Erwachsene ab 16 Jahren spielen zweimal 30 Minuten mit 10 Minuten Pause. In der Altersklasse 12 bis 16 werden zweimal 25 Minuten gespielt, in der Altersklasse 8 bis 12 zweimal 20 Minuten. Die Feldspieler dürfen mit dem Ball höchstens drei Schritte machen, wenn sie nicht dribbeln. Auch dürfen sie ihn nur drei Sekunden lang festhalten, dann müssen sie ihn einem anderen Spieler zupassen. Ein Verstoß gegen diese Regel wird Schrittfehler genannt und vom Schiedsrichter mit einem Freiwurf für die gegnerische Mannschaft geahndet. Während die Feldspieler den Ball nicht unterhalb des Knies berühren dürfen, darf der Torwart seinen ganzen Körper zur Abwehr einsetzen. Er darf also auch einen Ball wie ein Fußballspieler mit dem Fuß abwehren.

Geleitet wird ein Handballspiel von zwei Schiedsrichtern, die sich als Feld- und Torschiedsrichter abwechseln. Sie entscheiden auch über Freiwürfe, Auszeiten, Zeitstrafen und Strafwürfe (7-Meter-Wurf). Zur Verständigung dienen vor allem verschiedene Handzeichen, die alle Handballspieler erlernen müssen.

Blitze

Blitze sind ganz einfach Elektrizität. Wir nutzen diese täglich von morgens (wenn wir den Summer des Weckers drücken) bis abends (wenn wir die Nachttischlampe ausschalten) und auch die gesamte Zeit dazwischen. Aber wenn du einmal einen Blitz in einer stürmischen Nacht beobachtet hast, weißt du, wie stark und auch furchterregend Elektrizität sein kann, die nicht in einer Batterie verpackt oder hinter einem Lichtschalter versteckt ist. Um Blitze zu verstehen, müssen wir unser Wissen über Wolken und atomare Teilchen auffrischen. Kumuluswolken sind aufgequollene Wolken, deren Name von dem lateinischen Wort für Haufen stammt (siehe *Secret Book for Girls*, Kapitel Wetter). Nimbuswolken bringen Regen. Wenn du beide miteinander verbindest, erhältst du Kumulonimbuswolken – riesige Quellwolken voller Regen, die man auch Gewitterwolken nennt.

Aus dem *Secret Book for Girls* kennst du auch das Kapitel über Atome und die winzigen Teilchen in ihrem Inneren, die Elektronen und Protonen. Sie sind viel zu klein, um mit bloßem Auge erkannt zu werden. Protonen, die im Atomkern sitzen, sind Teilchen mit positiver Ladung. Elektronen, die um den Atomkern schwirren, sind dagegen Teilchen mit negativer Ladung. Protonen und Elektronen sind gleich stark, und wenn ein Atom die gleiche Anzahl beider Teilchen besitzt, ist das Atom ungeladen oder neutral. Besitzt es mehr Protonen als Elektronen, ist das Atom positiv geladen. Überwiegen dagegen die Elektronen, ist es negativ geladen. In diesen Fällen nennt man Atome dann Ionen.

Aber was haben Atome mit Blitzen zu tun? Große Kumulonimbuswolken sind wahre Brutstätten für Blitze, obwohl sie scheinbar nur dunkle, aufgequollene Haufen am Himmel sind. Doch versteckt in den Wolken befindet sich eine richtige Elektrizitätsfabrik. In ihrem Inneren wirbeln Luftströme auf und ab. Energie entsteht durch die Luftströme, die Wassermoleküle und Eiskristalle herumwirbeln. Je schneller sich dabei die Luft bewegt, umso mehr Moleküle und Kristalle stoßen aneinander und zerbrechen in geladene Ionen. Die kleineren Ionen, die positiv geladen sind, wandern nach oben, während größere Ionen, die negativ geladen sind, an den unteren Rand der Wolke sinken.

Wir wissen auch noch etwas anderes über Elektronen und Protonen und darüber, wie negative und positive Teilchen aufeinander wirken: Gegensätze ziehen sich an. Dieses Verhalten kennst du von Magneten, bei denen sich gleiche Pole abstoßen, während sich ungleiche anziehen. Das Gleiche geschieht mit geladenen Teilchen. Wenn ausreichend Ionen entstanden sind, ziehen sich negative und positive Ionen an und entladen sich. Dabei entsteht ein gewaltiger Lichtbogen, den du als Blitz siehst.

Manchmal findet diese Entladung innerhalb einer Wolke statt, oder die Energie springt auf eine andere Wolke über. Aber bei der für uns aufregendsten Entladung der Elektrizität bildet sich ein zackenförmiger Lichtbogen von einer Wolke zur Erde.

Doch diese sehr charakteristische Version der Blitze entspricht nicht dem, was es scheinbar darstellt. Wir sehen, wie sich Blitze von den Wolken zur Erde entladen. Tatsächlich entlädt sich ein Blitz aber von der Erde zur Wolke. Erinnerst du dich, dass sich negative Ionen am unteren Rand einer Wolke sammeln? Wenn dort ausreichend negative Ionen vorhanden sind, entkommen einige Ionen durch schlauchförmige Zonen. Sie suchen einen Gegenpol mit positiven Ladungen. Dabei heizen sie die Atmosphäre auf und stoßen mit Luftmolekülen zusammen, die gespalten werden und weitere negative Ionen freisetzen. In diesen Zonen fließen die negativen Ionen mit hoher Geschwindigkeit zur Erde, sodass die Zonen eine hohe elektrische Leitfähigkeit besitzen. Treffen die negativen Ionen auf der Erde auf positive, entladen sie sich plötzlich als hell leuchtendes Plasma, das nach oben aufsteigt.

WIE ENTSTEHT DONNER?

Donner und Blitze erscheinen häufig gemeinsam, denn der Donner ist der Schall des Blitzes. Blitze sind unglaublich heiß – sogar heißer als die Oberfläche der Sonne. Wenn sie sich durch die Luft ausbreiten, dehnt sich die erwärmte Luft aus und verdrängt die kältere. Dadurch entstehen Schallwellen, die wir als Donner hören. Wir hören aber nie beide gleichzeitig, weil sich Licht schneller ausbreitet als Schall und wir daher den Blitz sehen, bevor wir den Donner hören.

Während sich Schall in Luft mit etwa 340 m/s ausbreitet, ist das Licht ungefähr 300 000 000 m/s schnell. Durch die Verzögerung des Donners kannst du berechnen, wie weit ein Gewitter noch von deinem Haus entfernt ist. Dazu zählst du die Sekunden, die zwischen dem Blitz und dem Donner vergangen sind, und teilst diese Zahl durch drei. Das Ergebnis entspricht ungefähr der Entfernung in Kilometern.

SCHUTZ VOR BLITZEN

Wenn die Zeit zwischen dem Blitz und dem Donner weniger als 20 Sekunden beträgt, suchst du ein Gebäude auf, auch wenn es noch nicht regnet. Du kannst auch in ein Auto steigen und die Scheiben schließen. Innerhalb des Gebäudes solltest du auch kein Wasser oder Strom benutzen und du hältst Abstand zu den Fenstern. Nachdem das Gewitter vorübergezogen ist, wartest du noch 30 Minuten, bevor du hinausgehst.

Ohne Schutzraum musst du dich im Freien vorsichtig verhalten. Blitze treffen immer die höchsten Objekte. Auf einer Wiese legst du dich hin, rollst dich zusammen und hältst deine Ohren mit den Händen zu. Dein Kopf ruht auf der Brust. Seid ihr zu mehreren, solltet ihr 5 m Abstand zwischen euch halten. Von Metallen, Gewässern und einzelnen Bäumen immer fernbleiben!

Experimente mit Blitzen

Benjamin Franklin beschäftigte sich nicht als Einziger mit Elektrizität, als er im Juni 1752 bei Gewitter einen Drachen steigen ließ, an dessen Schnur ein Schlüssel aus Metall befestigt war. Tatsächlich hatte Thomas-François Dalibard ein ähnliches Experiment bereits wenige Wochen zuvor in Frankreich durchgeführt. Beide Versuche regten die Fantasie anderer Forscher an, Blitze und statische Elektrizität genauer zu untersuchen. Wir zeigen dir hier zwei Experimente, die wesentlich sicherer sind.

BLITZE IN DEINEM MUND

Für dieses Experiment brauchst du Pfefferminzbonbons, die wie Donuts geformt sind. Zunächst gehst du in einen dunklen Raum – das Badezimmer mit dem Spiegel eignet sich hierfür sehr gut – und gewöhnst deine Augen an die Dunkelheit. Dann zerkaust du das Bonbon, ohne den Mund zu schließen. Im Spiegel siehst du dabei bläuliche Funken.

Die Funken entstehen während des Kauens, weil dabei auch die Zucker des Bonbons zerstört werden. Diese setzen winzige elektrische Ladungen frei, die von dem Stickstoff der Luft angezogen werden. Wenn die entgegengesetzten Ladungen aufeinanderprallen, entstehen Funken – wie bei einem Blitz.

Interessantes über Blitze

❖ Die meisten Blitze sind nur wenige Zentimeter breit und etwa 1,5 Kilometer lang.

❖ Der längste Blitz wurde in der Nähe von Dallas (USA) beobachtet. Er war etwa 190 km lang.

❖ Die längste Blitzröhre wurde 1997 in Gainesville, Florida (USA), entdeckt. Sie war über 5 m lang. Blitzröhren oder Fulgurite sind röhrenförmige, durch Blitzeinschlag geschmolzene Sandkörner in Gesteinen.

❖ Etwa hundert Blitze schlagen jede Sekunde auf der Erde ein. In der Nähe der Stadt Kifuka in der Demokratischen Republik Kongo schlagen die meisten Blitze ein.

❖ Ein Gebiet zwischen den Städten Tampa und Orlando in Florida (USA) trägt den Spitznamen »Blitzgasse«, weil dort jährlich etwa 20 Blitze pro km² einschlagen. In Deutschland schlagen nur bis zu zehn Blitze jährlich pro km² ein, die meisten in den Monaten Juni und Juli.

❖ Der Förster Roy Sullivan aus Virginia (USA) wurde nach dem Guinnessbuch der Weltrekorde am häufigsten von Blitzen getroffen. Er überlebte sieben Blitzeinschläge.

BLITZE IN DEINER HAND

Nimm eine Leuchtstoffröhre (keine Glühlampe) und einen aufgeblasenen Luftballon in einen dunklen Raum mit. Den Ballon reibst du einige Sekunden an deinem Haar und hältst ihn dann an ein Ende der Leuchtstoffröhre. Verblüfft siehst du, wie die Röhre leuchtet.

Dieses Experiment funktioniert mit statischer Elektrizität. Durch das Reiben des Ballons erzeugst du eine elektrische Ladung, die sich aber nicht ausbreiten kann (daher auch die Bezeichnung statisch). Wenn du den Ballon an die Leuchtstoffröhre hältst, fließt die Ladung in die Röhre, sodass diese leuchtet.

Walzer tanzen

—— >< ——

Die einstige Aufregung über den Walzer wundert uns heute. Aber als der Walzer am Ende des 19. Jahrhunderts von Wien aus andere Länder eroberte, empfanden viele Menschen diesen Tanz als skandalös. Die beiden Tanzpartner berührten sich bei dem Tanz und, was den Aristokraten viel schlimmer erschien, man brauchte keinen Tanzlehrer, um ihn zu erlernen. Walzer war ein Tanz für das Volk.

Die ersten Walzer entstanden in Deutschland um 1770. Der Name des Tanzes stammt von dem deutschen Wort *wälzen*, was »sich hin und her drehen« bedeutet. Die Tanzschritte zu der Musik von Johann Strauß und anderen Komponisten riefen in Wien, der Hauptstadt des Kaiserreichs Österreich-Ungarn, große Begeisterung hervor. Inzwischen ist der Tanz gerade nicht mehr der letzte Schrei, aber er ist immer noch der klassische Tanz für Paare. Eines Tages könntest auch du in eine Situation geraten, einen Walzer tanzen zu müssen. Dann wünschst du dir, du hättest ihn bereits erlernt, bevor du auf die Tanzfläche gezogen wurdest.

TANZSCHRITTE

Beim Walzer bewegen sich beide Partner in sechs Schritten nach dem Muster *vor-Seite-ran* und *rück-Seite-ran*. Dabei kannst du dir während des Tanzens ein Rechteck auf dem Boden vorstellen, in dessen Ecken du trittst. Während des Tanzens bewegen sich die Tänzer im Wiegeschritt.

Einer der beiden Tänzer führt, während der andere geführt wird. Ihre Schritte sind dabei spiegelbildlich. Wenn der Führende mit dem linken Fuß nach vorn beginnt, setzt der Geführte den rechten nach hinten.

Auf zwei Dinge solltest du besonders achten. Dein Gewicht steht immer auf dem Bein, mit dem du einen Schritt ausführst. Auf gar keinen Fall darfst du während des Tanzens auf die Füße schauen – das führt ganz sicher zur Katastrophe.

AUFSTELLUNG UND HALTUNG

Wenn du deinen Partner führst, legst du deine rechte Hand auf seinen Rücken etwas oberhalb der Taille. Mit deiner linken Hand hältst du mit gebeugten Ellbogen die Hand deines Partners ungefähr in Augenhöhe. Wirst du geführt, ruht deine linke Hand auf der rechten Schulter deines Partners. Mit deiner rechten Hand ergreifst du die linke Hand deines Partners. Die beiden Tänzer stehen sich nicht frontal gegenüber, sondern etwas schräg (wie ein »V«). Deine Füße ziehen bei den einzelnen Schritten zwischen denen deines Partners.

Wenn du deine Aufstellung eingenommen hast, hilft dir die Tabelle bei den nächsten Schritten. Sobald du die sechs Schritte beherrschst, kannst du den Wiegeschritt üben (mittlere Reihe der Tabelle). Beide Tänzer stellen sich dabei für zwei Takte auf die Zehenspitzen und für einen auf ihre Fersen. Vielleicht hilft dir diese Eselsbrücke: An jeder gegenüberliegenden Ecke des »Rechtecks« stehst du auf Zehenspitzen.

	1	2	3	4	5	6
Führender	linker Fuß vor	rechter Fuß nach rechts	linken Fuß an den rechten	rechten Fuß zurück	linker Fuß nach links	rechten Fuß an den linken
Beide	Fersen unten	auf Zehenspitzen	auf Zehenspitzen	Fersen unten	auf Zehenspitzen	auf Zehenspitzen
Geführter	rechten Fuß zurück	linker Fuß nach links	rechten Fuß an den linken	linken Fuß vor	rechten Fuß nach rechts	linken Fuß an den rechten

DREHUNG

Sobald du die Schrittfolge kannst, übst du die Drehungen. Der führende Tänzer beginnt mit dem Schritt *vor-Seite-ran*. Wenn du führst, ergreifst du die Hand deines Partners und führst ihn über das Parkett. Nach einigen Schritten versuchst du eine viertel oder halbe Drehung (Dabei machst du größere Schritte bei den Takten 2 und 5). Dein Partner dreht sich mit dir mit. Bald wirst du immer sicherer werden und beim Tanzen intuitiv das Richtige tun. Denke daran: Walzer tanzen bedeutet vor allem, beim Tanzen zu lachen und zu reden.

Viel Glück!

DER GEMOGELTE WALZER

Du musst dich nicht ärgern, wenn du die Walzerschritte noch nicht beherrschst und eine Tanzveranstaltung naht. Vergiss die ausgefeilte Schrittfolge und tanze einfach nach dem folgenden Muster:

	1	2	3	4	5	6
Führender	rechter Fuß nach rechts	linken Fuß an den rechten	Gewicht auf den rechten Fuß	Kehrtwende! Linker Fuß nach links	rechten Fuß an den linken	Gewicht auf den linken Fuß
Beide	Fersen unten	auf Zehenspitzen	auf Zehenspitzen	Fersen unten	auf Zehenspitzen	auf Zehenspitzen
Geführter	linker Fuß nach links	rechten Fuß an den linken	Gewicht auf den linken Fuß	Kehrtwende! Rechten Fuß nach rechts	linken Fuß an den rechten	Gewicht auf den rechten Fuß

Furoshiki

Ungefähr seit dem 8. Jahrhundert verwenden Japaner quadratische Stofftücher als Badematten im Dampfbad und um Gegenstände zu transportieren. Im 17. Jahrhundert benutzten fast alle diese Badetücher, die man Furoshiki nennt. Händler transportierten damit ihre Waren und selbst Adelige verpackten Geschenke in ihnen.

In der Vergangenheit waren Furoshiki so beliebt, dass jeder Japaner mehrere Tücher besaß. Im 20. Jahrhundert verschwanden sie aus dem Alltag und wurden durch Geschenkpapiere und Plastiktragetaschen ersetzt. Doch mit zunehmendem Umweltbewusstsein werden sie wieder häufiger benutzt.

Furoshiki können so klein wie ein Taschentuch oder so groß wie ein Bettlaken sein. Am häufigsten werden heutzutage kleine (50 cm) und mittelgroße (70–82 cm) Tücher verwendet. Moderne Furoshiki werden aus vielen Materialien wie Baumwolle, Seide und Kunststoff mit unterschiedlichen Mustern für besondere Anlässe oder Jahreszeiten hergestellt. Im Frühling sind z. B. Tücher mit Kirschblüten beliebt.

VERPACKEN MIT FUROSHIKI

Die grundlegenden Verpackungsarten heißen Hirazutsumi (nur einwickeln), Hitotsumusubi (ein Knoten) und Futatsumusubi (zwei Knoten). Alle anderen Arten werden aus diesen abgeleitet. Japans Umweltministerium hat eine Anleitung mit 14 Verpackungsarten herausgegeben, um mehr Menschen für Furoshiki zu begeistern. (Die Abbildung unten zeigt sieben davon.)

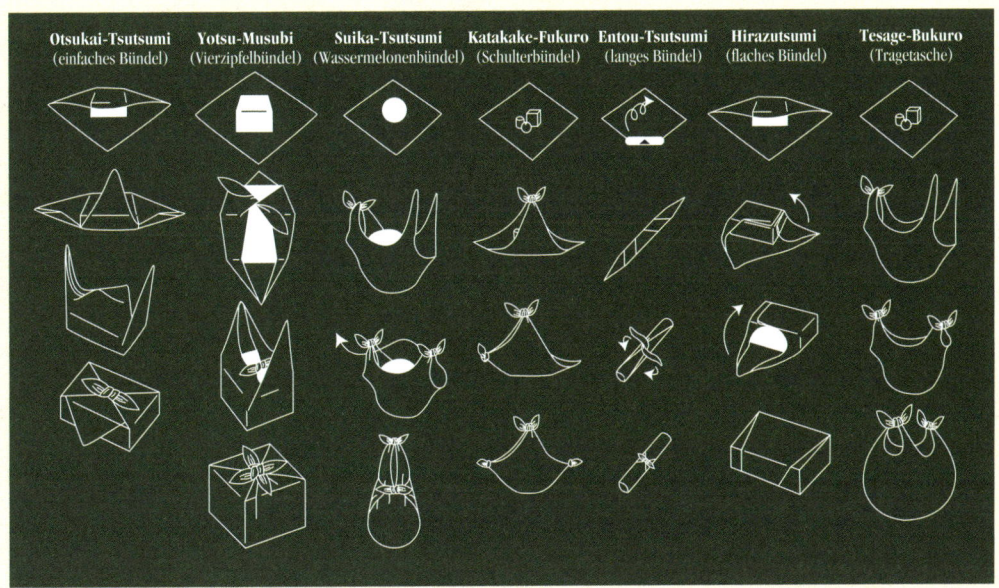

Otsukai-Tsutsumi
(einfaches Bündel)

Du legst deine Schachtel in die Mitte des Tuches und schlägst den oberen Zipfel darunter. Den unteren Zipfel legst du dann über die Schachtel. Die beiden anderen Zipfel verknotest du nun oberhalb.

Yotsu-Musubi
(Vierzipfelbündel)

Du legst deinen Gegenstand in die Mitte des Tuches und bindest die linken und rechten Zipfel zu einem Knoten. Die beiden anderen Zipfel verknotest du über dem ersten Knoten.

Suika-Tsutsumi
(Wassermelonenbündel)

In die Mitte eines mittelgroßen Tuches legst du eine Melone (oder einen Ball). Die beiden linken Zipfel bindest du mit einem Knoten zu einer Schlaufe. Die anderen Zipfel verknotest du ebenfalls zu einer Schlaufe. Dann ziehst du den rechten Knoten durch die linke Schlaufe zu einer Trageschlaufe.

Katakake-Fukuro
(Schulterbündel)

Kleine Gegenstände legst du in die Mitte eines Tuches und bindest den oberen und unteren Zipfel zu einem Knoten.

Den linken Zipfel verdrehst du und bindest einen Knoten in das Ende. Mit dem rechten Zipfel verfährst du ebenso, damit nichts herausfällt.

Entou-Tsutsumi (langes Bündel)

Du legst eine Papprolle in eine Ecke des Tuches und rollst sie ein. Die beiden Zipfel führst du über der Rolle umeinander herum und bindest auf der unteren Seite einen Knoten.

Hirazutsumi (flaches Bündel)

Dieses Bündel braucht keine Knoten. Du legst deinen Gegenstand in die Mitte des Tuches. Den oberen Zipfel faltest du und schlägst ihn über den Gegenstand. Den linken Zipfel schlägst du über den oberen, darüber schlägst du den rechten Zipfel. Mit dem unteren Zipfel wickelst du das Bündel ein.

Tesage-Bukuro (Tragetasche)

Bei einem mittelgroßen bis großen Tuch verknotest du die Zipfel beider Seiten wie beim Wassermelonenbündel zu zwei Schlaufen.

Kousa-Tsutsumi (schlankes Bündel)

In die Mitte eines mittelgroßen Tuches legst du deine Sachen. Den oberen und rechten Zipfel verknotest du. Den unteren Zipfel ziehst du durch den Knoten und verknotest ihn mit dem linken.

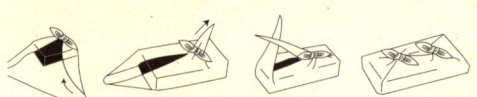

Hon-Tsutsumi (Bündel für zwei Bücher)

Auf ein großes Tuch legst du ein Buch in die linke und das andere in die rechte Ecke. Dann faltest du die beiden Zipfel links und rechts über die Bücher und drehst beide Bücher um, sodass sie in der Mitte zusammenliegen. Den oberen und unteren Zipfel kreuzt du über den Büchern. Dann hebst du das Tuch an, sodass die Bücher aufrecht stehen. Die beiden losen Zipfel verknotest du.

Futatsu-Tsutsumi (Zweiknotenbündel)

Du legst deinen Gegenstand auf ein mittelgroßes Tuch. Den oberen und unteren Zipfel kreuzt du, sodass die Zipfel nach links und rechts zeigen. Die Zipfel der linken und der rechten Seite bindest du jeweils zu einem Knoten.

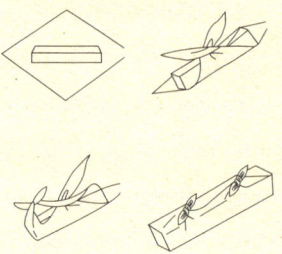

Kakushi-Tsutsumi (versteckter Knoten)

Den oberen Zipfel steckst du unter den Gegenstand und faltest den unteren darüber. Die linken und rechten Zipfel verknotest du. Dann ziehst du den unteren Zipfel heraus und schlägst ihn über den Knoten, um ihn zu verstecken.

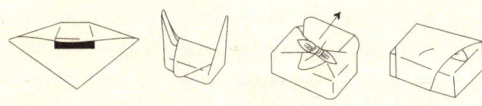

Bin-Tsutsumi (Flaschenbündel)

In die Mitte eines mittelgroßen Tuches stellst du eine Flasche. Den linken und rechten Zipfel verknotest du über der Flasche. Die Enden dieser Zipfel verdrehst du und bindest sie zu einem weiteren Knoten. Die beiden anderen Zipfel wickelst du dann um die Flasche und verknotest sie.

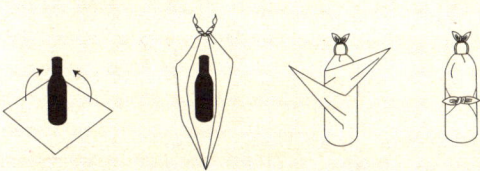

Bin-Tsutsumi 2 (Bündel für zwei Flaschen)

In gegenüberliegende Ecken eines großen Tuches legst du die Flaschen, sodass ihre Hälse nach außen zeigen. Achte darauf, dass der Abstand der Flaschenhälse zur Ecke gleich groß ist. Die Flaschen rollst du vorsichtig zur unteren Ecke und wickelst sie mit dem Tuch ein. Dann ergreifst du die Flaschenhälse und stellst sie aufrecht hin. Die beiden anderen Zipfel verknotest du über ihnen.

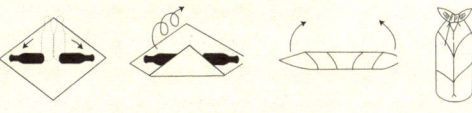

Sao-Tsutsumi (gepolstertes Bündel)

Du legst deinen Gegenstand in die untere Ecke des Tuches und klappst diesen Zipfel darüber. Dann rollst du den Gegenstand in das Tuch ein. Den linken und rechten Zipfel kreuzt du oberhalb des Bündels und schlägst sie auf die Unterseite. Dort bindest du sie zu einem Knoten zusammen.

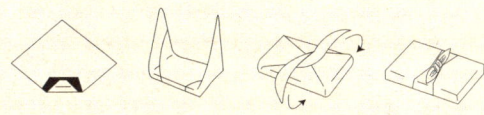

So befreist du dich
aus brenzligen Situationen

—— >-< ——

In einem Leben voller Mut und Abenteuer kommst du manchmal in brenzlige Situationen. Wir geben dir hier einige Ratschläge, wie du dich daraus befreien kannst. Deine Heldentaten kannst du später zu spannenden Geschichten ausmalen.

1. Im Wald verlaufen: Die Dämmerung bricht herein und du bist allein im Wald. Doch bevor du in Panik gerätst, wartest du einen Augenblick – denkst nach, beobachtest und planst. Dann benutzt du die Trillerpfeife, die um deinen Hals hängt. Der Code für »Ich habe mich verlaufen« lautet: dreimal kurz pfeifen. Alle fünf Minuten wiederholst du ihn, bis dich jemand hört. Wenn andere pfeifen, antwortest du natürlich.

2. Der Hund hat deine Hausaufgaben gefressen: Wenn du deine Hausaufgaben vergessen oder einfach nicht erledigt hast, ist Ehrlichkeit der beste, aber nicht immer der leichteste Weg. Lehrer mögen keine Überraschungen. Sprich deine Lehrerin vor dem Klassenzimmer an. Suche nicht nach Ausreden, erzähle keine Geschichten. Gib ihr eine einfache Erklärung und versuche, deinen Fehler zu korrigieren: »Kann ich den Aufsatz morgen abgeben?«

3. Mit dem Boot kentern: Verhalte dich ruhig (und sei froh, dass du eine Schwimmweste trägst). Bleibe bei deinem Boot (in Ufernähe bist du nicht in Schwierigkeiten, sondern nur nass).

Dann versuchst du, das Boot wieder aufzurichten. Wenn ein Motorboot naht, winke es heran und lasse dich abschleppen. Ist dein Handy wasserdicht verpackt in einer Tasche, rufst du die Küstenwache und deine Mutter an.

4. Missglücktes Make-up: Diese Art Missgeschick kann wirklich jedem passieren. Verlaufene Wimperntusche reinigst du mit Olivenöl oder Babyöl. Lippenstift lässt sich leicht mit einem Kosmetiktuch entfernen. Beim nächsten Versuch trägst du weniger auf.

5. Notfälle mit der Kleidung: Deine Hose reißt, Honig tropft auf dein T-Shirt, dein Anorak hat einen großen Schmutzfleck. Und so gehst du anmutig mit diesem Malheur um: Hebe deine Nase hoch und tue so, als ob nichts geschehen ist. Oder du erwähnst es beiläufig, bevor andere darauf aufmerksam werden.

6. Quallen: Hast du eine Qualle berührt, reibst du die Hautstelle mit Sand ein oder lässt Meerwasser darüberlaufen, um den Juckreiz zu lindern. (Trinkwasser oder Eis verstärken das Jucken.)

Dann tränkst du ein Halstuch in Essig und hältst es ungefähr 20 Minuten auf die betreffende Stelle.

7. Auf einer Eisfläche: Du fährst fröhlich Schlittschuh auf einem zugefrorenen Teich und im Eis bilden sich plötzlich Risse. Gehe auf deine Hände und Knie, um dein Körpergewicht zu verteilen. Dann krabbelst du vorsichtig ans nächst gelegene Ufer.

8. Treibsand: In einigen Filmen versinken Menschen gruselig im Treibsand. Doch nur im Kino sind solche Treibsandlöcher auch tödlich. Die Dichte deines Körpers ist nämlich geringer als die des Sands, sodass du auf ihm gleiten kannst. Mit langsamen Bewegungen versuchst du, dich auf den Rücken zu legen. Dann bewegst du dich zum Rand hin und versuchst, festen Boden zu erreichen.

Japanische Teezeremonie

—— ✠ ——

Der erste Bericht über das Teetrinken datiert aus dem Jahr 729, als Kaiser Shomu hundert Mönche in den Kaiserpalast zum Tee einlud. Aber erst gegen Ende des 12. Jahrhunderts wurde aus dem Teetrinken ein feierliches Ritual. Der Mönch Eisai kehrte 1191 von einem Aufenthalt in China mit Teepflanzen zurück – und dem Ritual des Teetrinkens, das zu Gesundheit und Klarheit führen sollte.

Die Teezeremonie wurde im 16. Jahrhundert von dem Mönch Sen no Rikyu zu einem Weg der Erlösung gemacht. Seine Zeremonie beinhaltet vier Grundsätze, die auch heute noch gelten: *wa* (Harmonie), *kei* (Respekt), *sei* (Reinheit) und *jaku* (Ruhe). Diese Vorstellungen prägen alle Aspekte der Zeremonie von der Anordnung der Blumen in einer Vase bis zum Gastgeber, der seinen Gästen einen harmonischen Rahmen bietet. Das Erlernen der Zeremonie ist ein lebenslanges Streben. Ihre Anhänger bemühen sich, nicht nur alles über Tee zu erfahren, sondern auch über die Kunst der Kalligrafie, den Kimono, Blumenarrangements, Tongefäße und Weihrauch. Von Gästen wird erwartet, dass sie die Regeln kennen. Wir beschreiben, wie eine Teezeremonie verläuft.

EINE TEEZEREMONIE VERANSTALTEN

Eine Teezeremonie ist eine sehr förmliche Angelegenheit. Eine ungezwungene Zeremonie dauert mindestens eine Stunde, während traditionelle bis zu vier Stunden dauern können. Die Einladungen dazu werden häufig eine Woche vorher verschickt.

Als Gastgeberin sorgst du für eine angenehme Atmosphäre in dem Raum, in dem die Zeremonie stattfindet. Du räumst ihn auf, reinigst ihn und beendest die Vorbereitungen rechtzeitig.

Eine Teezeremonie verläuft zwar nach Regeln, aber entspannt.

Die Utensilien für eine Teezeremonie nennt man *Chadogu*. Für eine förmliche Zeremonie brauchst du mehrere Utensilien, während für eine einfache zu Hause Teebeutel und normale Tassen reichen.

Hier sind die traditionellen Utensilien:

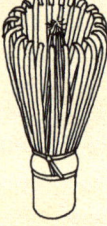
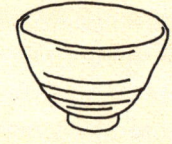

Teebesen   Teeschale

◆ **Teebesen** *(Chasen)*. Er dient zum Verrühren des Teepulvers mit heißem Wasser. Diese Besen aus einem Stück Bambus sind etwa 12 cm lang und 2,5 cm breit.

◆ **Teeschalen** *(Chawan)* und ein einfaches weißes Leinentuch *(Chakin)*. Tee wird aus kleinen Schalen und nicht aus Tassen getrunken. Im Sommer benutzt man dünne, flache Schalen, während im Winter aus tieferen, dicken Schalen getrunken wird. Mit dem Leinentuch reinigt man die Schalen.

◆ **Teebambuslöffel** *(Chashaku)*. Diese langstieligen Löffel sind meist aus Bambus. Es gilt als sehr unhöflich, die Vertiefung mit den Händen anzufassen.

◆ **Wasserkessel** *(Kama)*. Ein normaler Kessel ist ausreichend. In japanischen Teehäusern wird das Wasser über einem Feuer im Boden erwärmt.

◆ Grüner oder schwarzer Tee

◆ Tablett für kleine Süßigkeiten

◆ Vase mit jahreszeitlichen Blumen. Die Natur spielt eine wichtige Rolle bei der Teezeremonie.

◆ Kunstgegenstände wie z. B. Bilder

◆ Eine Kalligrafie, die meist auf einer Papierrolle einen Sinnspruch, eine Weisheit oder eine Botschaft zur Jahreszeit oder zum Anlass der Zeremonie enthält.

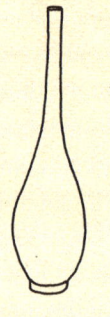
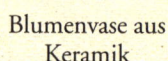
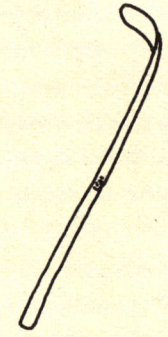

Blumenvase aus Keramik

Teebambuslöffel

DIE FÜNF BEREICHE

Bei einer traditionellen Teezeremonie betreten die Gäste fünf Bereiche: den Empfangsraum *(Yoritsuki)*, den Pfad zum Teehaus *(Roji)*, den Raum zur symbolischen Reinigung *(Tskukubai)*, den Warteraum *(Machiai)* und den Teeraum *(Chashitsu)*. Die Bereiche befinden sich innerhalb und außerhalb des Teehauses, um die Natur als Teil der Zeremonie einzubeziehen. Heute besitzen nur wenige Menschen Gärten mit Teehäusern, doch die fünf Bereiche unterscheiden sich nicht allzu sehr von den Räumen in deinem Haus. Wenn deine Freundin zum Abendessen kommt, empfängst du sie an der Haustür, führst sie durch den Flur, zeigst ihr das Bad und nimmst sie mit ins Wohnzimmer, wo ihr auf das Essen wartet. Dann geht ihr in die Küche oder das Esszimmer. Die fünf Bereiche einer Teezeremonie sind ähnlich.

Der Raum, in dem ihr Tee trinkt, ist ein besonderer Ort. Auf einem Tisch stehen nur die benötigten Utensilien, eine Blumenvase ist aufgestellt und eine Kalligrafierolle an der Wand angebracht. Du läutest mit einer Glocke und bittest deine Gäste in den Raum. Nachdem sich alle hingesetzt haben, betrittst du ihn ebenfalls und begrüßt deine Gäste. Wenn die Zeremonie einen besonderen Anlass besitzt, sagst du etwas dazu.

BEGINN DER ZEREMONIE

Die traditionelle Zeremonie kennt Regeln, wie du die Schalen präsentierst, den Tee brühst und ihn servierst. Selbst erfahrene Teetrinker brauchen Jahre, um alle Rituale zu erlernen. Eine einfache Zeremonie, wie wir sie beschreiben, kannst du auch ohne Rituale durchführen. Vor dem Tee servierst du deinen Gästen einige Süßigkeiten. Die meisten Gäste, die bereits an einer solchen Zeremonie teilgenommen haben, bringen Servietten mit, die sie auch als Unterlage für die Süßigkeiten benutzen. Als gute Gastgeberin hältst du Servietten bereit.

Nachdem deine Gäste gegessen haben, entfernst du die Reste und bringst auf einem Tablett die Utensilien herein. Dazu zählen einfache Tassen oder Becher, wenn du Teebeutel verwendest, oder zusätzlich Löffel und Teebesen, wenn du Teepulver servierst. Auf dem Tablett liegt auch ein *Chakin* (Leinentuch). Wenn du einen *Fukusa* (größeres Tuch) besitzt, bedeckst du die Utensilien damit. Vor deinen Gästen hebst du das Tuch hoch, faltest es sorgfältig und reinigst symbolisch die Löffel. Mit dem *Chakin* wischst du die Tassen aus, bevor du sie den Gästen reichst.

Wenn du Teebeutel benutzt, machst du Wasser in einem Kessel heiß, brühst den Tee auf und stellst ihn in einer schönen Teekanne aus Keramik auf den Tisch. Dann schenkst du jedem Gast etwas Tee in seine Tasse ein. Achte darauf, deinen Gästen nachzuschenken, wenn sie ihren Tee ausgetrunken haben.

Wenn du Teepulver verwendest, gibst du einen Löffel grünen Tee in eine große Teekanne. Dann gießt du das heiße Wasser auf und rührst den Tee mit dem Teebesen einige Male um. Anschließend wird die Teekanne von Gast zu Gast weitergereicht, damit sie sich Tee in ihre Tassen einschenken können.

ENDE DER ZEREMONIE

Der Abschluss der Zeremonie ist so anmutig wie der Beginn. Wenn alle Gäste ausgetrunken haben, verbeugst du dich vor ihnen und sagst: »Ich möchte die Zeremonie beenden.« Die Gäste geben dir daraufhin alle Tassen und Utensilien. Du stellst sie so auf das Tablett, wie du sie hereingebracht hast. Das Tablett trägst du in die Küche und kehrst in den Teeraum zurück. Dann verbeugst du dich vor deinen Gästen, dankst ihnen und verabschiedest sie an der Tür.

Regeln für Gäste, die sich eine Teeschale teilen

- Wenn du die Schale erhältst, verbeugst du dich gegenüber der Person, die sie dir reicht.
- Nimm die Schale in deine rechte Hand und stelle sie in die Handfläche deiner linken Hand.
- Drehe die Schale dreimal im Uhrzeigersinn, bevor du einen Schluck Tee trinkst.
- Es gilt als höflich, wenn du beim Trinken schlürfst, damit dein Gastgeber weiß, dass du den Tee genießt.
- Wisch die Schale mit der rechten Hand ab.
- Dann drehst du die Schale gegen den Uhrzeigersinn und reichst sie weiter, wenn ihr euch eine Schale teilt. Anderenfalls gibst du sie dem Gastgeber zurück.

Chanoyu
Japanische Teezeremonie

Chaji
Diese Formalteezeremonie kann bis zu vier Stunden dauern. Dazu gehören *Kaiseki* (mehrgängiges Menu), Süßigkeiten, *Koicha* (dicker Tee) und *Usucha* (dünner Tee).

Chakai
Die Zusammenkunft mit *Usucha* (dünner Tee) und *Tenshin* (leichter Imbiss) ist kurz und zwanglos.

Ichi za Konruy
Die Einheit, die Menschen bilden, wenn sie zu einer Teezeremonie zusammenkommen.

Kokoro ire
Der Sinn hinter jeder Aktion einer Teezeremonie, bei der die Teilnehmer mit ganzem Herzen dabei sind.

Tokonoma
In einer Nische wird eine Kalligrafierolle aufgehängt.

Freundschaft

—— >‹ ——

Freundschaft ist ein wichtiger Teil der Mädchenzeit. Freundinnen sind Schätze, und wahre Freundinnen halten immer zusammen. In guten Zeiten belebt eine wahre Freundin dein Leben, während sie dich in schlechten Zeiten unterstützt.

Aber Freundschaften können manchmal auch schwierig sein. Wenn eine gute Freundschaft auseinandergeht, reden manche Mädchen schlecht über ihre Freundinnen und treiben ihre Späße mit ihnen. Andere benutzen eine Freundschaft als Mittel, um sich beliebt zu machen oder um andere Mädchen zu ärgern, zu mobben oder zu manipulieren.

Wenn Mädchen ihre Freundschaften pflegen, raten ihnen oft Erwachsene, endlich unabhängig und selbstständig zu werden (»Wenn Isabell von der Brücke springt, springst du auch?«). Wenn Mädchen unabhängig, aber schüchtern sind, hören sie häufig den Ratschlag, sich doch Freunde zu suchen (»Warum bist du immer allein? Warum bist du nicht mit Stefan oder Brigitte befreundet?«). Berücksichtigt man dann noch, dass sich Freundeskreise ständig ändern, kann Freundschaft auch sehr verwirrend sein. Was machst du, wenn deine engste Freundin, mit der du zusammen Volleyball spielst und die im Bus immer neben dir sitzt, dich auf einmal ablehnt? Wenn deine Freundin plötzlich nur noch über Jungen redet? Wenn der Junge, der

dein bester Kumpel ist, nicht mehr mit Mädchen redet? Freunde sollten Treue beweisen, aber manchmal sind sie unberechenbar.

Drei Fragen vor allem verlangen beim Thema Freundschaft eine Antwort: Wie lerne ich neue Freunde kennen? Wie verhalte ich mich Freunden gegenüber richtig? Wie erhalte ich Freundschaften?

Neue Freunde zu finden, erscheint leicht, wenn man jung ist. In der Schule trifft man viele Mädchen und Jungen im eigenen Alter. Banale Fragen wie »Besuchst du mich zu Hause zum Spielen?« oder »Kann ich an eurem Spiel teilnehmen?« sind altbewährte Mittel, um neue Freunde zu finden. Wenn du schüchtern bist, bedeutet das Verabreden eines Treffens mit neuen Freunden zusätzliche Überwindung. In diesem Fall holst du tief Luft, suchst allen Mut zusammen und versuchst es. Es lohnt sich. Wenn du älter bist, fragst du: »Treffen wir uns zum Kaffee oder zu einem Spaziergang?« Eine Freundschaft beginnt häufig mit einer einfachen Frage.

Manchmal treffen sich Menschen und spüren sofort, dass sie einen Gleichgesinnten gefunden haben. Oder ihr kennt euch schon seit Monaten und merkt eines Tages, ihr könnt euch aufeinander verlassen. Beide Wege können zu einer tiefen Freundschaft führen.

Manchmal ändert sich auch das Interesse deiner Freundin. Du spielst Tennis und sie beginnt mit Squash. Ihr wart in einem Verein, doch jetzt probt sie mit der Theatergruppe der Schule und lernt neue Freunde kennen. Du wechselst die Klasse oder sie verlässt die Schule. Du lernst, dass man nicht alles gemeinsam machen muss und sich trotzdem eine Freundschaft entwickeln kann.

Du verhältst dich Freunden gegenüber immer richtig, wenn du freundlich bist. Freundlichkeit hilft dir, die Freundschaft aufrechtzuerhalten. Manche Mädchen haben unangenehme Verrenkungen ihrer Freundinnen in Cliquen erlebt, andere bisher keine guten Freundschaften erfahren und vertrauen deshalb anderen Mädchen nicht mehr. Du bleibst in allen Situationen freundlich! Sollte deine Freundin einmal gemein werden, hältst du dich zurück und lässt dich nicht mit einbeziehen. Auch wenn Ärger unvermeidlich kommen wird: Bleibe dir selbst treu. Aber vor allem: Bleibe immer freundlich.

Wer freundlich ist, ist großzügig gegenüber anderen – aber auch zu sich selbst. Das bedeutet, anderen gegenüber nicht gemein zu sein und zu vermeiden, dass andere es dir gegenüber sind. Wenn du dich für einen Fehler entschuldigst, bist du freundlich. »Es tut mir leid« sind Worte der Freundlichkeit.

Eine Freundschaft braucht auch Aufmerksamkeit. Gelegentliche Enttäuschungen lassen sich mit Worten aus der Welt schaffen. Eine Freundschaft lebt von der gemeinsamen Zeit, die man miteinander verbringt. Du bestimmst, was du selbst willst. Du kannst angeln gehen oder Sport treiben. Du kannst einen Flohmarkt organisieren, um Geld für deine Klasse oder für arme Menschen zu verdienen. Du kannst Theater spielen oder bei anderen übernachten. Hauptsache, ihr habt dabei Spaß und erlebt vieles gemeinsam – das stärkt jede Freundschaft.

Reitsport

DRESSURREITEN

Das Dressurreiten stammt aus der Militärreiterei, denn früher mussten die Pferde in einer Schlacht den Befehlen ihrer Reiter schnell und sicher gehorchen. Während die Reiter kämpften, dirigierten sie ihre Pferde mit wenigen Befehlen und Hilfen. Immer wieder trugen auch Offiziere Wettkämpfe aus, um zu ermitteln, wessen Pferd die militärischen Übungen am besten beherrscht.

Aus diesen Wettbewerben ist Ende des 19. Jahrhunderts das Dressurreiten entstanden. Die Dressur ist außerdem die Grundlage für die Ausbildung jedes

Pferdes. Zeigt sich, dass ein Pferd besonders talentiert ist, wird die Ausbildung zum Dressurpferd fortgesetzt. Natürlich spielen auch die Erfahrungen des Dressurreiters eine große Rolle. Die Zusammenarbeit zwischen Reiter und Pferd muss perfekt funktionieren.

Im Mittelpunkt des Dressurreitens stehen verschiedene Lektionen, also Aufgaben oder Übungen, die einer Jury vorgeführt werden. Dazu gehören etwa die Piaffe (Trab auf der Stelle) oder die Passage (ein verlangsamter Trab mit einer verlängerten Schwebephase).

Gelingt die Lektion perfekt, erhält der Reiter 10 Punkte, ansonsten gibt es Punktabzüge. Entscheidend ist jedoch nicht nur die Leistung des Pferdes, sondern auch der Sitz und die Hilfengebung des Reiters. Die verschiedenen Lektionen gehören zu einer vorgeschriebenen Kür, die auf einem Dressurviereck geritten wird. Es ist bei nationalen Wettbewerben 20 m x 40 m groß und bei internationalen Turnieren 20 m x 60 m. Die Prüfungen sind in verschiedene Schwierigkeitsklassen eingeteilt, die mit E (Eingangsstufe) und A (Anfängerklasse) beginnen und über L (Leichte Klasse) und M (Mittelschwere Klasse) zu S (Schwere Klasse) führen. Dressurprüfungen sind seit 1912 als Einzelwettbewerb und seit 1928 als Mannschaftswettbewerb olympische Disziplinen. Dressurreiten ist eine der beliebtesten Pferdesportarten.

GALOPPRENNEN UND TRABRENNEN

Pferderennen zählen zu den ältesten Sportarten überhaupt. Seit die Menschen vor etwa 5000 Jahren das Pferd domestiziert haben, tragen sie auch Rennen aus. Überall auf der Welt haben sich im Laufe der Zeit unterschiedliche Formen des Pferderennens entwickelt.

Heute sind es vor allem Galopprennen, die das Publikum in fast jedem Land begeistern.

Allein in Deutschland werden mehr als 2500 Rennen im Jahr ausgetragen, die von mehr als drei Millionen Zuschauern verfolgt werden. Ein Teil der Zuschauer kommt natürlich auch, um Wetten abzuschließen. Die Rennpferde werden im Allgemeinen von zierlichen und leichtgewichtigen Berufsrennreitern geritten. Erst nach einer dreijährigen Ausbildung und 50 gewonnenen Rennen dürfen sie sich Jockey nennen. Im Schnitt wiegt ein Rennreiter 50 kg. Um für ein faires Rennen zu sorgen, werden die Rennreiter vor dem Start gewogen und fehlendes Gewicht durch Bleistücke ausgeglichen. Die Rennstrecken haben eine Länge zwischen 1000 und 4000 m.

Um den Pferderücken zu entlasten, steht der Rennreiter während des Rennens in seinen hochgebundenen Steigbügeln. Neben den gewöhnlichen Rennen auf den klassischen Rennbahnen gibt es auch Hindernisrennen, bei denen etwa alle 300 m eine Hürde übersprungen werden muss. Galopprennen finden übrigens nicht im Winter statt.

Das Trabrennen ist aus dem Wagenrennen entstanden. Doch statt eines schweren Streitwagens, wie zu Zeiten der Römer, zieht das Pferd einen kleinen zweirädrigen Wagen namens Sulky. Er wiegt 30 kg und bietet dem Trabrennfahrer nur wenig Platz.

Während des gesamten Rennens müssen die Pferde traben. Sollte ein Pferd in den Galopp wechseln, wird es sofort disqualifiziert. Seit mehr als hundert Jahren werden speziell für Trabrennen Traber gezüchtet. Diese Pferde beherrschen den Trab besonders gut.

Im Gegensatz zum Galopprennen finden Trabrennen auch im Winter statt. Die Strecken haben eine Länge zwischen 1600 m und 4200 m. Siegreiche Rennreiter und Trabrennfahrer erhalten für ihre Siege hohe Geldprämien.

SPRINGREITEN

Wie die Dressurreiter brauchen auch Springreiter ein talentiertes Pferd, das sich gut an das Springen gewöhnen lässt. Die Ausbildung ist schwierig, da Pferde von Natur aus nur ungern springen. Außerdem benötigt man für das Training einen Parcours, über den nicht jeder Verein oder Reitstall verfügt. Im Gegensatz zum Dressurreiten oder Trab- und Galopprennen ist das Springreiten eine noch junge Disziplin. Erst vor gut hundert Jahren wurde es aus dem Jagdreiten entwickelt, bei dem die Pferde verschiedene natürliche Hindernisse wie Zäune, Gräben oder Hecken überwinden müssen. Die heutigen Hindernisse sind den natürlichen Hindernissen nachempfunden.

Der Springreiter muss einen besonderen Sitz beherrschen, Springsitz genannt, bei dem er sich aus dem Sattel erhebt und stark nach vorne beugt. Dadurch entlastet er den Pferderücken beim Sprung und kann gut mit der Bewegung des Pferdes mitgehen.

Ein besonderer Springsattel mit dicken Sattelpauschen erleichtert dem Reiter diesen Springsitz.

Bei einem Turnier muss der Springreiter mit seinem Pferd auf einem Parcours verschiedene Hindernisse überwinden. Diese bestehen aus Hochsprüngen, Weitsprüngen und Hochweitsprüngen. Sie stehen einzeln oder in Kombinationen, sodass zwei oder drei Hindernisse kurz nacheinander bewältigt werden müssen. Fast immer besitzt jedes Hindernis Stangen oder Elemente, die bei einer Berührung durch das Pferd abgeworfen werden können.

Jeder Abwurf wird mit einer Strafzeit oder Strafpunkten bestraft. Ein Ritt ohne Abwurf ist ein Null-Fehler-Ritt. Absolvieren mehrere Reiter einen Null-Fehler-Ritt, gewinnt der Reiter, der den Parcours in der kürzesten Zeit bewältigt hat.

Das Distanzreiten ist wieder eine Disziplin mit einer sehr langen Tradition. Denn schon vor 5000 Jahren erkannten die Menschen, dass sie auf dem Pferderücken große Entfernungen überwinden können. Nichts anderes macht auch ein heutiger Distanzreiter. Er hat die Aufgabe, innerhalb von einem oder mehreren Tagen möglichst schnell eine längere Strecke zu bewältigen. In der Regel werden dabei mindestens 80 km pro Tag zurückgelegt. Daher müssen Distanzpferde besonders ausdauernd sein.

Die meisten Wettbewerbe, mehr als 500 im Jahr, werden in den USA veranstaltet. Nach jedem Tagesritt werden die Pferde von einem Tierarzt untersucht. Gewertet werden nur gesunde und nicht völlig erschöpfte Tiere. Nur sie dürfen am nächsten Tag den Ritt fortsetzen.

Obwohl die ersten Distanzritte bereits in den 1950er-Jahren durchgeführt wurden, konnte sich das Distanzreiten als eigenständige Disziplin erst in den 1980er-Jahren durchsetzen. Seit 1986 werden auch Weltmeisterschaften ausgetragen.

Pflege eines Pferdes nach dem Ritt

Nach einem Ritt oder einem Tag auf der Koppel muss ein Pferd gründlich gepflegt und geputzt werden, bevor es in den Stall geführt wird. Denn beim Ausritt oder auf der Koppel hat das Fell viel Staub und Schmutz aufgenommen. Außerdem dient die Pflege auch der Gesundheitskontrolle, da man dabei das Fell, die Weichteile und die Hufe kontrolliert. Das Bürsten des Fells sorgt zudem für eine gute Durchblutung der Haut. Selbstverständlich benötigt der Reiter das richtige Putzzeug, bestehend aus Kardätschen und Striegel, Wurzelbürste, Mähnenkamm, zwei Schwämmen, Hufkratzer, Schweißmesser und einem Leinentuch. Jedes Pferd braucht ein eigenes Putzzeug, um eine Übertragung von Krankheiten auf andere Pferde zu verhindern.

Man beginnt mit einem Gummistriegel oder einer groben Kardätsche und bürstet vom Kopf her das Fell aus. Mit einer feinen Kardätsche befreit man das Fell von Staub und Fett. Sie wird nach jedem Strich durch das Fell am Striegel abgestreift. Der Striegel selbst wird ab und zu am Boden ausgeklopft. Mit kräftigen Bewegungen putzt man so das Pferd immer mit dem Strich vom Kopf bis zum Schweif. Anschließend reinigt man die Beine mit der Wurzelbürste. Mit einem leicht angefeuchteten

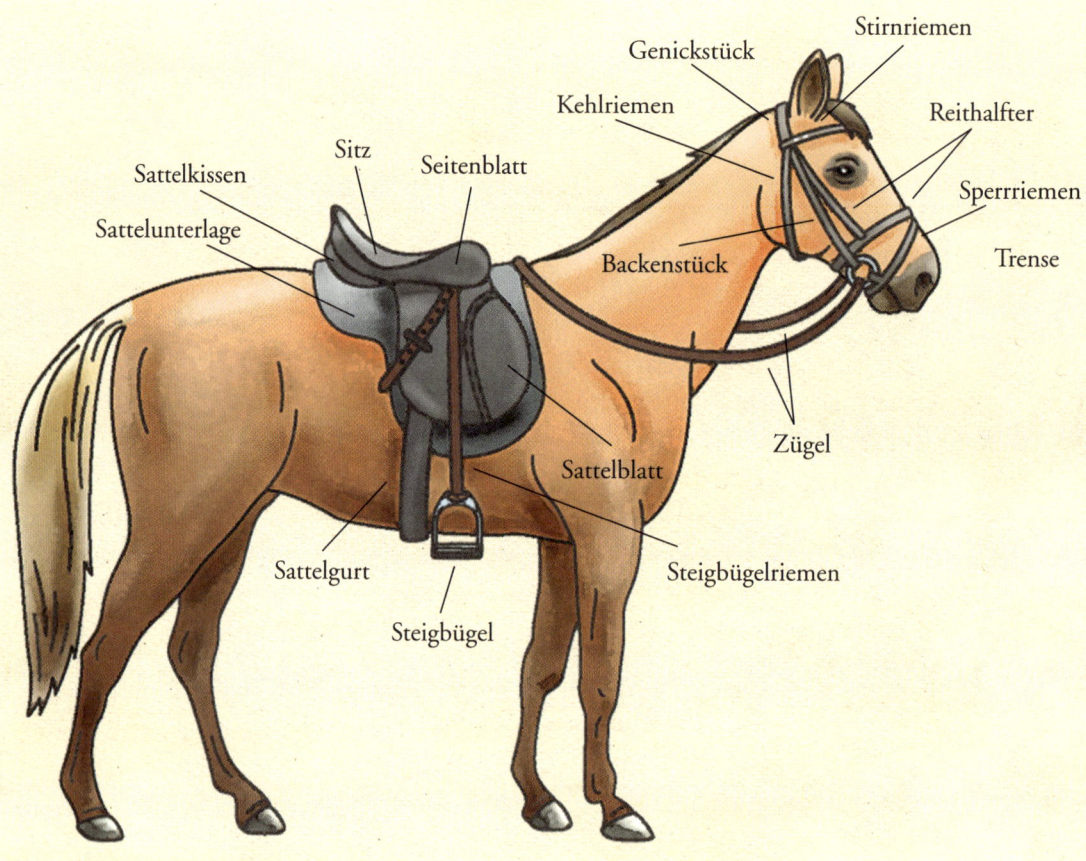

Genickstück
Stirnriemen
Kehlriemen
Reithalfter
Sattelkissen
Sitz
Seitenblatt
Sperrriemen
Satteluntterlage
Trense
Backenstück
Zügel
Sattelblatt
Sattelgurt
Steigbügelriemen
Steigbügel

Tuch wischt man nun das Fell ab. Erst jetzt reinigt man mit einem Schwamm sehr
vorsichtig die Augen und Nüstern, mit dem zweiten Schwamm Geschlechtsteile
und After. Nun werden noch die Haare von Schweif und Mähne verlesen und mit
dem Mähnenkamm gekämmt. Vor und nach jedem Ritt oder jeder Arbeit müssen
auch die Hufe mit dem Hufkratzer ausgekratzt und kontrolliert werden.

Robustpferde, also Pferde, die in einem Offenstall gehalten werden, sollte man
nicht putzen, sondern nur regelmäßig kontrollieren. Bei ihnen dient das Fett auf der
Haut und im Fell als Schutz gegen Wind und Wetter. Reitet man ein solches Pferd,
sollte man nur den Rücken bürsten, damit der Sattel nicht scheuert.

Camping

Camping ist eine Angelegenheit irgendwo zwischen einer Übernachtung im Garten und einer Rucksackwanderung in den Alpen. Man lädt das Hauszelt, Schlafsäcke, Campingtische und -stühle sowie alle anderen wichtigen Gegenstände in den Wagen und fährt zum Campingplatz. Nachdem du deine Eltern vom Camping überzeugt hast (viele Eltern lieben Camping), musst du aber noch Folgendes wissen, bedenken oder ausleihen.

RESERVIERUNGEN

Zuerst entscheidest du dich, welchen Campingplatz du besuchen willst, und reservierst dort einen Platz. Auf vielen Campingplätzen brauchst du keine Reservierung, aber die meisten sind in der Ferienzeit ausgebucht. Über das Internet kannst du heute auch schon bei vielen Campingplätzen einen Stellplatz reservieren. Dort siehst du auch eine Karte des Platzes und der Umgebung, eine Anfahrtsbeschreibung und welche Sehenswürdigkeiten die umliegenden Städte und Landschaften bieten. Du erfährst auch, wie der Campingplatz ausgestattet ist (Fernseh- und Internetanschluss, Strom und Wasser an jedem Stellplatz), wie weit Lebensmittelgeschäfte und Restaurants entfernt sind und ob du z. B. Fahrräder leihen kannst. Auf manchen Campingplätzen kann man auch kleine Wohnungen mieten, die neben den Schlaf- und Wohnräumen mit Küche (Kühlschrank) und Waschmaschine ausgestattet sind. Du solltest natürlich auch deine Eltern fragen, welche Wünsche und Vorstellungen sie haben.

Camping bietet mehr Komfort gegenüber einer Rucksackwanderung, bei der du die Lebensmittel mitnimmst, sie selbst mit einem Campingkocher zubereitest und Trinkwasser mit Jodtabletten entkeimst. Doch auch das Camping muss man gut vorbereiten, weil man all die Dinge mitnehmen muss, die auf Campingplätzen nicht vorhanden sind.

ZELT UND SCHLAFAUSRÜSTUNG

◆ Zelt. Im Zweifelsfall wählst du das größere Zelt. Ein Zelt für vier Personen bietet häufig nur Platz für seine Bewohner, aber keine Fläche für Taschen und Ausrüstung. Ein neues Zelt baust du vorher zu Hause auf, damit du den Aufbau kennst. Dabei prüfst du, ob alle Stangen und Planen vorhanden sind.

◆ Plastikplane als Unterlage für das Zelt

◆ Schlafsäcke für alle

◆ Schlafunterlagen für alle. Luftmatratzen, Isomatten oder sogar Kissen vom Sofa eignen sich dafür. Für Luftmatratzen musst du auch Flickzeug (Fahrrad) einpacken, denn sie verlieren manchmal unerwartet Luft. Mehr Komfort – vor allem für deine Eltern – bieten Liegen, damit sie nicht morgens missmutig aufstehen und sich wünschen, sie hätten dem Campingurlaub nie zugestimmt.

◆ Bettdecken, wenn im Auto genügend Platz vorhanden ist

◆ Eine Laterne für das Zelt (Sie ist nicht notwendig, aber schön.)

◆ Ein Vordach oder eine Plane über einer Leine zwischen zwei Bäumen, um Tisch und Stühle vor Regen zu schützen

◆ Weitere Dinge: Handfeger und Kehrblech, Fußmatte (um Schuhe abzustellen), Wäscheleine (um Kleidung auszulüften oder zu trocknen)

PERSÖNLICHE AUSRÜSTUNG

◆ Kleidung. Shorts und Jeans, Unterwäsche, T-Shirts, Jacken und Pullover (weil die Nächte sehr kühl werden können), Badeanzug oder Bikini, Schlafanzug, Hut, Socken und Ersatzschuhe, falls deine Treter einmal nass werden.

◆ Jeder braucht eine Taschenlampe, wenn er nachts im Zelt etwas sucht oder einmal auf die Toilette gehen muss. Achte darauf, dass die Batterien neu sind und dass du Ersatzbatterien einpackst. Die Batterien setzt du erst ein, wenn ihr angekommen seid.

◆ Zahnbürste und Toilettenartikel wie Seife und Shampoo, Haarbürste

◆ Toilettenpapier, auch wenn in den Toiletten der Campingplätze welches ist

◆ Medikamente, die du brauchst

◆ Regensachen

◆ Halstücher

◆ Sachen zur Beschäftigung wie Kartenspiele, Bücher

◆ Plastiktaschen für Schmutzwäsche und Abfälle

◆ Angelrute und Angelschnur, in Karton verpackte Angelhaken

◆ Fernglas

◆ Insekten- und Mückenspray

◆ Sonnencreme

◆ Münzen, weil auf manchen Campingplätzen die Duschen nur mit Münzen funktionieren

KOCHAUSRÜSTUNG

◆ Campingkocher und ausreichend Gas. Wenn du das erste Mal zum Camping fährst, leihst du dir einen Kocher vom Nachbarn. Zusätzlich kannst du auch einen Holzkohlengrill und Holzkohle mitnehmen. Kocher und Grill stellst du immer mit genügend Abstand zum Zelt und Auto auf.

◆ Eine Pfanne und einen großen Topf, um Spaghetti zu kochen.

◆ Mehrere kleine Töpfe

◆ Kochutensilien wie Holzlöffel, Zangen, Küchenmesser und Schneidebrett, Vorlegebesteck, Schere, Dosenöffner

◆ Kaffeetassen für deine Eltern und Kaffeefilter, Kaffee, Tee und Kakao

◆ Kanister für einen Wasservorrat. Wasser braucht man immer, z. B. um notfalls den Grill zu löschen. Auf Campingplätzen ohne Wasseranschluss am Stellplatz musst du das Wasser von den Waschräumen holen.

◆ Teller, Besteck

◆ Trinkgläser

◆ Aluminiumfolie kannst du für vielerlei Zwecke gebrauchen.

◆ Behälter zum Aufbewahren von Aufschnitt, Käse und Essensresten

◆ Haushaltstücher, Geschirrtücher und Spülmittel

◆ Kunststoffwanne, um Geschirr abzuspülen, Reinigungsschwämme

◆ Tischdecke und Befestigungsklammern

◆ Erste-Hilfe-Kasten

◆ Handtücher

◆ Badetücher

◆ Bindfaden oder Wäscheleine

◆ Streichhölzer und Grillanzünder

◆ Stühle (zum Entspannen)

Abwaschen beim Camping

Zunächst versuchst du, dich vor dem Abwasch zu drücken. Gelingt dir das nicht, erwärmst du Wasser auf dem Campingkocher, bis es heiß genug ist, aber noch nicht kocht. Das heiße Wasser füllst du in eine Plastikschüssel. Über dem Mülleimer entfernst du alle Speisereste und spülst das Geschirr mit einem Schwamm und Spülmittel neben der Schüssel ab. Mit dem sauberen Wasser spülst du das Geschirr nach. Dann trocknest du das Geschirr auf einem Handtuch oder hängst es in einem Einkaufsnetz an die Leine oder einen Baum.

LEBENSMITTEL

✦ Eine große Kühlbox und Kühlelemente

✦ Haltbare Lebensmittel wie Nudeln, Konserven, Reis

✦ Gewürze wie Salz und Pfeffer, Ketchup, Zucker, Öl. Manche Camper kaufen frische Lebensmittel wie Obst, Gemüse, Fleisch, Käse, Aufschnitt im nächsten Supermarkt oder im Laden auf dem Campingplatz. Andere bringen dagegen sämtliche Lebensmittel – auch verderbliche wie Milch, Käse, Joghurt, Eier, Butter und Brot – von zu Hause mit.

✦ Du überlegst dir bereits vor der Reise, welche Gerichte du gern isst, und packst die haltbaren Zutaten dafür ein. Frage auch deine Eltern, was sie essen wollen.

✦ Getränke wie Selters und Säfte. Andere Getränke, insbesondere gekühlte, kaufst du besser vor Ort.

Ausgefallene Mahlzeiten

WÜRSTCHEN AM STOCK

Von einem stabilen Ast entfernst du an einem Ende die Rinde und spitzt es an. Darauf spießt du ein oder zwei Würstchen und grillst sie über dem Feuer.

DEIN EIGENES STUDENTENFUTTER

In eine Tüte gibst du Rosinen, Erdnüsse, M&Ms, Trockenfrüchte, Haferflocken, Sonnenblumenkerne, Kokosnussflocken sowie Mandelsplitter und was du sonst noch gern isst. Dann mischst du alle Zutaten als Stärkung für unterwegs.

EIER IN DER TÜTE

Dazu verrührst du Eier mit etwas Milch oder Wasser und würzt die Mischung mit Salz und Pfeffer.

Dann füllst du die Mischung in einen Gefrierbeutel oder Backschlauch. Du kannst noch weitere Zutaten wie Käsestückchen, klein geschnittene Gemüse oder sogar Fleisch dazugeben. Den Beutel legst du vorsichtig in kochendes Wasser. Wenn du siehst, dass deine Mahlzeit gar ist, nimmst du den Beutel mit einer Zange heraus.

FEUERPÄCKCHEN

Für dieses Gericht nimmst du Fleisch, Geflügel oder Fisch sowie Gemüse und Kartoffeln und würzt alles mit Salz und Pfeffer oder anderen Gewürzen. Die Zutaten teilst du in einzelne Portionen auf. Jede Portion wickelst du in extra starke Aluminiumfolie (oder eine doppelte Lage dünnerer Folie) und legst sie 30 bis 45 Minuten ins Lagerfeuer.

CAMPING IN DER NATUR

Wildes Camping irgendwo im Wald ist nicht erlaubt. Du kannst aber einen Bauern fragen, ob du auf seiner Wiese campen darfst. Dann baust du dein Zelt auf, legst den Schlafsack aus und beobachtest nachts die Sterne. Morgens wecken dich die Vögel. Tagsüber erkundest du deine Umgebung, spielst mit deiner Freundin Frisbee oder Karten oder schwimmst in einem See, sofern sich einer in der Nähe befindet.

LAGERFEUER

Zum Camping gehört immer auch ein Lagerfeuer. Aber nur wenige Campingplätze bieten auch Feuerstellen an und verkaufen auch Brennholz. In der freien Natur darfst du ein Lagerfeuer nur an wenigen, extra dafür eingerichteten Stellen entzünden. Dazu fragst du vorher den Förster, wo sich diese Stellen befinden. Kochen oder Grillen am Lagerfeuer ist zwar sehr romantisch, aber es dauert auch sehr lange. Wenn du hungrig bist, solltest du deshalb den Campingkocher benutzen. Am Lagerfeuer kannst du immer noch Würstchen grillen, Marshmallows schmelzen oder einen Toast rösten.

Nachdem du gegessen hast, verpackst du alle Lebensmittel. In Deutschland ist die Gefahr, dass Lebensmittel Bären anlocken, sehr gering, aber Ameisen können dir deine Vorräte auch verderben.

TOILETTEN IN DER FREIEN NATUR

Wenn du dich in der freien Natur aufhältst, kann es passieren, dass du jenes dringende Bedürfnis verspürst, das du zu Hause immer hinter verschlossener Tür verrichtest. Zunächst siehst du dich um, ob sich Toiletten in der Nähe befinden. Wenn du keine entdeckst, entfernst du dich so weit wie möglich von deinem Zelt. Hinter einem großen Felsen oder dicken Baum bist du nahezu ungestört.

Wenn du eine geeignete Stelle gefunden hast, siehst du dir den Boden an. Er sollte leicht geneigt sein, damit alles gut abfließen kann. Dann ziehst du deine Hose herunter und gehst in die Hocke. Du kannst dich an einem Baum oder Felsen festhalten, um nicht das Gleichgewicht zu verlieren.

Sicher hast du dir Papiertücher zum Abwischen und eine Plastiktasche mitgenommen, um die Tücher zu entsorgen. Hast du dagegen vergessen, dir etwas zum Reinigen mitzunehmen, bekommst du ein kleines Problem. Erfahrene Camper sollen in diesem Fall der »Lufttrocknung« vertrauen (wir wissen allerdings nicht, ob das zuverlässig funktioniert). Oder verwenden geeignete Blätter. Wenn du auf dem Boden – wie können wir das jetzt diskret ausdrücken? – ein »großes Geschäft« hinterlassen hast, vergräbst du mit einem Stock deine Hinterlassenschaft in einer Kuhle und bedeckst diese mit Laub.

Einen Sarong wickeln

— ⟩⟨ —

Das Wort Sarong bedeutet in der malaiischen Sprache »Umhüllung« und bezeichnet einen Rock, den Männer und Frauen auf Malaysia tragen. Sarongs gehören zur gleichen Kleiderfamilie wie Togas, Chitons und Kimonos – eine Stoffbahn, die um den Körper gewickelt wird. Sarongs bestehen normalerweise aus Baumwolle oder Seide und sind mit unterschiedlichen Mustern bedruckt. Sie werden häufig auch gebatikt. Bei dieser Färbemethode wird mit Wachs ein Muster auf ein Tuch aufgetragen, das anschließend gefärbt wird. Heutzutage kann jeder einen Sarong tragen. Du kannst einen Sarong um deine Hüfte als Rock oder um den Oberkörper als T-Shirt wickeln, du kannst ihn als Wandbekleidung verwenden, als Schal um die Schultern schlingen oder als Tragetuch für ein Baby benutzen. Du kannst ihn aber auch zu einer Tasche falten oder als Kleid tragen.

EINEN SARONG TRAGEN

Einen Sarong kann man kaufen oder ihn selbst herstellen. Dazu brauchst du nur eine leichte Stoffbahn. Ein Sarong ist zwei bis drei Meter lang und bis zu 1,5 m breit. Wir zeigen dir hier verschiedene Arten, einen Sarong zu wickeln.

KLEID MIT HALSKNOTEN

Halte den Sarong hinter deinem Rücken unterhalb der Achseln, sodass du genau in seiner Mitte stehst ❶. Dann schlägst du beide Seiten über Kreuz nach vorn ❷. Die oberen Zipfel verdrehst du und verknotest sie hinter deinem Hals ❸.

SCHULTERKNOTEN

Du hältst den Sarong hinter deinem Rücken. Die linke Seite ist eine Armlänge breit, der Rest des Sarongs befindet sich auf der anderen Seite. Die linke Seite schlägst du nach vorn und auf deine Schulter. Dann wickelst du die rechte Seite über die linke und hinter deinen Rücken, bis sie die linke Seite auf der Schulter erreicht. Die beiden Enden bindest du zu einem Knoten zusammen.

STRANDKLEID

Halte den Sarong hinter deinem Rücken unterhalb der Achseln. Dann schlägst du beide Seiten über Kreuz nach vorn, sodass auf jeder Seite noch 20 bis 30 cm Stoff überstehen. Daraus bindest du einen Knoten, sodass wieder Stoff übersteht. Die beiden Enden steckst du links und rechts unter den Achseln in den Stoff.

Batik

—— >‹— ——

Batik ist eine traditionelle Färbetechnik, bei der zunächst mit heißem Wachs Muster auf den Stoff gegossen werden. Diese etwa 1000 Jahre alte Technik stammt ursprünglich aus Indonesien und breitete sich über Westafrika, Malaysia, und die Philippinen bis nach Thailand aus. Ungefähr um 1970 wurde Batik auch in Deutschland sehr beliebt. Die moderne Färbetechnik unterscheidet sich von der traditionellen – heute werden auch synthetische Textilien gefärbt und andere Materialien als Wachs benutzt –, aber die Grundlagen des Batiks haben sich nicht geändert.

Stoffe wurden traditionell zunächst nur von Frauen gebatikt. Im 17. Jahrhundert wurde der Tjanting erfunden. Dieser Bambusstab besitzt eine Tülle an einem Ende. Durch eine Rinne am Stab lief das flüssige Wachs zur Tülle. Mit dem Tjanting schufen die Frauen komplizierte Muster, die manchmal so schwierig waren, dass sie bis zu sechs Monate dafür benötigten. Nachdem das Interesse an Batik wuchs, wurden weitere Methoden entwickelt, um das Auftragen des Wachses zu beschleunigen. Eine dieser Erfindungen ist der Stempelblock, der aus dünnen Metallbändern besteht. Den Stempelblock, der ab 1845 benutzt wurde, tauchten die Frauen in das flüssige Wachs ein und erzeugten so viel schneller ein Muster auf dem Stoff. Damit schufen die Frauen nicht mehr nur ein kompliziertes Muster alle sechs Monate, sondern mehrere täglich. Männer, die traditionell keine Geduld für den Tjanting aufbrachten, nutzten nun den Stempelblock und produzierten damit mehr gefärbte Stoffe als die Frauen. Moderne Batiktextilien, die mit dem Tjanting produziert wurden, sind sehr wertvoll, weil jedes Textil ein einzigartiges Kunsthandwerk ist.

BATIKEN SELBST MACHEN

Auch ohne Tjanting oder Stempelblock kannst du batiken und brauchst folgende Dinge dafür:

- Ungefärbtes Baumwolltuch/T-Shirt
- Textilfarbe für kaltes Wasser
- 1 Kerze aus Bienenwachs
- 1 Kerze aus Paraffin
- Metallkanne und einen Topf mit Wasser (Wasserbad)
- Pinsel
- Bleistift
- Eimer oder große Schüssel zum Färben
- Alte Zeitungen
- Bügeleisen

ANMERKUNG ZUR AUSRÜSTUNG

Ein altes weißes Bettlaken eignet sich gut zum Batiken. Wenn du neuen Stoff benutzt, musst du ihn vorher waschen. Dadurch werden alle Substanzen entfernt, die eine Färbung verhindern. Als Wachs nimmst du eine Mischung aus 30 % Bienenwachs und 70 % Paraffin. Bienenwachs haftet gut, während Paraffin leicht bricht. Die Mischung haftet auf dem Stoff und verhindert, dass dein Muster bricht.

DAS MUSTER

Mit einem Bleistift malst du ein Muster auf den Stoff. Viele Muster bestehen aus sich wiederholenden geometrischen Figuren, die man einfach mit Lineal oder Geodreieck auftragen kann. Kreise kannst du gut mit umgedrehten Tassen zeichnen. Dann legst du auf einen Tisch die alten Zeitungen, um seine Oberfläche zu schützen. Darauf kommt der Stoff, den du noch glatt streichst.

WACHS SCHMELZEN

Bei diesem Schritt lässt du dir am besten von einem Erwachsenen helfen. Du gibst das Wachs in die Metallkanne (ein Teil Bienenwachs und zwei Teile Paraffin) und stellst diese in das Wasserbad. Dann schaltest du die Herdplatte ein. Wenn das Wasser heiß wird, schmilzt das Wachs.

Flüssiges Wachs ist sehr heiß. Wenn im Wachs erste Blasen aufsteigen, schaltest du die Herdplatte kleiner, damit es nicht raucht. Ist das Wachs durchsichtig, besitzt es die richtige Temperatur. Ist es dagegen noch weißlich, musst du es weiter erwärmen. Zum Testen tauchst du einen Pinsel in das Wachs und bestreichst ein Tuch mit ihm.

MALEN MIT WACHS

Flüssiges Wachs ist sehr heiß, aber es kühlt auch schnell ab. Achte darauf, dass das Wachs nicht auf deinem Pinsel trocknet. Den Pinsel tauchst du in das Wachs und malst dein Muster mit Wachs nach. Wenn dein Stoff größer ist als der Tisch, ziehst du ihn auf dem Tisch vorsichtig in die richtige Position.

FÄRBEN

Das Färbebad setzt du nach den Anweisungen auf der Verpackung an – meist musst du die Farbe nur in einem Eimer kalten Wassers lösen. Dann gibst du den Stoff in die Farblösung und rührst vorsichtig mit einem alten Holzlöffel um. Je länger du den Stoff in der Farblösung lässt, um so intensiver wird er gefärbt. Nach der Färbung darfst du den Stoff nicht auswaschen, auswringen oder in

den Trockner stecken, sondern du lässt ihn an der frischen Luft im Garten (oder im Haus über einem Handtuch) trocknen.

DAS WACHS ENTFERNEN

Wenn dein Stoff getrocknet ist, legst du ihn zwischen zwei alte Zeitungen und bügelst ihn. Dadurch wird das Wachs erwärmt und bindet sich nun an die Zeitungen. Wenn sich auf dem Stoff noch Wachsreste befinden, kannst du sie vorsichtig abkratzen, ohne den Stoff zu beschädigen. Bleibt immer noch etwas Wachs am Stoff, weichst du ihn in Waschmittel ein.

Sandburgen

>‹‹

Der wahre Schatz eines Strands ist neben dem Meer der Sand. Manchmal ist er grob und steinig und an anderen Stellen wieder wunderbar fein und weich. Sand gibt es in allen Farben. Mit ihm kannst du Türme, Städte und Dörfer, ausgedehnte Gräben und Kanäle sowie Burgen mit einem Burggraben bauen. In seine Oberfläche lassen sich große Bilder oder Irrgärten zeichnen.

Wenn du nicht am Meer aufgewachsen bist, weißt du vermutlich nicht, wie man raffinierte Sandbauwerke errichtet. Also nimm deine Schaufel, einen Eimer und suche dir einen Platz – aber nicht bei Flut, die dir dein Bauwerk wegspült.

1. Wasservorrat: Dafür brauchst du den Eimer. Du kannst ihn natürlich auch als Form für Burgtürme benutzen. Aber sein größter Nutzen besteht darin, Wasser bereitzuhalten, das du für Sandskulpturen unbedingt benötigst. Du kannst mit ihm aber auch einen kleinen Kanal zum Meer ziehen, damit das Wasser zu deinem Bauplatz strömt. Oder du gräbst mit dem Eimer ein tiefes Loch, bis du das Grundwasser erreichst.

2. Sandblöcke: Den Eimer füllst du mit Wasser und Sand. Nimm eine Handvoll Sand heraus und lasse überflüssiges Wasser durch die Finger zurück in den Eimer tropfen. Dann formst du einen Block oder ein anderes Element und setzt das Bauteil an die entsprechende Stelle deiner Burg. Das wiederholst du so lange, bis deine Burg fertig ist. Wissenschaftlich betrachtet, funktioniert es so: Das Wasser erzeugt Bindungen zwischen den Sandkörnern. Die Wassermoleküle werden durch eine physikalische Kraft zusammengehalten, die man Oberflächenspannung nennt. Diese Kraft kennst du bereits. Wenn du zu viel Wasser in ein Glas schüttest, wölbt sich die Wasseroberfläche über den Glasrand.
Und wenn du zu viel Wasser in den Eimer gibst, zerfließen deine Sandblöcke!

3. Sandtropfen: Mit dieser einfachen Technik kannst du deiner Burg noch ein altehrwürdiges gotisches Aussehen verschaffen. Dazu nimmst du nur nassen Sand in deine Hände und presst ihn über deinem Bauwerk aus. Schon hat es im Handumdrehen die nötige Patina angesetzt.

SANDKASTEN

In einem Sandkasten kannst du das ganze Jahr über Sandburgen oder andere Bauwerke bauen. Das brauchst du für einen Sandkasten:

- ◆ Eine Kiste aus Holz, Kunststoff oder fester Pappe. Die Seiten sollten fünf bis zehn Zentimeter hoch und ungefähr 30 bis 40 cm lang sein, aber auch fast jedes andere Maß ist geeignet. Wenn die Ecken nicht dicht sind, verschließt du sie mit Heißkleber oder einem anderen Leim.
- ◆ Sand, um die Kiste zu füllen. Dazu kannst du Spielplatzsand oder Sand vom Strand nehmen. Wenn du etwas gröberen Sand hast, entfernst du die größten Körner mit einem Sieb.
- ◆ Sonnenblumenöl, Rapsöl oder Babyöl
- ◆ Löffel zum Rühren
- ◆ Allerlei Dinge, um deine Burg zu verzieren: Kieselsteine, Federn, Kronkorken, Becher zum Formen und Stöckchen zum Zeichnen.

Du füllst den Sand in die Kiste. In den Sand gibst du einen Löffel Öl und vermischst beides. Nach und nach gibst du mehr Öl hinzu, bis du den Sand formen kannst. Wenn der Sand seine Form behält, hast du die richtige Mischung aus Sand und Öl. Nun kannst du mit Bechern und Löffeln jede gewünschte Form herstellen.

Monate und Tage

WOHER STAMMEN DIE NAMEN DER MONATE?

Unser moderner Kalender ist der gregorianische Kalender. Er wurde nach Papst Gregor XIII. benannt, der ihn 1582 in Italien, Spanien und Portugal einführte (in Deutschland galt er ab 1584). Dieser Kalender löste den julianischen ab, den Julius Caesar 46 v. Chr. angeordnet hatte. Davor galt der römische Kalender des Königs Romulus, der zunächst nur zehn Monate kannte: Martius, Aprilis, Maius, Iunius, Quintilis, Sextilis, September, October, November und December.

Das römische Jahr begann im März (Martius) mit dem Frühlingspunkt, wenn die Sonne den Äquator Richtung Norden überschreitet (im Frühling um den 20. März und Richtung Süden im Herbst um den 22. September). Die letzten sechs Monate des römischen

Kalenders waren der nummerischen Reihenfolge nach benannt: Quintilis ist der fünfte Monat, da quinque »fünf« heißt. Sextilis ist der sechste Monat (sex bedeutet »sechs«), September hat seinen Ursprung in septem für »sieben« und so weiter. Die zehn Monate dauerten 304 Tage, während 61 Wintertage unberücksichtigt blieben.

Um 713 v. Chr. fügte der römische König Numa Pompilius die Monate Januar (Ianuarius) und Februar (Februarius) an das Ende des Kalenders und dehnte ihn auf zwölf Monate und 355 Tage aus. Sein Jahr war kürzer als unseres mit 365 Tagen, aber es stimmte gut mit dem Mondjahr überein (mit zwölf Mondzyklen). Pompilius berücksichtigte auch den römischen Aberglauben über Glückszahlen und Unglückszahlen – danach brachten ungerade Zahlen Glück und gerade Unglück – und seine Monate waren 29 und 31 Tage lang. Die einzige Ausnahme war der Februar, der nur 28 Tage besaß. Um diese Unglückszahl zu umgehen, teilte er den Februar auf in einen Monat mit 23 Tagen und einen, der fünf Tage länger war. Doch weil die 355 Kalendertage nicht mit den Jahreszeiten übereinstimmten, folgte alle paar Jahre ein zusätzlicher Monat, Mercedonius, auf den kurzen Februar. Diese zusätzlichen 27 Tage glichen den Unterschied aus. Seine Einführung erwies sich jedoch als sehr schwierig, weil einige Menschen den zusätzlichen Monat einfach vergaßen.

Als Julius Caesar 44 v. Chr. an die Macht kam, stellte er den Kalender vom Mondzyklus des Pompilius auf das Sonnenjahr um. Das Kalenderjahr begann mit dem Monat Januar anstelle des Monats März (September, Oktober, November und Dezember behielten ihre Namen, obwohl sie jetzt zum neunten, zehnten, elften und zwölften Monat wurden). Er führte auch das Schaltjahr ein, in dem der Februar alle vier Jahre einen zusätzlichen Tag erhielt. Die Aufteilung des Februars schaffte er genauso ab wie den zusätzlichen Monat und verteilte die zehn Tage, die bisher im Kalender fehlten, auf die anderen Monate. Ianuarius, Sextilis und December verlängerten sich um zwei auf 31 Tage. Aprilis, Iunius, September und November erhielten je einen Tag und besaßen fortan 30 Tage. Der Februar blieb mit 28 Tagen der kürzeste Monat. Die Länge der Monate entspricht auch unseren aktuellen Monaten. Etwa um 8 v. Chr. wurden Quintilis und Sextilis zu Ehren der Kaiser Julius Caesar und Augustus in Juli und August umbenannt.

Der julianische Kalender war über Jahrhunderte weit verbreitet, doch erst

Wie viele Tage hat ein Monat?

Mit diesem Merkspruch eines englischen Kinderliedes weißt du immer, wie viele Tage ein Monat hat:

30 Tage hat der September,
April, Juni und November.
Februar hat 28,
nur im Schaltjahr 29.
Alle anderen ohne Frage
haben 31 Tage.

der gregorianische Kalender wurde zum Standard. Das geschah jedoch nicht überall sofort: Obwohl Papst Gregor den Kalender 1582 für alle als verbindlich vorsah, stellten amerikanische und britische Kolonien ihren Kalender erst fast 200 Jahre später im September 1752 um. Russland verwendete den julianischen Kalender noch 1917 und in Griechenland galt er sogar bis 1923.

WARUM BESITZT EINE WOCHE SIEBEN TAGE?

Bereits vor über 3000 Jahren teilten die alten Babylonier die Woche in sieben Tage ein. Sie hatten auch die Länge eines Monats durch Beobachtung des Monds bestimmt, der von Neumond über Vollmond bis zum nächsten Neumond 29,5 Tage benötigt. Doch zwischen einem Tag und einem Monat fehlte ihnen eine Zeiteinheit, und so entwickelten sie als weitere Zeiteinteilung die Woche.

Auch bei der Woche half der Mond. Seine Phasen ließen sich in vier Abschnitte einteilen – Neumond, erstes Viertel, Vollmond, letztes Viertel –, die jeweils ungefähr sieben Tage dauerten. Deshalb unterteilten sie einen Monat in vier Abschnitte, die Wochen, mit jeweils sieben Tagen. Diese Idee war offenbar bestechend, aber die Babylonier waren nicht die einzige Kultur, die den Monat in Wochen einteilte.

Eine praktische Entwicklung verfolgten Kulturen mit »Markttagen«, an denen Produkte verkauft und gekauft wurden. Die Anzahl der Wochentage hing davon ab, wie häufig Markttage stattfanden. Bei einigen westafrika-

nischen Stämmen war jeder vierte Tag Markt, während ein solcher in Ägypten nur alle zehn Tage stattfand. Die Römer nannten ihre Woche Nundinae, weil zwischen den Markttagen neun Tage lagen. Die alten Maya besaßen einen komplizierteren Kalender, der zwei unterschiedlich lange Wochen kannte. Eine Woche hatte 13 Tage, in der jeder Tag eine Zahl hatte, und eine andere 20 Tage, die jeweils einen Namen besaßen.

Sehr viel später in der Geschichte wurde in Frankreich nach der Revolution 1793 ein Kalender mit einer zehntägigen Woche eingeführt. Dieses Schema entwickelten Mathematiker, Astronomen, Künstler, Schriftsteller und sogar Gärtner unter der Leitung von Charles-Gilbert Romme. Die Mathematiker schlugen gleich lange Monate vor (zwölf Monate mit 30 Tagen und fünf oder sechs Tage, die übrig blieben), die zehntägige Woche (wobei der letzte Tag arbeitsfrei war) und eine Zeitmessung auf der Grundlage der Zahl zehn (jeder Tag sollte 100 000 Sekunden lang dauern). Schriftsteller und Künstler (und der Gärtner) sollten Namen für Tage und Monate vorschlagen. Das Projekt dauerte 13 Jahre und brachte die 100-Minuten-Stunde und die neuntägige Woche hervor. Napoleon schuf den Kalender 1806 wieder ab und Frankreich kehrte zur siebentägigen Woche zurück. Die babylonische Vorstellung der siebentägigen Woche wurde auch von anderen Kulturen unterstützt. Die Römer führten sie in ihren Kalender ein. Auch die christliche Kirche förderte sie und das britische Empire verbreitete die siebentägige Woche über die gesamte Erde. Heute gilt die siebentägige Woche weltweit als Standard.

WIE ERHIELTEN DIE TAGE IHRE NAMEN?

Nicht nur zu babylonischen Zeiten, auch heute noch gilt die Sieben als Glückszahl. Zufällig entsprach diese Zahl der Anzahl anderer Gruppen wie den sieben Planeten des Himmels (einschließlich der Sonne und des Monds), die man mit bloßem Auge sah. Daher überrascht es nicht, dass die Tage nach den Planeten benannt wurden.

Die alten Griechen und Römer setzten diese Tradition fort und benannten die Tage nach den Planeten, die Götternamen der griechischen und römischen Mythologie trugen. Diese Namen wurden in Deutschland durch die Namen der germanischen Götter ersetzt. Später wurden die Namen einiger Tage wieder geändert.

DIE NAMEN DER WOCHENTAGE

	Montag	Dienstag	Mittwoch	Donnerstag	Freitag	Samstag	Sonntag
Planet	Mond	Mars	Merkur	Jupiter	Venus	Saturn	Sonne
Babylonisch	Sin	Nergal	Nabu	Marduk	Ishtar	Ninurta	Shamash
Griechisch	Hemera Selenes (Tag der Mondgöttin Selene)	Hemera Areos (Tag des Kriegsgotts Ares)	Hemera Hermu (Tag des Götterboten Hermes)	Hemera Dios (Tag des Gottes Zeus)	Hemera Aphrodite (Tag der Göttin Aphrodite)	Hemera Chronos (Tag des Gottes Chronos, Vater des Zeus)	Hemera Heliou (Tag des Sonnengottes Helios)
Römisch	Dies lunae (Tag der Mondgöttin Luna)	Dies Martis (Tag des Kriegsgottes Mars)	Dies Mercurii (Tag des Götterboten Merkur)	Dies Jovis (Tag des Gottes Jupiter)	Dies Veneris (Tag der Göttin Venus)	Dies Saturni (Tag des Gottes Saturn, Vater des Jupiter	Dies Solis (Tag des Sonnengottes)
Deutsch	Montag (Tag des Mondes)	Dienstag (Tag des Kriegsgottes Mars Thingsus)	Mittwoch (früher Wodanstag, nach jüdischer Zählung der vierte Wochentag und daher der mittlere)	Donnerstag (Tag des Gottes Donar, des Herrn des Donners)	Freitag (Tag der Göttin Freia, wie Venus die Göttin der Liebe)	Samstag oder Sonnabend (Tag des Gottes Saturn; Abend vor Sonntag)	Sonntag (Tag des Sonnengottes)

Fische angeln

DIE AUSRÜSTUNG

Rute: Der lange Stab ist das wichtigste Utensil. Moderne Ruten haben eine Angelschnur und eine Rolle.

Rolle: Auf ihr ist die Angelschnur so aufgewickelt, dass sie sich nicht verheddert, und sie hält die Angelschnur gespannt. Sie wickelt die Angelschnur ab, wenn du diese auswirfst.

Angelschnur und Schwimmer: Moderne Angelschnüre sind aus Nylon und an der Rolle befestigt. Die Angelschnur wird durch mehrere Ösen an der Rute geführt. An ihrem Ende befindet sich der Schwimmer mit Haken und Köder.

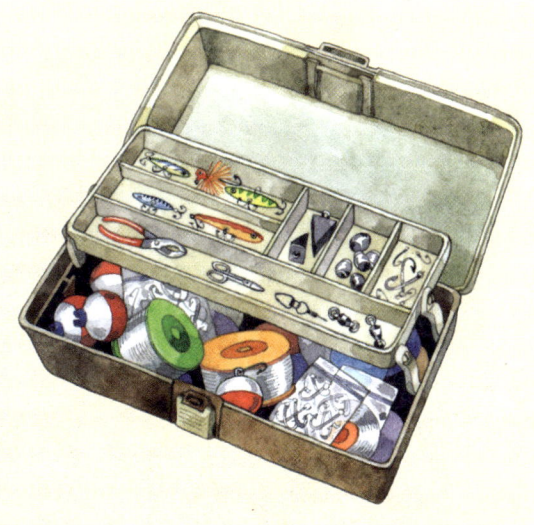

Angelkasten: Er enthält all die Teile, die du an der Angelschnur befestigen kannst. In kleinen Fächern bewahrst du verschiedene Haken, Gewichte, Blinker (künstlicher Köder), Schwimmer und Wirbel auf. Ersatzteile, Klebeband und kleine Werkzeuge befinden sich in anderen Fächern.

Köder: Wir benutzten als Köder Würmer, Ameisen, Grillen oder Maden. Für bestimmte Fische benötigst du ganz bestimmte Köder. Diese kannst du auch im Angelfachgeschäft kaufen. Regenwürmer suchst du im Garten selbst. Wenn du einen Angler siehst, fragst du ihn, welche Köder er benutzt und wo er sie herhat. Der Köder sollte etwa so groß wie der Haken sein. Zusammen mit den Ködern nimmst du einen Eimer, kalte Getränke (beim Angeln im Sommer wird dir warm) und ein altes Handtuch mit, das du nach deinem ersten Fang brauchst.

DAS ANGELN

1. Wahl der Angelrute: In einem Fachgeschäft suchst du dir eine passende Angelrute aus und lässt dir erklären, wie die Rolle funktioniert. Für kleinere Fische ist eine kleine Rute ausreichend, für größere brauchst du eine große.

2. Angelschnur aufziehen: Die Angelschnur führst du durch alle Ösen und befestigst den Schwimmer an ihrem Ende. Wie der Name schon sagt, schwimmt der Schwimmer auf dem Wasser. Sobald ein Fisch anbeißt, ruckelt er daran. Unterhalb des Schwimmers befestigst du ein oder zwei Gewichte, damit der Köder unter Wasser bleibt.

Mit dem Klemmknoten kannst du vieles verbinden, auch den Schwimmer oder den Haken mit der Angelschnur.

Tipp: Viele Ruten landen beim Auswerfen im Wasser. Du hältst immer die Angelschnur mit dem Daumen fest, bis du sie wirfst. Beim Werfen hältst du dann die Rute fest in der Hand.

5. Fisch an Land ziehen: Wenn der Schwimmer zuckt, hat wahrscheinlich ein Fisch angebissen. Lasse den Fisch einen Augenblick an der Leine ziehen, damit sich der Haken festsetzt. Dann ziehst du die Angelschnur mit der Rolle erst langsam und immer schneller werdend ein. Mit etwas Übung bekommst du ein Gefühl dafür. Sobald du den Fisch aus dem Wasser gezogen hast, bringst du ihn an Land, in dein Boot oder auf den Steg, auf dem angelst.

6. Und nun? Zuerst musst du den Haken entfernen. Dazu greifst du den Fisch hinter den Kiemen, um ihn zu beruhigen, und drehst den Haken aus seinem Maul. Kannst du den Haken nicht lösen, schneidest du die Angelschnur ab und wirfst den Fisch mit dem Haken zurück ins Wasser.

An diesem Punkt wirst du entweder süchtig nach Angeln oder zur Vegetarierin. Du musst dich nun entscheiden, den Fisch zurück ins Wasser zu werfen oder ihn mit nach Hause zu nehmen. Manche Fische sind auch geschützt, weshalb du die Vorschriften kennen musst. Fische unterhalb einer bestimmten Größe sind ebenfalls geschützt. Achte auch darauf, wie sauber oder schmutzig das Gewässer ist. Wenn du den Fisch mitnehmen willst, legst du ihn in den Eimer mit Wasser.

3. Gewässer suchen. An deiner Angel hast du schon Schwimmer, Gewichte und Köder angebracht. Jetzt brauchst du nur noch ein Gewässer. Das erscheint einfacher, als es ist. In Deutschland benötigst du nämlich zum Angeln einen Fischereischein sowie einen Fischereierlaubnisschein oder Gewässerschein, um in bestimmten Gewässern zu angeln. Aber viele Angelsportvereine bieten die Möglichkeit, in ihren Teichen auch ohne diese Scheine zu angeln – nachdem du Eintritt bezahlt hast. Die gefangenen Fische darfst du mitnehmen.

4. Angelschnur auswerfen: Manchmal lässt du die Angelschnur einfach nur ins Wasser fallen. Gelegentlich bist du aktiver und wirfst die Angelschnur dorthin, wo du Fische vermutest. Wenn kein Fisch anbeißt, spulst du die Angelschnur nach einiger Zeit wieder auf und wirfst sie erneut aus.

7. Abendessen vorbereiten: Irgendjemand sagte einmal, dass Angeln langweilig sei, bis man einen Fisch fängt. Danach sei es ekelhaft. Bevor du den Fisch servieren kannst, muss er nämlich mit einem Stock betäubt und mit einem Messer getötet und dann ausgenommen werden. Beim Schlachten lässt du dir am besten von einem Erwachsenen helfen.

Nachdem der Fisch ausgeblutet ist, wäschst du ihn unter fließendem Wasser gründlich. Die Schuppen entfernst du mit einem Messerrücken oder einem Schuppenmesser. Unterhalb der Kiemen schneidest du seinen Kopf ab, Dann schneidest du den Bauch bis kurz vor den Schwanzansatz ein, damit du die Eingeweide herausnehmen kannst. Entferne alles aus der Bauchhöhle und spüle sie gut mit Wasser. Den Schwanz schneidest du wie alle Flossen ebenfalls ab. Nun wäschst du den Fisch ein letztes Mal unter fließendem Wasser ab.

Jetzt ist der Fisch soweit vorbereitet, dass du ihn nach Geschmack würzen und in die Pfanne legen kannst.

Die Fische sind da und deine Rute ist zu Hause!

Was tun? Du kannst dir eine Rute basteln (oder deiner kleinen Schwester), um kleine Fische zu fangen. Weidenruten sind biegsam, aber ein starker Ast ist auch geeignet. An ein Ende bindest du eine Angelschur, an die Angelschnur einen Haken. Wenn du deinen Angelkasten dabeihast, befestigst du einen Schwimmer etwa 5 cm oberhalb des Hakens und ein Gewicht neben dem Haken.

Mit Gummiband und Klebeband kannst du deine Angelschnur an der Rute sicher befestigen. Dazu brauchst du etwa 20 cm Gummiband. Das Gummiband verknüpfst du mit der Rute und die Angelschnur mit dem Gummiband. Beide Knoten sicherst du mit Klebeband, damit sie nicht aufgehen können.

—— >×< ——

FORSCHENDE UND RECHNENDE FRAUEN IN EUROPA

Caroline Lucretia Herschel

Caroline Lucretia Herschel wurde am 16. März 1750 als Tochter von Isaac und Anne Ilse Moritzen Herschel in Hannover geboren. Sie hatte noch eine Schwester und vier Brüder. Ihr Vater war Militärmusiker und legte auf eine musikalische Ausbildung seiner Kinder großen Wert. Sein Hobby war die Astronomie, die er auch seinen Kindern nahebrachte. In klaren Nächten erklärte er ihnen die Sternbilder und begeisterte sie für die Schönheit der Sterne und Kometen.

Für Caroline war keine Schulbildung vorgesehen, die für Mädchen damals unüblich war. Ihre Mutter wollte, dass sie Näherin wird. Caroline aber war ein überaus neugieriges Mädchen und wollte unbedingt Lesen, Schreiben und Rechnen lernen. Also ging sie einfach mit ihren Brüdern in die Schule der Garnison in Hannover. Außerdem musizierte sie intensiv und übte Singen, um vielleicht Konzertsängerin zu werden. So hoffte sie, einer möglichen Laufbahn als Haushälterin oder Näherin zu entgehen.

Ihr zwölf Jahre älterer Bruder Friedrich Wilhelm nahm 1766 eine Stelle als Organist im englischen Bath an und

Caroline Lucretia Herschel und ihr Bruder Friedrich Wilhelm am Teleskop

verließ das Elternhaus. Diese Übersiedlung war sehr einfach, da England und Irland von König Georg II. aus dem Haus Hannover regiert wurden, der zugleich Kurfürst von Braunschweig-Lüneburg war. Die Hannoveraner waren also gewissermaßen auch Briten. Caroline blieb zurück und musste den Haushalt der Familie führen. Doch nach dem Tod des Vaters hielt sie es nicht mehr aus. Trotz erbitterten Widerstands ihrer Mutter folgte sie ihrem Bruder nach England. Dort führte sie seinen Haushalt und trat als Sängerin auf. Im Laufe der Jahre befasste sich ihr Bruder immer mehr mit der Astronomie. Dabei interessierten ihn weniger der Mond oder die Planeten, sondern fernere Objekte. Er begann mit dem Bau von Spiegelteleskopen, die immer größer und besser wurden. Caroline, ebenfalls begeistert von der Astronomie, half ihm bei dieser Arbeit. Bei einer seiner nächtlichen Beobachtungen entdeckte Friedrich Wilhelm am 13. März 1781 zufällig den bis dahin unbekannten Planeten Uranus. Über Nacht wurde der Amateurastronom berühmt und wurde auch gleich in die Royal Society aufgenommen. Der König gewährte ihm ein jährliches Einkommen, sodass er sich nun ganz auf seine astronomische Forschung konzentrieren konnte. Und genau das tat Caroline auch. Ihr Bruder baute ihr eigene Teleskope, sodass auch sie, unabhängig von ihm, den Sternenhimmel beobachten konnte.

Allein im Jahr 1783 entdeckte sie drei neue Sternennebel und in den Jahren 1786 bis 1797 acht Kometen, darunter auch den Enckeschen Kometen. Sie stellte umfangreiche Berechnungen zu Galaxien und Sternenhaufen an, verbesserte die damals üblichen Sternenkarten, indem sie 560 neue Sterne entdeckte. So wurde nicht nur ihr Bruder, sondern auch sie bekannt.

Nach dem Tod von Friedrich Wilhelm 1822 kehrte sie nach Hannover zurück. Dort wurde sie regelmäßig von berühmten Wissenschaftlern und Mathematikern besucht, die um ihren Rat fragten, darunter auch Carl Friedrich Gauß. Für ihre Arbeit erhielt sie zahlreiche Ehrungen, z. B. im Jahr 1828 die Goldmedaille der englischen Königlichen Astronomischen Gesellschaft, die sie 1835 sogar als erste Frau überhaupt zum Ehrenmitglied ernannte. Als der König von Preußen ihr die Goldmedaille der Preußischen Akademie der Wissenschaften verlieh, war sie 96 Jahre alt. Sie starb als bekannte und angesehene Frau am 9. Januar 1848 in Hannover.

Amalie »Emmy« Noether

Amalie Noether, genannt Emmy, wurde am 23. März 1882 in Erlangen geboren. Obwohl ihr Vater ein bekannter Mathematikprofessor war, interessierte sie sich lange Zeit nicht für mathematische Probleme. Nach der mittleren Reife studierte sie Deutsch, Französisch und Englisch und absolvierte ihre Staatsexamen als Lehrerin. Erst danach machte sie das Abitur und entschloss sich, nun auch noch Mathematik zu studieren. Sie hatte Geschmack an der Arbeit ihres Vaters gefunden. Doch das war gar nicht so einfach, denn Frauen durften damals Fächer wie Physik oder Mathematik nicht studieren. Erst 1904 erhielt sie nach vielen Anträgen einen Studienplatz in Erlangen und konnte 1907 tatsächlich ihren Doktor machen. Ihr Fachgebiet war die Algebra, die sie um zahlreiche Theorien erweiterte. Ihre neuen Ideen machten sie bald in Fachkreisen bekannt. Sie wurde als eine der ersten Frauen zu internationalen Kongressen eingeladen und hielt Vorträge in

Österreich und Italien. 1909 bat sie die Universität Göttingen, an der die führenden Mathematiker der Welt lehrten, um ihre Mitarbeit. Gerne hätte sie dort auch eine Professur übernommen, aber die Gesetze erlaubten dies nicht. Als Assistentin musste sie ihre Vorlesungen halten. Erst 1919, nach der Gründung der Weimarer Republik, wurde sie in Göttingen Professorin für Mathematik. Sie hielt Gastvorträge in Moskau und anderen Städten und wurde weltbekannt. Die Nationalsozialisten aber entzogen ihr im Jahr 1933 die Lehrerlaubnis, denn sie war Jüdin und zudem noch Pazifistin und Mitglied der SPD. Die USA nahmen sie jedoch gern auf, wo sie am Bryn Mawr College in Pennsylvania und an der Universität von Princeton arbeitete. Sie starb am 14. April 1935 während einer Operation. Ihre Formeln und Theorien aber sind so bedeutend, dass sie heute jeder Mathematiker kennt.

Maria Goeppert-Mayer

Maria Goeppert-Mayer

Maria Goeppert wurde am 28. Juni 1906 in Kattowitz geboren und war das einzige Kind des späteren Professors für Kinderheilkunde Friedrich Goeppert und seiner Frau Maria. Vier Jahre später zog die Familie nach Göttingen, wo der Vater an der Universität unterrichtete. Nach dem Abitur studierte die begabte junge Frau zunächst Mathematik, wechselte später aber zur Physik. Bei dem späteren Nobelpreisträger Max Born schrieb sie 1930 ihre Doktorarbeit. In der Vorbereitungszeit lernte sie den amerikanischen Austauschstudenten Joseph Mayer kennen, der bei der Familie zur Untermiete wohnte. Die beiden heirateten 1930 und gingen in die USA, wo er eine Professur an der Johns-Hopkins-Universität annahm.

Maria bekam zunächst keine Stelle und kümmerte sich um die beiden Kinder Marianne und Peter, die 1933 und 1938 zur Welt kamen. Nach dem Eintritt der USA in den Zweiten Weltkrieg wurden dann alle Wissenschaftler benötigt und sie erhielt endlich eine Stellung in der Atomforschung. Nach dem Krieg wurde ihr eine Professur an der Universität von Chicago angeboten. Damit war sie die achte Professorin bzw. der achte Professor ihrer Familie in direkter Abstammungslinie. In Chicago entwickelte sie die Theorie vom zwiebelartigen Aufbau des Atomkerns, die sich tatsächlich durchsetzte. Für diese wissenschaftliche Leistung wurde sie 1963, als zweite Frau und 60 Jahre nach Marie Curie, mit dem Physik-Nobelpreis ausgezeichnet. Sie starb am 20. Februar 1972 in Kalifornien.

Françoise Barré-Sinoussi

Françoise Barré-Sinoussi wurde am 30. Juli 1947 in Paris als Tochter von Roger und Jeanine Sinoussi geboren. Nach dem Abitur studierte sie Medizin und machte 1974 ihren Doktor. Doch statt als Ärztin zu arbeiten, widmete sie ihr Leben der Forschung und fand 1975 eine Stelle am Institut national de la santé et de la recherche médicale, einer staatlichen Forschungseinrichtung, die sich mit Fragen der Volksgesundheit befasst. Später wechselte sie zum berühmten Institut Pasteur und erforschte Retroviren. Als 1981 endlich klar wurde, das AIDS eine ansteckende Krankheit ist, begann sie sofort, nach der Ursache zu forschen. Zusammen mit ihrem Kollegen Luc Montagnier wurde sie zwei Jahre später fündig und entdeckte das HIV-Virus als Verursacher der neuartigen Krankheit. Von diesem Augenblick an wurde sie zu einer unermüdlichen Kämpferin gegen AIDS. Sie stieg 1986 zur Laborleiterin auf und ist seit 1996 Professorin und Leiterin der Forschungsgruppe über die Biologie von Retroviren am Institut Pasteur. Nach zahlreichen anderen Wissenschaftspreisen wurde sie 2008 zusammen mit Luc Montagnier mit dem Nobelpreis für Medizin ausgezeichnet.

Eine Piñata aus Papiermaschee

───── ✦ ─────

Obwohl wir die Piñata aus Lateinamerika kennen, kommt sie ursprünglich aus China. Der Entdecker Marco Polo brachte sie um 1300 nach Italien, wo die Piñata Teil eines Rituals zur Fastenzeit wurde. Den ersten Sonntag der Fastenzeit bezeichnete man als »Piñata-Sonntag«. Diese Piñatas bestanden aber nicht aus Papiermaschee und enthielten auch keine Süßigkeiten wie heute, sondern waren Tongefäße oder Tonfiguren, die bei der Feier zerstört wurden. Das italienische Wort *pignatta* bedeutet »Krug«.

Spanische Missionare und Eroberer nahmen die Piñata mit nach Amerika. Dort stellten sie vermutlich überrascht fest, dass Azteken und Maya ebenfalls Rituale besaßen, bei denen Krüge zertrümmert wurden. Die Azteken bedeckten einen Tonkessel mit farbigen Federn und füllten ihn mit Schätzen für Huitzilopochtli, ihren

Kriegsgott. Bei den Maya musste während eines Spiels ein Teilnehmer mit verbundenen Augen Tonkrüge zertrümmern.

Piñatas bestehen heute aus Karton oder – weil Karton schwer zu zerreißen ist – aus Papiermaschee. Papier ist ein idealer Werkstoff. In nahezu jedem Stadium seiner Verarbeitung bleibt genügend Spielraum für Veränderungen und neue Ideen. Du kannst ganz spontan anfangen und brauchst dazu nur einfache Dinge: Zeitungspapier, Wasser und Mehl, das du auch vom Nachbar ausleihen kannst, wenn die eigenen Vorräte zu Hause erschöpft sind. Bei der Herstellung des Papiermaschees entstehen auch Verschmutzungen, die man aber leicht wieder entfernen kann.

DAS BRAUCHST DU:

Für deine Piñata sind erforderlich:

- ✦ Luftballons
- ✦ Eimer oder große Schlüssel
- ✦ Schüssel, um den Luftballon zu halten
- ✦ Spachtel oder große Löffel zum Rühren
- ✦ Mehl
- ✦ Salz
- ✦ Wasser
- ✦ Weißen Leim
- ✦ Abklebeband
- ✦ Pinsel
- ✦ Bindfaden
- ✦ Zeitungen oder Plastikfolien, um die Arbeitsfläche abzudecken
- ✦ Jede Art Papier, z. B. Krepppapier und Bastelpapier für Dekorationen an der Außenseite
- ✦ Pappbecher, Papierknäuel, Pappröhren (Haushaltstücher), Pappkegel, leere Lebensmittelbehälter und vieles andere, was du gerade findest.
- ✦ Nicht vergessen: Süßigkeiten, Spielzeuge und andere Schätze als Füllung

Schritt 1: Die Grundlage deiner Piñata ist ein Luftballon. Du bläst ihn auf und klebst den Knoten ab (mit Abklebeband oder später mit Papier).

Schritt 2: Jetzt zerreißt du viel Papier. Verwende zum Zerkleinern keine Schere, weil Papiermaschee durch gerissene Papierfetzen stabiler wird. Die Fetzen sollen etwa 2 cm breit und 15 cm lang sein (je nach Projekt auch kürzer oder länger). Die meisten Schichten wirst du aus Zeitungspapier herstellen. Weißes Papier oder Bastelpapier eignet sich eher für die letzte Schicht.

Schritt 3: Dann setzt du den Leim an. Dazu verrührst du in einer Schüssel eine Tasse Mehl mit zwei Tassen Wasser. Die richtige Mischung ist dickflüssig und feuchtet das Papier ausreichend an, ohne es aufzulösen. Zum Schluss gibst du eine viertel Tasse Salz in die Mischung, damit sich deine Piñata ungefähr einen Monat lang hält.

Einen cremigeren und stärkeren Leim stellst du mit fünf Tassen heißem Wasser und einer Tasse Mehl her. Der heiße Leim kühlt sehr schnell ab.

Dieser klassische Mehl-Wasser-Leim hält das Papier zusammen, weil sich die Stärke des Mehls als langes Molekül um andere Moleküle wickelt und diese bindet. Durch Wasser und Wärme wird die Stärke besser gelöst.

Schritt 4: Der Luftballon ist aufgeblasen, das Papier zerrissen und der Leim angerührt. Den Luftballon legst du in eine Schüssel, damit er nicht wegrollt. Wenn du ganz sauber arbeiten willst, trägst du den Leim mit einem Pinsel auf die Papierfetzen auf. Sonst tunkst du die Papierfetzen einfach in den Leim, wischst überschüssigen Leim ab und klebst die Fetzen auf den Ballon. Jede Schicht streichst du glatt. Eine stabile Piñata besteht aus mehreren Schichten.

Auf die letzte Schicht setzt du Ohren, Nase oder Beine. Für besondere Formen bringst du Pappbecher oder Papprollen mit Klebeband an und überklebst sie

mit Papiermaschee. Und aus zerknülltem Papier kannst du einen Kopf herstellen, während aufgerollte Zeitungen die Arme darstellen. Bei diesen Arbeiten kannst du deine künstlerischen Fähigkeiten beweisen.

Zum Schluss klebst du zwei weitere Schichten Papiermaschee über den Luftballon, die ihn noch stabiler machen. Danach lässt du ihn trocknen.

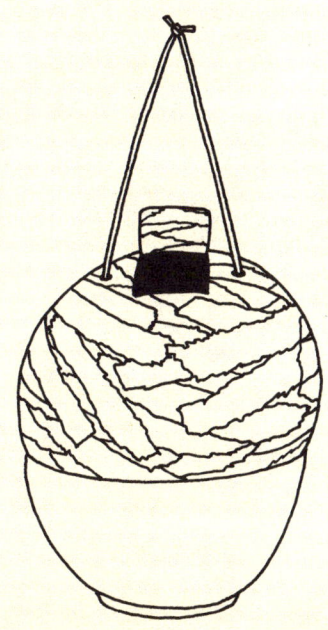

Schritt 5: Wenn der Leim getrocknet ist, schneidest du oben eine etwa 5 cm breite Öffnung ein, in die du später deine Schätze hineingibst. Seitlich davon bohrst du zwei kleinere Löcher, durch die du einen etwa 45 cm langen Bindfaden führst. An dem Bindfaden kannst du deine Piñata später aufhängen. Du kannst sie noch anmalen oder mit Krepppapier verzieren.

Dann füllst du die Süßigkeiten ein

(achte darauf, dass die Piñata innen bereits trocken ist) und klebst die Öffnung danach wieder zu.

Schritt 6. Das Spiel! Im Garten hängst du die Piñata an einen Ast. Spielt ihr drinnen, schraubst du eine Öse in die Decke eines großen Zimmers und hängst sie daran auf. Manche lassen die Piñata dann einfach hängen, andere ziehen sie an einer Leine auf und nieder, um das Spiel zu erschweren. Wie auch immer – du schlägst jetzt kräftig mit einem Stock oder Besenstiel nach der Piñata und achtest sorgsam darauf, dass keine Mitspielerin in deiner unmittelbaren Nähe steht, damit du nicht versehentlich die Falsche triffst.

Eine Papiermaschee-Figur aus Maschendraht

Nachdem du das Herstellen von Papiermaschee beherrschst, setzt deiner Kreativität nur noch der Himmel Grenzen. Mit Papiermaschee, Maschendraht und Klebeband kannst du Figuren ganz nach deiner Vorstellung bauen. Für große Projekte brauchst du viele Zeitungen, deshalb beginne rechtzeitig mit dem Sammeln. Für die Gestaltung größerer Papiermaschee-Figuren kannst du verschiedenartigste Gegenstände verwenden: Getränkeflaschen, kleine Kartons (in denen früher Süßigkeiten waren), Papierschüsseln, Papptröhren, Schuhkartons, Drahtbügel und so weiter.

Der Trick bei großen Figuren besteht darin, ein Gerüst aus Maschendraht zu formen. Den erhältst du in jedem Baumarkt. Für den Körper nimmst du ein großes Stück und rollst es zusammen. Dann schneidest du dir kleinere Stücke ab, aus denen Arme und Beine werden. Du kannst Tiere, menschliche Gestalten oder abstrakte Gegenstände aus dem Draht formen. Bei sehr großen Figuren gibt eine Holzlatte als »Rückgrat« mehr Stabilität. Die Enden des Drahts befestigst du an der Holzlatte. Auf das Drahtgerüst klebst du die Papierfetzen. Als Untergrund kannst du das Gerüst auch vorher mit Kreppband umwickeln.

Nach der letzten Schicht Papiermaschee lässt du deine Figur trocknen. Das kann einige Tage dauern. Weißer Lack bildet dann die erste Farbschicht. Darauf malst du dann weitere Einzelheiten mit anderen Farben wie Tusche, farbigen Markern oder Wandfarbe.

Wenn du deine Figur im Garten aufstellen willst, musst du den Mehl-Wasser-Leim vor Regen, Schnee und Hagel bewahren. Du kannst deine Figur z. B. mit Lack schützen, den du zum Schluss aufträgst. Es klingt vielleicht übertrieben, aber wenn deine Figur wirklich lange im Garten überleben soll, dann streichst du sie mit Bootslack ein. Den gibt es im Baumarkt oder im Fachgeschäft.

Spiele für die Pyjamaparty

Ob du die Pyjamaparty einfach nur Übernachtung oder Schlummerfete nennst – sie ist der ideale Rahmen für alberne, spaßige und manchmal auch herausfordernde Spiele mit deinen Freundinnen. Hier sind unsere vier Lieblingsspiele.

HA HA HA

Wie schon der Name verrät, dreht sich dieses Spiel ums Lachen. Ihr legt euch so auf den Boden, dass immer ein Kopf auf dem Bauch einer Freundin liegt. Zum Spielen muss ein Mädchen anfangen zu lachen. Kurze Zeit später lachen alle anderen auch. Bei einer anderen Variante lacht ein Mädchen laut »Ha!«. Ein zweites Mädchen antwortet »Ha ha!« und ein drittes darauf »Ha ha ha!«. So geht es immer weiter.

SICH FALLEN LASSEN

Ihr bildet einen Kreis und steht Schulter an Schulter nebeneinander. Eure Arme streckt ihr nach vorn aus. In der Mitte des Kreises steht eine Spielerin, verschränkt die Arme vor der Brust, schließt die Augen und sagt: »Ich lasse mich jetzt fallen.« Die anderen antworten: »Dann fangen wir dich auf.« Das Mädchen in der Mitte lässt sich jetzt zu irgendeiner Seite fallen. Die anderen fangen sie schnell auf und stellen sie wieder in die Mitte.

WIKINGER

Für dieses Spiel braucht man sechs oder mehr Spielerinnen. Zuerst wählt ihr eine Spielerin, die den Wikinger macht. Dann setzt ihr euch im Kreis auf den Boden, kreuzt die Beine und klatscht mit den Händen rhythmisch auf eure Oberschenkel. Der Wikinger imitiert mit seinen Zeigefingern die Hörner eines Wikingerhelms. Die beiden Mitspielerinnen, die links und rechts von dem Wikinger sitzen, müssen daraufhin nach links oder rechts paddeln (die Mitspielerin rechts paddelt auf ihrer rechten Seite und umgekehrt). Dann zeigt der Wikinger mit seinen Hörnern auf eine andere Spielerin, die nun den Wikinger spielt. Sobald eine Spielerin vergisst, die Hörner darzustellen oder zu paddeln, scheidet sie aus.

»DAS IST WAS?«

Bei diesem Spiel für fünf oder mehr Spielerinnen braucht ihr Gegenstände, die mit einem einsilbigen Wort bezeichnet werden (z. B. Stift, Buch, Ball). Das Spiel scheint einfach zu sein: Ihr bildet einen Kreis und die Gegenstände werden unter Einhaltung eines immer gleich lautenden Dialogs jeweils an die linke Nachbarin weitergereicht. Eine Spielerin ist immer Geberin, die andere Nehmerin:

Spielerin 1 (Geberin): »Das ist ein Stift.«
Spielerin 2 (Nehmerin): »Ein was?«
Spielerin 1 (Geberin): »Ein Stift.«
Spielerin 2 (Nehmerin): »Ein was?«
Spielerin 1 (Geberin): »Ein Stift.«
Spielerin 2 (Nehmerin): »Oh, ein Stift!«

Der Gegenstand wird nur dann weitergereicht, wenn die Nehmerin ihn nach zweimaliger Nachfrage bestätigt (»Oh, ein Stift!«). Dann reicht sie selbst den Gegenstand in gleicher Weise an ihre linke Nachbarin weiter.

Das Spiel ist schwierig, weil die erste Spielerin schon einen zweiten Gegenstand an die zweite weitergibt, während diese noch den ersten Gegenstand weiterreicht. Die zweite Spielerin muss sich also gleichzeitig mit ihrer rechten Nachbarin (»Ein was?« »Ein was?« »Oh, ein Stift!«) und ihrer linken (»Das ist ein Stift.« »Ein Stift.« »Ein Stift.«) unterhalten. Nach und nach werden alle Gegenstände ins Spiel gebracht und jede Spielerin führt zwei Dialoge.

Tipp: Nur die erste Spielerin bringt die Gegenstände ins Spiel. Zuerst reicht sie nur einen Gegenstand weiter, später zwei, danach alle.

Der Nobelpreis

———— ✄ ————

Der schwedische Industrielle und Chemiker Alfred Nobel war schon zu Lebzeiten als Erfinder des Dynamits berühmt. Als er 1896 starb, hinterließ er sein Vermögen einer Stiftung, die alljährlich Menschen ehrt, »die im vorausgegangenen Jahr der Menschheit den größten Nutzen erbracht haben«. Der erste Nobelpreis wurde 1901 für fünf Gebiete verliehen: Physik, Chemie, Medizin oder Physiologie, Literatur und Frieden.

Nobelpreisträger genießen weltweite Anerkennung für ihre Forschungen, Texte oder Taten – und erhalten ein Preisgeld in Höhe von etwa 970 000 Euro. Die Preisträger werden jährlich im Herbst verkündet. Manchmal wurde ein Preis auch nicht vergeben, vor allem in Kriegszeiten. Die schwedische Reichsbank stiftete 1969 einen sechsten Preis für Wirtschaftswissenschaften.

Zu den 791 Nobelpreisträgern (und etwa 20 Gruppierungen) zählen 35 Frauen (Marie Curie wurde zweimal ausgezeichnet). Frauen hatten es als Wissenschaftlerinnen, Ärztinnen oder Schriftstellerinnen nicht leicht. Viele Nobelpreisträgerinnen arbeiteten jahrelang im Verborgenen, bevor sie den Nobelpreis erhielten. Diese Frauen waren besonders mutig in ihrer Bereitschaft, wissenschaftliche Probleme zu lösen, einen großartigen Roman zu schreiben oder ihr Leben zu riskieren, um auf Ungerechtigkeiten und Kriege hinzuweisen.

Jahr	Preisträgerin	Land	Gebiet
1903	Marie Curie	Frankreich	Physik
1905	Bertha von Suttner	Österreich	Frieden
1909	Selma Lagerlöf	Schweden	Literatur
1911	Marie Curie	Frankreich	Chemie
1926	Grazia Deledda	Italien	Literatur
1928	Sigrid Undset	Norwegen	Literatur
1931	Jane Addams	USA	Frieden
1935	Irène Joliot-Curie	Frankreich	Chemie
1938	Pearl S. Buck	USA	Literatur
1945	Gabriela Mistral	Chile	Literatur
1946	Emily Greene Balch	USA	Frieden
1947	Gerty Cori	USA	Medizin/Physiologie
1963	Maria Goeppert-Mayer	USA	Physik
1964	Dorothy Crowfort-Hodgkin	Großbritannien	Chemie
1966	Nelly Sachs	Schweden	Literatur
1976	Mairead Corrigan	Großbritannien	Frieden
1976	Betty Williams	Großbritannien	Frieden
1977	Rosalyn Yalow	USA	Medizin/Physiologie
1979	Mutter Teresa	Albanien	Frieden
1982	Alva Myrdal	Schweden	Frieden
1983	Barbara McClintock	USA	Medizin/Physiologie
1986	Rita Levi-Montalcini	Italien	Medizin/Physiologie
1988	Gertrude B. Elion	USA	Medizin/Physiologie
1991	Aung San Suu Kyi	Myanmar	Frieden
1991	Nadine Gordimer	Südafrika	Literatur
1992	Rigoberta Menchú Tum	Guatemala	Frieden
1993	Toni Morrison	USA	Literatur
1995	Christiane Nüsslein-Volhard	Deutschland	Medizin/Physiologie
1996	Wislawa Szymborska	Polen	Literatur
1997	Jody Williams	USA	Frieden
2003	Shirin Ebadi	Iran	Frieden
2004	Elfriede Jelinek	Österreich	Literatur
2004	Wangari Maathai	Kenia	Frieden
2004	Linda B. Buck	USA	Medizin/Physiologie
2007	Doris Lessing	Großbritannien	Literatur
2008	Françoise Barré-Sinoussi	Frankreich	Medizin/Physiologie
2009	Herta Müller	Deutschland	Literatur

Pogosticks

—— >‹‹< ——

George Hansburg erhielt 1919 in den USA ein Patent für seine neue Erfindung. Nur ein Jahr später war der Pogostick schon überall sehr beliebt und in New York wurden sogar Bühnenshows aufgeführt, bei denen sich alles um ihn drehte.

Pogosticks trainieren deinen Gleichgewichtssinn. Außer dem Springstock brauchst du dazu nur eine harte Oberfläche wie Asphalt oder Beton. Aber stelle dich darauf ein, dass du einige Tage und Hunderte Sprünge zum Üben benötigst.

Und so startest du: Du hältst den Pogostick am Griff und stellst ihn senkrecht vor dich hin. Dann stellst du erst einen Fuß auf die Raste, dann sehr schnell den anderen auf die zweite und springst sofort los. Während du hochspringst, ziehst du gleichzeitig am Griff.

Es gibt einen etwas schwereren Start, den du auch kennen solltest. Mit beiden Händen am Griff springst du mit beiden Füßen gleichzeitig auf die Rasten und beginnst sofort mit einem guten Sprung. Aber du wirst einige Übung brauchen, bis du das beherrschst.
Beugst du deinen Körper beim Sprung leicht nach vorn, kommst du auch gut vorwärts. Wichtig dabei ist vor allem, dass der Pogostick immer gerade auf den Boden auftrifft. Halte ihn also niemals schräg und lehne dich auch nicht zur Seite.

Wenn du mit dem Pogostick hüpfst, fühlt er sich fast wie ein Teil deines Körpers an. Dennoch kann das Springen schwerer sein, als es aussieht. Du wirst wohl eine Zeit lang brauchen und mit einer Reihe von missglückten Starts anfangen, bis du die Balance gut hältst.

Das Springen mit dem Pogostick erinnert dich hoffentlich daran, dass du viele Dinge lernen kannst, wenn du sie nur häufig genug übst. Am Anfang machst du immer nur kleine Sprünge und beginnst sie zu zählen!

Tipp: Damit dein Pogostick auch immer funktioniert, wenn du ihn brauchst, gibst du gelegentlich einige Tropfen Motoröl oder Schmierfett auf Schaft, Lager und Federn und reinigst die Griffe mit warmem Seifenwasser.

Mit einem Zirkus reisen

➤◄

In alten Büchern wird oft geschildert, dass Mädchen von zu Hause ausreißen, um beim Zirkus zu arbeiten. Das ginge natürlich heutzutage nicht mehr. Solltest du trotzdem Akrobatin, Dompteur oder Clown werden wollen, müsstest du schon einige der folgenden Tätigkeiten beherrschen.

JONGLIEREN

Eines vorweg: Die Bälle beschreiben beim Jonglieren keinen Kreis. Sie werden auch nicht mit einer Hand hochgeworfen, von der anderen gefangen und wieder zurückgegeben. Richtig ist: Die Bälle kreuzen ihre Flugbahnen. Auf eine Sache muss man dabei achten: Fast jeder neigt dazu, die Bälle zu weit nach vorn zu werfen und muss dann beim Jonglieren nach vorn gehen. Wirf die Bälle deshalb senkrecht in die Luft!

Am Anfang nimmst du einen Ball und wirfst in einem großen Bogen von einer Hand zur anderen ❶. Du fängst ihn mit der anderen Hand – achtest aber darauf, dass du dazu nicht den Arm hebst, sondern den Ball in deine Hand fallen lässt. Aus dieser Hand wirfst du ihn zurück zur ersten ❷. Der Ball soll bei jedem Wurf dieselbe Höhe erreichen. Du musst dich darauf verlassen können, dass die Bälle immer die gleiche Flugbahn beschreiben, egal mit welcher Hand du wirfst.

Wenn du die Würfe schon mit geschlossenen Augen beherrschst, nimmst du einen zweiten Ball dazu ❸. Den zweiten Ball wirfst du erst dann (natürlich aus der anderen Hand), wenn der erste Ball den höchsten Punkt seiner Flugbahn erreicht hat. Zum Üben sagst du dabei *werfen, werfen, fangen, fangen* oder *eins, zwei, fangen, fangen*.

Nach langem Üben nimmst du einen dritten Ball dazu ❹. Dabei hältst du zwei Bälle in einer und einen in der anderen Hand. Den ersten Ball wirfst du aus der Hand, die zwei Bälle hält. Den zweiten Ball wirfst du, sobald der erste den Scheitelpunkt erreicht. Entspanne dich, wirf flüssig und beobachte die Bälle. Dazu zählst du *eins, zwei, fangen, fangen*. Jeder Ball landet in der jeweils anderen Hand.

❶ ❷

❸ ❹

DAS HOCHSEIL

Das Seil ist meist etwa einen Zentimeter dick und mehrere Meter lang. Auf dem Seil musst du deinen Schwerpunkt direkt über dem Seil halten, während du darauf läufst, Fahrrad fährst oder jonglierst. Die Balancierstange, die bis zu zehn Meter lang sein kann, bildet ein wichtiges Hilfsmittel. An ihren Enden befinden sich Gewichte, sodass sich die Stange durchbiegt. Dadurch verlegt die Akrobatin ihren Schwerpunkt unter das Seil. Weiche Schuhe aus Wildleder geben dir zusätzlichen Halt. Du brauchst einige Jahre Übung mit dem Fangnetz, um den Seiltanz zu beherrschen.

MIT TELLERN JONGLIEREN

Für diese Übung brauchst du einen Teller, der einen Rand an der Unterseite besitzt, sowie einen Stock mit einer Spitze – ein Skistock wäre geeignet, oder du spitzt einen Holzstab an einem Ende zu. Den Teller führst du über die Stockspitze und hältst ihn – immer waagerecht – mit einer Hand fest. In der anderen Hand hältst du den Stock und beginnst, ihn langsam kreisförmig zu bewegen. Mit etwas Übung steht das untere Ende still, während die Spitze Kreise beschreibt. Dann lässt du den Teller los. Während er sich immer schneller dreht, wandert die Stockspitze langsam zur Tellermitte.

STELZEN

Wenn du in einem Zirkus auf Stelzen auftreten willst, wird dir der Zirkus ohne Zweifel gute Stelzen zur Verfügung stellen. Bis dahin aber musst du das Gehen auf Stelzen üben. Wir zeigen dir, wie du eigene Stelzen bastelst.

Materialien und Werkzeuge

+ Für die Stelzen: zwei Kanthölzer aus Kiefer, 1,8 m lang und 3 x 8 cm dick
+ Für die Fußrasten: vier Kiefernblöcke, 20 cm lang und 6 x 8 cm dick. (Die vier Blöcke kannst du aus einem 80 cm langen Kantholz sägen. Viele Baumärkte erledigen diese Arbeit für dich.)
+ Sandpapier
+ Vier Gewindeschrauben mit flachem Kopf, 12,5 cm x 82 mm
+ Vier Unterlegscheiben, 80 mm
+ Vier Flügelmuttern, 80 mm
+ Bohrmaschine mit 10-mm-Bohrer, Schraubzwinge, Säge, Bleistift, Lineal und Klebeband

Die Fußrasten werden aus jeweils zwei Kiefernblöcken zusammengesetzt. Dazu fixierst du zwei Blöcke mit einer Schraubzwinge an einem Kantholz, bohrst die Löcher für die Schrauben und verschraubst alle Teile.

❖ Zuerst sägst du alle Teile auf ihre Länge zurecht (oder lässt diese Arbeit im Baumarkt erledigen).

❖ Dann schmirgelst du mit Sandpapier alle Kanten glatt.

❖ Mit einem Bleistift ziehst du 30 cm von den unteren Enden entfernt auf beiden Kanthölzern eine Linie. Diese Linie ist die Oberkante der Fußrasten. Unterhalb dieser Linie markierst du mit einem Bleistift bei 4 und 16 Zentimetern die Bohrlöcher. Damit beide Bohrlöcher genau übereinanderstehen, kannst du vorher mit einem Bleistift eine Mittellinie auf den Kanthölzern aufzeichnen.

❖ Mit einer Schraubzwinge fixierst du zwei Blöcke an ein Kantholz, sodass die Oberseiten der Blöcke genau mit der Linie abschließen. (Sicherer sind zwei Schraubzwingen, damit sich die Blöcke nicht verschieben.)

❖ Mit der Bohrmaschine bohrst du beide Löcher durch die Kanthölzer und die beiden Blöcke. (Falls dein Bohrer nicht lang genug ist, fixierst du mit der Schraubzwinge erst einen Block an das Kantholz. Dann bohrst du die Löcher und nimmst die Schraubzwinge wieder ab. Jetzt fixierst du mit der Schraubzwinge beide Blöcke und führst den Bohrer durch die vorhandenen Öffnungen.)

❖ Anschließend steckst du nun die Gewindeschrauben durch die Bohrlöcher der beiden Blöcke und schraubst die Flügelmuttern an der Außenseite des Kantholzes auf die Schrauben.

Zum Abschluss schmirgelst du noch einmal alle Kanten glatt. Um die Griffe, die du zuvor auch noch mit dünnem Schaumstoff oder einer elastischen Binde polstern kannst, wickelst du Klebeband.

Beim Gehen umfasst du die Griffe fest und ziehst die Stelzen bei jedem Schritt hoch. Zuerst läufst du neben einer Wand entlang, damit du dich jederzeit abstützen kannst. Beim Aufsteigen bittest du eine Freundin, deine Stelzen zu halten. Denke daran, man braucht viel Übung, um auf Stelzen zu gehen!

FEUERSCHLUCKEN

Wir geben zu, dass wir hier völlig ratlos sind und nicht wissen, wie und warum das überhaupt jemand macht. Aber es muss auch Geheimnisse geben.

Eine Strickleiter bauen

In dem Buch *Die Penderwicks – Band 1* hängen die vier Schwestern Jane, Rosalind, Batty und Skye auf einer Strickleiter an einem stattlichen Baum vor dem Fenster ihres Freundes Jeffrey. Er benutzt die Strickleiter meist, um unbeobachtet aus dem ersten Stock des elterlichen Herrenhauses in Arundel zu gelangen. Auf dem gleichen abenteuerlichen Weg erreichen die Schwestern sein Zimmer, wenn er das Haus nicht verlassen darf.

Leitern gibt es in verschiedenen Ausführungen mit stabilem Holz und sicheren Knoten, die man sehr einfach selbst bauen kann. Unsere Anleitung beruht auf einer alten Vorlage, mit der du die Strickleiter der Penderwicks nachbauen kannst. Sie besteht nur aus Seilen, sodass du sie in den Ästen verstecken kannst, wenn du sie nicht benutzt.

Für die Strickleiter brauchst du ein Seil, das ungefähr fünf- bis sechsmal so lang ist wie die Höhe, die du überwinden willst. Das Seil schneidest du in der Mitte durch und behältst an den Enden genügend Seillänge, um die Strickleiter an einem Ast zu befestigen. Den Knoten kannst du zuvor mit einem dünneren Seil üben.

Schritt 1: Mit dem linken Seil legst du zwei Schleifen wie in der Abbildung.

Schritt 2: Das rechte Seil führst du durch die Schleife A.

Schleife A

Schleife B

Schritt 3: Dann wickelst du das rechte Seil mindestens viermal um beide Schleifen. Die beiden Schleifen müssen dabei an ihrem Platz liegen bleiben. Für breitere Sprossen brauchst du zusätzliche Wicklungen.

Schritt 4: Auf der anderen Seite ziehst du das rechte Seil durch die Schleife B. Dann ziehst du das Seil fest an, sodass sich die Schleifen und Wicklungen nicht verziehen.

Jetzt wickelst du alle anderen Sprossen und legst dabei immer mit dem linken Seil zuerst die Schleifen auf den Boden.

Wenn deine Strickleiter vollendet ist, befestigst du sie mit einem sagenhaft sicheren Knoten an einem Ast – dem Rundtörn mit zwei halben Schlägen.

Rundtörn mit zwei halben Schlägen

Das Seil wickelst du von hinten nach vorn zweimal um einen Ast. (Wenn dein Knoten noch sicherer sein soll, wickelst du ihn ein drittes Mal um den Ast. Diesen Knoten nennt man *Zwei Rundtörns mit zwei halben Schlägen.*) Das vordere Ende des Seils wickelst du um das hintere, und du hast den ersten halben Schlag (der tatsächlich ein normaler Knoten ist, den jeder kennt). Dann wickelst du das vordere Ende noch einmal um das hintere und ziehst das vordere Ende über das hintere heraus. Jetzt ziehst du den Knoten fest. Mit diesen zwei Wicklungen um den Ast und zwei halben Schlägen hält deine Strickleiter.

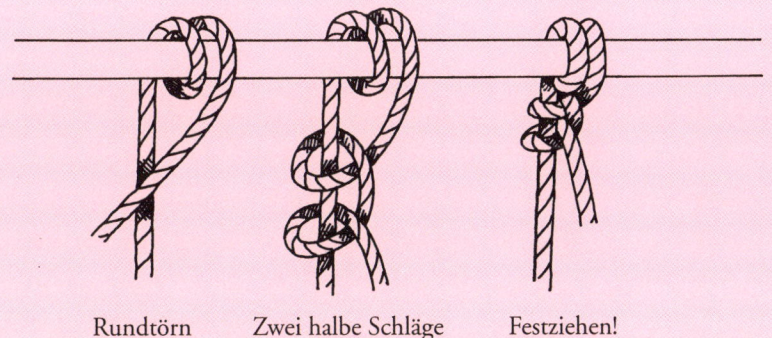

Rundtörn   Zwei halbe Schläge   Festziehen!

Scoubidou

—— ⇥⇤ ——

Als Scoubidou (sprich: *skubidu*) bezeichnet man geknüpfte Gegenstände aus bunten Plastikbändern wie z. B. Schlüsselanhänger. Die Bänder kannst du in jedem Bastelgeschäft kaufen. Doch weil viele noch Weichmacher enthalten, solltest du sie nach dem Kauf einige Tage an der frischen Luft auslüften lassen. Durch Knoten und Flechten verwandelst du die bunten Bänder in Armbänder, Halsketten, Schlüsselanhänger, Freundschaftsbänder und sogar in Tiere.

CHINESISCHER TREPPENKNOTEN

Vorbereitung: Für diesen Stich brauchst du drei gleich lange Bänder unterschiedlicher Farbe und ein durchsichtiges Band, das doppelt so lang ist. Mit einem Knoten bindest du die vier Bänder so zusammen, dass 2 cm Band überstehen.

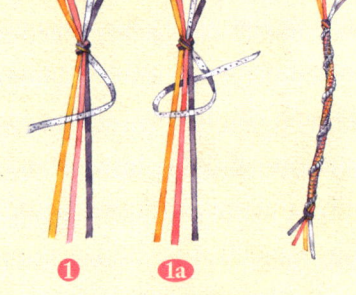

Knoten: Das durchsichtige Band führst du vor die anderen drei Bänder, sodass eine Schlaufe entsteht ❶. Dann wickelst du das Band um die drei Bänder und führst es vorn durch die Schlaufe ❶ₐ und ziehst den Knoten fest. Diese Wicklungen wiederholst du mehrere Male (Schlaufe, umwickeln, durchziehen), bis du eine spiralförmige Treppe aus vielen Knoten hast.

ECKIGER KNOTEN

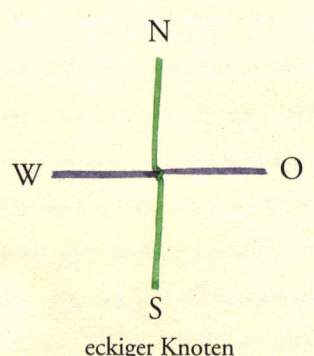

eckiger Knoten

Vorbereitung: Der Anfang eines Knotens kann etwas knifflig sein. Wir fangen deshalb mit einem eckigen Knoten aus zwei Bändern an. Dazu bindest du zwei farbige, gleich lange Bänder in der Mitte umeinander. Dabei zeigen die Enden des Bands, mit dem du den Knoten knüpfst, nach oben und unten, während die Enden des anderen Bands nach links und rechts weisen. Zum besseren Verständnis benennen wir die Enden nun nach den Himmelsrichtungen: Das untere Ende ist Süden, das obere Norden, das linke Westen und das rechte Osten.

Knoten: Zuerst führst du das nördliche Band zu dir, sodass es nach Süden zeigt ❶. Dann führst du das südliche Band nach oben, das nun nach Norden zeigt ❷. (Beide

Enden sollten dabei unter dem Knoten liegen, den du gerade knüpfst. Wenn du beide Enden in einer Hand hältst, hast du zwei Schlaufen: Das nördliche Ende liegt rechts und das südliche links ❸.) Dann nimmst du das östliche Ende und führst es über die nördliche Schlaufe und durch die südliche hindurch ❹. Anschließend führst du das westliche Ende über die südliche und durch die nördliche Schlaufe hindurch ❺. Jetzt ziehst du alle Enden vorsichtig fest ❻. Du hast damit deinen ersten eckigen Knoten geknüpft, der wie ein Schachbrettmuster aussieht. Jetzt drehst du den Knoten um und wiederholst die Schritte (du klappst Norden nach Süden, Süden nach Norden, flichtst Osten über und durch und Westen auch über und durch) für den nächsten Knoten.

Nach dem zweiten Knoten knüpfst du weitere Knoten. Dabei brauchst du die Knoten jedoch nicht mehr umzudrehen.

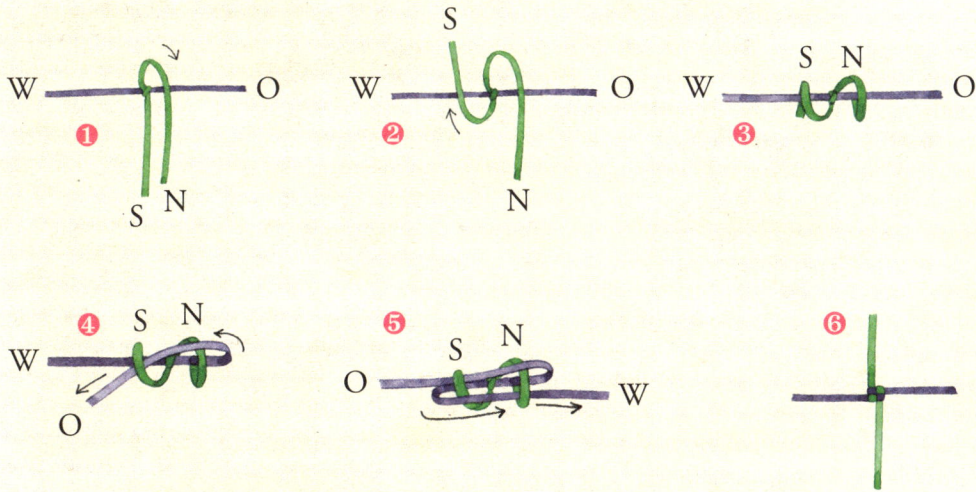

DREIER-KNOTEN

Vorbereitung: Für diesen Knoten brauchst du drei Bänder unterschiedlicher Farbe. Ungefähr zwei Zentimeter unterhalb ihrer Enden bindest du die drei Bänder mit einem Knoten zusammen. Dann legst du dir die drei langen Enden in deine Hand, sodass ein Ende nach oben, eines nach links und das dritte nach rechts weist. Diese Enden benennen wir wieder nach den Himmelsrichtungen mit Norden, Westen und Osten ❶.

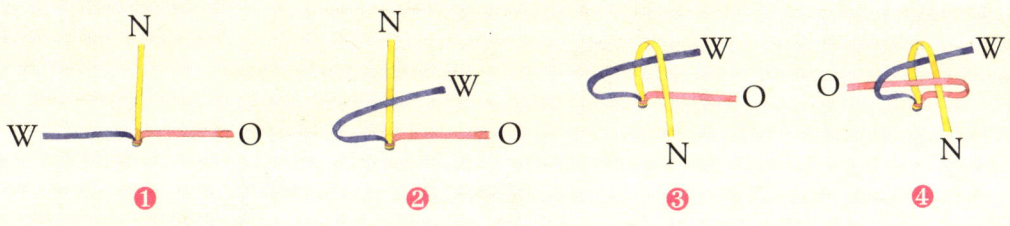

Knoten: Das westliche Ende legst du über das nördliche ❷, sodass zwischen beiden eine Schlaufe entsteht. (Achte darauf, dass das westliche Ende über dem nördlichen und nicht unter ihm liegt.) Dann führst du das nördliche Ende über das östliche ❸. (Dabei liegt das westliche Ende über dem nördlichen, das über dem östlichen liegt.) Jetzt nimmst du das östliche Ende und ziehst es durch die erste Schlaufe zwischen dem nördlichen und dem westlichen ❹. Dann ziehst du alle Enden fest. Die Schritte wiederholst du (West über Nord, Nord über Ost, Ost durch West), bis die Bänder für einen weiteren Knoten zu kurz sind.

COBRAKNOTEN

Vorbereitung: Du verknotest vier Bänder etwa zwei Zentimeter unterhalb ihrer Enden. Die Bänder hältst du an den kurzen Enden und lässt die langen baumeln. Die beiden mittleren Bänder bleiben in ihrer Position, während du nur mit den äußeren arbeitest. Wir nennen die Bänder A und B.

Knoten: Das Band A führst du hinter die beiden mittleren, sodass wie bei dem chinesischen Treppenknoten eine Schlaufe entsteht ❶. Dann ziehst du das Band A vor B nach vorn und führst es vor den mittleren Bändern durch die Schlaufe ❷. Jetzt ziehst du die Bänder fest ❸. Das war der erste Schritt.

Für den zweiten Schritt bringst du Band B von rechts vor den beiden mittleren und hinter A nach vorn ❶ₐ, sodass rechts eine Schlaufe entsteht. Band A führst du hinter den mittleren Bändern durch die Schlaufe ❷ₐ und ziehst die Bänder fest ❸ₐ. Um den Knoten fortzusetzen, wiederholst du beide Schritte.

Abschluss: Wenn du das Ende der Bänder erreichst und den Knoten beenden willst, ziehst du die letzten beiden Knoten fester an und schneidest die überstehenden Enden ab. Du kannst die Enden auch mit Klebstoff fixieren oder sie – mit Hilfe eines Erwachsenen – mit Feuer schmelzen.

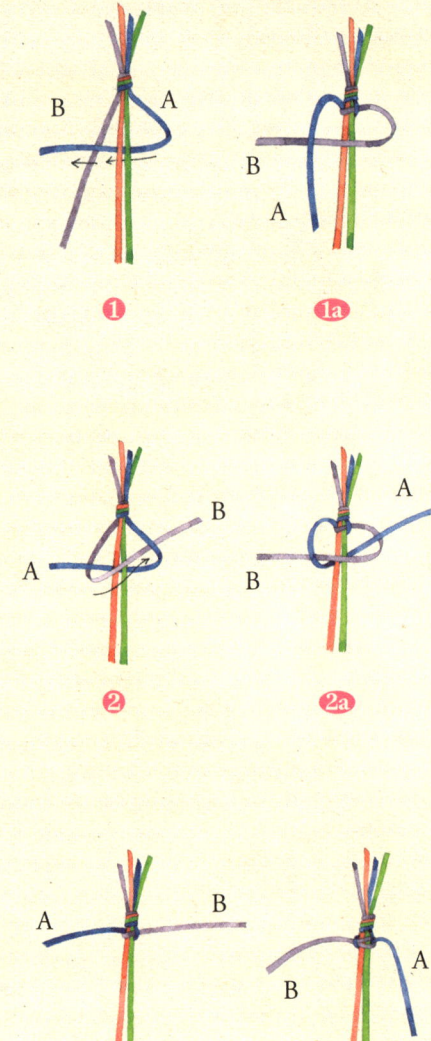

Vier schnelle Scoubidou-Projekte

ARMBAND

Was du brauchst: Zwei verschiedenfarbige Bänder, die etwa 90 cm lang sind.

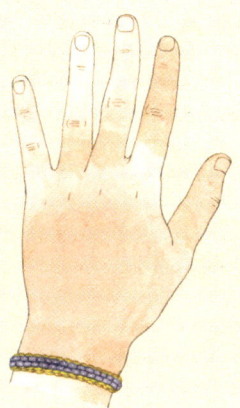

Knoten: Eckiger Knoten

Nach der Anleitung für den eckigen Knoten knüpfst du so viele Knoten, bis dein Armband die richtige Länge besitzt und um dein Handgelenk passt. Dann fädelst du die Bandenden in die Kno-tenenden ein, sodass du ein Armband erhältst. Falls du die Knoten zu fest gezogen hast, nimmst du eine stumpfe Nähnadel oder lockerst mit einer Stecknadel die Knoten. Zum Schluss ziehst du die Fäden fest und fixierst sie mit Klebstoff. Dann lässt du dein Armband über Nacht (mindestens acht Stunden) trocknen und schneidest die überstehenden Enden ab.

SCHLÜSSELBAND

Was du brauchst: Einen Schlüsselring und zwei 90 cm lange Bänder in unterschiedlichen Farben.

Knoten: Eckiger Knoten

Du verknotest ein Band so um den Schlüsselring, dass sich der Knoten genau in der Mitte des Bandes befindet. Dann ziehst du das zweite Band unter dem Knoten bis zu seiner Mitte durch. Jetzt knüpfst du einen eckigen Knoten. Dabei bildet das erste Band (mit Knoten) Norden und Süden, während das zweite Westen und Osten darstellt. Jetzt knüpfst du so viele Knoten, bis dein Schlüsselband lang genug ist. Zum Fixieren bindest du einen Doppelknoten und schneidest die überstehenden Enden ab.

HAARBAND

Was du brauchst: Ein Haarband (aus Stoff) und ein Band (die Länge des Bandes hängt von der Größe des Haarbands ab, aber 90 cm sollten auf jeden Fall ausreichend sein).

Knoten: Chinesischer Treppenknoten

Du bindest das Band mit einem Ende um das Haarband. Dann beginnst du den Chinesischen Treppenknoten: Du bildest rechts eine Schlaufe, führst das Band durch das Haarband nach links durch die Schlaufe. Dann ziehst du das Band fest und knüpfst weitere Knoten, bis du den ersten wieder erreichst.

STIFTUMWICKLUNG

Was du brauchst: Einen Bleistift, ein Band und vier kleine Perlen.

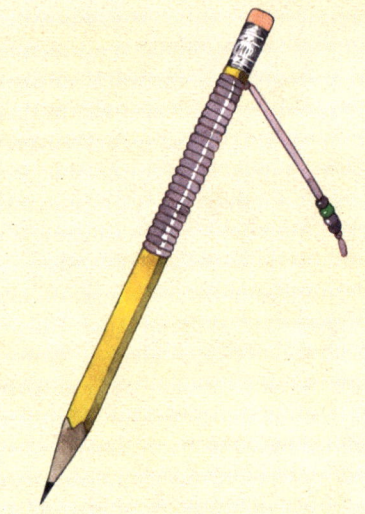

Knoten: keiner, nur Umwicklungen

Ein Bandende bindest du ungefähr in der Mitte des Bleistifts mit einem Knoten fest. Dann wickelst du das Band um den Bleistift bis kurz vor den Radiergummi. Dort fixierst du das Band mit einem weiteren Knoten (du kannst auch das Ende durch die letzte Windung ziehen). Dann fädelst du die Perlen auf und sicherst sie mit einem Knoten.

Die Geschichte der U-Bahn

DIE STÄDTE EXPLODIEREN

Ende des 19. Jahrhunderts platzen die großen Städte aus allen Nähten. Durch die fortschreitende Industrialisierung ziehen immer mehr Menschen nach London, Wien, Paris oder Berlin. Besonders schwer trifft es New York. Lebten dort 1800 gerade einmal 79 200 Menschen, so ergibt eine Zählung im Jahr 1900 genau 3 437 200 Einwohner. Die Ver- und Entsorgung für so viele Menschen auf einem sehr engen Raum stellt eine bislang unbekannte Aufgabe dar, denn Städte dieser Größenordnung hatte es nie zuvor gegeben. Fieberhaft suchen Städteplaner und Ingenieure nach Lösungen. Zwar hat Carl Benz (1844–1929) im Jahr 1886 das mit einem Ottomotor angetriebene Auto erfunden, doch lange Zeit wird es einzeln und in Handarbeit hergestellt. Als Lösung der innerstädtischen Verkehrsprobleme scheidet es daher für viele Experten aus. Auch haben sie bereits alle möglichen Dampfmobile als Verkehrsmittel getestet und schlechte Erfahrungen gemacht. Sobald eines der großen, mit einer Dampfmaschine ausgerüsteten Ungetüme in einer Stadt auftaucht, scheuen die meisten Pferde. Selbst Versuche, Dampfstraßenbahnen und Dampfmobile mit Pferde-Attrappen zu verkleiden, scheitern, da man die Geräusche der Dampfmaschine nicht verringern kann.

Also bestimmen Pferde auch weiterhin das Straßenbild der großen Städte wie London oder Wien. Ihre genaue Zahl kann man nur schätzen. In New York sind es um 1900 fast eine halbe Million, die Lebensmittel ebenso transportierten wie Baumaterial oder Müll. Dabei hinterlassen die Pferde täglich rund 1100 Tonnen Mist und 270 000 Liter Urin auf den Straßen. Da der Mist nicht beseitigt werden kann, trocknet er und wird vom Wind durch die Straßen getragen. Mit ihm verbreiten sich Krankheiten wie Tuberkulose, Typhus und Cholera. Das Verkehrsproblem muss also unbedingt gelöst werden, sonst drohen bei einem weiteren Wachstum der Städte ein totaler Zusammenbruch der Versorgung der Bevölkerung und eine gesundheitliche Katastrophe.

ROLLENDER BÜRGERSTEIG ODER ROHRPOSTBAHN?

Aber welche Verkehrsmittel stehen noch zur Verfügung? Da wäre etwa das rollende Trottoir, das auf der Weltausstellung 1896 in Chicago einer großen Öffentlichkeit vorgestellt wird. Die Strecke ist 1310 Meter lang und verfügt über zwei Geschwindigkeiten, nämlich fünf und zehn Stundenkilometer. Doch so gut der rollende Bürgersteig auch auf der Weltausstellung funktioniert, für die Städte kommt er nicht in Frage. Die Technik ist zu aufwendig und zu teuer.

Aber wie wäre es mit einer Rohrpost? Denn wenn sich Briefe und Waren per Rohrpost verschicken lassen, warum nicht auch Menschen? Für New York wird tatsächlich eine Rohrpostbahn entworfen. Gusseiserne Torbögen, alle 15 bis 20 Meter aufgestellt, sollen zwei Röhren tragen, in denen zylinderförmige Passagierkabinen mittels Pressluft durch die Stadt geschossen werden. An allen wichtigen Kreuzungen der Stadt sollten Rohrpostbahnhöfe entstehen. Zunächst sind die Stadtväter begeistert. Für sie ist die Lösung ideal, denn unter den Torbögen soll der Pferdewagenverkehr ungehindert fließen. Doch als sie die Idee der Öffentlichkeit vorstellen, hagelt es Proteste gegen die »Verschandelung New Yorks«. Die eisernen Träger und Torbögen werden als Fremdkörper angesehen, die das Stadtbild zerstören. Der Plan wird fallen gelassen.

LONDON GEHT IN DEN UNTERGRUND

Nach vielen Überlegungen kommt die Stadtverwaltung von London auf eine andere Idee. Wenn ein überirdisches Stadtbahnsystem so schwer zu realisieren ist, kann man immer noch in den Untergrund gehen. Zwar stehen Ende des 19. Jahrhunderts nur Dampflokomotiven als Antriebsfahrzeuge zur Verfügung, doch dank neuer Dampfkondensatoren kann der Dampf eingefangen, gekühlt und wieder zu Wasser gemacht werden. So wird 1853 die Metropolitan Railway Company gegründet, die am 10. Januar 1863 die erste U-Bahn-Strecke in London eröffnet. Sie verbindet die beiden Bahnhöfe Farringdon und Paddington. Schon nach wenigen Wochen ist klar, dass die Londoner den unterirdischen Zug akzeptieren. Die Strecke ist so erfolgreich, dass sie bereits im folgenden Jahr verlängert wird. Alle paar Jahre wird nun ein neuer Streckenabschnitt gebaut. Auf diese Weise erhält London das erste U-Bahn-Netz der Welt. Natürlich sehen sich auch Vertreter anderer Großstädte das neue Verkehrssystem an. Sie nehmen zunächst die hohen Kosten und den aufwendigen Betrieb der Dampflokomotiven zur Kenntnis, die ständig gewartet werden müssen. Auch die Metropolitan Railway Company weiß, dass die Lokomotiven die Schwachstelle des Systems sind.

Das ändert sich jedoch, als der deutsche Ingenieur und Unternehmer Werner von Siemens (1816–1892) auf der Berliner Gewerbeausstellung 1879 die erste Eisenbahn präsentiert, die mit einem Elektromotor angetrieben wird. Zwei Jahre später wird aus dieser Erfindung die erste elektrische Straßenbahn entwickelt, die ebenfalls in Berlin fährt. Die Londoner U-Bahn-Gesellschaft führt bald Versuche durch, aus denen die ersten elektrischen Antriebszüge entwickelt werden. Nur ein Kraftwerk fehlt noch, das den Wechselstrom liefert. Es wird schließlich bei Stockwell gebaut

Die Metro in Paris um 1900

und liefert 500 Volt. Nach dem Bohren des Tunnels, der auch die Themse unterquert, kann die neue Strecke am 4. November 1890 eingeweiht werden. Die Ansprache hält der Prince of Wales, der spätere König Eduard VII. Jeder U-Bahn-Zug besteht aus einer Elektrolok und drei Wagen, die jeweils 32 Fahrgästen Platz bieten. Fenster gibt es keine, dafür aber Schaffner, die die Türen öffnen und die Stationen lautstark ansagen. Trotz der Enge und der Konkurrenz durch Pferdewagen entscheiden sich im ersten Jahr des Betriebs über 5,1 Millionen Menschen für die neue elektrische U-Bahn. Damit hat sie das Rennen gewonnen und wird nun umfassend ausgebaut. Bald kann man in London jeden Stadtteil unterirdisch erreichen. Die Londoner nennen sie »the Tube«, die Röhre. Der Name des ersten U-Bahn-Unternehmens, der Metropolitan Railway Company, führt in vielen anderen Ländern dazu, die U-Bahn »Metro« zu nennen.

ANDERE STÄDTE FOLGEN DEM VORBILD

Die elektrisch betriebene U-Bahn Londons überzeugt auch andere Stadtverwaltungen. Der Erfinder der elektrischen Eisenbahn, Werner von Siemens, sieht seine Ideen bestätigt und schlägt auch seiner Heimatstadt Berlin den Bau einer U-Bahn vor. Die Verantwortlichen aber zögern, schrecken vor den hohen Kosten zurück und verweisen auf die Schwierigkeit, eine geeignete Streckenführung zu finden. Gleichzeitig versucht die Stadt Budapest ihre Verkehrsprobleme in den Griff zu

Die U-Bahn in Berlin im Jahr 1902

bekommen, zumal die 1000-Jahr-Feier der Staatsgründung Ungarns näher rückt. Also schlägt Siemens der Stadt Budapest den Bau einer U-Bahn vor. Die Stadt willigt sofort ein und die Firma des deutschen Unternehmers baut innerhalb von zwei Jahren die erste U-Bahn-Strecke. Pünktlich zur 1000-Jahr-Feier kann sie am 2. Mai 1896 eingeweiht werden. Sie ist die zweite U-Bahn der Welt und die erste auf dem europäischen Kontinent. Auch Franz Joseph I., österreichischer Kaiser und zugleich auch König von Ungarn, ist begeistert und fährt die gesamte Strecke ab. Im selben Jahr eröffnet auch die schottische Stadt Glasgow ihre erste U-Bahn-Strecke.

Nun endlich geben die Berliner ihre Vorbehalte auf und beschließen 1896 ebenfalls den Bau einer U-Bahn. Ein Großteil des ersten Streckenabschnitts wird jedoch als Hochbahn umgesetzt, während nur ein kleiner Teil unterirdisch verläuft. Sechs Jahre dauern die Bauarbeiten, bevor am 15. Februar 1902 die Bahn ihren Betrieb aufnehmen kann. Sie führt vom Stralauer Tor zum Zoologischen Garten mit einem weiteren Gleis zum Potsdamer Platz. Vier weitere Strecken werden bis zum Beginn des Ersten Weltkriegs (1914–1918) in Betrieb genommen.

Schneller als Berlin ist Paris, obwohl auch dort lange Zeit beraten wird. Doch als feststeht, dass die Weltausstellung des Jahres 1900 wieder einmal in Paris stattfinden soll, fällt die Entscheidung. Hatte man 1889 mit dem Bau des Eiffelturms ein Zeichen gesetzt, will man nun zeigen, wie modern und fortschrittlich Paris ist. In kürzester Zeit werden die Pläne umgesetzt, sodass die erste Linie am 19. Juli 1900 eröffnet werden kann. Eine zweite Linie wird noch bis zum Beginn der Weltausstellung fertig. Die U-Bahn ist somit die weltweit vierte und erhält den Namen »Metro«. Wie sehr sich der Bau bewährt, zeigt gerade die Weltausstellung, zu der über 50 Millionen Menschen nach Paris kommen. Viele von ihnen fahren mit der Metro zum Ausstellungsgelände. Das Netz wird daraufhin großzügig ausgebaut und ist heute mit über 200 km Länge eines der größten der Welt.

Der Erfolg der U-Bahn in europäischen Städten überzeugt schließlich auch die Bürger New Yorks. Nach dem Vorbild Londons entsteht nun auch in der größten Stadt der USA ein U-Bahn-Netz, das teilweise oberirdisch verläuft. Eröffnung ist am 27. Oktober 1904. Auch in New York wird die U-Bahn, die hier »Subway« genannt wird, bald zu einem großen Erfolg. Sie wird zügig ausgebaut und ist heute ebenso wenig wegzudenken wie andere U-Bahnen auch. Mit 26 Linien, 468 Bahnhöfen, 407 Streckenkilometern und fast 5 Millionen Fahrgästen pro Tag ist sie nach der Londoner U-Bahn die zweitgrößte der Welt.

Außer Berlin haben noch drei deutsche Städte ein U-Bahn-Netz. So wurde 1912 in Hamburg der erste Streckenabschnitt eröffnet. Es folgt 1971 München, das die U-Bahn anlässlich der Olympischen Spiele erhält. 1972 bekommt Nürnberg die bislang letzte U-Bahn Deutschlands. Die ab 1963 in Köln gebaute Stadtbahn verläuft zum Teil in Tunneln und kann auch als U-Bahn angesehen werden.

Träume und ihre Bedeutung

Warum träumen wir? Diese Frage stellen sich die Menschen, seit es sie gibt. Schon eine alte ägyptische Schrift aus dem Jahr 2000 v. Chr. mit dem Titel *Das Buch der Träume* handelt von guten und schlechten Träumen und ihren Bedeutungen. Im alten Griechenland verbrachten kranke Menschen eine Nacht in einem »Traumkrankenhaus«, wo sie Trost und Heilung in Träumen fanden. Im zweiten Jahrhundert erklärte Artemidor von Daldis in seinem Buch *Oneirokritika* (»Die Auslegung der Träume«), dass Träume durch den Alltag des Träumenden angeregt werden und dass sie sich bei jedem Menschen unterscheiden. Das Buch diente bis ins 18. Jahrhundert als Vorlage für viele andere Bücher zur Traumdeutung.

Heute vermutet man, dass während des Schlafes die Neuronen im Gehirn »feuern« (aktiv sind). Dabei senden sie Salven elektrischer Signale an die Großhirnrinde, die Denken und Sehen verarbeitet. Die Großhirnrinde verknüpft diese Signale mit tatsächlich Erlebtem zu einer Geschichte. Um 1950 entdeckte man ein Schlafstadium, das man REM (Rapid Eye Movement = schnelle Augenbewegungen) nennt. Während der REM-Phase, die alle 90 bis 100 Minuten auftritt, ist das Gehirn aktiv. In dieser Zeit erleben wir unsere intensivsten Träume. Während eines achtstündigen Schlafes träumen wir ungefähr zwei Stunden lang.

Jeder Mensch träumt, auch wenn er sich nicht mehr daran erinnert. Babys träumen die meiste Zeit, während sie schlafen. Sogar Tiere träumen. Obwohl wir nicht genau wissen, warum wir träumen, ist es ein wichtiger Teil unseres Lebens.

ALLGEMEINE TRÄUME

Die jahrtausendealte Traumdeutung des Artemidor war sehr genau: Die Bedeutung eines Traums hängt nur vom Träumer ab. Wenn du und deine Freundin den gleichen Traum haben, z. B. dass ihr mit einer Katze spielt, dann unterscheidet sich die Bedeutung des Traums trotzdem, weil ihr verschiedene Menschen mit verschiedenen Umständen seid. Wenn du eine Katze als Haustier besitzt, hast du vermutlich einen schönen Traum von ihr. Doch wenn sich deine Freundin vor Katzen fürchtet, wird ihr Traum eher zu einem Albtraum. Um herauszufinden, was dein Traum bedeutet, musst du über deine Gedanken, Gefühle und Erlebnisse nachdenken.

Obwohl Träume sehr persönlich sind, gibt es bestimmte Themen, die jeder schon einmal im Traum erlebt hat. Hier sind einige davon:

Fallen	Träume, in denen du fällst, weisen darauf hin, dass du in bestimmten Situationen überwältigende Gefühle gehabt hast.
Gejagt werden	Eine Reaktion der Angst und des Drucks. Wenn du im Traum vor etwas fliehst, möchtest du im täglichen Leben etwas vermeiden.
Klassenarbeit oder Prüfung	Diese Träume entstehen durch die Angst, nicht vorbereitet zu sein oder mit etwas Neuem konfrontiert zu werden.
Fliegen	In diesen Träumen schwebst du über allem und betrachtest es von einem höheren Ort. Deine Gefühle in solchen Träumen deuten auf ein übersteigertes Selbstbewusstsein hin.
Nackt sein	Diese Träume deuten darauf hin, dass du dich verletzlich und unvorbereitet fühlst. Doch wenn du im Traum nicht verlegen warst, kann das ein Zeichen deines Selbstvertrauens sein.
Zähne	Wenn dir im Traum die Zähne ausfallen, wird das häufig als Metapher der Angst und Machtlosigkeit gedeutet. In einigen Kulturen wird dieser Traum ganz anders erklärt: Du hast im wirklichen Leben getratscht.

TRAUMARTEN

Zusätzlich zu den verschiedenen Trauminhalten kann man Träume in verschiedene Kategorien einteilen.

Tagträume	Diese Träume erlebt man in einem Zustand zwischen Schlafen und Wachsein, wenn man seine Gedanken wandern und seine Vorstellungen in die Ferne schweifen lässt.
Klarträume	In diesen Träumen erkennt die Träumerin, dass sie träumt. Viele Menschen erleben klare Momente in ihren Träumen, in denen sie die Trauminhalte steuern können. Doch häufig wachen Menschen in dem Augenblick auf, in dem sie ihren Traum klar erkennen.
Albträume	Diese Träume, die man auch Angstträume nennt, erlebt man häufig nach schweren seelischen Belastungen, die man tagsüber erlebt hat.
Wiederkehrende Träume	Diese Träume wiederholen sich mit kleineren Abweichungen. Manche Menschen erleben sie nur wenige Male, während sie andere ihr Leben lang haben.
Prophetische Träume	Diese Träume sagen angeblich die Zukunft voraus. Sie erzählen häufig Geschichten, die im wahren Leben so nicht vorkommen. Dennoch haben diese Träume viele Künstler, Erfinder und andere Menschen angeregt, bestimmte Dinge zu verwirklichen.
Epische Träume	Diese Träume sind äußerst lebhaft und kommen der Träumerin sehr wirklichkeitsnah vor.

EINEN TRAUM DEUTEN

Träume sind eigentlich Geschichten, die dir dein Gehirn erzählt. Was dir diese Träume sagen wollen, hängt davon ab, wie du sie deutest.

Um einen Traum zu deuten, vergleichst du ihn am besten mit einer Geschichte. Die schönsten Geschichten haben nicht nur eine Handlung, die sich durch die Geschichte zieht. Sie benutzen darüber hinaus Symbole, Metaphern und andere Bilder, um die Geschichte zu erzählen. Träume entstehen in den schöpferischsten Abschnitten des Gehirns. Deshalb solltest du sie auch so aufmerksam lesen wie eine spannende Geschichte.

Unmittelbar nach dem Aufwachen schreibst du deinen Traum mit möglichst vielen Einzelheiten auf. Danach versuchst du, das Thema deines Traums herauszufinden. Stelle dir deinen Traum als einen Film vor. Welchen Titel würdest du ihm geben? War er eine Komödie, eine romantische Geschichte oder eine gruselige Angelegenheit? Wie würdest du seinen Inhalt mit wenigen Worten auf einem Plakat darstellen? Solche Fragen helfen dir bei der Deutung weiter.

Dann befasst du dich mit den Einzelheiten, an die du dich noch erinnern kannst. Einige Dinge ergeben keinen Sinn oder du erkennst ihre Bedeutung nicht, wenn sie überhaupt eine solche besitzen. Du kannst mithilfe von Assoziationen (welche Gemeinsamkeiten mit anderen Dingen gibt es) und Verstärkung (welche übergeordnete Bedeutung hat es) versuchen, dir die Bedeutung bestimmter Einzelheiten zu erklären.

Du erinnerst dich z. B., dass du eine Kerze gehalten hast. Mithilfe der Assoziation fragst du dich, was dir zuerst einfällt, wenn du über eine Kerze nachdenkst? (Vielleicht denkst du an »Feuer« oder »Licht« oder »im Dunkeln sehen«.) Zur Verstärkung fragst du dich, welche Bedeutung besitzt eine Kerze? Du denkst vielleicht an Wärme, Freude oder was auch immer. Über solche Kleinigkeiten nachzudenken hilft dir, von Einzelheiten auf das Ganze zu schließen.

Führe dir das Bild wieder vor Augen und vergleiche, ob etwas aus deinem Traum mit dem übereinstimmt, was du erlebt hast. Ist irgendetwas am Tag vorher geschehen, von dem du auch geträumt hast? Dazu versuchst du, bestimmte Punkte miteinander zu verbinden. Manchmal erscheint ein Albtraum, in dem du vor einer fürchterlichen Bestie geflohen bist, dann gar nicht mehr so furchterregend. Du musst dich nur daran erinnern, dass du am Tag vorher deine Hausaufgaben vergessen hattest und deshalb sehr nervös gewesen bist.

Traumtagebuch

In ein solches Tagebuch kannst du deine Träume schreiben. Für die Bindung fädelst du ein Gummiband durch zwei Löcher und wickelst die beiden Schlaufen um einen Zweig. Der große Vorteil des Buches besteht darin, dass es einen richtigen Rücken wie ein gekauftes Buch besitzt, der durch zwei Falze entsteht. Wenn das Buch geöffnet ist, liegen die Seiten immer flach auf dem Tisch.

Für das Tagebuch eignen sich alle Papiersorten (für den Umschlag wählst du etwas festeres Papier). Du brauchst einen Bleistift, eine Schere, ein Lineal, ein Gummiband und einen Zweig. Die Löcher stichst du mit einem Locher, einer Papierahle oder einer Schere aus.

Zuerst schneidest du Umschlag und Seiten zurecht. Dein Tagebuch kann jede Größe haben. Dabei sollte der Umschlag doppelt so breit wie die Seiten sein – plus etwa 2 cm mehr für den Buchrücken.

Die Abbildungen zeigen dir, wie du das Buch bindest. Auf der Umschlaginnenseite zeichnest du zwei Linien und faltest den Umschlag an ihnen. Dann legst du die Seiten in den Umschlag und schlägst die linke Umschlagseite um ❶.

Achte darauf, dass die Seiten am Buchrücken anliegen, bevor du die Löcher stichst. Durch die Löcher fädelst du das Gummiband und sicherst es durch die beiden Schlaufen mit dem Zweig ❷.

Du kannst anstelle des Gummibands auch einen auf der Rückseite verknoteten Bindfaden nehmen.

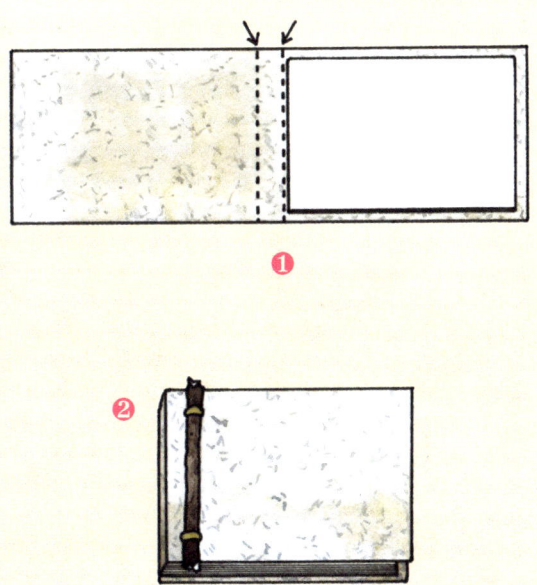

Traumfänger

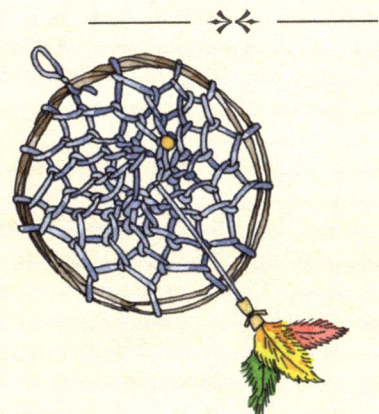

Die Traumfänger stammen von dem nordamerikanischen Indianerstamm der Chippewa. Die selbst gefertigten Objekte verbreiteten sich in Nordamerika nach 1960 und waren sehr beliebt.

Die Chippewa nannten ihre Traumfänger *asabikeshiinh* (Spine) und *bawaajige nagwaagan* (Traumschlinge), und diese Namen passen hervorragend zum Aussehen der Traumfänger: Ein gewobenes Spinnennetz, das Träume als Beute einfing und festhielt. Dieses Netz lässt jedoch die guten Träume hindurch.

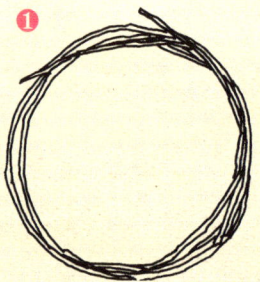

✦ 50–100 cm lange Weinreben (oder andere biegsame Zweige), die in Wasser getränkt werden, bis sie weich sind

✦ 1–4 m Garn (Bindfaden eignet sich zwar auch, aber Garn ist besser)

✦ 1 oder 2 Perlen

✦ 2 bis 4 Federn

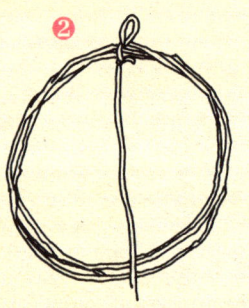

Die Weinrebe biegst du zu einem Kreis, der traditionell nicht größer sein darf als die Hand eines Erwachsenen. Wenn du deinen Kreis gebogen hast, windest du die restliche Weinrebe ober- und unterhalb um den Kreis. Dadurch stabilisierst du deinen Kreis, sodass er sich ganz bestimmt nicht mehr zu einer Rebe entfalten wird ❶.

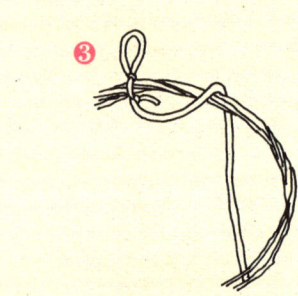

Die Länge des Garns hängt natürlich davon ab, wie groß dein Kreis ist. Mit dem Garn bindest du eine Schlaufe am Kreis. An dieser Schlaufe kannst du später deinen Traumfänger aufhängen. Achte auch darauf, dass die Schlaufe nach außen zeigt.

Mit dem längeren Ende des Garns webst du jetzt das Netz des Traumfängers ❷.

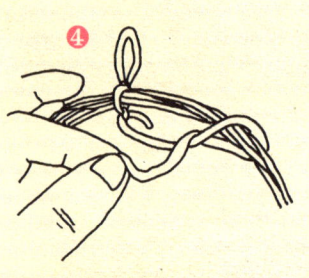

Du führst das Garn in etwa 5 cm Abstand von der Schlaufe locker über den Kreis und lässt das Ende herunterhängen ❸. Dann führst du das Ende durch die Schlaufe im Kreis und ziehst es nach vorn ❹ und ❺.

Diesen Stich wiederholst du so oft, bis du die erste Schlaufe wieder erreicht hast. Dabei ziehst du das Garn in etwa 5 cm Abstand vom letzten Stich über den Kreis und steckst es wieder nach vorn durch die gerade soeben entstandene Schlaufe ❻.

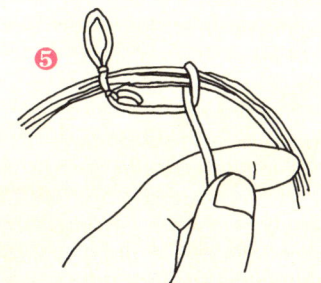

Mit dem gleichen Stich webst du jetzt eine weitere Runde. Du setzt jedoch nicht wie in der ersten Runde am Kreis der Weinrebe an, sondern an den ersten Stichen. Dabei führst du das Garn wieder locker über das Garn der ersten Runde und ziehst es durch die eben entstandene Schlaufe ❼.

Diesen Stich wiederholst du nun so lange, bis du eine weitere Runde vollendet hast ❽.

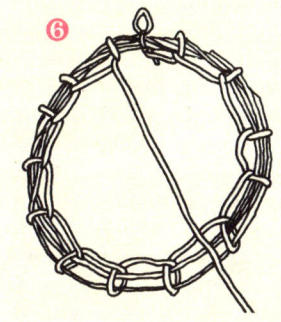

Nach der dritten oder vierten Runde ziehst du ein oder zwei Perlen auf das Garn (und imitierst damit eine Spinne in ihrem Netz). Dann webst du weitere Runden, bis kein weiterer Raum vorhanden ist.

In der Mitte lässt du eine Öffnung, damit die guten Träume hindurchschlüpfen können, und sicherst dein Netz mit einem Knoten.

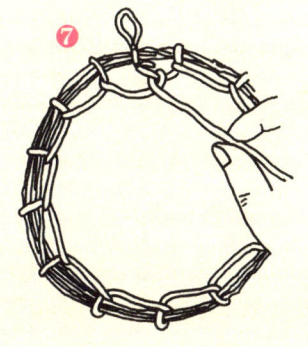

Das restliche Garn schneidest du keinesfalls ab, sondern daran bindest du die Federn. Du kannst so viele Federn einfügen, wie du möchtest – ein oder zwei sind ausreichend, aber du kannst auch mehr nehmen, wenn genügend Garn vorhanden ist.

Jede Feder befestigst du mit einem Knoten. Dann hängst du den Traumfänger über deinem Bett auf und träumst schön.

Von Albträumen bleibst du von nun an mit Sicherheit verschont!

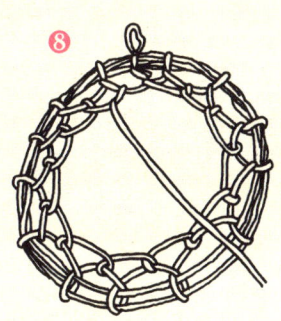

Begriffe, die man leicht verwechselt

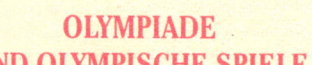

OLYMPIADE
UND OLYMPISCHE SPIELE

Sogar viele Sportreporter benutzen häufig das Wort »Olympiade«, wenn sie von den Olympischen Spielen sprechen. Das ist jedoch falsch, denn eine Olympiade bezeichnet nur den Zeitraum von vier Jahren, der jeweils zwischen zwei Olympischen Spielen liegt.

EIGENTÜMER
UND BESITZER

Diese beiden Begriffe werden besonders häufig verwechselt oder sogar für Synonyme gehalten. Dabei hat der Besitzer nur das Recht über eine Sache, sie gehört ihm jedoch nicht. So ist zum Beispiel der Mieter der Besitzer einer Wohnung, während der Vermieter der Eigentümer ist.

STEUERMANN
UND RUDERGÄNGER

Der Steuermann steht nicht am Ruder eines Schiffes, sondern berechnet den Kurs, den das Schiff einschlagen muss. Er navigiert das Schiff auf Anweisung des Kapitäns. Am Ruder steht vielmehr der Rudergänger, der wiederum den Anweisungen des Steuermanns und des Kapitäns folgt.

IMITAT UND PLAGIAT

Ein Imitat ist zwar die Nachbildung eines Originals, aber nicht automatisch auch ein Plagiat. So ist etwa ein Lederimitat nichts weiter als ein Kunstleder, das ähnliche Eigenschaften wie echtes Leder besitzt. Es wird Leder imitiert, also nachgeahmt. Bei einem Plagiat jedoch wird eine Idee oder ein Produkt kopiert und als Original oder als eigene Schöpfung ausgegeben. Das Imitat dient unter anderem dazu, Produkten wie Kunststoffmöbeln das Aussehen von Holz zu verleihen. Mit einem Plagiat jedoch soll ein Käufer bewusst getäuscht werden. Er soll glauben, ein Original zu kaufen, etwa ein echtes Markenprodukt. Auch Kompositionen oder Texte können Plagiate sein, z. B. wenn ein Komponist eine Melodie klaut.

STALAKTITEN UND STALAGMITEN

Wer eine Tropfsteinhöhle besucht, steht schnell vor der Frage, wie die Tropfsteine nun heißen, die von der Decke nach unten oder vom Boden nach oben wachsen. Ganz einfach: Die an der Decke hängen, heißen Stalaktiten, die auf dem Boden stehen, Stalagmiten. Wachsen beide in der Mitte zu einer Säule zusammen, wird aus ihnen ein Stalagnat.

Eine Vogelscheuche bauen

———— ✦ ————

Seitdem die Menschen Landwirtschaft betreiben, freuen sich Vögel über das tolle Nahrungsangebot – und die Bauern versuchen, sie zu vertreiben. Schon im alten Ägypten bewahrten Vogelscheuchen Weizenfelder vor Wachtelschwärmen. Japanische Bauern hängten Kleidungsstücke über Bambusstöcke, um ihre Reisfelder zu schützen. (Die mittelalterliche japanische Mythologie kennt die Vogelscheuche Keubiko, die Tag und Nacht draußen steht und alles über die Welt weiß.) In Amerika nutzten die Ureinwohner menschenähnliche Vogelscheuchen und Yuccaleinen. Diese Leinen wurden über das Feld gespannt. An ihnen hingen Knochen und Metallplatten, die im Wind klapperten und die scheuen Vögel vertrieben.

Die britische Vogelscheuche entstand nach der großen Pest von 1665. Vorher liefen Mädchen und Jungen um die Felder, um die Vögel zu erschrecken. Als sich die Pest von Dorf zu Dorf ausbreitete, starben auch viele Kinder. Daraufhin bauten sich Bauern kinderähnliche Vogelscheuchen mit Gesichtern, Kleidung und Schuhen.

Seit dem 19. Jahrhundert stehen auf amerikanischen Feldern die typischen Vogelscheuchen der europäischen Einwanderer: Männer mit Latzhosen, langärmeligen Hemden und Strohhut sowie Frauen mit langem Kleid und Haube. Sie wurden an den gegenüberliegenden Feldrändern aufgestellt, um die Raben zu vertreiben.

ANLEITUNG

Für eine einfache Vogelscheuche mit ausgestreckten Armen brauchst du nur zwei Latten. Die beiden Latten verbindest du mit Nägeln oder mit Bindfaden zu einem Kreuz. Eine Vogelscheuche wirkt aber erst mit Kleidern. Wenn sie Hosen tragen soll, ziehst du ein Hosenbein über die senkrechte Latte und lässt das andere baumeln. Nach der folgenden Anleitung kannst du eine Vogelscheuche mit Armen und Beinen bauen.

MATERIALIEN UND WERKZEUGE

✦ Holz. Deine Vogelscheuche kann aus Holzresten bestehen. Oder du fragst deinen Nachbarn, der gerade renoviert, ob er vielleicht Latten übrig hat. Die genaue Größe deiner Vogelscheuche ist dabei nicht so wichtig, aber eine gewisse Größe sollte sie auch nicht unterschreiten. Eine 4 m lange Latte oder vier Latten à 1 m sind ausreichend.

✦ Eine 1,8 m lange Latte für den Körper. Wenn du verschieden starke Latten verwendest, solltest du hierfür die stärkste wählen.

✦ Drei 50 cm lange Latten für die Schulter und die beiden Arme

✦ Eine 50 cm lange Latte für die Hüfte

✦ Zwei 90 cm lange Latten für die Beine

✦ Hammer

✦ Nägel, die lang und dick genug sind, um die Latten zu verbinden. Du brauchst ungefähr 20 Nägel (aber nur drei oder vier für eine einfache Vogelscheuche). Damit das Holz nicht beim Nageln splittert, drehst du die Nägel einzeln auf den Kopf und hämmerst ihre Spitze stumpfer.

✦ Kleidung, der lustige Teil: Pullover, Hose, Rock, Schuhe und einen Hut — in welchem Muster auch immer. Wenn du tatsächlich Vögel verscheuchen willst, befestigst du spiegelnde Materialien wie Aluminiumfolie am Körper.

✦ Für den Kopf: Kopfkissenbezug oder eine Plastiktasche, die du mit Blättern oder Stroh füllst. Bindfaden, dickeres Garn, Permanentmarker.

1. Latten verbinden

Die Abbildung zeigt dir, wie du die Latten zusammennagelst. Dazu legst du sie auf den Boden. Für den Kopf lässt du an der mittleren Latte nach oben ausreichend Platz. Du verbindest Schulter und Hüfte mit der mittleren Latte, die Beine mit der Hüfte. Dann streifst du den Pullover oder das Kleid über die Schulter, schiebst die Ärmel hoch und befestigst die Holzarme. Danach ziehst du die Ärmel wieder herunter.

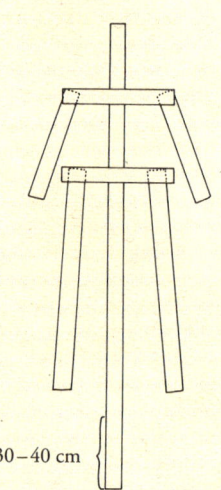

30–40 cm

2. Bekleidung

Den Pullover oder das Kleid hast du deiner Vogelscheuche schon angezogen. Jetzt ziehst du ihr auch noch die restlichen Kleidungsstücke an. Manche Vogelscheuchen haben ausgestopfte Kleider. Dazu stopfst du Stroh oder Reisig in Ärmel und Beine und verschließt vorher die Enden mit Bindfaden.

3. Der Kopf

Hierfür füllst du einen Kopfkissenbezug oder eine Plastiktasche mit Blättern, Reisig oder Stroh und befestigst ihn mit Bindfaden an der Latte. (Den unteren Bereich des Bezugs füllst du nicht, damit du ausreichend Stoff zur Befestigung hast.) Dann zeichnest du ein Gesicht darauf und setzt den Hut auf.

Etwas komplizierter und aufwendiger ist ein Kopf aus Papiermaschee herzustellen. Nach der Anleitung auf Seite 127 (»Eine Piñata aus Papiermaschee«) beschichtest du einen Luftballon, der als Basis dient. Anschließend lackierst du den Kopf mit wasserfester Farbe.

4. Aufstellen

Du kannst deine Vogelscheuche gegen einen Baum oder einen Zaun lehnen. Doch normalerweise steht eine Vogelscheuche mitten im Feld.

Mit einem Spaten gräbst du ein Loch. Es muss etwa 30 bis 40 cm tief sein, damit deine Vogelscheuche sicher steht. Anschließend setzt du sie in das Loch, schüttest es mit Erde zu und trittst die lose Erde fest. Zu wissen, wie man ein Loch gräbt, ist nicht nur beim Aufstellen von Vogelscheuchen oder beim Heben eines Schatzes nützlich. Es hilft auch beim Ausheben einer Falle – die natürlich mit Ästen getarnt wird!

Der Mond und was wir von ihm wissen

Um den Mond, einen der ältesten Begleiter der Erde, ranken sich viele Geschichten. Nach einer soll er aus Käse bestehen, nach einer anderen ein Mann (oder eine Frau oder ein Hase) auf ihm wohnen, er macht angeblich Menschen verrückt oder kann uns sogar blau erscheinen.

Das Geheimnis und die Kraft des Mondes leben auch heute noch in Wörtern wie *Mondsüchtigkeit* (Schlafwandeln) oder *Mondblindheit* (Augenentzündung insbesondere bei Pferden) weiter. Wir erzählen dir hier einige Tatsachen und Storys über den Mond.

FAKTEN ÜBER DEN MOND

❖ Der Mond ist das zweithellste Himmelsobjekt. Das hellste ist natürlich die Sonne.
❖ Der Mond ist eiförmig. Er erscheint uns kreisrund, weil die Wölbung auf uns weist.

- Die Schwerkraft des Mondes wirkt auf die Meere der Erde. Sie verursacht die Gezeiten oder Tiden.
- Trotz der Anziehungskaft zwischen dem Mond und der Erde entfernt sich der Mond jährlich um etwa 4 cm.
- Der Mond ist ungefähr 385 000 km von der Erde entfernt. Ein Spaceshuttle braucht etwa drei Tage, um ihn zu erreichen.
- Die Temperaturen auf dem Mond sind sehr kalt und sehr heiß. Tagsüber erreichen sie kochende 130 °C, während sie nachts bis auf bittere −160 °C sinken.
- Das Meer der Ruhe (*Mare tranquillitatis*) ist natürlich kein Meer, wie wir es auf der Erde kennen, sondern eine dunkle Tiefebene. Diese Tiefebenen nennt man *Mare* (Plural: *Maria*), das ist das lateinische Wort für Meer.
- Die älteste Karte des Mondes wurde in einer frühgeschichtlichen Höhle in der Grabstätte Bend of the Boyne in der Nähe der Stadt Knowth in Irland gefunden. Die Karte ist vermutlich über 5000 Jahre alt.
- Der Mond ist der einzige Himmelskörper, den Menschen je besucht haben. Die amerikanischen Astronauten Neil Armstrong und Edwin Aldrin landeten am 20. Juli 1969 als erste Menschen auf dem Mond.
- Auf dem Mond sind 28 Krater nach Wissenschaftlerinnen benannt, die alle bedeutende Leistungen für die Astronomie erbrachten.

Die Mondphasen

———— ❖❖ ————

Während der Mond um die Erde wandert, sieht er nicht immer gleich aus. Eine Hälfte des Mondes wird von der Sonne angestrahlt, doch wir sehen nicht immer die gesamte beleuchtete Fläche. Am Himmel wächst der Mond während eines Monats scheinbar von einer Sichel zum Vollmond und schrumpft anschließend bis zum Neumond, aber tatsächlich besitzt er immer dieselbe Größe. Diesen Wechsel der beleuchteten Mondoberfläche bezeichnet man als Mondphasen.

Der Mond durchläuft in einem sich stets wiederholenden Rhythmus von 29,5 Tagen folgende acht Phasen:

1. Neumond

Zu Beginn des Mondzyklus steht der Mond zwischen der Erde und der Sonne, sodass wir auf die Schattenseite des Mondes blicken.

2. Zunehmender Mond

Auf der rechten Seite des Mondes wird eine schmale Sichel sichtbar. Der Mond befindet sich auf halbem Weg zwischen Neumond und Halbmond.

3. Erstes Viertel

Der Mond und die Erde stehen auf ihren Umlaufbahnen von der Sonne aus gesehen nebeneinander, sodass wir nur eine Hälfte von ihm sehen. Man nennt ihn deshalb auch Halbmond. Der Begriff »erstes Viertel« bedeutet, dass der Mond ein Viertel seines Zyklus zurückgelegt hat. Tatsächlich sehen wir auch nur ein Viertel der Mondoberfläche, weil eine Hälfte immer im Schatten liegt.

4. Zunehmender Mond

Mehr als eine Hälfte seiner sichtbaren Oberfläche ist beleuchtet. Der Mond befindet sich auf halbem Weg zwischen erstem Viertel und Vollmond.

5. Vollmond

Der Mond befindet sich nun hinter der Erde, sodass wir die gesamte beleuchtete Oberfläche sehen. (Unter uns, natürlich sieht es so aus, als ob der gesamte Mond beleuchtet wird. Aber die der Erde abgewandte Seite können wir gar nicht sehen.)

6. Abnehmender Mond

Mehr als die Hälfte seiner sichtbaren Oberfläche liegt noch im Sonnenlicht. In dieser Phase ist die linke Seite des Mondes gut sichtbar.

7. Letztes Viertel

Von der Sonne aus gesehen stehen der Mond und die Erde wieder nebeneinander, sodass wir nur die linke Seite der uns zugewandten Seite sehen. Der Mond hat in diesem Stadium bereits drei Viertel seines Zyklus zurückgelegt.

8. Abnehmender Mond

Der Mond schrumpft wieder zu einer Sichel und wird nur in einem schmalen Bereich der linken Seite beleuchtet. Er befindet sich auf halbem Weg zwischen Halbmond und Neumond. Anschließend beginnt sein Zyklus von Neuem.

Ungewöhnliche Namen des Vollmonds

Die Ureinwohner Nordamerikas gaben jedem Vollmond einen jahreszeitlichen Namen. Hier verraten wir die Namen der Vollmonde nach *The Old Farmer's Almanac*.

Januar: Wolfsmond

Zu dieser Jahreszeit heulten die hungrigen Wölfe. Den Vollmond im Januar nannte man auch »Alter Mond«.

Februar: Schneemond

Die schwersten Schneefälle fielen immer in diesem Monat. Dieser Vollmond wurde auch »Hungermond« genannt, weil die Schneefälle die Jagd erschwerten.

März: Wurmmond

In diesem Monat war der Boden weich genug, damit Würmer an die Oberfläche gelangten. Diesen Vollmond nannte man auch »Saftmonat«, weil man bereits Ahornsaft gewinnen konnte.

April: Rosamond

In diesem Monat sprossen die ersten rosafarbenen Blüten des Phlox. Den Vollmond nannte man auch »Eimond«.

Mai: Blumenmond

Die Blütezeit vieler Pflanzen gab dem Vollmond seinen Namen. Man nannte ihn auch »Milchmond«.

Juni: Erdbeermond

Im Juni wurden die Erdbeeren reif. Diesen Vollmond nannte man auch »Rosenmond« oder »Heißer Mond«.

Juli: Bocksmond

In dieser Jahreszeit bekamen die Hirschböcke neue Geweihe. Wegen der häufigen Gewitter nannte man den Vollmond auch »Gewittermond«.

August: Störmond

In den Großen Seen tummelten sich jetzt die Störe. Der Vollmond hieß auch »Grünfuttermond«.

September: Erntemond

Das war der Erntemonat. Der Mond schien so hell, dass die Ernte auch abends noch eingebracht werden konnte.

Oktober: Jagdmond

Der Herbst war die Jagdsaison, in dem Nahrungsvorräte für den Winter beschafft wurden. Den Vollmond nannte man auch »Reisemond« .

November: Bibermond

Dieser Monat bot die letzte Gelegenheit, die Biberfallen aufzustellen, bevor die Gewässer zufroren. Den Vollmond nennt man auch »Frostmond«.

Dezember: Kältemond

Nach den langen kalten Winternächten nannte man den Vollmond auch »Mond der langen Nächte«.

BLUE MOON

Der englische Begriff »Blue Moon« (blauer Mond) beschreibt nicht das Aussehen des Mondes. Weil der Mond 29,5 Tage für einen Zyklus benötigt, stimmt dieser nicht genau mit den Kalendermonaten überein. Deshalb erleben wir etwa alle 2,5 Jahre zwei Vollmonde in einem Monat. Den zweiten Vollmond nennt man im Englischen »Blue Moon«. Ursprünglich wurde damit der dritte von vier Vollmonden einer Jahreszeit bezeichnet (jede Jahreszeit hat normalerweise drei Vollmonde). Heute hat sich jedoch die erste Bedeutung durchgesetzt. Der englische Ausdruck »once in a blue moon« heißt deshalb ins Deutsche übertragen »Alle Jubeljahre« und bezeichnet ein seltenes Ereignis. Der Begriff war nach dem Ausbruch des Vulkans Krakatau im Jahr 1883 in aller Munde, als Aschewolken den Himmel verdunkelten und der Mond zwei Jahre lang bläulich leuchtete.

Der Mond und die Frauen – eine Chronik

Zwölf Männer waren auf dem Mond, aber keine Frau. Vielleicht wird das einem mutigen Mädchen gelingen! Folgende Frauen kamen dem Mond etwas näher:

1959 Geraldyne (Jerrie) Cobb bestand alle physischen und psychischen Tests als Astronautin für das Mercury-Programm. Dann schloss die NASA jedoch Frauen aus, weil sie nur Männer ausbilden wollte.

1963 Walentina Tereschkowa, eine sowjetische Kosmonautin, verbrachte drei Tage im Weltraum und kreiste als erste Frau 46 Mal um die Erde.

1978 Die NASA ließ jetzt doch Frauen zu den Tests zu. Sechs wurden dafür ausgewählt: Rhea Seddon, Kathryn Sullivan, Judith Resnik, Sally Ride, Anna Fisher und Shannon Lucid.

1983 Sally Ride absolvierte als erste amerikanische Frau einen sechstägigen Flug im Weltraum.

1984 Die sowjetische Kosmonautin Svetlana Savitskaja und die amerikanische Astronautin Kathryn Sullivan unternahmen einen Weltraumspaziergang.

1986 Die Lehrerin Christa McAuliffe und die Astronautin Judith Resnik verloren ihr Leben, als der Spaceshuttle *Challenger* 73 Sekunden nach dem Start explodierte. Eine Dichtung an einem der Zusatztriebwerke war defekt.

1992 Die Ärztin und Astronautin Mae Jemison ist die erste afroamerikanische Frau im Weltraum.

1993 Ellen Ochoa fliegt als erste lateinamerikanische Frau in den Weltraum.

1994 Chiaki Mukai ist die erste japanische Frau im Weltraum.

1995 Eileen Collins steuert als erste Pilotin einen Spaceshuttle.

1996 Die Amerikanerin Shannon Lucid wird als erste Frau mit der Congressional Space Medal of Honour ausgezeichnet. Sie verbrachte sechs Monate auf der russischen Raumstation *Mir* und stellte einen neuen Rekord für Frauen und Astronauten auf.

1998 Der Spaceshuttle *Discovery* startet im Mai mit einer Besatzung, die fast ausschließlich aus Frauen besteht.

1999 Eileen Collins ist als erste Frau Commander eines Spaceshuttles auf der 59. Mission der *Columbia*.

2003 Die aus Indien stammende Astronautin Kalpana Chawla kommt zusammen mit sieben anderen Besatzungsmitgliedern beim Landeanflug des Spaceshuttles *Columbia* ums Leben.

2006 Anousheh Ansari, eine im Iran geborene Amerikanerin, wird die erste Weltraumtouristin auf der *Internationalen Raumstation.*

2007 Sunita Williams hält den Rekord des längsten Weltraumaufenthalts (195 Tage) und der meisten Weltraumspaziergänge (4) für Frauen.

2008 Die 30-jährige Yi So-yeon fliegt als erste koreanische Frau ins All.

MONDKRATER

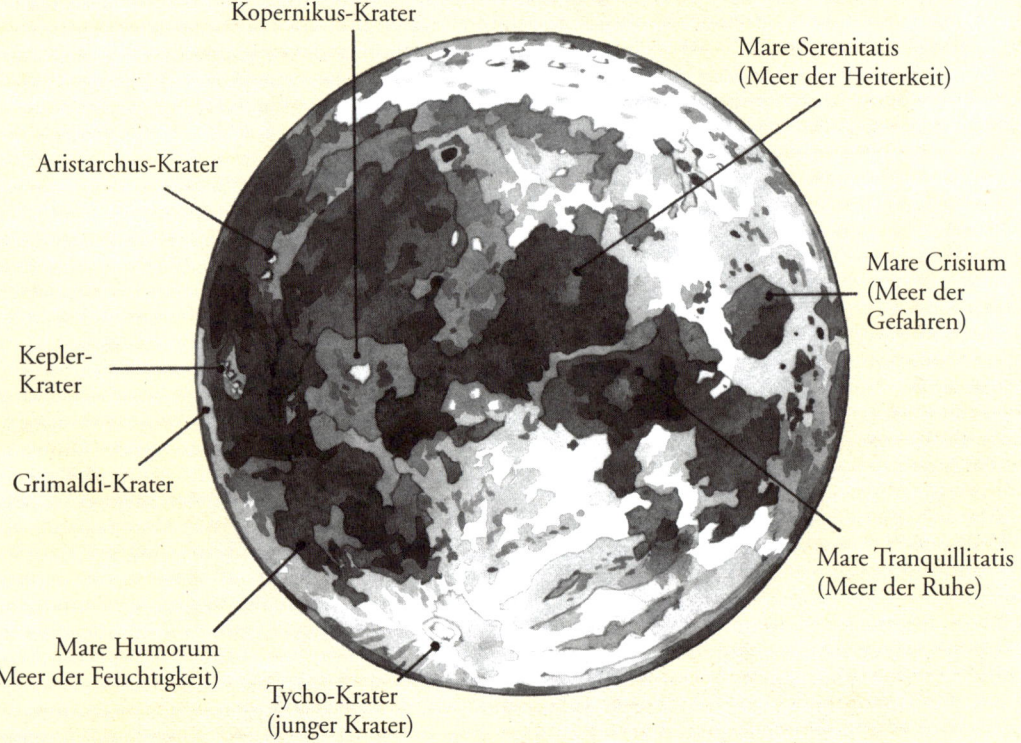

Kopernikus-Krater

Aristarchus-Krater

Kepler-Krater

Grimaldi-Krater

Mare Serenitatis
(Meer der Heiterkeit)

Mare Crisium
(Meer der
Gefahren)

Mare Tranquillitatis
(Meer der Ruhe)

Mare Humorum
(Meer der Feuchtigkeit)

Tycho-Krater
(junger Krater)

Eine Schneekugel bauen

— ✂ —

Im 19. Jahrhundert waren Schneekugeln als kleine Meisterwerke sehr beliebt, weil die meisten kunstvolle Landschaften mit vielen Einzelheiten zeigten. Seitdem werden sie nur noch als Briefbeschwerer, Sammlerstücke oder Geschenke verwendet. Ihre Herstellung ist recht einfach. Das brauchst du für deine Schneekugel:

❖ Ein Glas mit Schraubverschluss. Kleine Babynahrungsgläser sind ebenso geeignet wie große Marmeladengläser mit sicherem Verschluss. (Etiketten entfernst du mit Spülwasser oder Essig und einem Schwamm.)

❖ Plastikfiguren, Spielsteine oder Lego- zubehör – alles, was in das Glas hinein- passt und was man an die Innenseite des Deckels kleben kann. (Man muss es nur ankleben können und es darf sich nicht in Wasser auflösen.)

❖ Kleber, der stark genug ist, um die Deko am Deckel zu befestigen. Du kannst dazu Heißkleber, Kunststoffkleber, Klebeband oder Modellkitt verwenden.

❖ Glitter (winzige glitzernde Streifen aus Kunststoff oder Metall)

❖ Wasser

Zuerst befestigst du deine Dekoration mit einem Kleber im Deckel. Du kannst die Sachen auch mit einem großen Stück Modellkitt befestigen, das den Deckel ausfüllen muss. Den beklebten Deckel legst du zur Seite, bis alles getrocknet ist.

Nach dem Trocknen füllst du das Glas bis zum oberen Rand mit Wasser. Dann gibst du einige Teelöffel von dem Glitter in das Wasser. Du kannst auch Glyzerin zugeben, das du in der Drogerie erhältst, damit das Wasser dickflüssiger wird.

Zum Schluss gibst du etwas Kleber auf den Glasrand und schraubst das Glas zu. Den Kleber lässt du trocknen, bevor du das Glas auf den Kopf stellen und schütteln kannst.

Geflügelte Worte und ihre Herkunft

ALLE FÜR EINEN, EINER FÜR ALLE!

Dieses Motto liest und hört man oft, doch woher stammt es? Nachzulesen ist es in dem Roman »Die drei Musketiere« des französischen Schriftstellers Alexandre Dumas (1802–1870). Denn dieses Motto ist der Wahlspruch der drei Musketiere, die ja eigentlich vier sind: Athos, Porthos und Aramis und der junge d'Artagnan.

Immer wieder müssen sie diesen Wahlspruch, den sie sich wie einen Eid schwören, auch einlösen, besonders am Ende des Romans, als sie kurzzeitig getrennt werden.

Der Wahlspruch soll zum Ausdruck bringen, dass die Musketiere eine eingeschworene Gemeinschaft sind, in der jeder für den anderen einsteht, und in der die Gruppe und der Einzelne den gleichen Wert haben.

BIG BROTHER IS WATCHING YOU!

Der Ausspruch ist auf jedem politischen Plakat zu lesen, das Winston Smith in London sieht.

Er ist die Hauptfigur des Romans »1984« des englischen Schriftstellers George Orwell (1903–1950), der eigentlich Eric Arthur Blair hieß. In der Welt des Romans ist Big Brother – der Große Bruder – der Herrscher über einen totalitären Staat.

Ob es ihn jedoch tatsächlich gibt, weiß niemand wirklich. Fest steht nur, dass alle Menschen von ihm oder seiner Partei rund um die Uhr beobachtet und unter Kontrolle gehalten werden.

Daher ist »Big Brother« zu einem bildhaften Ausdruck für einen Überwachungsstaat geworden, der gern von kritischen Journalisten oder Politologen benutzt wird. Auf den Ausdruck spielt auch die Fernsehshow gleichen Namens an, in der Kandidaten unentwegt von der Kamera beobachtet werden.

BRETTER, DIE DIE WELT BEDEUTEN

Mit den Brettern, die gerne zitiert werden, ist die Theaterbühne gemeint, die eine eigene Welt darstellt und die für die Schauspieler Ruhm und somit alles, also die Welt, bedeuten kann.

Erfunden hat die Redewendung der Dichter Friedrich Schiller (1759–1805) für seine Ode »An die Freude«, die von Ludwig van Beethoven (1770–1827) vertont wurde und heute die Europahymne ist. In dem Gedicht kommt der Satz vor:

Sehn wir doch das Große
aller Zeiten
Auf den Brettern,
die die Welt bedeuten,
Sinnvoll still an uns vorübergehn.

DAS EI DES KOLUMBUS

Als »Ei des Kolumbus« bezeichnet man eine verblüffende und einfache Lösung eines schwierigen und unlösbar scheinenden Problems. Die Redensart geht auf den italienischen Historiker Girolamo Benzoni (1519–1570) zurück, der in seinem Buch »Geschichte der Neuen Welt« (1565) folgende Anekdote von Christoph Kolumbus erzählt: »Nach der Rückkehr von seiner Atlantiküberquerung wird Kolumbus von einem berühmten Kardinal zum Essen eingeladen, der der Ansicht ist, jeder Seemann hätte die Fahrt unternehmen können, da sie ja im Prinzip sehr einfach zu bewältigen sei. Daraufhin lässt sich Kolumbus ein gekochtes Ei bringen und bittet den Kardinal und die anderen Gäste, dieses Ei auf die Spitze zu stellen. Niemand kann die Aufgabe lösen. Kolumbus aber nimmt das Ei, drückt die Spitze ein und kann es so mühelos auf den Tisch stellen. Dann erklärt er dem Kardinal, dass jede Aufgabe leicht zu meistern sei, wenn man die Lösung kenne.«

Allerdings erklärt Benzoni, dass er diese Geschichte nur gehört habe und nicht wisse, ob sie sich tatsächlich zugetragen habe. Bekannt ist sie dennoch geworden.

JEDER MENSCH IST EIN KÜNSTLER

Dieser Ansicht war jedenfalls der weltbekannte deutsche Künstler Joseph Beuys (1921–1986). Allerdings hat er hinzugefügt, dass nicht jeder Mensch automatisch auch ein guter Künstler sei. Mit seinem Ausspruch hat er nur gemeint, dass in jedem Menschen ein Künstler stecken könne. Daher lehnte er auch die verschiedenen Zulassungsbedingungen für Kunststudenten an Hochschulen ab und nahm auch Studenten auf, die von anderen Hochschulen abgewiesen worden waren. Die Zeit sollte zeigen, ob sich die Studenten zu kreativen und guten Künstlern entwickeln würden.

MAKE LOVE NOT WAR

Eine Forderung, die jeder kennt, und die immer wieder auf Spruchbändern von Friedensdemonstranten auftaucht. Obwohl der Slogan schon älter ist, wurde er durch einen Song von John Lennon (1940–1980) weltbekannt. In »Mind Games« von 1973 heißt es: »I want you to make love, not war, I know you've heard it before.«

DER ROTE FADEN

Etwas zieht sich durch eine Geschichte »wie ein roter Faden«. In diesem Sinnbild steht der rote Faden für ein verbindendes Motiv oder eine durchgehende Idee. Das Bild stammt aus dem Roman »Die Wahlverwandtschaften« von Johann Wolfgang von Goethe (1749–1832). Dort schreibt Ottilie, eine der Hauptfiguren, ein Tagebuch, in dem alle ihre Einträge durch einen Grundgedanken miteinander verbunden sind und so zu einem Ganzen werden.

Um dies zum Ausdruck zu bringen, vergleicht Goethe diesen Grundgedanken mit dem roten Faden, den die britische Marine damals in alle Taue und Seile einarbeiten ließ. Der Marine diente der Faden als Nachweis ihres Eigentums. Ein möglicher Dieb war also schnell überführt.

Für Goethe war der Faden dagegen ein Zeichen für etwas Durchgehendes, das nicht wegzudenken ist.

MIT ARGUSAUGEN BEOBACHTEN

Jemanden mit Argusaugen beobachten bedeutet, dass man ihn sehr genau und ununterbrochen beobachtet.

Doch wer war Argus? Fündig wird man in der griechischen Mythologie, die von dem hundertäugigen Riesen Argus (oder Argos) berichtet. Da immer nur ein Teil seiner Augen schlief, konnte er rund um die Uhr alles beobachten. Noch dazu waren die Augen über den ganzen Körper verteilt, sodass ihm nichts entging.

Hera, die Frau des Göttervaters Zeus, setzte Argus ein, um die Geliebte ihres untreuen Mannes zu bewachen. Zeus aber schickte den Götterboten Hermes, der den Riesen mit seinem Flötenspiel in tiefen Schlaf versetzte und dann mit einem Felsen erschlug.

So konnte Zeus doch noch zu seiner Geliebten. Hera aber schenkte die hundert Augen dem Pfau, der sie seitdem auf seinen Federn trägt.

PERLEN VOR DIE SÄUE WERFEN

»Perlen vor die Säue werfen« bedeutet, einem Menschen etwas Besonderes oder Hochwertiges zu überlassen, mit dem dieser mangels Bildung und Erfahrung gar nichts anzufangen weiß. Das Bild stammt aus der Bibel, und zwar aus dem Evangelium des Matthäus (7, 6). Dort heißt es: »Ihr sollt das Heiligtum nicht den Hunden geben und eure Perlen sollt ihr nicht vor die Säue werfen, auf dass sie dieselbigen nicht zertreten mit ihren Füßen und sich wenden und euch zerreißen.« Es ist eine von sehr vielen Redensarten, die auf die Bibel zurückgehen.

DIE ZEICHEN DER ZEIT

Zu den Redensarten aus der Bibel, wieder aus dem Evangelium des Matthäus (16, 1–3), gehören auch die »Zeichen der Zeit«. Sie stehen für Indizien oder Anzeichen eines aktuellen Wandels, den es zu erkennen gilt. Bei Matthäus heißt es: »Ihr Heuchler! Über des Himmels Gestalt könnt ihr urteilen; könnt ihr denn nicht auch über die Zeichen dieser Zeit urteilen?«

Quilling

—— >‹‹— ——

Diese filigrane Papiertechnik ist bereits Jahrhunderte alt und sehr einfach. Du wickelst einen Papierstreifen um einen Zahnstocher oder eine Häkelnadel und rollst den Streifen vollständig auf. Anschließend formst du die Spiralen.

DAS BRAUCHST DU:

- ✦ Ein Quillingwerkzeug oder einen Zahnstocher
- ✦ Papierstreifen (leichtes Papier, 3–5 mm breit und etwa 30 cm lang)
- ✦ Papierkleber

GRUNDFORMEN

Nachdem du einen Streifen aufgerollt hast, verformst du die Spiralen zu dreidimensionalen Figuren oder setzt mehrere Spiralen für größere Figuren zusammen. Manche Figuren musst du anschließend auf Karton kleben.

Enge Spirale

Rolle den Streifen sehr eng auf und klebe das Ende fest, bevor du die Spirale vom Zahnstocher ziehst.

Auge

Eine lockere Spirale kniffst du an den Seiten. Wenn du die Kniffe dann leicht beugst, erhältst du ein Blatt.

Lockere Spirale

Rolle den Streifen auf und ziehe den Zahnstocher heraus. Nachdem sich die Spirale gedehnt hat, klebst du das Ende fest.

V-Form (Fühler)

Den Streifen knickst du in der Mitte zu einem »V« und rollst die beiden Enden mit dem Zahnstocher so auf, dass sie nach außen zeigen.

Träne

Eine lockere Spirale knickst du an einer Seite.

Herz

Du knickst den Streifen in der Mitte und rollst beide Enden nach innen auf.

Ranken

Wie bei der V-Form falzt du den Streifen, drehst aber ein Ende nach innen.

S-Form

Dafür rollst du ein Ende des Streifens bis zur Mitte in eine Richtung und das andere in die entgegengesetzte.

Wendel

Du wickelst einen Streifen der Länge nach spiralförmig um den Quillingstab. Wenn du den Streifen abziehst, erhältst du eine Spirale.

Quadrat/Rechteck

Eine lockere Spirale kniffst du an zwei Seiten wie beim Auge. Dann kniffst du die beiden anderen Seiten zu einem Quadrat. Für ein Rechteck formst du eine lockere Spirale erst zu einem Oval.

Zapfen

Einen Zapfen kannst du als Unterlage für andere Figuren verwenden, um diese in eine dreidimensionale Form zu bringen. Dazu rollst du einen Streifen auf den Stab auf und klebst das Ende fest. Nachdem du den Zahnstocher herausgezogen hast, drückst du die Mitte der Spirale von der Unterseite nach oben.

Dreieck

Eine lockere Spirale kniffst du an beiden Seiten und zum Schluss oben.

❖ Du bist natürlich gut vorbereitet und hast Papierstreifen in Reserve, wenn z. B. ein Streifen reißt.

❖ Zum Kleben kannst du den Klebstoff mit einem Zahnstocher oder einem spitzen Gegenstand verteilen.

❖ Du rollst zunächst mehrere Streifen auf, die du dann verformst. Dadurch bist du schneller, als wenn du alle Streifen nacheinander aufrollst.

❖ Um deine Figur auf Karton zu kleben, verteilst du zuerst etwas Kleber auf einem Papierrest. Dann stellst du deine Figur vorsichtig darauf, um so die untere Kante deiner Figur in den Kleber zu tauchen. Mit einer Pinzette nimmst du nun die Figur herunter und setzt sie schließlich auf den Karton.

❖ Um einen Streifen zu kürzen, reißt du ihn einfach ab. Ausgefranste Enden kleben besser als abgeschnittene. Wenn ein Streifen zu kurz ist, klebst du einen zweiten an sein Ende.

❖ Mache dir keine Sorgen, wenn anfangs nicht alles perfekt wird! Wie bei vielen handwerklichen Arbeiten zeigen kleine Fehler, die dabei auftreten, nur die individuelle Note.

Modern Quilling

Mit Quilling kannst du vielerlei Figuren herstellen, auch diesen Schmetterling.

◆ Papierstreifen:
zwei 30 cm lange Streifen für die Flügel
zwei 20 cm lange Streifen für die hinteren Flügel
einen 30 cm langen Streifen für den Körper
einen 15 cm langen Streifen für die Fühler

◆ Quillingstab oder einen anderen Stab zum Aufrollen

◆ Papierkleber

◆ Zahnstocher (zum Kleben)

Bis auf den Streifen für die Fühler rollst du alle Streifen zu lockeren Spiralen auf. Mit einem Tropfen Kleber befestigst du die Enden, damit sich die Spiralen nicht entrollen. Die Spirale für den Körper drückst du zu einer länglichen Form. Für die Flügel knickst du die Spiralen an einer Seite wie bei den Tränen. Den Streifen für die Fühler faltest du in der Mitte und rollst die Enden zu einer V-Form auf. Zum Schluss klebst du alle Spiralen zu dem Schmetterling zusammen.

Mundharmonika spielen

—— ✦ ——

Welches Instrument eignet sich besser für ein Lagerfeuer als eine Mundharmonika? Ihr einzigartiger Klang entsteht, weil man mit Blasen und Ziehen im gleichen Luftkanal unterschiedliche Töne hervorbringt. Eine Mundharmonika erzeugt aber nicht nur einzelne Töne, sondern Akkorde. Du hast fast ein Orchester in der Hand.

SO HÄLTST DU EINE MUNDHARMONIKA

Halte Daumen und Finger deiner linken Hand wie geöffnete Krokodilkiefer und lege die Mundharmonika dazwischen. Die Mundharmonika besitzt Zahlen von eins bis zehn. Du hältst sie so an deinen Mund, dass diese Zahlen oben zu deinem Mund zeigen. Die niedrigsten Zahlen – sie entsprechen den tiefen Tönen – sind links. Besitzt deine Mundharmonika keine Zahlen, probierst du einfach aus, wo sich die tiefen Töne befinden. Deine rechte Hand befindet sich auf der Rückseite der Mundharmonika. Mit ihr kannst du die Rückseite verschließen und auf diese Weise den Lufteinlass regeln.

Die Mundharmonika liegt auf deiner Unterlippe nahe an den Zähnen – ja, du liest richtig, deine Mundharmonika befindet sich in deinem Mund. Deine Oberlippe wölbt sich halb über die Mundharmonika. Deine Zunge bleibt unten, wenn du nicht einen besonderen Ton erzeugen willst. Zum Schluss noch einen weiteren Hinweis. Du hältst die Mundharmonika nicht waagerecht, sondern winkelst sie bis zu 30 Grad an.

SPIELEN

Das Einatmen durch die Mundharmonika erzeugt den Ziehton (ein »ah«) und das Ausatmen den Blaston (ein »oh«). Während du spielst, ergänzt du die Töne »ah« und »oh« durch Konsonanten wie »ha« und »hoo«, »ta« und »too »oder »ma« und »moo«. Das ist nur eine Art, verschiedene Töne zu erzeugen.

Zu Beginn hältst du die Mundharmonika mittig vor den Mund (ungefähr bei den Zahlen 4, 5 und 6) und atmest ein und aus. Danach führst du die Mundharmonika mehr zu den niedrigeren Zahlen und tiefen Tönen und atmest ein (Ziehton).

Wenn du diese Grundlagen verstanden hast, solltest du jetzt auf deiner Mundharmonika auch spielen. Dazu versuchst du zwei »ha«-Töne und zwei »hoo«-Töne. Um einen Zug nachzuahmen, holst du dreimal Luft und atmest nur einmal aus. Führe die Mundharmonika während des Spielens von links nach rechts und umgekehrt. Dabei atmest du ein und aus, und mit deinen Händen und dem Mund spielst du Melodien. Übung macht die Meisterin!

Einige Pferderassen

—— ⇥⇤ ——

Rund um die Erde gibt es Hunderte verschiedener Pferderassen. Einige stellen wir dir hier vor.

AMERIKANISCHES QUARTER HORSE

Diese Rasse wurde aus den Pferderassen gezüchtet, die europäische Einwanderer mitbrachten. Sie erhielt ihren Namen, weil sie bei den traditionellen Rennen über eine Viertelmeile (engl.: quarter) allen anderen Pferden überlegen war. Das Quarter Horse war aber nicht nur schnell, sondern auch in der Landwirtschaft sehr gut einsetzbar, um Lasten über größere Strecken zu transportieren oder Schafe einzufangen. Weltweit gehören heute die meisten Pferde zu dieser Rasse.

ARABER

Eine der ältesten Pferderassen, die es im Mittleren Osten schon vor Jahrtausenden gab. Auf der arabischen Halbinsel zeigen bereits Höhlenmalereien von 2500 v. Chr. diese Rasse. Araber zeichnen sich durch Intelligenz, Ausdauer und Schnelligkeit aus. Sie besitzen eine charakteristische Kopfform und einen hoch angesetzten Schweif.

CLYDESDALE

Das Clydesdale ist ein kräftiges Kaltblutpferd, das sich besonders für Aufgaben wie Pflügen oder schwere Transporte eignet. Die Rasse wurde ursprünglich in Schottland vor 300 Jahren in der Nähe des Flusses Clyde gezüchtet. Charakteristisch ist ihre außergewöhnliche Höhe (bis zu 190 cm) und ihr Gewicht (bis zu 1000 kg) wie auch ihre großen Hufe und die üpppige weiße Fesselbehaarung, die vom Knie bis zu den Hufen reicht. Bis etwa 1960 sah man sie noch häufiger als Zugpferde in Städten. Heute sind sie viel seltener, obwohl sie immer noch als Brauereipferde genutzt werden.

LIPIZZANER

Die älteste Kulturpferderasse der Welt stammt von dem Gestüt Lipica in der Nähe der Stadt Triest im heutigen Slowenien, das früher zu Österreich gehörte. Lipizzaner sind kräftige Pferde, deren Fell zwischen ihrem sechsten und zehnten Lebensjahr weiß wird. Die Rasse ist durch die Spanische Reitschule in Wien berühmt geworden. Lipizzaner sind sehr gelehrige und aufmerksame Pferde. Während des Zweiten Weltkriegs retteten amerikanische Soldaten die Pferde vor der Roten Armee aus Hostau in der damaligen Tschechoslowakei, wohin sie zu ihrem Schutz gebracht worden waren. Heute gibt es weltweit etwa 3000 Lipizzaner.

SHETLANDPONY

Diese kleinwüchsige Pferderasse stammt ursprünglich von den schottischen Shetlandinseln. Sie sind kräftig, intelligent und von sehr kleinem Wuchs: Sogar das größte Shetlandpony wird nur knapp über einen Meter groß!

Die Ponys sind aber wahrscheinlich die stärkste Rasse, weil sie nahezu das Doppelte ihres eigenen Gewichts ziehen können. Sie werden bis zu 30 Jahre alt. Früher wurden sie wegen ihrer geringen Größe in Bergwerken eingesetzt, um Loren zu ziehen. Heutzutage eignen sie sich als erstes Reitpferd für Kinder. Man sieht sie auch im Zirkus und in Streichelzoos. Minishettys – Shetlandponys unter 87 cm – ersetzen als »Führpferde« Blindenhunde.

ENGLISCHES VOLLBLUT

Vollblüter sind als Rennpferde bekannt. Sie werden seit dem 17./18. Jahrhundert in England wegen ihrer Schnelligkeit und ihrem Temperament gezüchtet. Sie gelten als die schnellsten Pferde weltweit und erreichen über 60 km/h. Bereits einjährige Vollblüter kann man bei Rennen einsetzen. Vollblüter sind auch hervorragende Springer und werden häufig beim Polo (Reiter treiben einen Ball mit einem Schläger ins gegnerische Tor) eingesetzt. Weltweit gibt es Millionen Vollblüter, und jedes Jahr werden fast 120 000 Fohlen geboren.

Mähne
Stirnhaar
Kamm
Ganasche
Widerrist
Hinterteil
Rücken · Lende · Kruppe · Schweifansatz
Vorderbrust
Flanke
Knie
Unterarm
Schulter
Arm
Ellbogen
Unterschenkel
1
Knie
2
Mittelfuß
Fessel
Fußgelenk
Sporn
Huf
Krone

1 Oberschenkel
2 Sprunggelenk

Schritt, Trab und Galopp

Eine Gangart ist die Art und Weise. wie sich ein Pferd bewegt. Die meisten Pferde kennen nur drei Gangarten: *Schritt, Trab* und *Galopp*. Andere Gangarten wie den *Tölt* oder den *Passgang* beherrschen nur wenige Pferderassen.

Der **Schritt** ist die langsamste Gangart. Das Pferd setzt dabei die Hufe in folgender Reihenfolge auf: links vorn, rechts hinten, rechts vorn, links hinten. Bei dieser Viertaktgangart berührt ein Huf immer den Boden. Man unterscheidet den Mittelschritt, den versammelten und starken Schritt. Die beiden letzten Gangarten werden Pferden antrainiert.

Der **Trab** ist eine schnellere Gangart als der Schritt. Das Pferd setzt dabei immer die diagonalen Beinpaare nach vorn – rechts vorn und links hinten, links vorn und rechts hinten. Bei dieser Zweitaktgangart befindet sich das Pferd zwischen den beiden Takten für einen kurzen Augenblick in einem Schwebezustand, in dem kein Huf den Boden berührt.

Der **Galopp** ist die schnellste Gangart. Bei dieser Dreitaktgangart setzt das Pferd die Hufe in folgender Reihenfolge: links hinten, rechts hinten mit links vorn, rechts vorn. Anschließend folgt eine ausgeprägte Schwebephase. Den Galopp kann man auch als eine Reihenfolge mehrerer Sprünge ansehen.

MUSTANG

Als Mustangs bezeichnet man die wilden Pferde Amerikas. Tatsächlich sind sie aber gar keine Wildpferde, sondern stammen von den Pferderassen ab, die spanische Eroberer vor 400 Jahren nach Mexiko und Florida brachten. Einige dieser Pferde brachen aus ihren Koppeln aus und verwilderten. Ihr Name bedeutet »Streuner«, da ihre Herden ungezähmt durch die nordamerikanischen Prärien zogen. Die Ureinwohner Nordamerikas fingen sich Mustangs ein und züchteten sie. Später verwendeten die weißen Siedler sie zum Transport, z. B. für die Postkutschen des berühmten Pony-Express. Auch heute leben noch viele Mustangs in freier Wildbahn. Der amerikanische Kongress erklärte diese Pferderasse zu »einem lebenden Symbol der Geschichte und des Pioniergeistes des Wilden Westens«.

Begriffe aus der Seemannssprache

Segeln ist heutzutage eine beliebte Freizeitbeschäftigung. Doch noch bis Ende des 19. Jahrhunderts verkehrten Segelschiffe zwischen den Kontinenten, die durch die Weltmeere getrennt sind. Die Schiffe waren eine eigene Welt, auf denen auch eine eigene Sprache gesprochen wurde. Auch wenn du heute an Bord eines Schiffs gehst, gelten viele normale Ausdrücke nicht mehr. Plötzlich wird aus einem Seil ein Tau und die Matrosen antworten mit Aye aye, anstatt einfach »ja« zu sagen. Aus rechts wird Steuerbord und aus links Backbord. Von den Seeleuten und ihren Schiffen, die einst die Meere bevölkerten, stammen viele Ausdrücke.

Abdrift
Eine seitliche Versetzung vom geplanten Kurs durch Seitenwinde.

Achtern
Der hintere Teil eines Schiffs.

Ahoi
Ein Anruf eines anderen Schiffs (»Schiff ahoi!«), kein Gruß.

Backen und Banken
Das Auftragen der Speisen, der Verzehr der Mahlzeiten und das Reinigen des Geschirrs.

Baum
Der waagerechte Mast einer Takelage.

Bordziegen (Bordaffen)
Seeleute, die in der Takelage herumturnten oder sich auf Deck aufhielten.

Butterland
Eine auf Sinnestäuschung beruhende, durch Nebel erzeugte Erscheinung von Land – wie bei einer Fata Morgana.

China-Max
Der chinesische Wäscher an Bord Hamburger Schiffe. Der Chef aller Maxen war der »Obermax«.

Deck
Oberster horizontaler Schiffsabschluss.

Decksbär
Eine schwere Kiste zum Reinigen und Weißen des Decks, die hin- und hergezogen wurde.

Dock
Verschließbares Hafenbecken, das man leer pumpen kann, um Schiffe zu reparieren.

Eindecker
Schiff mit nur einem Deck.

Einschiffen
Das Betreten eines Schiffs, um z. B. eine Reise anzutreten.

Entern
Das Übersteigen auf ein anderes Schiff,

um es zu erobern, oder das Klettern in den Wanten.

Faden

Ein altes englisches Längenmaß, das in der Seefahrt gebräuchlich war. Ein Faden entspricht sechs Fuß oder 1,83 m.

Fallreep

Die schräge Treppe, die außen an Bord hängt.

Fensterfisch

Die Heringe in Gelee gehörten früher zum Schiffsproviant.

Fieren

Eine schwebende Last langsam absenken, indem man eine Leine nachlässt.

Fock

Das Großsegel des Fockmastes, dem ersten Mast von vorn, oder ein Vorsegel.

Galionsfigur

Eine Holzfigur, die bei Segelschiffen oft vorn am Bug angebracht war, um das Schiff zu schützen.

Gangway

Die Verbindung zwischen einem Schiff und dem Pier, über die Passagiere und Besatzungsmitglieder an Bord gehen.

Glasen

Die Zeitmessung auf Schiffen vor dem Chronometer. Der Begriff stammt von den gläsernen Sanduhren (Stundenglas), die halbstündig oder alle vier Stunden umgedreht wurden.

Großer Teich

Eine andere Bezeichnung für den Nordatlantik.

Heck

Das hintere Ende des Schiffs, das »ganz achtern« ist.

Hieven

Eine Last heben, anheben oder hochziehen, um ein Schiff zu beladen oder zu entladen.

Kalfatern

Das Abdichten der hölzernen Planken mit Werg (Flachs- oder Hanfabfall).

Kiel

Der Ausdruck bezeichnet die untere Längsversteifung eines Schiffs. Das »Kielholen« war früher eine Bestrafung der Seeleute, die an einem Tau unter dem Schiffsrumpf durchgezogen wurden.

Klüsen

Kleine Öffnungen in der Schiffswand, durch die Ketten oder Taue geführt werden können. Die Seeleute bezeichneten so auch ihre Augen: »Mach deine Klüsen auf!«

Knoten

Der Knoten ist auch heute noch das Maß für die Geschwindigkeit eines Schiffs. Um sie zu bestimmen, ließen Seeleute ein Tau in das Wasser, das in bestimmten Abständen Knoten besaß. An der Anzahl der Knoten, die in einer bestimmten Zeit durchliefen, konnten sie messen, wie schnell ihr Schiff fuhr.

ALPHA BRAVO CHARLIE

Was meint der Kapitän, wenn er mitteilt: »Ich befinde mich auf Koordinate Juliet 5«? Er benutzt das internationale Alphabet, bei dem jeder Buchstabe durch ein Wort ersetzt ist, damit keiner ähnlich klingende Buchstaben verwechselt.

A Alpha	B Bravo	C Charlie	D Delta	E Echo	F Foxtrot
G Golf	H Hotel	I India	J Juliet	K Kilo	L Lima
M Mike	N November	O Oscar	P Papa	Q Quebec	R Romeo
S Sierra	T Tango	U Uniform	V Victor	W Whiskey	X X-ray
		Y Yankee	Z Zulu		

Lee
Die dem Wind abgewandte Schiffsseite. Das Gegenteil ist Luv und bezeichnet die Schiffsseite, die im Wind steht.

Mast- und Schotbruch
Der Ausdruck soll Glück bringen und meint, dass der Mast nicht brechen soll.

Pantry
In dem Arbeitsraum können Stewards schnell eine Mahlzeit einnehmen.

Poller
Ein kurzer Pfahl auf der Hafenpier, an dem Schiffe mit Tauen festgemacht werden.

Reffen
Die Segelfläche verkleinern durch Einholen eines Segels.

Rossbreiten
Die windstille Zone im Atlantik zwischen 23° nördlicher und 30° südlicher Breite. Der Begriff stammt von Segelschiffen, denen auf ihrer Fahrt nach Südamerika häufig in den Flauten und wechselnden Winden der Rossbreiten das Trinkwasser ausging, sodass die mitgeführten Pferde verdursteten.

Seemannsgarn
Eine stark ausgeschmückte Geschichte oder sogar ein Lügenmärchen, mit de-

nen Seeleute früher ihre Erlebnisse ins rechte Licht rückten.

Takelage

Dieser Begriff bezeichnet alle Bestandteile der Masten, Segel und Tauwerke eines Schiffs.

Treideln

Das Schleppen eines Schiffs vom Kanalufer aus mithilfe eines Taues.

Wanten

Taue, die zur seitlichen Abstützung der Masten dienten.

Sorgenpüppchen

—— ✄ ——

Sorgenpüppchen bastelt man in Guatemala schon seit Jahrhunderten, um ängstliche Kinder zu beruhigen. Dabei werden immer Sätze aus sechs Püppchen gebastelt, die nur 1–2 cm groß sind. Ursprünglich bestanden sie aus Holz oder Lehm und waren mit farbigen Stoffen oder Garnen bekleidet. Abends nahmen die Kinder ein Püppchen mit ins Bett, um ihm seine Sorgen zu erzählen, und legten es anschließend unter das Kopfkissen. Sechs Abende hintereinander konnten die Kinder jeweils einer anderen Puppe etwas klagen, und am siebten Tag waren ihre Sorgen verschwunden.

Die Sorgenpüppchen wurden ursprünglich aus Stoffresten, Holzspänen und anderen Resten hergestellt, die im Alltag der Menschen anfielen. Ganz im ursprünglichen Sinn kannst du auch moderne Püppchen aus Dingen basteln, die du im

Haushalt findest und die entbehrlich sind. Spatel, Wäscheklammern, Zahnstocher, Karton, Pfeifenreiniger oder auch Plastikbänder eignen sich gut. Mit Garn, Fäden oder sogar Zahnseide (Floss) kannst du deine Sorgenpüppchen bekleiden.

DAS BRAUCHST DU:

- ✦ Zwei biegsame Kabelbinder (jeweils 10 cm lang)
- ✦ Strickgarn oder sehr dünnes Garn (sechs Teile, die 50–60 cm lang sind)
- ✦ Eine Perle für den Kopf (5 mm Durchmesser oder kleiner, mit Loch)
- ✦ Permanentmarker. sehr fein
- ✦ Klebstoff
- ✦ Schere

Der Körper: Du knickst einen Kabelbinder in der Mitte und wickelst danach ein Ende des Kabelbinders ein- bis zweimal um das andere Ende. Die Schlaufe bildet den Kopf, die Enden sind die Beine ❶. Für die Füße knickst du die Enden um. Den anderen Kabelbinder wickelst du um den ersten, er bildet die Arme ❷.

Die Kleidung: Strickgarn eignet sich sehr gut für dein Sorgenpüppchen, weil es etwas dicker ist. (Normales Nähgarn ist zu dünn, wenn du es nicht zu einer Kordel wickelst, und die meisten anderen Garne sind zu dick und eignen sich nur für größere Sorgenpüppchen.) Das Strickgarn schneidest du in sechs Teile, die jeweils 50 bis 60 cm lang sind. Ein Strickgarn befestigst du mit einem Knoten an einem Fuß und wickelst es am Bein hoch. Wenn dein Strickgarn lang genug ist, umwickelst du auch die Taille und das andere Bein. Anderenfalls nimmst du ein zweites Strickgarn, verknotest es am anderen Fuß und umwickelst das Bein. Mit dem dritten Strickgarn umwickelst du den Körper und die beiden übrigen Strickgarne verwendest du für die Arme ❸.

　Tipp: Du kannst auch einige Tropfen Klebstoff auf den Körper geben, damit das Strickgarn besser hält. Das Ende des Garns ziehst du fest an und fixierst es ebenfalls mit Klebstoff. (Dazu gibst du einen Tropfen auf deinen Finger und verteilst den Kleber auf den Endpunkten, an denen das Strickgarn nicht befestigt ist.)

Der Kopf und die Haare: Die Perle steckst du über die Schlaufe, sodass ein kleiner Teil der Schlaufe noch herausragt ❹. Mit dem Permanentmarker zeichnest du ein Gesicht auf die Perle. Der obere Teil der Schlaufe dient als Ansatz für die Haare. Ein Strickgarn wickelst du so um die Schlaufe, dass etwa 5 cm überstehen, und befestigst es mit einem Doppelknoten. Das längere Ende des Strickgarns schneidest du ab und wickelst es erneut um die Schlaufe für das nächste Haar. Diese Schritte wiederholst du so lange, bis die Schlaufe vollständig bedeckt ist ❺. Dann drückst du die Schlaufe in die Perle, damit das Haar die Perle schön bedeckt ❻.

Das Haar kannst du ganz nach deinen Vorstellungen gestalten. Mit einem Tropfen Klebstoff auf deinem Finger formst du die Strähnen nach Belieben. Für einen Kurzhaarschnitt schneidest du alle Enden einfach ab.

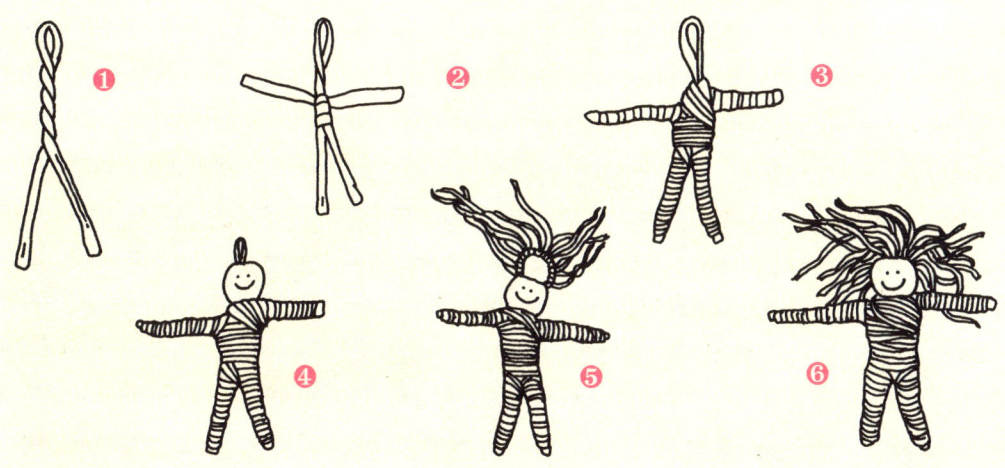

Maße und Einheiten

Seit die Menschen der Steinzeit vor rund 11 000 Jahren damit begannen, ihr Jäger- und Sammlerleben aufzugeben und sesshaft zu werden, brauchten sie Maße und Messgeräte. Denn wer Häuser baut und Felder anlegt, muss Entfernungen messen und festlegen können. Anfangs spielte dabei eine große Genauigkeit noch keine Rolle, doch als schließlich größere Gebäude geplant und gebaut wurden, etwa Stadtmauern, Paläste oder Pyramiden, brauchten die Baumeister schon exaktere Messverfahren und einheitliche und übertragbare Längenmaße. Auch Winkel mussten sie nun bestimmen können. Mit dem Aufkommen des Handels wiederum benötigten die Menschen Methoden, um Mengen festzustellen und zu vergleichen. Äpfel oder Ziegen ließen sich noch zählen, aber Getreide oder Milch nicht.

Eines der ältesten bekannten Längenmaße ist die Elle, also der Abstand zwischen Ellbogen und der Spitze des Mittelfingers eines Mannes. Da der Unterarm aber bei jedem Mann verschieden lang ist, gab es auch verschiedene Ellen. Sehr oft diente der Unterarm eines Königs oder Herrschers als Maßstab für die Elle. So entsprach ein Ellenmaß im alten Ägypten dem Unterarm des Pharaos und war 52 cm lang. Die griechische Elle war hingegen nur 46 cm lang. Selbst im 19. Jahrhundert war die Elle auch in Deutschland als Maß noch weit verbreitet. Vor allem Schneider verwendeten die Elle gern, obwohl sie nicht einheitlich war. Die Bamberger Elle etwa entsprach 67 cm, während die Frankfurter Elle 54,73 cm lang war. So waren die Maße also nur regional oder lokal einheitlich.

Wie die Elle so gehen auch andere Längenmaße auf den menschlichen Körper zurück. Die Spanne etwa war eine gespreizte Hand, während das Klafter der Entfernung zwischen den Fingerspitzen der ausgestreckten Arme eines Mannes entspricht. Der Inch wiederum, in Deutschland Zoll genannt, geht auf den englischen König Heinrich I. (1068–1135) zurück, der die Breite seines Daumens als Vorbild festlegte. Der Schritt erklärt sich von selbst, ebenso der Fuß.

Alle diese Maße wurden über Jahrhunderte eingesetzt, denn sie waren ja für einen Menschen immer verfügbar. Das änderte sich erst, als in der Epoche der Aufklärung im 18. Jahrhundert die exakten Naturwissenschaften entstanden. Sie verlangten genau festgelegte und somit vergleichbare Maßeinheiten. Außerdem benötigten sie immer neue Messgeräte und Einheiten für die unterschiedlichsten physikalischen Phänomene wie Temperatur, Kraft, Spannung, Geschwindigkeit, Druck oder Zeit.

Kaum war eine physikalische Größe definiert, schon geriet die nächste ins Blickfeld der Forscher. Dabei sind viele Einheiten nicht durch physikalische Bedingungen oder Vorgänge vorgegeben, sondern wurden und werden von Forschern festgelegt. Daher gibt es für einige Phänomene, etwa die Temperatur, verschiedene Einheiten wie Kelvin, Celsius, Fahrenheit, Newton oder Rankine. So sind bis heute eine große Zahl an Einheiten und Messinstrumenten entwickelt worden, von denen viele, aber nicht alle weltweit gelten.

Neben neuen Einheiten sind nach wie vor auch viele alte in Gebrauch. So benutzen Seeleute nach wie vor Seemeilen als Entfernungsangaben, während Geologen Meter und Kilometer bevorzugen. Seeleute geben die Geschwindigkeit in Knoten an, Physiker in Kilometer pro Stunde (km/h). Der Meter wurde übrigens nach der Französischen Revolution im Jahr 1793 vom Nationalkonvent als neues Längenmaß festgelegt. Er stellt den zehnmillionsten Teil der Entfernung vom Pol zum Äquator dar. Um ein genaues Muster zu haben, wurde 1795 ein entsprechendes Stück aus Messing gegossen und in Paris aufbewahrt. Alle Meter konnten so geeicht werden. Hier eine Tabelle mit den wichtigsten Längeneinheiten:

ENTFERNUNG

Einheit	Einheitszeichen	Entfernung in Meter
Kilometer	km	1000,000 m
Landmeile	stat.mi	1609,344 m
Seemeile	sm	1852,000 m
Yard	yd	0,9144 m
Fuß	ft	0,3048 m

TEMPERATUR

Den ersten Versuch, eine Einheit mit einer dazugehörigen Skala für die Temperatur zu erstellen, unternahm um 1700 der englische Mathematiker und Physiker Isaac Newton (1642–1727). Den Schmelzpunkt des Schnees setzte er als Nullpunkt an, für den Punkt, an dem Wasser kocht, legte er 33 Grad fest. Der schwedische Mathematiker und Physiker Anders Celsius (1701–1744) entwarf 1742 eine eigene Skala. Er legte den Gefrierpunkt zunächst auf 100 Grad fest und den Siedepunkt des Wassers auf 0 Grad. Erst nach seinem Tod wurde die Einteilung umgekehrt, sodass bei 0 Grad Celsius Wasser gefriert und bei 100 Grad kocht. Hier eine Tabelle mit den wichtigsten Temperaturskalen:

Einheit	Einheitszeichen	Enspricht 0 °C
Celsius	°C	0 Grad
Kelvin	K	273,15 Kelvin
Fahrenheit	°F	32 Grad Fahrenheit
Rankine	°Ra	491,67 Grad Rankine

GEWICHTE

Natürlich haben auch Einheiten für Gewichte bzw. Massen eine lange Geschichte. Heute noch bekannt ist das Talent, eine Einheit aus dem Babylonischen Reich. Dort entsprach ein Talent etwa 27 Kilogramm. Heute hat sich die Bedeutung gewandelt, und man versteht unter »Talent« die Begabung eines Menschen für eine bestimmte Tätigkeit. Ein talentierter Sänger ist also ein begabter Sänger. Gewandelt hat sich auch die Bedeutung des Wortes »Schekel«. Heute ist es der Name für die israelische Währung, vor mehr als 2000 Jahren war der Schekel jedoch auch eine Gewichtseinheit für Gold, Silber und Kupfer. Ähnlich ist es dem Pfund ergangen; einst ebenfalls ein Gewichtsmaß, ist es heute der Name der britischen Währung. Wie der Meter wurde auch das Kilogramm in Paris definiert. Dort befindet sich seit 1888 auch das weltweit gültige Muster, das Urkilogramm. Hier einige abgeleitete Einheiten im Überblick:

Name	Zeichen	Definition
Kilogramm	kg	Masse eines Liters Wasser
Gramm	g	1000ster Teil eines kg
Tonne	t	1000 kg
Zentner	ztr	50 kg
Pfund	lb	500 g/ein halbes kg

Neben diesen metrischen Einheiten gibt es auch noch alte Einheiten, die aber heute noch benutzt werden. So werden Edelsteine noch immer in Karat angegeben, während etwa Gold in Unzen gehandelt wird. Hier ein kleiner Überblick:

Name	Zeichen	Entsprechung in Gramm
Unze	oz	28,35 g
Apotheker-Unze	oz.ap	31,1 g
Karat	Kt	0,2 g
Lot	Lot	16,6667 g
Quäntchen		4,167 g

FLÜSSIGKEITEN

Der Liter als Mengenmaß für Flüssigkeiten wurde 1793 in Frankreich eingeführt. Ein Liter entspricht einem Kubikdezimeter. Mit dieser neuen metrischen Einheit wollten die Franzosen ein einheitliches System schaffen, dass sich zudem leicht umrechnen lässt.

Dennoch sind bis heute alte Einheiten wie die Gallone bei Bierbrauern und Winzern in einigen Ländern noch gebräuchlich. Erdöl wird nach wie vor in Barrels (Fässern) gehandelt. Hier eine kleine Maßtabelle:

Name	Zeichen	Definition
Liter	l	1 Kubikdezimeter dm^3
Hektoliter	hl	100 Liter
Zentiliter	cl	0,01 Liter
Milliliter	ml	0,001 Liter
Gallone	Imp.gal	4,54609 Liter
Barrel	bbl	158,987 Liter

PHYSIKALISCHE EINHEITEN

Neben diesen auch im Alltag bedeutsamen Einheiten gibt es zahlreiche Einheiten, die fast nur von Physikern, Forschern und Handwerkern benötigt werden. Auch hier haben einige alte Begriffe ausgedient, sind aber in der Umgangssprache noch immer gebräuchlich, wie etwa die Pferdestärke (PS).

Diese Einheit für die Leistung einer Maschine wurde von dem schottischen Erfinder James Watt verwendet, um den Minenbesitzern die Leistungsfähigkeit seiner neuartigen Dampfmaschinen zu vermitteln. Dabei hat er die Leistung seiner Maschinen einfach mit einer vergleichbaren Anzahl an Pferden verglichen. Ab dem 1. Januar 1978 wird die Leistung offiziell nur noch in Watt angegeben, wobei eine Pferdestärke (PS) 0,73549875 Kilowatt (kW) entspricht.

Hier eine Tabelle mit einer Übersicht über wichtige physikalische Einheiten und ihre Messgeräte:

Einheit	Zeichen	Definition	Messgerät
Ampere	A	Stromstärke	Amperemeter
Volt	V	Elektrische Spannung	Voltmeter
Watt	W	Leistung	Leistungsmesser
Ohm	Ω	Elektrischer Widerstand	Mulitmeter
Candela	cd	Lichtstärke	Fotometer
Weber	WB	Magnetischer Fluss	Fluxmeter
Tesla	T	Magnetische Flussdichte	Teslameter
Becquerel	Bq	Radioaktivität	Geigerzähler
Pascal	Pa	Druck, u. a. Luftdruck	Barometer (Luftdruck)

Elektrisches Geschicklichkeitsspiel

Dieses einfache Spiel kannst du mit deinen Freundinnen selbst basteln. Das Ziel des Spiels ist es, eine Öse an einem gebogenen Metalldraht entlangzuführen, ohne den Draht zu berühren. Der Draht ist über eine Batterie an einen Summer angeschlossen. Solange die Öse den Draht nicht berührt, ist der Stromkreis unterbrochen. Bei einer Berührung wird der Stromkreis geschlossen und der Summer ertönt.

Ein Sicherheitstipp vorweg: Wenn du das Spiel wegräumst, ziehst du ein Kabel von der Batterie ab, damit sie nicht überhitzt. (Du klebst einen Notizzettel an den Kasten und bringst einen Haken am Kartonboden an, in den du das Kabel hängst.)

MATERIALIEN UND WERKZEUGE

- ✦ Kasten. Dafür kannst du einen Schuhkarton, aber auch jeden anderen Karton mit Deckel nehmen.
- ✦ Blanker Kupferdraht, etwa 5 mm Querschnitt. Metallbügel gehen auch, sind aber oft schwer biegbar.

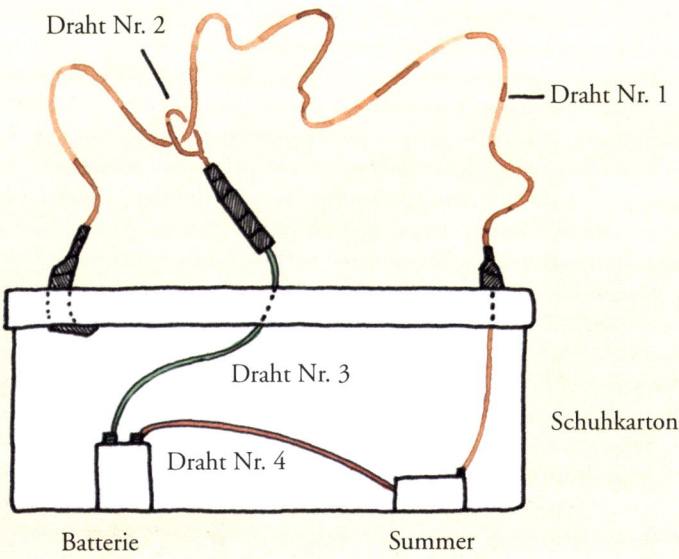

Draht Nr. 2

Draht Nr. 1

Draht Nr. 3

Schuhkarton

Draht Nr. 4

Batterie

Summer

- Klingeldraht, isoliert, etwa 5 mm Querschnitt
- Isolierband oder Klebeband
- Eine 4,5-Volt-Flachbatterie. Die Batterie tauschst du aus, wenn sie nach einigen Spielrunden leer ist. Du kannst auch eine andere Batteriesorte nehmen. Achte aber darauf, dass du die Kabel gut anschließen kannst.

- Summer. Du erhältst ihn in jedem Elektrofachhandel. Achte beim Kauf darauf, dass sich Kabel einfach anschließen lassen.
- Werkzeuge wie Kneifzange und Abisolierzange (häufig ein einziges Werkzeug), eine lange Pinzette und einen Schraubenzieher

Schritt 1

Die Batterie und den Summer befestigst du mit etwas Abstand am Boden des Kartons.

Schritt 2

In den Kartondeckel bohrst du drei Löcher wie in der Abbildung. (Wenn dein Karton klappbare Deckel besitzt, bohrst du die drei Löcher in eine Klappe.)

Schritt 3

Der blanke Kupferdraht ist der Spieldraht, den wir Draht Nr. 1 nennen. Du schneidest etwa einen Meter oder etwas mehr von ihm ab (kürzen kannst du ihn später immer noch) und biegst ihn in zahlreiche Kurven. Das rechte Ende steckst du durch das rechte Loch des Deckels und befestigst es mit Klebeband oder Isolierband. Dabei klebst du das Band auf den Deckel und wickelst etwa 2 cm des Drahts ein. Das linke Ende bearbeiten wir später.

Schritt 4

Für die Öse, die wir Draht Nr. 2 nennen, benutzt du ebenfalls den blanken Kupferdraht. Du schneidest 20–25 cm davon ab, formst die Öse und wickelst das Drahtende mehrere Male um den Rest des Drahts ❶. Später verbinden wir Draht Nr. 2 mit Draht Nr. 3.

Schritt 5

Den Griff für die Öse, den wir Draht Nr. 3 nennen, stellst du mit Klingeldraht her. Dazu schneidest du ein etwa 45 cm langes Stück ab (die Länge hängt von der Größe des Kartons ab). Von jedem Ende entfernst du etwa 3 cm der Isolierung. Wenn du mit der Abisolierzange noch nicht vertraut bist, schneidest du ein etwas längeres Stück ab und entfernst zum Üben zunächst nur 1 cm der Isolierung und dann den Rest.

Schritt 6

Jetzt verbindest du ein Ende des Drahts Nr. 3 mit der Öse (Draht Nr. 2). Achte darauf, dass sich beide Metallenden berühren. Dann wickelst du die Enden umeinander (eine Pinzette ist dabei sehr nützlich) ❷. Die Verbindung isolierst du mit Isolierband. Dabei umwickelst du sie so oft mit dem Isolierband, bis du einen handlichen und gleichzeitig stabilen Griff erhältst ❸.

Das andere Ende des Drahts Nr. 3 schließt du später an die Batterie an. Jetzt führst du dieses Ende durch das mittlere Loch im Deckel.

Schritt 7

Den Klingeldraht, der die Batterie mit dem Summer verbindet, nennen wir Draht Nr. 4. Dazu schneidest du die passende Länge ab und entfernst mit der Abisolierzange an beiden Enden auf etwa 3 cm die Isolierung.

Schritt 8

Dann führst du die Öse (Drähte Nr. 2 und 3) über den Spieldraht (Draht Nr. 1). Das linke Ende des Spieldrahts kannst du jetzt am Kartondeckel befestigen. Dazu umwickelst du es etwa auf 4 cm mit Isolierband. Dieser Bereich ist für die Ruhestellung der Öse gedacht,

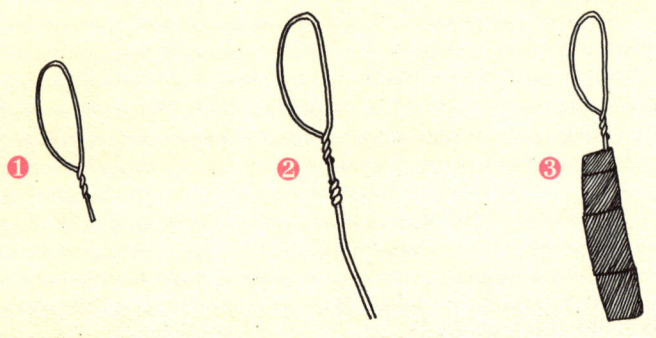

wenn du nicht spielst. Dann steckst du das linke Ende des Spieldrahts durch das linke Loch und klebst es anschließend am Deckel fest.

Schritt 9

Das rechte Ende des Spieldrahts (Draht Nr. 1) verbindest du mit dem Summer am Kartonboden. Das funktioniert je nach Summer auf unterschiedliche Weise. Bei vielen Modellen musst du dafür den Deckel des Summers abnehmen und entdeckst dort zwei Spulen mit Schrauben. Du löst eine der Schrauben mit dem Schraubenzieher, steckst den Draht in die Spule und ziehst die Schraube wieder fest.

Schritt 10

Jetzt verbindest du die Öse (Draht Nr. 3) mit einem Pol der Batterie.

Schritt 11

Mit dem kurzen Klingeldraht (Draht Nr. 4) verbindest du den Summer und den anderen Pol der Batterie. Dabei musst du darauf achten, dass dieser Draht nicht die anderen berührt, die bereits mit der Batterie verbunden sind. Alle Drähte im Karton kannst du nun mit Klebeband fixieren.

Schritt 12

Während du den kurzen Klingeldraht (Draht Nr. 4) an den Summer anschließt, liegt die Öse an dem isolierten Abschnitt des Spieldrahts – oder du bittest deine Freundin, ihn so zu halten, dass er nicht den Spieldraht berührt, dadurch den Stromkreis schließt und der Summer ertönt. Den kurzen Klingeldraht klemmst du an die andere Spule des Summers. Du musst dabei auch darauf achten, dass du weder mit dem Schraubenzieher noch mit dem Draht die andere Spule berührst. Wenn dein Summer keine zweite Spule besitzt, musst du den anderen Anschluss suchen. Wenn der Boden des Summers aus Metall besteht, kannst du den Draht einfach dort anbringen.

Schritt 13

Noch ein Wort zur Sicherheit. Wenn du nicht mehr spielst, ziehst du ein Ende des kurzen Klingeldrahts (Draht Nr. 4) vom Summer oder von der Batterie ab (welches sich einfacher lösen lässt). Auf dem Kartonboden sparst du einen Platz aus, wo du das Kabelende einhaken kannst.

Dein Spiel ist jetzt fertig. Wenn du mit der Öse den Spieldraht berührst und der Summer ertönt nicht, überprüfst du alle Verbindungen. Ertönt er danach immer noch nicht, wechselst du die Batterie aus.

Nachdem du weißt, wie dein Stromkreis funktioniert, kannst du jeden Abschnitt auch verändern. Du kannst die Öse enger oder weiter formen und in den Spieldraht zusätzliche Kurven oder sogar eine Spirale biegen.

So wirst du eine Privatdetektivin

Wie eine Spionin ist auch eine Privatdetektivin mit Observierungen, dem Sammeln von Informationen und dem Verfolgen von Spuren befasst, um ein Geschehen oder Zusammenhänge zu enthüllen.

Privatdetektive werden abschätzig auch Schnüffler genannt. Die erste Privatdetektei gründete Eugène François Vidoq 1833 in Frankreich. Und der schottische Detektiv Alan Pinkerton eröffnete um 1850 die erste Detektei in den USA. Die vermutlich berühmteste Privatdetektivin ist Nancy Drew, die Heldin aus mehr als hundert Romanen. Seit ihrem ersten Auftreten 1930 deckte Nancy viele Geheimnisse mithilfe ihrer Tatkraft (und ihrer Freundinnen) auf. Millionen Mädchen waren von Nancy Drew begeistert. Wenn du in ihre Fußstapfen treten und eine eigene Detektei eröffnen willst, musst du eine Menge wissen. (Am wichtigsten ist es natürlich zu wissen, dass du nur zum Spaß Detektivin bist – Privatdetektive, die ein Honorar für ihre Arbeit verlangen, brauchen eine Lizenz!)

HANDWERKSZEUG

Eine Privatdetektivin sollte immer einen Notizblock zur Hand haben (wir bevorzugen dafür eine kleine Kladde im Format DIN A5) und einen Kugelschreiber. Ferngläser, Sonnenbrille und eine Taschenlampe sind auch sehr nützlich. Eine kleine Kamera für Überwachungsaufnahmen und ein kleines Diktiergerät ergänzen deine Ausrüstung ebenso wie ein Handy oder ein GPS-Gerät.

Doch das Geheimnis einer guten Privatdetektivin sind keineswegs ihre Ausrüstung und ihre Verbindungen (beschäftige deine Freundinnen als Spitzel oder Wache), sondern ihre Geduld, mit der sie die Umgebung sorgfältig beobachtet und alle Details registriert.

ANDERE FÄHIGKEITEN

Neben ihren Beobachtungen und Schlussfolgerungen muss eine erfolgreiche Privatdetektivin auch kommunizieren können. Dazu tauscht sie sich einfach mit Menschen aus – stellt Fragen, wenn es notwendig ist, und trägt den Auftraggebern ihre Ergebnisse verständlich vor. Sie muss auch gut schreiben können, denn sie verfasst einen Untersuchungsbericht über all das, was sie während ihrer Überwachung beobachtet hat. Diese Fakten einfach und verständlich zu dokumentieren, gehört zu ihren wichtigen Aufgaben. Sie muss sich auch auf die relevanten Fakten konzentrieren und wichtige von unwichtigen Fakten unterscheiden können. Dazu wird sie unerbittlich der Wahrheit nachgehen und die entdeckten Tatsachen unvoreingenommen präsentieren.

EINE DETEKTEI GRÜNDEN UND FÄLLE ÜBERNEHMEN

Zuerst wählst du einen Namen für deine Privatdetektei. Wenn du allein arbeitest, kannst du einfach deinen Namen nehmen (*Anna Müller, Privatdetektivin* oder *Geschwister Meier, Privatdetektei*). Wenn du mit deiner Freundin zusammenarbeitest, könnt ihr auch fantasievollere Namen aussuchen (*Die Superagentinnen* oder *DMM, Detektei mutiger Mädchen*).

Dann fertigst du Visitenkarten an. Sie sollten mindestens den Namen deiner Detektei enthalten. Du kannst auch ein Firmenlogo entwerfen (eine hübsche Grafik, die deinen Beruf präsentiert) oder auf eure Spezialgebiete hinweisen.

Um einen Auftrag zu erhalten, musst du etwas Werbung machen. Du erzählst deiner Familie, den Freundinnen und anderen Bekannten von deiner Detektei und übergibst ihnen deine Visitenkarte (man weiß nie, wer ein künftiger Klient ist). Eine Anzeige in eurer Schülerzeitung oder ein Aushang am Schwarzen Brett wären vielleicht ebenfalls sehr hilfreich.

Surfen

— ⤜⤛ —

Als der Brite James Cook 1778 Hawaii entdeckte, traf er mit seiner Besatzung auf Polynesier, die mit einfachen Holzplanken über Wellen ritten. Die erstaunten europäischen Seefahrer bezeichneten das Surfen als den »Sport der Könige«. Anfang des 20. Jahrhunderts entwickelte sich Hawaii zum Surf-Mekka der Erde. Touristen aus allen Ländern kamen nach Hawaii, um dort das Surfen zu erlernen.

Doch Surfen war nicht nur der »Sport der Könige«, sondern auch der »Sport der Königinnen«. Die Sportart wurde von Anfang an sowohl von Männern als auch von Frauen betrieben. Die Küste vor Hawaii westlich von Waikiki ist nach der polynesischen Göttin Mamala benannt. Sie konnte nicht nur ihr Aussehen verändern (sie erschien als Krokodil, Hai oder Frau), sondern sie war auch eine gute Surferin.

SURFBRETTER

An den meisten Stränden kannst du dir ein Surfbrett leihen (oder du borgst es von deiner Freundin). Bei den Surfbrettern unterscheidet man Longboards, Funboards und Shortboards.

Longboards (langes Brett), die man auch Malibu nennt, sind bis zu vier Meter lang und bestehen aus Hartschaum. Beim Kauf achtest du darauf, dass das Brett etwa 35 cm größer ist als du und mindestens 50 cm breit. Solche Bretter sind für Anfängerinnen am besten geeignet. Funboards (Spaßbrett) sind etwas kürzer als Longboards und schwimmen etwas besser.

Shortboards (kurzes Brett) sind wie Skateboards für das Meer. Sie sind kürzer als die anderen Surfbretter (1,70–1,90 m) und werden für Kunststücke, scharfe Wenden und schnelle Bewegungen benutzt. Shortboards besitzen drei Finnen und sind für Anfängerinnen nicht geeignet, weil sich die Surftechnik hier sehr unterscheidet und schwer zu beherrschen ist.

Auf die Oberfläche deines neuen Surfbretts trägst du zuerst Wachs auf, damit du einen besseren Stand hast und nicht ausrutschst.

Wenn es kalt ist oder in kalten Gewässern ziehen viele Surferinnen einen Surfanzug an, der vor Wärmeverlust und Sonnenbrand schützt und häufig aus Neopren besteht. Je tiefer die Temperaturen sind, umso dicker muss das Material sein. Ein Surfanzug schützt dich auch vor Schürfwunden durch das Surfbrett oder den Sand. Der Surfanzug sollte genau passen und deine Bewegungsfreiheit nicht einschränken.

SURFEN LERNEN

Surfbretter schwimmen, weil sie einen Schwerpunkt besitzen. Das Ziel beim Surfen besteht darin, dass das Surfbrett schwimmt und ausbalanciert ist. Wenn du auf dem Surfbrett so weit vorn liegst, dass die Nase ins Wasser taucht, nennt man das Pearling. Liegst du dagegen zu weit hinten, nennt man das Corking. Du musst dich so hinlegen, dass das Surfbrett ausbalanciert ist. Die richtige Position markierst du mit einem Permanentmarker oder Wachs. Dann kannst du sie beim nächsten Surfen sofort einnehmen.

Paddeln, um eine Welle zu erreichen

Um Brandungswellen zum Surfen zu finden, musst du auf das Meer hinauspaddeln. Du legst dich bäuchlings auf dein Surfbrett, hältst den Kopf hoch und paddelst mit den Armen wie beim Kraulen. Dazu formst du deine Hände wie eine Tasse, um mehr Wasser nach hinten zu drücken, während du deine Arme seitwärts bis zu den Hüften ziehst. Du paddelst hinter die Brandungswellen und drehst dein Surfbrett um, sodass seine Nase zum Strand zeigt. Um auf eine Brandungswelle zu gelangen, musst du nun genauso schnell paddeln, wie die Welle schnell ist. Sobald die Brandungswelle dein Surfbrett anhebt, stehst du auf und surfst.

Aufstehen auf dem Surfbrett

Zum Aufstehen springst du aus deiner Paddelposition auf und stellst dich auf das Surfbrett. Du kannst das Aufstehen auf dem Meer üben, aber mit folgenden Übungen auch auf dem Trockenen: Bei der ersten Übung stellst du dir vor, du bist am Start eines 100-m-Laufs. Du legst dich auf deinen Bauch (»Auf die Plätze!«), drückst dich mit deinen Händen vom Boden ab (»Fertig!«) und kommst so in die Startposition (»Los!«), mit den Händen und Füßen am Boden.

Für die zweite Übung legst du dich bäuchlings in die Mitte deines Surfbretts. Deine Füße liegen auf dem Surfbrett und deine Hände fassen es an den Kanten an, als ob du etwas stemmen wolltest – genau das willst du tatsächlich auch tun! Drücke dich hoch, und wenn deine Arme gestreckt sind, springst du mit deinen Füßen in die Hocke. Aus der Hocke stehst du dann auf. Du wiederholst diese Übung, bis du sie beherrschst.

Auf dem Surfbrett stehen

Beim Surfen blickst du zum Strand und stellst einen Fuß nach vorn. Deine Knie sind gebeugt, damit dein Schwerpunkt tiefer liegt. Gehe so tief wie möglich in die Hocke und achte darauf, dass du etwa in der Mitte des Surfbretts stehst. Dein vorderer Fuß steht im 90°-Winkel zur Längsachse des Surfbretts. Mit deinen Armen balancierst du das Surfbrett aus. Um zu wenden, verlagerst du dein Körpergewicht auf den hinteren Fuß und lehnst dich in die entsprechende Richtung. Verlagerst du dein Körpergewicht nach vorn, fährst du schneller. Wenn du fällst, springst du immer zur Seite ab.

SICHERHEITSHINWEISE UND REGELN

- ❖ Surfe immer zusammen mit deiner Freundin.
- ❖ Anfängerinnen nutzen immer die Leash (eine Leine, die den Surfer mit dem Brett verbindet) und verwenden ein Surfbrett mit spitzer Nase.
- ❖ Halte immer 4–5 m Abstand zu anderen Surfern.
- ❖ Wenn du vom Surfbrett fällst, schlägst du die Arme vor deinen Kopf und die Hände in den Nacken, um dich zu schützen. Beim Auftauchen blickst du immer auf ankommende Wellen.
- ❖ Nicht den Weg abschneiden: Der Surfer, der näher an der Brandungswelle ist, hat Vorfahrt.
- ❖ Achte auf das Wetter: Erkundige dich vor dem Surfen über die Wetterlage und meide Gebiete, die für dein Können zu gefährlich sind.

BRANDUNGSRÜCKSTRÖME

Diese Strömungen, die man auch Rippströmungen nennt, fließen vom Strand ins Meer zurück. Sie bilden sich zwischen Sandbänken und in der Nähe von Buhnen, wenn das Wasser der Brandungswellen nicht ungestört zurück ins Meer fließen kann. Dadurch baut sich schließlich so großer Wasserdruck auf, dass das Wasser gebündelt auf einer Breite zwischen 10 m und 300 m mit bis zu 10 km/h zurückströmt.

Brandungsrückströme sehen scheinbar wie ruhige Wasserstellen aus – Abschnitte ohne Wellen, die ideal zum Schwimmen geeignet erscheinen. Doch der Anschein trügt und diese Strömungen können zur tödlichen Falle werden. Um Brandungsrückströme zu überleben, meidest du diese Stellen am besten. Du erkundigst dich vorher bei der Rettungswache über gefährdete Stellen und achtest auf Warnhinweise am Strand (an vielen Stränden werden Warnhinweise über Lautsprecher bekannt gegeben). An Stränden ohne Aufsicht gehst du weder schwimmen noch surfen.

Wenn du doch in einen Brandungsrückstrom gerätst, darfst du nicht in Panik geraten. Du darfst keinesfalls gegen die Strömung schwimmen, weil du dadurch zu schnell ermüdest. Stattdessen schwimmst du immer parallel zum Strand. Du schwimmst auf dem Rücken, um deine Kräfte zu schonen, und winkst mit einem Arm, um die Rettungsschwimmer aufmerksam zu machen. Sobald die Strömung schwächer wird, durchkreuzt du sie. Wenn du durch die Strömung bist, schwimmst du zurück zum Strand.

Berühmte Frauen
Vierter Teil

Eleonore von Aquitanien

Eleonore von Aquitanien kam im Jahr 1122 in Südfrankreich in einer Adelsfamilie zur Welt und wurde zur mächtigsten Frau des 12. Jahrhunderts.

Sie hieß eigentlich Alia-Aenor, die »andere Aenor«, nach ihrer Mutter Aenor de Rochefoucauld, die kurz nach Eleonores Geburt starb. Ihr Vater Wilhelm X., Herzog von Aquitanien, war für seine Großzügigkeit und seine Vorliebe für Musik, Kunst und gute Bildung bekannt. Als Eleonore acht Jahre alt war, starben ihre jüngere Schwester und ihr Bruder. Als einzige Erbin des Vaters sollte sie nach dessen Tod Herzogin von Aquitanien werden (und Besitzerin anderer Ländereien ihres Vaters).

Als sie 15 Jahre alt war, starb ihr Vater an einer Lebensmittelvergiftung auf dem Weg nach Santiago de Compostela. Auf dem Totenbett bestimmte er König Ludwig VI. als Vormund für Eleonore. Als Ludwig VI. (den man wegen seines Bauchumfangs auch »Ludwig den Fetten« nannte) davon erfuhr, war er sehr erfreut. Er erwarb nicht nur die Herrschaft über Aquitanien, sondern auch eine Braut für seinen Sohn Ludwig Capet. Ludwig der Fette ordnete die sofortige Heirat von Eleonore und dem jungen Ludwig an, damit er als Aussteuer die Ländereien erhielt, die Wilhelm seiner Tochter hinterlassen hatte: Guyenne, Gascogne, Poitou, Marche, Limousin, Angoumois, Périgord und Aquitanien. Eleonore war nun nicht mehr Eleonore von Aquitanien, sondern Eleonore, die zukünftige Königin von Frankreich.

Obwohl diese Ehe erzwungen war,

begann sie glücklich. Eleonore war lebhaft, intelligent und schön. Sie war musikalisch, komponierte Lieder, dichtete und konnte im Gegensatz zu den meisten Menschen ihrer Zeit lesen und schreiben. Ludwig suchte ihren Rat in politischen Angelegenheiten. Aber bald zeigte sich, dass Eleonores gehobene Stimmung nicht zum ruhigen Temperament ihres Mannes passte. Ludwig war als Priester ausgebildet worden, und erst nachdem sein Bruder bei einem Reitunfall 1131 ums Leben gekommen war, stand fest, dass er König werden würde. Da Ludwig der Fette nur einen Monat nach ihrer Hochzeit starb, wurde aus Ludwig der König Ludwig VII., König von Frankreich, und Eleonore wurde Königin. Die politischen Pflichten passten nicht zu dem ruhigen Leben, das er sich vorgestellt hatte. Eleonore wurde ungeduldiger, weil sie doch einen König geheiratet hatte und keinen Mönch.

Eleonore bestand 1147 darauf, Ludwig VII. auf einen Kreuzzug in den Mittleren Osten zu begleiten. Ludwig konnte ihren Wunsch nicht abschlagen, nachdem sie ihm tausend Soldaten aus Aquitanien zur Verfügung stellte. Eleonore kam mit 300 Hofdamen, die bewaffnet waren, aber nicht kämpften. Dass sie politisch Einfluss nahm und sich während des Kreuzzugs mutig verhielt, erregte das Misstrauen des Königs, das auch nach der Rückkehr nach Frankreich (die sie auf verschiedenen Schiffen antraten) anhielt. Ludwig hegte den Verdacht, dass ihn Eleonore betrüge. Doch er hatte noch ein weiteres Problem. Sie hatten die beiden Töchter Marie und Alix, aber keinen Sohn. Ohne einen Thronfolger wuchs die Spannung zwischen ihnen. Im März 1152 wurde die Ehe annulliert. Als Wiedergutmachung erhielt Eleonore ihre Länder zurück. Sie war wieder Eleonore von Aquitanien.

Nur zwei Monate später heiratete sie Heinrich Plantagenet, den Grafen von Anjou und Herzog der Normandie – mit 18 Jahren war er elf Jahre jünger als sie. Die Hochzeit war nicht nur aufgrund des Altersunterschieds ein Skandal, sondern auch weil Eleonore den Heiratsantrag machte. (Aber niemand fand es skandalös, als zwei Adelige Eleonore zu entführen versuchten, um ihre Länder an sich zu reißen.) Eleonore ließ keine Zweifel an ihren politischen Absichten. Sie wollte einen König heiraten und keinen Mönch. Durch die Hochzeit erhielt Heinrich die Länder, die früher bereits Ludwig VII. bekommen hatte. Als Heinrich 1154 zu Heinrich II., König von England, gekrönt wurde, erwarb Eleonore den Titel »Königin der Engländer«. Große Teile Südfrankreichs fielen dadurch unter englische Herrschaft und lösten einen Krieg zwischen Frankreich und England aus, der ganze 400 Jahre dauern sollte.

Eleonore und Heinrich bekamen fünf Söhne und drei Töchter. Ein Kind, William, starb als Kleinkind, aber die anderen Kinder hatten später wichtige politische Ämter inne. »Heinrich der Jüngere« (er wurde zu Lebzeiten seines Vaters auch Mitkönig genannt) starb an der Ruhr, bevor er den Thron bestieg. Richard wurde König und als »Richard Löwenherz« wegen seiner Tapferkeit berühmt. Gottfried wurde Herzog der Bretagne und Graf von Richmond. John wurde 1199 gekrönt (Seine Regentschaft verarbeitete Shakespeare in *König Johann*. Sie ging als die verheerendste in die britische Geschichte ein). Ihre Tochter Matilda heiratete Heinrich den Löwen, den Herzog von Sachsen und Bayern. Ihre andere Tochter Eleonore heiratete Alfonso VIII., König von Kastilien, während Joan zunächst Wilhelm II., König von Sizilien, und später Raymond VI., Herzog von Toulouse, heiratete. Eleonore wird deshalb auch die »Großmutter Europas« genannt.

Aber auch diese Ehe verlief unglücklich. Eleonore wurde von ihrem ersten Ehemann enttäuscht, weil er zu sehr Mönch war. Doch ihrem zweiten Ehemann fehlten dessen Tugenden völlig. Er hatte ständig Affären und Eleonore verübelte ihm seine Untreue, die er nicht einmal verheimlichte.

Sie blieben verheiratet, aber Eleonore kehrte 1168 an den Hof nach Frankreich zurück. Der Hof entwickelte sich unter ihrer Herrschaft und ihrem Schutz zu einem künstlerischen Zentrum, das Schriftsteller, Künstler und Troubadoure förderte. Eleonore empfing die bedeutendsten Künstler, literarische Traditionen nahmen hier ihren Anfang: das »höfische Minnelied« (idealistische, romantische Lieder über die leidenschaftliche Hingabe der Ritter an die Edelfrauen) und die Dichtungen aus der Mythologie Britanniens (die Sage von König Artus und den Rittern der Tafelrunde, von Tristan und Isolde und vieles andere mehr). Auch als Heinrich

sie nach England zurückholte, galt ihr Interesse der höfischen Kunst.

König Heinrich hatte sich um 1173 nicht nur Eleonore, sondern auch ihre drei ältesten Söhne Heinrich, Richard und Gottfried zu Gegnern gemacht. Sie lehnten sich mit Unterstützung Eleonores gegen ihn auf, um die Krone zu übernehmen. Doch die Söhne mussten nach Frankreich fliehen. Eleonore verkleidete sich als Mann, um sie zu begleiten, doch Heinrichs Schergen nahmen sie gefangen. Wegen Hochverrats erhielt sie die folgenden 16 Jahre Hausarrest in ihrem Schloss in Winchester.

Ihre Söhne stritten weiter mit König Heinrich, obwohl sie sich zunehmend auch untereinander bekämpften. Auch nach dem unglücklichen Tod ihres Bruders Heinrich 1183 setzten sie ihre Fehden fort. Als König Heinrich sechs Jahre später starb, wurde Richard neuer König von England und Eleonore kam wieder frei.

Als Richard zum dritten Kreuzzug aufbrach, übertrug er Eleonore die Verantwortung. Dabei teilte er allen Prinzen mit, dass ihr Wort Gesetz sei. Sie nutzte ihre Macht weise, reiste durch England und ließ alle Gefangenen Heinrichs frei. Sie verzieh viele Verstöße gegen die Krone und änderte ungerechte Gesetze, die Heinrich erlassen hatte. Ihr Sohn John fühlte sich durch Richard vernachlässigt, weil er nicht ihm, sondern Eleonore die Macht übertragen hatte. Er verschwor sich mit dem französischen König Philipp II., um den Thron von England an sich zu reißen, aber Eleonore unterband seinen Plan. Nach Richards Rückkehr brachte sie ihre beiden Söhne sogar dazu, sich zu versöhnen. (Dazu kaufte sie Richard aus der Gefangenschaft des Herzogs von Österreich frei und begleitete ihn nach Hause.)

Richard starb im März 1199 an den Folgen einer Pfeilwunde. Sein Bruder John wurde König und verließ sich wie Richard auf Eleonore in Bezug auf Führung, Rat und Schutz gegen seine Feinde. Bis ins hohe Alter war sie politisch aktiv. Sie verteidigte Anjou und Aquitanien gegen ihren Enkel Arthur von Bretagne, der diese Länder beanspruchte. Im Jahr 1200, als sie fast 80 Jahre alt war, überquerte sie die Pyrenäen, um ihre Enkelin Blanche vom spanischen Hof mit Ludwig VIII. zu vermählen, dem Sohn des französischen Königs. Mit dieser Hochzeit hoffte sie auf ein Bündnis zwischen Frankreich und England. Zwei Jahre später wurde sie von Philipps Soldaten gefangen genommen und in einem Schloss bei Mirabeau eingesperrt, doch John befreite sie aus ihrem Gefängnis.

Anschließend lebte sie in der Abtei von Fontevrault unter Nonnen. Sie starb im Jahr 1204 und wurde neben ihrem Ehemann Heinrich II. und ihrem Sohn Richard beigesetzt. Ein Bildnis auf ihrem Grabstein zeigt Eleonore mit einem Buch in der Hand, einem Symbol der Gelehrtheit, der Willensstärke und der Weisheit.

Die Nonnen schrieben nach ihrem Tod: »Sie war schön und gerecht, beeindruckend und bescheiden, demütig und elegant … [Eine Königin] die fast alle Königinnen der Welt übertraf.«

Trittsteine

Mit Trittsteinen kannst du einen wunderbaren Gartenweg oder einen gewundenen Pfad in deinem Garten verlegen. Die Steine gießt du daheim aus Beton mithilfe von Gussformen und verzierst sie anschließend mit Handabdrücken, Wörtern, bunten Steinen, Murmeln, Muscheln oder was immer dir dazu einfällt.

DAS BRAUCHST DU:

- ✦ Schnellbeton, den du in jedem Baumarkt erhältst (mit feiner Körnung)
- ✦ Gussformen (siehe unten)
- ✦ Kelle oder einen alten Holzlöffel, um den Beton umzurühren
- ✦ Messbecher

- Maschendraht, Deckel oder Trennwände aus Eisen, die kleiner als die Trittsteine sind

- Eimer, Schubkarre oder einen Behälter, um den Beton anzusetzen
- Versiegler (auf Acrylbasis)

Zuerst baust du die Gussformen. Dazu klebst du Kartonstreifen mit Klebeband zu jeder Form zusammen, die dir gefällt. Du kannst auch Schuhkartons oder sogar Pizzakartons nehmen. Aus Plastikbehältern, wie sie z. B. für große Blumentöpfe verwendet werden, stellst du runde Trittsteine her. Ihre Höhe kürzt du vorher ein. Einwegkuchenformen eignen sich auch sehr gut, weil sie sich später vom getrockneten Beton leicht entfernen lassen. Dagegen sind normale Kochtöpfe und Pfannen nicht geeignet, da du die Trittsteine aus ihnen nicht herauslösen kannst. Auch Baumärkte bieten eine große Vielzahl verschiedener Gussformen an.

Den Schnellbeton mischst du in einem Eimer oder einer Schubkarre (die du sofort reinigst, bevor er trocknet). Das Wasser gibst du nach und nach dazu, bis deine Mischung die richtige Konsistenz hat und nicht zu flüssig ist. Achte darauf, dass kein Schnellbeton an deine Hände gerät, weil er die Haut reizt. Auch aus deiner Kleidung lässt er sich später kaum noch entfernen. Deine Gussform füllst du etwa halb voll. Darauf legst du den Maschendraht oder das Blech. Dadurch werden deine Trittsteine stabiler, obwohl diese Verstärkung nicht unbedingt notwendig ist. Anschließend füllst du die Gussform vollständig. In der Mischung entstehen Luftblasen. Um diese zu entfernen, klopfst du an die Seiten deiner Gussform und schüttelst sie leicht.

Nach etwa zehn Minuten wird der Schnellbeton etwas fester. Jetzt kannst du seine Oberfläche verzieren. Wenn du ein Wort mit einem Stöckchen schreiben willst, wartest du noch einige Minuten zusätzlich. Auch Schnellbeton braucht einige Tage, bis er vollständig getrocknet ist. Nach dem Trocknen nimmst du deinen Trittstein aus der Gussform. Die Trittsteine versiegelst du mit dem Versiegler von allen Seiten und lässt sie noch einige Tage trocknen, bevor du sie verlegst.

So sagst du Nein – So sagst du Ja

NEIN SAGEN

In unserer Kindheit lautete unser Lieblingswort nicht *Superkalifragilistischexpiallegetisch,* sondern war viel kürzer: nein. Du kennst dieses Wort auch. Es ist ein Superwort: Kurz und aussagekräftig, aber wenn wir älter werden, benutzen wir es nicht mehr so häufig.

Tatsächlich ist ein Nein manchmal sehr hart (vor allem, wenn du es brüllst). Häufig sagen wir nicht Nein, weil wir befürchten, dass wir dann Freunde verlieren, jemanden enttäuschen oder weil wir glauben, dass man gerade von Mädchen in bestimmten Situationen eher ein Ja erwartet. Doch du kannst auch Nein sagen, wenn das nicht so gut ankommt, z. B. wenn du als Babysitterin bei Bekannten einspringen sollst, obwohl du etwas anderes vorhast.

Nein zu sagen ist sehr wichtig. Wenn du in Gefahr bist, ist ein Nein eine Selbstverständlichkeit. Aber ein Nein ist auch in anderen Situationen nützlich. Nein zu sagen zu dem, was du nicht möchtest, eröffnet die Möglichkeit, Ja zu etwas anderem zu sagen. Um Nein zu sagen, brauchst du Vertrauen und Mut.

Sag einfach Nein

Übe es! Sage es laut (»NEIN!«), flüstere es oder sprich es wie in einer ganz dramatischen Filmszene aus (»Neeeeeeeiiiiin!«). Du sagst es, wenn du verärgert bist, wenn du traurig oder wenn du froh bist: Du musst es nur üben!

Sei ehrlich, aber nicht zu ausführlich

Du musst ein Nein nicht begründen und brauchst keine Erklärung für deine Ablehnung geben. Fasse dich kurz. Und du brauchst kein schlechtes Gewissen zu haben: Sage einfach nur Nein.

Mache es dir einfach

Auch wenn das Nein-Sagen manchmal schwerfällt: Es ist auch nicht leicht, ein Nein anzunehmen. Du sagst es daher nicht entschuldigend, sondern drückst dich ganz höflich und liebenswürdig aus (»Vermutlich haben Sie mich hierfür vorgesehen. Aber ich muss bedauerlicherweise absagen.«), und du bietest, falls realistisch, sogar Alternativen an (»Danke, dass Sie mich gefragt haben, aber das kann ich zurzeit nicht übernehmen. Sie können mich aber in einer Woche noch einmal fragen.«).

Sei höflich, aber bestimmt

Ein liebenswürdiges Nein bedeutet eindeutig kein Ja. Doch manchmal wollen Menschen kein Nein hören. Wenn du Nein gesagt hast und jemand versucht, dich umzustimmen, bleibst du unbedingt standhaft. Nähre keine falschen Hoffnungen: Du hast ein Recht darauf, Nein zu sagen.

Schlafe eine Nacht darüber

Bist du dir nicht sicher? Dann nimm dir Zeit, um darüber nachzudenken. Es ist leichter, erst Nein zu sagen und später seine Meinung zu ändern, als umgekehrt erst Ja und dann Nein zu sagen.

JA SAGEN

Auch Ja zu sagen fällt uns häufig nicht so leicht. Wir haben zwar gelernt, mit einem Ja auf andere zuzugehen, haben aber oft Probleme, für uns selbst Ja zu sagen oder offen zu sein für Dinge, die Mädchen traditionell nicht tun. Manchmal fällt ein Ja auch schwer, weil etwas sehr riskant ist oder weil sich ein Ja gierig anhören würde. Doch ein Ja kann deine Persönlichkeit formen: Du kannst etwas Neues entdecken und ausprobieren oder vielleicht sogar die Welt ein wenig verändern.

Üben

Schauspieler improvisieren gern zum Aufwärmen oder zur Unterhaltung des Publikums. Mit einem Improvisationsspiel, bei dem sich zwei oder mehr Spielerinnen Situationen stellen, denen sie zufällig begegnen, kannst du das Ja-Sagen üben. Alle Situationen müssen konsequent mit einem Ja angenommen werden. Jemand gibt z. B. vor, eine Giraffe zu sein. Die anderen spielen mit. Jemand tut so, als stolpere er. Auch darauf wird eingegangen. Ein Ja zu allem, was geschieht, ist das wesentliche Prinzip dieses Improvisationsspiels, weil dadurch jeder am Geschehen teilnimmt und sich die Handlung entwickelt. Du kannst es mit deinen Freundinnen oder deiner Familie spielen und erleben, wie viel Spaß es macht, zu allem Ja zu sagen.

Noch mehr üben, aber mit kleinen Dingen

Etwas Neues auszuprobieren, kann zu einem wahren Adrenalinschub führen. Nervös zu sein und trotzdem etwas zu erreichen, ist ein Teil dieser Erfahrung. Zum Üben fängst du jedoch klein an. Du sagst Ja zu Dingen, die keine große Rolle spielen – wenn dich z. B. eine Freundin fragt, ob sie ein Spiel beginnen darf oder wenn dich dein Bruder fragt, ob du ihm einen Stift leihst. Wenn du in solchen Situationen Ja sagen kannst, fällt es dir bei wichtigeren leichter.

Denke darüber nach, warum du dazu neigst, Nein zu sagen

Auf viele Situationen haben wir eine Antwort. Oft kommt die richtige Antwort spontan, aber in manchen Situationen fällt uns das schwerer. Wenn du z. B. gebeten wirst, deinen Aufsatz laut vor der Klasse vorzulesen, und deine Antwort lautet instinktiv Nein, solltest du dich einfach fragen, ob du dadurch in Gefahr gerätst oder einen anderen in Gefahr bringst. In unserem Beispiel wirst du nach der Bitte erst einmal erschrecken, aber du bringst mit einem Ja weder dich noch andere in Gefahr. Schlucke deinen Ärger hinunter und sage einfach Ja.

Sage klar und eindeutig Ja

Wenn du Ja sagst, sei dabei nicht verlegen. Sage es laut und deutlich. Selbst wenn das Ja falsch war, wirst du aus dieser Erfahrung immerhin etwas lernen (und das nächste Mal in einer solchen Situation Nein sagen).

Schlafe eine Nacht darüber

Du bist dir nicht sicher? Bei wichtigen Fragen darfst du dir wie beim Nein ausreichend Bedenkzeit erbitten, bevor du antwortest.

VIELLEICHT SAGEN

Wir wären sehr schlechte Ratgeberinnen, würden wir nicht noch erwähnen, dass man manchmal auch unentschlossen zwischen einem Ja und einem Nein schwankt. Manchmal ist man sich in einer Angelegenheit einfach nicht sicher, und das kommt gar nicht so selten vor. Auch dann solltest du mindestens eine Nacht darüber schlafen – nimm dir Zeit, alle Vor- und Nachteile zu bedenken, ohne dich sofort zu entscheiden. In solchen Fällen antwortest du mit einem herzlichen »Vielleicht« und bittest um Bedenkzeit.

Poolbillard

Der Vorläufer des Poolbillards war das Rasenspiel Krocket. Noch früher war ein Spiel beliebt, das man in Frankreich *Bilhard*, in Italien *Biglia* und *Ground Billiards* in England nannte. Wie beim Krocket wurde ein Ball mit einem Stock durch einen Reifen am Ende eines Rasenplatzes gespielt. Als das Spiel auch in Innenräumen gespielt wurde, bedeckte ein grüner Belag den Tisch, der an den Rasen erinnerte. Zunächst hieß das Spiel *Billiards* (von dem Wort *Bille* für Ball) und wurde auf einem Tisch ohne Taschen gespielt. Später kamen Tische mit Taschen auf, um die Bälle aufzufangen, und das Spiel nannte sich Taschenbillard. Schließlich wurde es in Poolbillard umbenannt, weil diese Tische häufig in Bars und Lokalen standen und immer zahlreiche Neugierige anzogen (das englische Wort *pool* bedeutet im Deutschen auch Vereinigung).

Frauen waren schon immer begeisterte Spielerinnen. Modische und vornehme Damen spielten Poolbillard seit langer Zeit. Sogar bei Wettkämpfen waren Frauen seit 1890 vertreten, z. B. May Kaarlus, die um 1900 mit ihren »Trickstößen« berühmt wurde. Ruth McGinnis reiste um 1930 durchs Land und man sagte ihr nach, dass sie fast jeden männlichen Spieler schlug, auf den sie traf. Die internationale Billardvereinigung für Frauen wurde 1976 gegründet. Heute nehmen Frauen weltweit an Wettkämpfen teil.

Das Poolbillard kennt viele Varianten: 8-Ball, 9-Ball, one Pocket und 14-und-1-endlos sind nur einige von ihnen. Hier die Grundregeln des Spiels.

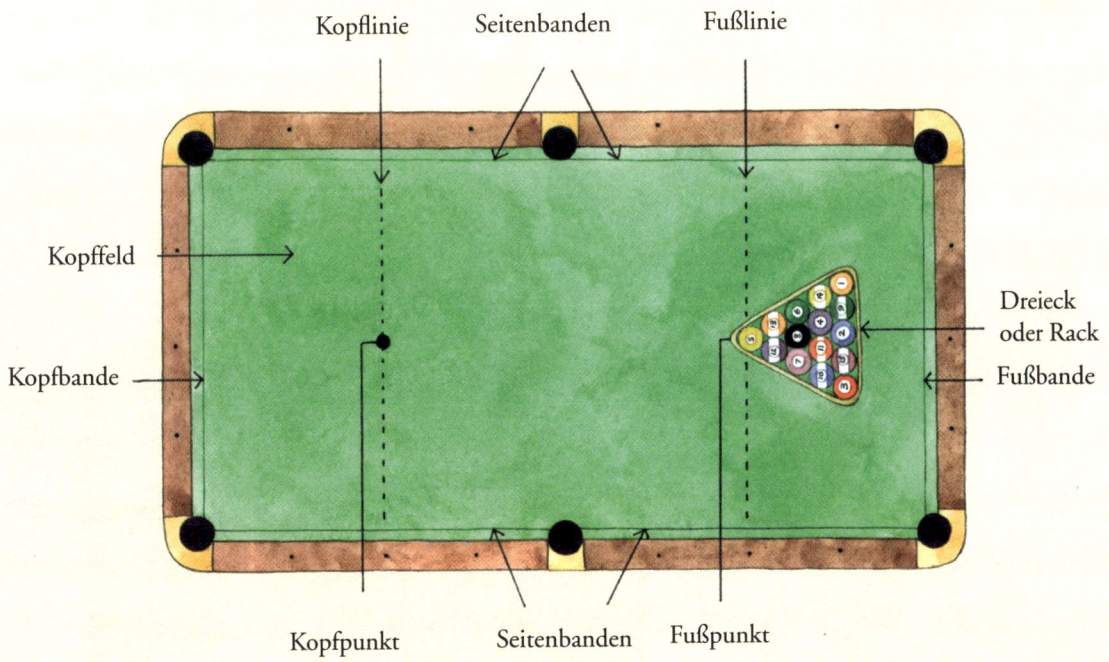

Kopflinie Seitenbanden Fußlinie

Kopffeld

Dreieck oder Rack

Kopfbande Fußbande

Kopfpunkt Seitenbanden Fußpunkt

DAS SPIEL

Poolbillard wird auf einem rechteckigen, mit Filz überzogenen Tisch gespielt, der sechs Taschen besitzt und 2,54 x 1,27 m groß ist. Zum Spiel gehören Queues, eine weiße Kugel (der Spielball) und farbige Kugeln, die von 1 bis 15 durchnummeriert sind. Die Kugeln von eins bis sieben sind komplett farbig und werden die »Vollen« genannt. Die anderen Kugeln besitzen einen farbigen Streifen und heißen die »Halben«. Die achte Kugel ist schwarz. Bei dem Spiel musst du mit dem Spielball die anderen Kugeln in die Taschen stoßen – ohne dass der Spielball selbst hineinfällt.

VORBEREITUNG

Queue auswählen: Die meisten Queues haben eine Standardlänge von 1,45 m, aber sie sind unterschiedlich schwer. Du solltest ein Queue aussuchen, das du gut handhaben kannst. Ein zu schweres Queue ermüdet deinen Arm, während du mit einem zu leichten nicht ausreichend Druck ausüben kannst.

In den meisten Spielsalons werden Queues über lange Zeit benutzt. Deshalb achtest du auf den Zustand des Queues und siehst dir die Queuespitze an, die man auch Pomeranze nennt. Ist diese abgenutzt, wählst du ein anderes. Eine gute Queuespitze ist gewölbt und steht ein kleines Stück aus dem Queue hervor. Manche Queues sind nach vielen Spielen verzogen. Wenn du das Queue auf dem Tisch hin- und herrollst, kreiselt die Spitze eines verzogenen Queues. Du kannst dir natürlich auch ein eigenes Queue kaufen.

Queuespitze einkreiden: An jedem Billardtisch findest du einen blauen Kreidewürfel, mit dem du die Queuespitze einkreidest. Die Kreide verhindert, dass dein Queue beim Stoß vom Spielball abrutscht.

Kugeln aufbauen: Du legst alle Kugeln außer dem Spielball in das Dreieck, sodass die Acht in der Mitte und die Eins in der Spitze liegen. Die anderen Kugeln können jeden Platz einnehmen, aber am Rand des Dreiecks liegen dabei volle und halbe Kugeln immer abwechselnd nebeneinander. Das Dreieck schiebst du mit der Spitze zum Kopffeld, sodass die Eins genau auf dem Fußpunkt und die Basis des Dreiecks parallel zur Fußbande liegen. Dann entfernst du vorsichtig das Dreieck, ohne die Lage der Kugeln zu verändern. Wenn sich alle Kugeln gegenseitig berühren, liegen sie richtig. Sind dagegen Abstände zwischen ihnen, musst du sie nochmals mit dem Dreieck ausrichten.

Vorbereiten zum Stoßen: Beim Spielen stößt du mit deinem Queue gegen den Spielball, um mit ihm eine andere Kugel zu treffen. Damit das Queue richtig trifft, führst du es mit der Stellung deiner freien Hand. Es gibt mehrere Möglichkeiten, eine sichere Führung mit der Hand zu bilden.

Bei der ersten Methode spreizt du deinen Daumen zu einem »Daumenhoch«-Zeichen ab. Dann legst du ihn an den Knöchel des Zeigefingers und öffnest die Faust, sodass deine vier Finger gestreckt sind. Jetzt legst du deine Hand vor den Spielball (mit etwa 15 cm Abstand) auf den Tisch, sodass deine Finger ein »Stativ« für das Queue bilden. In die Furche zwischen Daumen und Zeigefinger legst du das Queue und stößt gegen den Spielball.

Du kannst das Queue auch zwischen den Knöcheln des Zeige- und des Mittelfingers führen. Dazu stellst du deine Hand vor den Spielball (mit etwa 15 cm Abstand) und beugst die Knöchel aller Finger (deine Hand sieht wie eine Kralle aus). Jetzt legst du das Queue zwischen die beiden Knöchel und zielst. Diese Methode ist dann nützlich, wenn vor dem Spielball andere Kugeln liegen, die du beim Stoßen nicht berühren darfst.

Stoßen: Für den ersten Stoß (Anstoß) legst du den Spielball auf den Kopfpunkt, sodass er mit der ersten Kugel eine Linie bildet. Dann zielst du mit dem Queue auf den Spielball. Nachdem du das Queue genau ausgerichtet hast, stößt du kräftig gegen den Spielball. Bei jedem weiteren Stoß wird der Spielball von der Position gespielt, auf der er zuvor liegen geblieben ist.

8-BALL

Diese Variante ist wahrscheinlich die beliebteste Spielart und häufig auch gemeint, wenn allgemein von »Poolbillard« die Rede ist. Für dieses Spiel brauchst du den Spielball und die 15 farbigen, nummerierten Objektbälle. Die Variante erhielt ihren Namen, weil du die schwarze Acht als letzte Kugel einlochen musst.

FACHBEGRIFFE

Angeschnittener Stoß
Der Spielball trifft den Objektball nicht in der Mitte, sondern an einer Seite. Dadurch rollt der Objektball in einem Winkel nach links oder rechts zur Stoßrichtung.

Bandenstoß
Bei diesem Stoß berührt der Spielball den Objektball, der dann zuerst an eine Bande (Seite) prallt, bevor er gelocht wird.

Break (engl.: Auseinanderbrechen)
Der Anstoß oder auch Eröffnungsstoß beim Billard. Seinen Namen erhielt er, weil der Anstoß die im Dreieck angeordneten Kugeln auseinanderstößt.

Fußpunkt
Das ist der Punkt in der Mitte der Fußlinie, auf den du die Eins im Dreieck legst.

Kombination
Bei diesem Stoß spielst du den Spielball auf einen Objektball, der dann einen zweiten Objektball trifft.

Kopfpunkt
Der Punkt in der Mitte der Kopflinie, auf dem der Spielball zum Anstoß liegt.

Nachläufer
Bei diesem Stoß trifft das Queue den Spielball oberhalb der Mitte, sodass er einen Drall erhält und nach der Karambolage noch eine gewisse Strecke dem Zielball folgt.

Objektball
Jede Kugel außer dem Spielball.

Rack
Das Dreieck, mit dem du die Kugeln anordnest.

Rückläufer
Bei diesem Stoß trifft das Queue den Spielball unterhalb der Mitte, sodass er einen Drall erhält und zum Queue zurückläuft.

Stoppball
Dabei triffst du den Spielball so, dass er nach der Berührung des Objektballs stehen bleibt.

Versenken
Einen Objektball einlochen.

Weiße versenken
Wenn du versehentlich den weißen Spielball in eine Tasche lochst, ist deine Gegnerin an der Reihe und darf den Spielball auf jede Position im Kopffeld legen.

Zuerst legst du die Objektbälle in das Dreieck, sodass die Acht in der Mitte und die Eins vorn liegt. An den Rändern wechseln sich Volle und Halbe ab.

Mit einer Münze entscheidet ihr, wer das Spiel beginnt. Nach einem Stoß ist deine Gegnerin an der Reihe, bis eine Kugel gelocht wurde. Die erste Kugel, die du einlochst – Volle oder Halbe – bestimmt, ob du auf die Vollen oder die Halben spielst. Wenn du zuerst eine Volle lochst, versuchst du anschließend, alle anderen Vollen einzulochen. Jedes Mal, wenn du eine deiner Kugeln gelocht hast, hast du einen weiteren Stoß. Nachdem du die letzte Kugel deiner Farbe gelocht hast, versuchst du die Acht einzulochen. Lochst du aber die Acht ein, wenn noch Kugeln deiner Farbe auf dem Tisch liegen, hast du das Spiel verloren.

Bevor du die Acht als letzte Kugel lochst, musst du ankündigen, in welche Tasche du sie spielen willst. Fällt die Acht in eine andere Tasche, hast du verloren.

9-BALL

Für dieses Spiel brauchst du die Kugeln eins bis neun, die du wie eine Raute anordnest. Die Eins liegt in der ersten Reihe, zwei Kugeln bilden die zweite Reihe, drei die dritte Reihe, zwei die vierte Reihe und die Neun setzt du in die letzte Reihe. Die Kugeln in der Mitte müssen nicht nach Nummern geordnet sein.

Das Ziel bei dieser Variante ist das Einlochen der Neun als letzte Kugel, nachdem alle anderen Kugeln der Reihe ihrer Nummern nach gelocht wurden. Wenn du eine entsprechende Kugel einlochst, hast du einen weiteren Stoß. Verfehlst du die Tasche, ist deine Gegnerin an der Reihe. Gewonnen hat die Spielerin, welche die Neun als Erste in der richtigen Reihenfolge einlocht. Lochst du versehentlich eine falsche Kugel ein, ist deine Gegnerin an der Reihe. (Die Kugel bleibt in der Tasche.)

Mathe-Tricks

Mit diesen Mathe-Tricks überraschst du deine Freundinnen und deine Familie:

GEDANKENLESEN

1. Wähle eine Zahl aus, die du niemandem verrätst, und schreibe sie auf.
2. Zähle 9 dazu.
3. Verdopple das Ergebnis.
4. Ziehe 4 ab.
5. Teile das Ergebnis durch 2.
6. Ziehe deine ausgewählte Zahl vom Ergebnis ab.
7. Deine Antwort lautet: 7!

Das ist tatsächlich einfache Algebra mit folgenden Gleichungen:

Die gedachte Zahl nennen wir x.

Wenn du 9 addierst, erhältst du: x + 9

Bei der Verdopplung erhältst du:

2 (x + 9)

Nach dem Verteilungsgesetz löst du die Gleichung auf: 2x + 18.

Jetzt ziehst du 4 ab: 2x + 18 − 4 und erhältst: 2x + 14.

Dann teilst du den Term durch 2:

$$\frac{2x}{2} + \frac{14}{2}$$

Das Ergebnis lautet: x + 7

Ziehst du jetzt die gedachte Zahl (x) ab, bleibt nur die 7 übrig.

Dieser Trick funktioniert mit jeder Zahl, als Ergebnis erhältst du immer 7!

RECHENKRAFT

Wenn du ein Handy mit Taschenrechner besitzt, kannst du diesen Trick vorführen.

1. In den Rechner gibst du die ersten drei Ziffern deiner Telefonnummer ein.
2. Diese Zahl multiplizierst du mit 80. (Drücke =)
3. Addiere 1 (Drücke =)
4. Multipliziere die Zahl mit 250. (Drücke =)
5. Addiere die letzten vier Ziffern deiner Telefonnummer. (Drücke =)
6. Addiere die letzten vier Ziffern nochmals. (Drücke =)
7. Ziehe 250 ab. (Drücke =)
8. Teile durch 2. (Drücke =)
9. Kommt dir das Ergebnis bekannt vor?

FÜNFERMEISTER

Wie ein Mathe-Genie kannst du im Kopf (oder auf einem Blatt Papier) mit diesem Trick jede Zahl – und tatsächlich jede Zahl – mit 5 multiplizieren. Es ist wirklich ganz einfach: Um eine Zahl mit 5 zu multiplizieren, teilst du die Zahl durch 2 und verrückst das Komma eine Stelle nach rechts!

Beispiele:

426 x 5

Durch 2 geteilt erhältst du 213. Verschiebe das Komma eine Stelle nach rechts zur Lösung 2130!

44 x 5

Durch 2 geteilt erhältst du 22 (oder 22,0).

Verschiebe das Komma eine Stelle nach rechts zur Lösung 220!

$$\frac{1}{2} \text{ x } 5$$

Schreibe den Bruch als Dezimalzahl 0,50. Die Hälfte davon ist 0,25. Verschiebe das Komma eine Stelle nach rechts zur Lösung 2,5!

Beeindruckende Fremdwörter

Wer gut diskutieren will, braucht nicht nur gute Argumente und eine gute Gesprächsstrategie, sondern auch die adäquaten Fremdwörter. Sie unterstreichen den eigenen Anspruch, beeindrucken die Gesprächspartner oder irritieren sie sogar. Natürlich muss man Fremdwörter auch an den geeigneten Stellen einsetzen und selbst genau wissen, was sie bedeuten. Hier sind einige Fremdwörter, die nicht jeder kennt:

Amönität: Anmut
Wenn du glaubst, deine Amönität allein reicht aus, uns zu überzeugen, so irrst du dich.

apodiktisch: keinen Widerspruch duldend, keine andere Meinung gelten lassend
Sei doch nicht immer so apodiktisch.

avisieren: ankündigen
Das Ereignis wurde bereits von Frau Müller avisiert.

Bibliophage: Bücherfan, Bücherliebhaber und Vielleser
Dieses Buch sollten keineswegs nur Bibliophage kennen.

enigmatisch: rätselhaft (abgeleitet von dem griechischen Wort »Enigma« für Rätsel)
Deinen Brief habe ich nicht verstanden. Er ist einfach nur enigmatisch.

Camouflage: Tarnung
Du bist schon lange erkannt, deine Camouflage wird dir gar nichts nützen.

Chuzpe: Unverschämtheit, Dreistigkeit (das Wort stammt aus dem Jiddischen)
Deine Chuzpe möchte ich haben, hier so zu erscheinen.

d'accord: einverstanden sein, zustimmen
In diesem Punkt gehe ich mit dir d'accord.

dekuvrieren: etwas Negatives enthüllen, etwas enttarnen
Deine Absichten sind längst dekuvriert.

distinguiert: vornehm, sich von anderen durch sein gepflegtes und gutes Auftreten unterscheidend
Wer so distinguiert auftritt, der sollte besser auf seine Wortwahl achten.

egalitär: für soziale oder politische Gleichberechtigung sein
Ich muss schon sagen, deine Einstellung ist mir viel zu egalitär.

enervierend: nervtötend
Heute war der Mathelehrer wieder mal enervierend.

eruieren: herausfinden, erforschen, ans Tageslicht bringen
Du brauchst nichts mehr zu unternehmen, das habe ich längst eruiert.

involvieren: einbinden, eingliedern
In diesen Fall bist du doch gar nicht involviert.

komparabel: vergleichbar
Diese beiden Standpunkte sind doch in keiner Weise komparabel.

lavieren: vorsichtig und geschickt Probleme meistern
Da kannst du noch so geschickt lavieren, aus der Falle gibt es kein Entkommen.

monieren: etwas bemängeln oder beanstanden
Diese Zustände werden zu Recht immer wieder moniert.

obstinat: unbelehrbar, starrsinnig
Wenn du weiterhin so obstinat auftrittst, ist die Diskussion sofort beendet.

partizipieren: teilhaben, beteiligt sein
Leider können die Schüler der achten Klasse an dieser Entwicklung nicht partizipieren.

ridikül: lächerlich, lachhaft
Dein Verhalten ist einfach nur noch ridikül.

Scharade: Rätsel. Eigentlich ein Rätsel, bei dem die Lösung aus Silben zusammengesetzt werden muss. Wird aber oft in der Bedeutung von Täuschung oder Versteckspiel verwendet.
Lass die Scharade. Wir haben dich längst durchschaut!

Ein Zimmer streichen

Wenn du weißt, wie man ein Zimmer streicht, besitzt du nicht nur die Möglichkeit, dein eigenes Zimmer neu zu gestalten, sondern du kannst mit dieser Fähigkeit auch in deiner Nachbarschaft etwas Geld verdienen.

Zunächst solltest du einiges Grundsätzliche zum Anstreichen bedenken. Die Vorbereitung dauert häufig wesentlich länger als das eigentliche Streichen. Auch wenn die Vorbereitung wenig Spaß bereitet, ist sie doch notwendig. Achte darauf, dass du genügend Farbe hast, damit du in einem Arbeitsgang fertig wirst. Und zum Dritten solltest du dir darüber klar sein, dass Malerarbeiten immer mit sehr viel Schmutz verbunden sind.

VORBEREITUNG

Zuerst wischst du den Staub von der Wand. Dann entfernst du alle Nägel und Haken und nimmst die Abdeckungen der Lichtschalter und Steckdosen ab (dazu bittest du zuvor einen Erwachsenen, die Sicherung auszuschalten). Bei dieser Gelegenheit kannst du alle Abdeckungen gründlich reinigen. Mit Abklebeband verdeckst du alles, was nicht gestrichen werden soll, z. B. Fensterrahmen und Steckdosen. Kleine Löcher und Risse in der Wand füllst du mit Gips und wartest, bis er getrocknet ist.

Den Boden und die Möbel schützt du mit alten Zeitungen oder Malerfolie. Dann ziehst du dir einen alten Pullover und eine alte Hose an und schützt deinen Kopf mit einem Hut. Die Fenster bleiben während des Streichens geschlossen.

ECKEN STREICHEN

Beim Streichen eines Zimmers beginnt man immer in den Ecken zwischen den Wänden und der Decke sowie den Fensternischen. Danach folgen die Ränder zu Flächen, die nicht oder in einer anderen Farbe gestrichen werden. Dafür nimmst du einen Heizungspinsel, der leicht gebogen ist und mit dem du besser in alle Ecken gelangst.

An den Rändern musst du sehr vorsichtig arbeiten. Im Baumarkt findest du für diese Arbeiten viele Hilfsmittel wie Abdeckband oder ein großes Lineal aus Plastik, mit dem du Flächen, die ausgespart werden müssen, während des Streichens abdeckst. Du kannst dir ein solches Lineal auch aus Karton selbst zurechtschneiden (achte darauf, dass du sehr steifen Karton verwendest). Auch Vorsprünge und Simse streichst du vorweg.

STREICHEN

Du möchtest jetzt wahrscheinlich sofort die Rolle in die Farbe tauchen und loslegen. Aber es gibt vorher noch einen Arbeitsschritt: das Grundieren. Auf einer Grundierung hält deine Farbe besser und du kannst dann auch eine hellere Farbe auf eine dunklere streichen. Grundierfarbe erhältst du im Baumarkt oder im Fachgeschäft und sie braucht nicht viel Zeit zum Trocknen, sodass du bald danach wirklich mit dem Streichen der Farbe anfangen kannst.

Erfahrene Maler tauchen ihre Rolle zuerst in Wasser und schütteln sie dann aus. Dadurch soll die Farbe besser an der Rolle haften. Zum Streichen tauchst du die Rolle ungefähr zur Hälfte in die Farbe und rollst sie am Abstreifgitter ab. Danach tauchst du die andere Hälfte in die Farbe, streifst sie wieder ab und kannst nun mit dem Streichen beginnen.

Du führst die Rolle mit der Farbe in einer Zickzackbewegung über die Wand. Achte dabei darauf, dass die Ränder der Rolle nicht zu viel Farbe abgeben, und führe die Rolle mehrmals über die gestrichene Fläche. Um eine Wand gleichmäßig anzustreichen, arbeitest du dich vom Fenster zur gegenüberliegenden Seite vor, sodass du immer das Tageslicht im Rücken hast.

Von Fenstern und Türen sowie ihren Rahmen wischst du Spritzer sofort ab, bevor sie antrocknen können. Wenn du eine Pause einlegst, wickelst du Rolle und Pinsel fest in Plastikfolie ein.

Wenn du dein Zimmer fertig gestrichen hast, wäschst du Rolle und Pinsel sofort unter fließendem Wasser aus. Die meisten Wandfarben kannst du mit Wasser und etwas Spülmittel entfernen. Für Ölfarben brauchst du dagegen besondere Pinselreiniger wie Terpentin (dabei hilft dir bestimmt ein Erwachsener).

Wissenswertes über Farben

Isaac Newton erfand 1666 den Farbkreis, nachdem er Lichtstrahlen durch ein Prisma gebrochen hatte und die Natur der Farben verstand.

Die Farben des weißen Lichts (Sonnenlicht) werden in dieser Reihenfolge gebrochen: Rot, Orange, Gelb, Grün, Blau, Indigo und Violett.

Zu den *Primärfarben* zählen Rot, Gelb und Blau. Sie kann man nicht aus anderen Farben mischen.

Zu den *Sekundärfarben* zählen Grün, Orange und Violett, weil man sie durch Mischen der Primärfarben erhält.

Alle anderen Farben entstehen durch Mischen der Primär- und Sekundärfarben zu unterschiedlichen Anteilen.

Die Farben werden häufig zu einem Farbkreis angeordnet. Häufig stehen sich dabei die Gegenfarben (Komplementärfarben) gegenüber.

Komplementärfarben sind Farben, die sich zu Weiß ergänzen.

Zu den *warmen Farben* zählen Rot, Orange und Gelb.

Zu den *kalten Farben* zählen Blau, Grün und Violett.

Zu den neutralen oder unbunten Farben zählen Weiß, Schwarz, Grau und Braun.

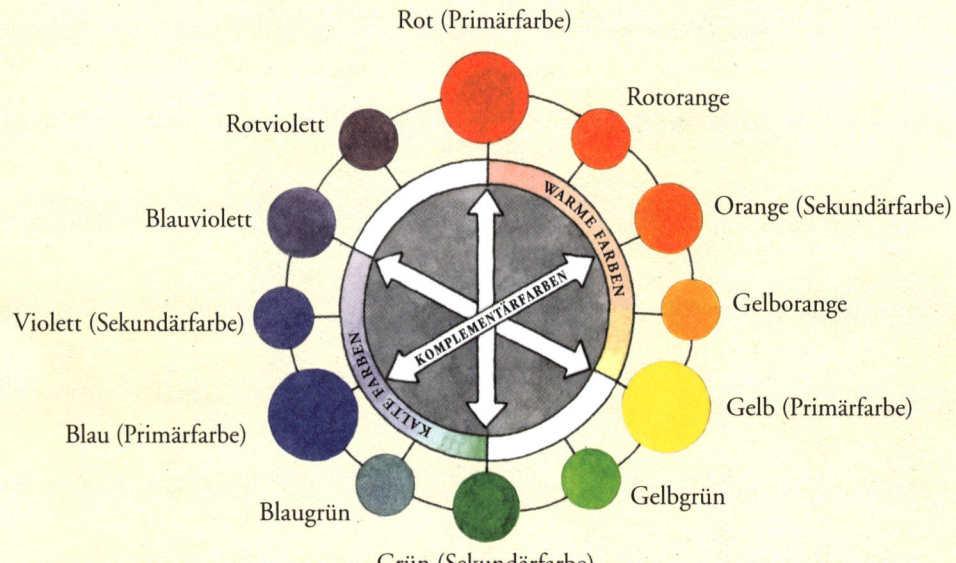

Rot (Primärfarbe)
Rotorange
Orange (Sekundärfarbe)
Gelborange
Gelb (Primärfarbe)
Gelbgrün
Grün (Sekundärfarbe)
Blaugrün
Blau (Primärfarbe)
Violett (Sekundärfarbe)
Blauviolett
Rotviolett

WARME FARBEN
KALTE FARBEN
KOMPLEMENTÄRFARBEN

Eine Zeitschrift herausgeben

Die britische Schriftstellerin Eliza Haywood gründete 1744 die erste Zeitschrift für Frauen, die von Frauen herausgegeben wurde. Mehr als zwei Jahre lang erschien monatlich *The Female Spectator* (Die Zuschauerin), für den sie anonym die Beiträge vier erfundener Frauencharaktere verfasste. Mira war eine geistreiche und spöttische, verheiratete Frau. Euphrosine war die schöne, hart arbeitende und liebenswürdige Tochter eines reichen Kaufmanns. Die »Witwe mit Niveau« war eine weise Witwe, die in jedem Menschen nur das Gute sieht, und ihren eigenen Standpunkt vertrat Haywood als »weibliche Betrachterin«. Verborgen hinter ihren Kunstfiguren verfasste sie Abhandlungen über Themen, die Frauen ihrer Zeit betrafen.

In den USA erschien die erste Frauenzeitschrift erst 86 Jahre später im Jahr 1830. Die Redakteurin Sarah J. Hale erreichte mit *Godey's Ladies Book* (Godeys Buch für Damen) viele Frauen. Hale kam als Journalistin zu *Godey's* und brachte ihre Ansichten über die Bedürfnisse und Interessen der Frauen mit. Die Zeitschrift (sie kostete drei Dollar jährlich) veröffentlichte Gedichte, Kurzgeschichten, Erzählungen berühmter Schriftsteller, Rezepte, Tipps für den Haushalt, Reiseberichte, Schnittmuster, Notenblätter und sogar Stellenanzeigen. Unter Hales Leitung wurde *Godey's* zu einer Stimme für die Frauen. Leserbriefe, Berichte über lokale und landesweite Frauenvereine und Erzählungen wurden veröffentlicht. In jeder Ausgabe erschien auch die Zeichnung einer Künstlerin.

Moderne Zeitschriften erscheinen wie ihre Vorgänger periodisch und enthalten Artikel, die sich meist mit einem bestimmten Themenbereich beschäftigen. Im Gegensatz zu früher sind sie heute weiter verbreitet und es gibt sehr viel mehr davon.

Du findest heute Zeitschriften über Autos, Fernsehshows, Eisenbahnen, das Handwerk, bestimmte Sportarten, einzelne Berufe, Schulen oder Organisationen. Einige beschäftigen sich mit berühmten Persönlichkeiten, während andere nur für Männer oder nur für Frauen gemacht werden oder sogar nur über andere Zeitschriften berichten. Du könntest wie Eliza und Sarah eine Zeitschrift herausbringen – wenn du genügend Freundinnen hast, die sie auch lesen.

VORBEREITUNG

Zuerst überlegst du dir einen Themenbereich für deine Zeitschrift. Dann recherchierst du, welche Zeitschriften es dazu bereits gibt. Diese Arbeit nennt man Marktforschung. Wenn du weißt, welche Zeitschriften schon vorhanden sind, kannst du das Interesse der Leser besser einschätzen (und du kommst vielleicht sogar noch auf weitere Ideen). Danach überlegst du, mit welchen Freundinnen du zusammenarbeiten willst.

WER GEHÖRT ZUM PERSONAL?

Bei den meisten Zeitschriften arbeiten viele Menschen zusammen. Ihre Anzahl hängt davon ab, wie groß das Unternehmen ist. Größere Unternehmen benötigen sehr viel Personal. Folgende Positionen kämen für dich in Frage:

Position	Aufgabe
Verlegerin	Sie gibt die übergeordneten Themen vor und ist für die Veröffentlichung und Verbreitung der Zeitschrift verantwortlich.
Herausgeberin	Sie koordiniert alle Mitarbeiter und ist dafür verantwortlich, dass die Zeitpläne eingehalten werden.
Chefredakteurin	Sie ist die Chefin der Redakteure und entscheidet über den Inhalt der Artikel.
Redakteurin	Sie entwickelt Ideen für einzelne Artikel, teilt den Journalisten Aufgaben zu und betreut sie.
Journalistin	Sie verfasst Artikel, Kolumnen, Nachrichten und Berichte.
Redaktions-assistentin	Sie unterstützt die Redakteurin und erledigt Büroarbeiten.
Chefin vom Dienst	Sie ist verantwortlich für die Endkontrolle und prüft Inhalt und Bildzuordnung aller Artikel und auch das Seitenlayout (Gestaltung der Seiten wie einzelne Spalten und Bilder).
Korrektorin	Sie überprüft die Rechtschreibung, Grammatik und den Stil der Texte.
Art-Direktorin	Sie entwirft und überwacht das Seitenlayout, zu dem auch Schriftart und Schriftgröße, Abbildungen, Bilder und Grafiken zählen.
Setzerin/Grafik-Designerin	Sie macht den Satz am Computer und erstellt Grafiken.
Herstellungsleiterin	Sie überwacht und koordiniert den gesamten Herstellungsprozess.

Du musst natürlich nicht jede Position besetzen – tatsächlich könntest du auch alle Arbeiten allein erledigen! Aber wenn du die Zeitschrift zusammen mit deinen Freundinnen machen willst, wirst du die verschiedenen Aufgaben aufteilen.

Für eine einfache Zeitschrift brauchst du eine Redakteurin (die gleichzeitig als Chefin vom Dienst und als Korrektorin arbeitet), Journalistinnen und eine Art-Direktorin (sie entwirft das Design und beschafft Fotos).

SCHWERPUNKT

Wenn du dein Team zusammengestellt hast, müsst ihr euch folgende Fragen stellen:

* Worum geht es in der Zeitschrift? Schreibt ihr über eure Schule oder Gemeinde? Sollen sich nur Mädchen dafür interessieren?
* Welchen Titel soll die Zeitschrift tragen? Du kannst deiner Zeitschrift einen einfachen, lustigen, fantasievollen oder auch seriösen Namen geben. Deine Leserinnen sollten am Titel erkennen, welchen Themenbereich die Zeitschrift behandelt und um welche Art von Zeitschrift es sich handelt.
* Wie häufig soll sie erscheinen? Wöchentlich? Monatlich? Achte darauf, dass Name und Erscheinungsweise übereinstimmen (*Kerstins Tageblatt* oder *Wochenberichte der vierten Klasse* sollten nicht nur monatlich erscheinen!).
* Wie stellst du deine Zeitschrift her? Du kannst sie am Computer erstellen oder auch in Handarbeit. (Früher klebten Redakteure den Umbruch ihrer Zeitschrift auch von Hand zusammen.) Handschriftlich verfasste Texte geben deiner Zeitschrift eine persönliche Note.
* Wie gestaltest du deine Zeitschrift? Zusammen mit deinem Team entscheidest du, wie die Zeitschrift aussehen soll. Eine Art-Direktorin kann ihre Ideen dazu entwickeln. Du musst dir auch überlegen, ob du Bilder oder Grafiken abdruckst. Wird die Zeitschrift schwarz-weiß oder farbig erscheinen? Soll sie modern aussehen oder eher altmodisch?

PLANUNG

Nach dem groben Entwurf triffst du dich mit deinen Redakteurinnen und entscheidest, welche Themen erscheinen sollen. Wie viele Seiten hat die Zeitschrift? Wie viele Berichte passen auf diese Seiten? Welche Berichte werden veröffentlicht? Du kannst auch Kommentare (die ein Thema von einer bestimmten Seite beleuchten), Produktbesprechungen (Berichte über Produkte und wie sie funktionieren), Geschichten über Menschen (anregende Erzählungen aus dem Alltag interessanter Menschen), Erzählungen, Leitartikel (ausführliche Berichte über Themen, die der Zeitschrift und ihrer Leserschaft wichtig erscheinen), humorvolle Beiträge (mit Karikaturen) und mehr einfügen. Wenn ihr euch für bestimmte Berichte entscheidet, müsst ihr auch auf Ausgewogenheit achten – nicht zu viele Berichte über ein einziges Thema! Und die Artikel sollen so gestaltet sein, dass sie auf Interesse stoßen.

REDAKTIONSSCHLUSS FESTLEGEN

Der Redaktionsschluss hängt natürlich davon ab, wie häufig deine Zeitschrift erscheint. Bei einer Monatszeitschrift kannst du den Zeitplan so anlegen, dass die Journalistinnen zwei Wochen Zeit für ihre Berichte haben. Die dritte Woche benötigst du für Redaktion und Korrektur. In der letzten Woche werden Texte und Bilder gesetzt und gedruckt.

Große Unternehmen beauftragen Druckereien und Zeitungsvertriebe, um die Zeitschrift zu drucken und an Kioske und Geschäfte zu verteilen. Bei deiner Zeitschrift übernimmst du diese Aufgaben.

Wenn du deine Zeitschrift am Computer erstellst, druckst du sie einfach aus. Wenn du die Texte handschriftlich verfasst, kopierst du sie anschließend im Copyshop. Vorher musst du aber in beiden Fällen noch einmal genau prüfen, ob alle Texte und Bilder richtig gesetzt sind und ob die Anzahl und Reihenfolge der einzelnen Seiten stimmen.

Ein Floß bauen

In dem Jugendbuchklassiker *Die Abenteuer des Tom Sawyer* fahren Tom und sein Freund Huckleberry Finn auf einem kleinen Floß den Mississippi hinunter. Währenddessen blieb Becky Thatcher, in die sich Tom verliebt hatte, zu Hause. Wir aber fragen uns: Wäre Becky nicht auch gern mit auf dem Mississippi gefahren, um die Welt zu sehen? Wir werden es nie erfahren. Hier geben wir dir eine Anleitung zum Bau eines Floßes, das du auf einem langsam fließenden Fluss oder auf einem See benutzen kannst.

Wie du dein Floß baust, hängt von den Materialien ab, die dir zur Verfügung stehen. Du kannst ein Floß als Projekt vorplanen oder es spontan an einem Gewässer aus vorhandenen Materialien zusammenbauen. Es besteht aus drei wichtigen Bauteilen: Einem Deck, auf dem du stehst, den Querstreben direkt darunter, die das Deck tragen, und einem Auftrieb. Zum Fahren brauchst du noch einen langen Stab.

Das Deck und die Querstreben bestehen fast immer aus Holz. Obwohl Holz sehr schwer erscheint, ist es tatsächlich leichter als Wasser, sodass ein Holzfloß schwimmt. Aber du musst darauf achten, dass sich dein Holz nicht mit Wasser vollsaugt. Dann wird es schwerer als Wasser und dein Floß sinkt. Wenn du das Floß zu Hause baust, versiegelst du deine Hölzer mit flüssigem Kunststoff (oder du nimmst Kokosnussöl wie manche Surfer).

Die Materialien für das Deck und die Querstreben sind beinahe gleich. Du verwendest 2 x 10 cm oder 4 x 10 cm dicke Kanthölzer oder Äste, die du im Wald gesammelt hast. Für das Deck kannst du auch eine Sperrholzplatte (in die du Löcher bohrst, damit Wasser ablaufen kann) oder eine Holzpalette benutzen.

Schwieriger gestaltet sich die Wahl des Auftriebs. Ein großes Floß braucht natürlich mehr Auftrieb als ein kleineres. Du kannst ihn aus vier dicken Ästen bauen, die du auch im Wald aufsammelst (oder dein Nachbar hat vielleicht gerade einige Äste aus seinem Baum geschnitten). Du kannst dafür aber auch andere Dinge wie Schläuche aus alten Autoreifen oder große Schaumstoffmatten verwenden. Auch viele leere PET-Flaschen, deren Verschlüsse du mit Klebeband versiegelst (damit die Luft nicht entweicht!), eignen sich sehr gut als Auftrieb. Dazu musst du mit Klebeband alle Flaschen miteinander verbinden und an dem Floß befestigen. Eine weitere Möglichkeit bieten große Fässer. Sie werden häufig für schwimmende Plattformen auf Seen genutzt. Doch weil neue Fässer sehr teuer sind und gebrauchte vorher häufig giftige Substanzen enthielten, raten wir dir von ihnen ab. Aber bei Brauereien und Bäckereien findest du große Kunststoffbehälter, in denen Lebensmittel transportiert wurden. Wenn du sie gut versiegelst, damit die Luft nicht entweicht, hast du einen guten Auftrieb.

In jedem Fall solltest du eher mehr Auftrieb einplanen als weniger, denn du willst ja nicht in der Flussmitte mehrere Kilometer von zu Hause entfernt untergehen.

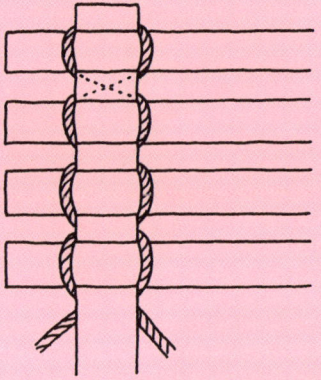

Ein einfacher Kreuzbund

Kreuze das Seil unter der Querstrebe.
Ziehe es fest an.

Das Ende sicherst du
mit einem Knoten.

Wenn du in freier Natur ein Floß aus herabgefallenen Ästen baust und keinen Hammer und keine Nägel hast, verbindest du Deck und Querstreben mit einem einfachen Kreuzbund.

Unabhängig davon, welches Material du wählst: Du musst es zusammenhalten. Holz verbindet man meist mit Nägeln oder Schrauben. Mit einem Seil kannst du die Latten und Äste aber auch verbinden. In diesem Fall brauchst du etwa 15 bis 30 Meter Seil. Nur Klebeband ist unabhängig vom verwendeten Material ungeeignet. Wir schlagen dir hier eine bestimmte Verbindung vor, doch du baust dein Floß mit dem Material, das du dir aussuchst, und mit der Verbindung, für die du dich entscheidest.

DAS BRAUCHST DU:

✦ **Deck:** Zwölf bis 16 Holzlatten. Dazu kannst du 1,20 m lange und 2 x 10 cm oder 4 x 10 cm dicke Kanthölzer oder Äste verwenden. Die genaue Anzahl hängt von der Größe ab.

✦ **Querstreben:** Zwei 1,80 m lange Hölzer (4 x 10 cm dicke Kanthölzer oder Äste).

✦ **Auftrieb:** Vier große Äste oder Stämme, 20–25 cm dick und 1,50–1,80 m lang (oder Autoreifenschläuche, PET-Flaschen oder Fässer).

✦ **Nägel:** 80–100 Stück, weil du einige bestimmt schief einschlägst und sie anschließend wieder entfernen musst.

✦ **Ringbolzen:** Einen großen Ringbolzen schraubst du auf das Deck, um das Floß mit einem Seil am Ufer zu befestigen.

✦ **Werkzeuge:** Handsäge (oder Bauchsäge), Hammer, Zollstock, Maßband, Stift, Schraubenzieher und Sandpapier.

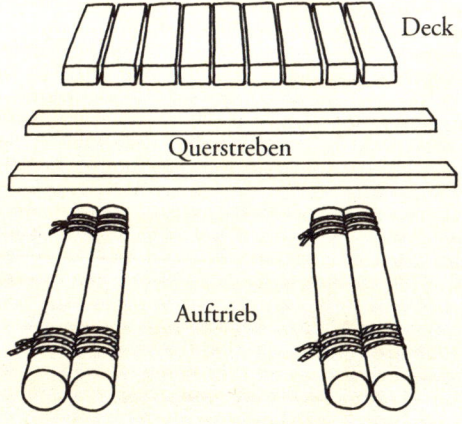

Deck

Querstreben

Auftrieb

Schritt 1: Du sägst alle Kanthölzer auf ihre Länge zu.

Schritt 2: Die Querstreben legst du auf den Boden. Dann markierst du die Lage der Deckhölzer mit einem Bleistift. Alle rauen Enden schmirgelst du mit Sandpapier glatt.

Schritt 3: Die Deckhölzer befestigst du nun mit jeweils zwei Nägeln an ihren Enden auf den Querstreben.

Schritt 4: Jetzt bereitest du den Auftrieb vor, den du dir vorher ausgesucht hast – du sägst z. B. Seitenzweige von den Ästen ab oder verbindest die PET-Flaschen mit Klebeband. Wenn du dich für dicke Äste oder Stämme entschieden hast, ziehst du sie ins Wasser und verbindest sie dort mit einem Seil und einem Kreuzbund. Die Seilenden verknotest du zweimal.

Achte darauf, dass der Knoten nach unten zeigt (und sich nicht unter dem Deck befindet), damit du ihn später nachziehen kannst.

Schritt 5: Zum Schluss setzt du alle Teile zusammen. Dazu ziehst du das Deck auf die Äste (oder einen anderen Auftrieb) und befestigst es mit Nägeln oder einer anderen Technik. Den Ringbolzen schraubst du in das Deck, damit du dein Floß später an Land ziehen kannst. Mit einem Schraubenzieher als Hebel ziehst du den Ringbolzen fest.

STEUERN

Huck und Tom steuerten ihr Floß mit einem Stab auf dem Mississippi (wie die Gondolieri in Venedig). Ein Floß wird ausschließlich von der Strömung angetrieben (du kannst mit einem Floß nicht gegen die Strömung fahren). Um vom Ufer abzulegen oder das Floß nach vorn anzutreiben, stichst du den Stab hinter dem Floß ins Flussbett und stemmst dich gegen den Stab. Wenn du ihn neben dem Floß ins Flussbett stichst, veränderst du seine Richtung. Stichst du den Stab dabei auf der linken Seite ins Wasser, schwimmt das Floß nach rechts. Stichst du ihn dagegen auf der rechten Seite ein, fährt dein Floß nach links. Alle Richtungsänderungen benötigen etwas Zeit und müssen stets rechtzeitig begonnen werden.

Für den Stab suchst du im Wald unter den herabgefallenen Ästen einen langen Ast und entfernst alle Zweige.

Aprilscherz

—— >‹< ——

Über den Ursprung des Aprilscherzes existieren mehrere Versionen. Nach einer entwickelte er sich aus den alten römischen Feiertagen Saturnalia oder Hilaria. Die Saturnalien wurden zu Ehren des römischen Gottes Saturn Mitte bis Ende Dezember mit festlichen Mahlzeiten, Geschenken, allgemeiner Fröhlichkeit und einigem Durcheinander gefeiert. Hilaria war der Göttermutter Kybele und der Auferstehung ihres Geliebten Attis, des Gottes der Pflanzen, gewidmet. Der Feiertag wurde mit Paraden und Prozessionen, Masken, Kostümen und Spielen begangen. Er fand am Tag nach dem Frühlingsanfang statt, wenn der Winter sich verabschiedete und die Tage wieder länger wurden. Nach anderen Versionen stammt der Aprilscherz von dem Narrenfest, mit dem im Mittelalter in Europa das neue Jahr begrüßt wurde. Dazu wurde ein König der Narren gewählt, der die Festlichkeiten leitete. In dieser Zeit wurden Streiche gespielt und allgemeine Regeln gebrochen.

Eine weitere Version legt den Ursprung in das 16. Jahrhundert, nachdem Papst Gregor XIII. den julianischen Kalender durch den gregorianischen ersetzt hatte. Der julianische Kalender feierte den Neujahrstag vom 25. März bis zum 1. April. Der gregorianische Kalender verlegte diesen Tag auf den 1. Januar. Doch viele Menschen widersetzten sich diesem Wechsel. Sie wollten ihre Traditionen bewahren und glaubten, dass das neue Jahr mit der Aussaat der Pflanzen begann. Deshalb feierten sie auch weiterhin den 1. April nach den normalen Neujahrsfeierlichkeiten und wurden von anderen Menschen mit Schadenfreude belächelt. Den Aprilscherz findet man in allen Kulturen der Welt. In Frankreich nennt man ihn Poisson d'Avril oder »Aprilfisch«. Kinder malen sich gegenseitig Bilder von Fischen auf den Rücken und Menschen verteilen Schokoladenfische als Geschenke. In der jüdischen Tradition wird am Frühlingsfest mit Kostümen, Paraden und Fröhlichkeit der Teufel bekämpft.

In Indien würdigt der Feiertag Holi den ersten Vollmond im Frühling. Über Jahrhunderte wurden am Vorabend des Feiertages Freudenfeuer entzündet. Am Tag nach Holi, den man Dhuleti nennt, finden fröhliche Paraden statt. Die Menschen tanzen und bewerfen sich gegenseitig mit farbigem Pulver, sodass Haare und Kleidung in Grün, Pink, Gelb, Schwarz und Rot erstrahlen. Sie werfen Wasserballons oder schütten aus Eimern kaltes Wasser, das mit dem Pulver gefärbt wurde. (Du findest Holi-Farben in indischen Geschäften oder du stellst sie dir mit Kurkuma und Kichererbsenmehl selbst her.)

Obwohl schon lange kein Narrenkönig (oder -königin) mehr gekürt wird, bietet dir der 1. April die Gelegenheit, anderen voller Schadenfreude einen Streich zu spielen und sie damit »in den April zu schicken«.

Hier sind einige Aktionen, die du später durch ein lautes »April, April!« enttarnst.

Falschmeldung: Mit ernstem Gesicht verbreitest du unwahre Nachrichten. Achte darauf, dass deine Nachricht harmlos ist – du erzählst z. B. anderen Schülern, dass die Schule morgen geschlossen ist (und verteilst sogar Flugblätter!), weil ein wilder Hund im Klassenzimmer wütet.

Salz und Pfeffer: Dazu öffnest du die Streuer und setzt unter die Streulöcher eine Serviette oder Folie, sodass man damit nicht mehr streuen kann. Oder du vertauschst Salz und Pfeffer, sodass jemand statt Salz plötzlich Pfeffer streut.

Zeitfalle: Du verstellst alle Uhren, sodass die Wecker abends klingeln, wenn der Tag angeblich beginnt (beachte, wie schnell jeder bemerkt, dass der Tag noch gar nicht angebrochen ist).

Lebensmittel: Du vertauschst alle inneren Tüten der Müsli- und Cornflakespackungen, sodass jeder morgens die falsche Mischung bekommt. Du kannst auch einen Faden um einen Schokoriegel binden und ihn dann auf den Tisch legen. Sobald jemand versucht, den Schokoriegel zu ergreifen, ziehst du an dem Faden.

Türen: Du klebst an die Außenseite einer Schlafzimmertür Zeitungen oder Packpapier, nachdem jemand schlafen gegangen ist. Oder du legst ein Kopfkissen auf eine geöffnete Tür. Wenn jemand die Tür vollständig öffnet, fällt es ihm auf den Kopf.

Getränke: Du färbst Milch mit Lebensmittelfarbe grün oder auch gelb. Dieser Scherz funktioniert nur mit undurchsichtigen Milchkartons. Du kannst auch mit Lebensmittelfarbe, Wasser und Zitronensaft ein Mixgetränk bereiten, das du deiner Familie oder deinen Freunden einschenkst. Achte auf ihre erstaunten Gesichter!

Anrufbeantworter: Du besprichst ihn in fremder Sprache und bittest dann deine Eltern, dich anzurufen. Du darfst aber nicht den Hörer abnehmen!

Toilette: Du gibst in die Toilette etwas Spülmittel. Der nächste Benutzer wird wegen der Blasen erschrecken. (Sei nett und hilf ihm bei der Reinigung.) Man könnte auch die Toilettenbrille mit weißer Zahncreme einschmieren.

Faden: Du steckst dir eine Garnrolle in die Hosentasche. Ein Garnende führst du unter deinem Pullover zum Kragen und lässt es etwas heraushängen. Dann bittest du eine Freundin, den Faden zu entfernen, und freust dich über ihre Reaktion, wenn sie später ein ganzes Knäuel Faden in der Hand hält.

Blutiger Finger: In den Boden eines leeren Pappbechers oder einer Schachtel schneidest du ein Loch und steckst einen Finger hinein. Auf den Finger gibst du etwas Tomatenketchup und bedeckst ihn mit einer Serviette oder dem Deckel. Dann bittest du jemanden, sich deine »Verletzung« anzusehen, und entfernst die Serviette.

Schuhe: Du stopfst die Schuhe deiner Familie oder Freundin mit Haushaltstüchern oder Toilettenpapier aus.

Austauschen: Im Geschirrschrank vertauschst du Töpfe und Tassen, Teller und Schüsseln etc. Du kannst auch im Kleiderschrank Socken und Pullover vertauschen oder die Rucksackinhalte deiner Freundinnen.

Synonyme für »verrückt« und »Torheit«

absurd	fauler Zauber	lächerlich	toll
albern	feierlich	lachhaft	ulkig
Albernheit	fremdartig	oberschlau	Unfug
ausgelassen	geistlos	possenhaft	unorthodox
bekloppt	grotesk	sinnlos	Unsinn
blöd	heiter	sonderbar	verrückt
dämlich	irre	Spaß	verschroben
doof	irrsinnig	spaßig	wahnsinnig
drollig	knickerig	Spinner	witzig
dumm	komisch	Streich	wunderlich

Domino

Fast jeder hat ein Dominospiel zu Hause, aber kaum einer weiß, wie man es spielt. Hier erklären wir dir einige der vielen Spielversionen.

STANDARDSPIEL

Zunächst drehst du alle Dominosteine um, sodass ihre Vorderseite verdeckt auf dem Tisch liegt. Dann mischst du die Steine. Sie bilden den Stock oder Talon. Ein kleiner Satz Dominosteine, der Doppel-6, besteht aus 28 Steinen. Jede Spielerin zieht sieben Steine und hält sie so, dass die Mitspielerinnen ihren Wert nicht erkennen. Die Spielerin mit dem höchsten Doppelstein beginnt das Spiel. Besitzt keine Spielerin einen Doppelstein, beginnt diejenige mit der höchsten Augenzahl. (Ab drei Spielerinnen erhält jede nur fünf Steine. Nach dem ersten Zug wird im Uhrzeigersinn weitergespielt.)

Die erste Spielerin beginnt die Reihe mit ihrem ersten Stein. Jede weitere Spielerin muss an einem Ende der Reihe einen Stein mit derselben Augenzahl längs anlegen. Nur Doppelsteine legt man quer und mittig an, sodass ein »T« entsteht. Für weitere Züge stehen nach einem Doppelstein vier Anlegemöglichkeiten zur Verfügung.

Wenn du keinen passenden Stein in deiner Hand hast, ziehst du so lange einen Stein aus dem Stock, bis du anlegen kannst. Das Ziel des Spiels besteht darin, zuerst alle eigenen Steine zu spielen oder die Steine mit den wenigsten Augen übrig zu behalten. Eine Strategie dabei ist, zuerst die Steine mit den höchsten Augenzahlen anzulegen. Nach einer anderen solltest du möglichst viele verschiedene Augenzahlen vorrätig halten, damit du mehr Anlegemöglichkeiten hast.

Eine Spielrunde endet, wenn eine Spielerin alle eigenen Steine gelegt hat. Dann zählen die anderen Spielerinnen ihre Augenzahlen zusammen. Diese Summe wird der Siegerin gutgeschrieben. Alle Steine gehen zurück in den Stock und werden für eine neue Runde gemischt. Das Ergebnis notierst du mit dem Namen der Spielerin und der Runde auf einem Zettel. Wer zuerst 100 Punkte erreicht, hat das Spiel gewonnen.

Manchmal kann keine Spielerin mehr einen Stein anlegen. Diese Runde gewinnt dann die Spielerin mit der niedrigsten Augenzahl. Sie erhält die Summe der anderen Spielerinnen – abzüglich ihrer eigenen – gutgeschrieben.

BLOCKDOMINO

Jede Spielerin wählt sieben Steine aus dem Stock (oder fünf, wenn ihr zu dritt oder mehr spielt). Das Spiel geht wie das Standardspiel, aber es wird ohne Stock gespielt. Wer zuerst alle Steine gelegt oder die wenigsten Augen hat, gewinnt die Runde.

DOMINOMEMORY

Domino-Begriffe

Augenzahl: Die Punkte auf den Dominosteinen

Blank: 0

Doppel-Blank: 0-0

Doppel-6: Dominosatz von 0/0 bis 6/6 mit 28 Steinen

Doppel-9: Dominosatz von 0/0 bis 9/9 mit 55 Steinen

Doppel-12: Dominosatz von 0/0 bis 12/12 mit 91 Steinen

Doppel-15: Dominosatz von 0/0 bis 15/15 mit 136 Steinen

Doppel-18: Dominosatz von 0/0 bis 18/18 mit 190 Steinen

Das Spiel kannst du allein oder mit anderen spielen. Zunächst mischst du alle Steine mit der Vorderseite nach unten und legst sie in mehreren Reihen aus. Ziel des Spiels ist es, zwei Steine aufzudecken, deren Augenzahl die Summe zwölf ergibt (mit Doppel-6; wenn ihr Doppel-9 spielt, ist die Summe 18). Die erste Spielerin dreht zwei Steine um. Ergibt ihre Summe zwölf, darf sie die Steine behalten und ist noch einmal an der Reihe. Ist die Summe dagegen größer oder kleiner als zwölf, dreht sie die Steine wieder um. Bei diesem Spiel muss man sich gut die Augenzahlen und den Platz der Steine merken, die umgedreht und wieder verdeckt wurden. Die Spielerin mit den meisten Dominosteinen am Ende gewinnt.

UMFALLENDE STEINE

Der Begriff Dominoeffekt beschreibt eine Kettenreaktion, bei der ein Element eines Aufbaus umfällt und alle anderen mit sich reißt. Bei dem Domino-Geschicklichkeitsspiel stehen Tausende Steine in langer Reihe und bilden Muster. Der erste Dominostein wird angetippt und löst den Dominoeffekt aus, sodass alle anderen Steine umfallen. Die aktuelle Weltrekordlerin ist die 24-jährige Chinesin Ma Li Hua, die 2003 45 Tage brauchte, um in Singapur 303 629 Dominosteine aufzubauen. Alle Dominosteine fielen in nur vier Minuten um. Den Weltrekord für die Domino-Kettenreaktion hält eine niederländische Gruppe, die am 13. November 2009 am Domino Day über vier Millionen Dominosteine umfallen ließ.

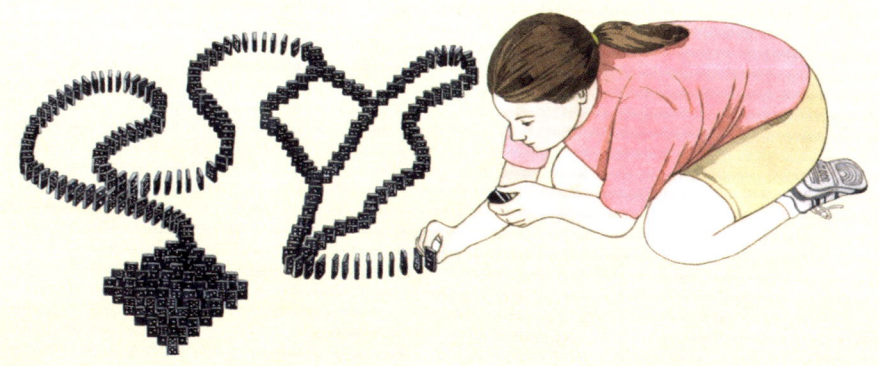

Wie du alles schaffst

—— ❊ ——

Ein bekannter Witz geht so: »Wie komme ich zur Philharmonie?« Antwort: »Üben!« Du kennst wahrscheinlich auch den alten Spruch: »Übung macht den Meister.« Vielleicht ahnst du schon, worauf wir hinauswollen: Übung ist ein erprobter Weg, um sich mancherlei anzueignen. Wir geben dir hier einige Hinweise, wie dir fast alles gelingt – vom Musizieren bis zur Rede, vom Sport bis zur täglichen Hausarbeit.

Voraussetzung: Eine Sache schlecht zu erledigen, ist fast so, wie sie gar nicht zu erledigen. Bevor du etwas beginnst, suchst du dir eine ruhige, aufgeräumte Umgebung. Dazu machst du den Fernseher aus, räumst den Schreibtisch auf oder ziehst dich in ein stilles Zimmer zurück und sorgst dafür, dass du konzentriert und produktiv arbeiten kannst.

Einstellung: Ebenso wichtig wie die Umgebung ist die Einstellung, eine Sache mit Begeisterung anzugehen. Mit einer positiven Haltung überwindest du viele Hindernisse.

Nahziele: Am Beginn einer neuen Aufgabe setzt du dir Ziele, die du auch erreichen kannst. Wenn du ein Instrument erlernst, beginnst du nicht mit dem Ziel, nach der ersten Stunde ein Stück vollständig spielen zu können. Diese Haltung ist unbefriedigend und führt dazu, dass du immer weniger Lust verspürst, weiterzuüben.

Entspannung: Bevor du etwas übst, atmest du mehrere Male tief ein. Dazu schließt du deine Augen und atmest durch die Nase ein. Dann atmest du langsam durch den Mund wieder aus.

Das wiederholst du mehrere Male, bis du entspannt bist.

Schwieriges zuerst: Wenn du etwas üben willst, z. B. ein Musikstück oder einen Schwimmstil, siehst du dir vorher an, welche Teile schwierig und welche einfach sind. Du beginnst immer mit den schwierigen Teilen. Auf diese Weise erreichst du Folgendes: Du räumst die Teile, vor denen dir bange ist, gleich aus dem Weg und kannst dich dann auf den Teil freuen, der dir leichter fällt. (Stelle dir den schwierigen Teil als Mittagessen und den leichten als leckeren Nachtisch vor.) Außerdem bewältigst du die schwierigen Teile viel leichter, wenn du noch ausgeruht bist.

Aufteilung: Auch wenn du dir Nahziele gesetzt hast, kannst du deine Übungen bis zu diesem Ziel noch weiter aufteilen. Wenn du ein Musikstück einstudierst, übst du einen Takt immer wieder. Lernst du eine Rede oder einen längeren Text auswendig, übst du immer nur einen Satz. Diese kleinen Einheiten übst du so lange, bis du fünf Akkorde oder Sätze hintereinander spielen oder aufsagen kannst. Sobald du eine Einheit beherrschst, übst du die nächste.

Zusammenführung: Nachdem du kleinere Einheiten geübt hast, setzt du sie wieder zusammen. Bei dem Musikstück wählst du den ersten Takt, den du bereits geübt hast, und erweiterst ihn um den nächstfolgenden. Dann übst du bei-de Takte nacheinander. Bei der Rede gehst du zum Anfang zurück und ergänzt den ersten Satz um den zweiten und sprichst beide nacheinander aus. Sobald du beide Einheiten beherrschst, nimmst du die nächste dazu und übst weiter, bis du sämtliche Einheiten wieder zusammengeführt hast.

Gemeinsamkeiten: Während du deine Übung aufteilst und sie wieder zusammenführst, achtest du auf Gemeinsamkeiten. Wiederholen sich in dem Text bestimmte Wörter oder Sätze? Besitzt das Musikstück wiederkehrende Takte oder Akkorde? Du suchst nach Gemeinsamkeiten und findest heraus, wie sie miteinander zusammenhängen. Diese Hilfestellungen erleichtern es dir, einen Text oder ein Musikstück als Ganzes zu erlernen.

Langsamkeit: Deine Hausaufgaben erledigst du in Ruhe. Lies die Texte sorgfältig durch und überfliege sie nicht. Erlernst du ein Instrument oder einen Tanz, führst du deine Bewegungen wie in Zeitlupe aus. Wenn du sehr langsam spielst oder tanzt, kannst du besser auf jede Einzelheit achten. Du wirst überrascht sein, wie viel schwieriger es ist, etwas langsam auszuführen. Danach übst du in normaler Geschwindigkeit.

Wiederholung: Der wichtigste Teil einer Übung kommt, wenn du mit ihr fertig bist: Lass deine gute Arbeit sich setzen und übe sie morgen noch einmal!

Die irische Piratin Grace O'Malley

In Irland ist Grace O'Malley eine berühmte Frau. Lieder und Bücher berichten über ihr Leben, Straßen und Schiffe sind nach ihr benannt. Grace O'Malley ist eine echte Legende. Dabei ist die mutige und selbstbewusste Frau seit mehr als 400 Jahren tot. Sie hieß nicht einmal Grace O'Malley, denn das ist ihr englischer Name, unter dem sie weltweit bekannt wurde. Im Gälisch sprechenden Irland ist sie unter ihrem richtigen Namen bekannt: Gráinne Mhaol Ní Mháille. Aber den können nur Iren richtig aussprechen.

Gráinne oder Grace war das einzige Kind des irischen Clanführers Eoghan Dubhdaire Ó Máille, eine Art Häuptling, und seiner Frau Margaret. Sie residierten meistens in einer Burg auf der Insel Clare Island im Westen Irlands. Sie kam um 1530 zur Welt und nahm schon als Kind an den Fahrten ihres Vaters teil, der den Fischern der Gegend Steuern abnahm, Handel trieb und auch schon mal ein Schiff kaperte. Natürlich lernte sie alle wichtigen Arbeiten, die damals eine Frau können musste, also das Weben von Stoffen, Kochen und das Spielen der irischen Harfe. Aber sie lernte auch jeden Handgriff, den man an Bord eines Segelschiffs brauchte. Bald konnte sie die Wanten so schnell hinaufklettern wie jeder Seemann. Sie lernte bei ihrem Vater das Navigieren in der rauen irischen See, lernte Klippen zu umfahren und Untiefen rechtzeitig zu erkennen. Das gefiel jedoch weder ihrer Mutter noch allen Seeleuten. Aber Grace passte sich an die Männerwelt an, schnitt sich die Haare ab und kleidete sich wie ein Pirat. Das wiederum gefiel ihrem Vater, der ihr beibrachte, mit Kompass, Sextant und Säbel umzugehen. Ihre Mutter Margaret achtete dagegen mehr auf eine gute Erziehung. Neben ihrer Muttersprache Gälisch, das heute noch in Irland gesprochen wird, lernte sie Französisch, Griechisch und Spanisch. Besonders wichtig war Latein, denn damals waren fast alle wichtigen Bücher in der Sprache der Römer geschrieben. Englisch lernte sie nicht, denn die Engländer wurden als Feinde Irlands angesehen, die immer wieder versuchten, die Insel zu beherrschen, was ihnen am Ende ja auch gelang.

Mit 16 Jahren wurde Grace gegen ihren Willen mit Dónall Ó Flaithearta, einem Clanführer aus der Region Connemara, verheiratet. Sie zog auf seine Burg und bekam in rascher Folge drei Kinder. Ihr Mann führte leidenschaftlich gern Kriege gegen andere irische Clans. Bei einem dieser Kämpfe kam er ums Leben. Als kurz darauf die Engländer angriffen, besann sich Grace der Fähigkeiten, die sie von ihrem Vater erlernt hatte, und organisierte die Verteidigung der Burg. Der Clan staunte nicht schlecht, denn Grace gelang es mit viel Geschick, den Angriff abzuwehren. Als Frau konnte sie allerdings nicht Clanführer werden. Doch als sie Connemara verließ, folgten ihr zahlreiche Iren, die sie als Anführerin akzeptierten. Nach dem

Tode ihres Vaters übernahm sie die Burg auf Clare Island. Ihr eigener Clan vertraute ihr. Und das zu Recht, denn Grace kämpfte nicht nur erfolgreich gegen die Engländer, sie unternahm auch verstärkt Kaperfahrten und vergrößerte so den Reichtum des Clans. Im Westen Irlands wurde sie bald als eine Art Königin angesehen. Das missfiel natürlich einer anderen Königin, nämlich Elisabeth I. von England. Sie setzte ein hohes Kopfgeld auf Grace aus, die den englischen Soldaten aber immer wieder entwischte. Schließlich wurde sie 1578 doch gefangen und in Dublin ins Gefängnis gesperrt. Aber die Mauern waren nicht stark genug. Bis heute ist nicht bekannt, wie sie entkommen ist, aber wenig später war sie bereits wieder auf Clare Island. Andererseits wollte sie keine ewige Feindschaft mit der Königin und bat um ein Treffen. Elisabeth I. willigte ein, und so kamen die beiden Frauen 1593 in London zusammen. Das Gespräch führten sie auf Latein. Als Grace der Königin ihre Gefolgschaft anbot, verzieh sie ihr alle Taten. Die stolze Piratin kehrte nach Irland zurück und setzte ihre Kaperfahrten fort, allerdings nun unter englischer Flagge. Vor den Engländern hatte sie nun Ruhe und sicherte so den Wohlstand ihres Clans. Sie starb um 1603 auf ihrer Burg.

Vierzehn Vorschläge gegen Langeweile

Dieses Buch bietet dir viele Anregungen, um ganze Tage sinnvoll zu verbringen. Falls du trotzdem noch einen Vorschlag brauchst: Gehe nach draußen und schaue, was sich da ergibt. Wenn du zudem auch schon alle Brettspiele gespielt, dein Zimmer aufgeräumt und einige Bücher gelesen hast, bist du reif für unsere Liste.

1. Doofe Tricks

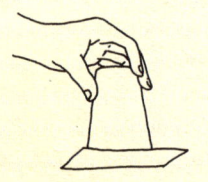

Du füllst eine Tasse halb mit Wasser und legst eine Spielkarte darauf. Dann hältst du die Karte fest und drehst die Tasse um. Die Karte bleibt haften und das Wasser in der Tasse.

2. Wasserballonschlacht

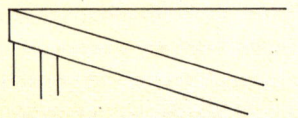

Bei sehr warmem Wetter benutzten wir Schwämme anstelle von Ballons, die wir in einem Eimer Wasser wieder »auftanken«. Und anschließend brauchten wir keine Fetzen aufzusammeln.

3. Sicherheitsnadeln mit Perlen

Für diese beliebten Nadeln brauchst du einige Perlen und Sicherheitsnadeln. Mit einem kleinen Trick schaffst du es, dass die Perlen auf die Seite gelangen, die nicht geöffnet wird. Mit einem kleinen Schraubenzieher drückst du die Schenkelfeder auseinander und schiebst die Perlen durch. Wenn du den Schraubenzieher entfernst und die Schenkelfeder sich wieder schließt, bleiben die Perlen an ihrem Platz.

4. Bauklötze basteln

Aus einem 5 x 10-cm-Kantholz sägst du 5, 10 und 20 cm lange Stücke ab. Dann schmirgelst du die Klötze glatt und gibst sie deinem Schwesterlein zum Spielen.

5. Rufe das älteste Familienmitglied an

Es wird sich garantiert über deinen Anruf freuen. Du fragst nach der Familiengeschichte oder dem schrulligsten Erlebnis, das es in seiner Kindheit erlebt hat. Wenn es mit der Verbindung nicht klappt, schreibst du stattdessen die lustigsten Geschichten auf, die dir deine Großeltern jemals erzählt haben. Oder du teilst jedem Familienmitglied einen Spitznamen zu.

6. Gründe einen Klub für Hilfsdienste und Babysitting

Erwachsene in deiner Nachbarschaft suchen immer Kinder, die babysitten, den Wagen waschen, mit dem Hund spazieren gehen, Schnee schippen, Rasen mähen, Laub zusammenharken und andere Arbeiten im Garten erledigen. Dazu stellst du von deinen Freundinnen, die gern mitmachen wollen, eine Liste mit Telefonnummern und E-Mail-Adressen zusammen. Du kannst Flugblätter verteilen oder deine Nachbarn per E-Mail über dein Angebot informieren und ihnen mitteilen, dass sie nur den Klubvorstand anrufen müssen, falls sie einen Auftrag zu vergeben haben. Den Klubvorstand übernimmst du selbst.

7. Geräte zerlegen

Bei fast allen Geräten lässt sich mit Schraubenzieher, Inbusschlüssel oder einer Zange das Gehäuse abbauen. Du kannst auch einen Hammer dazu benutzen. Mit einem gezielten Schlag auf die Rück- oder Unterseite zerstörst du fast alle widerstandsfähigen Metallkästen. Bei alten Computern, die nicht mehr benutzt werden, wettest du, dass du sie zerlegen und sie – nachdem du es mehrere Male geübt hast – anschließend wieder zusammensetzen kannst.

8. Eine Fete planen

Du suchst dir einen Termin und einen guten Anlass (Sommersonnwende, letzter Schultag). Auf einer Liste notierst du, wen du einlädst, und schickst allen eine Einladung mit der Bitte um Antwort. Dann überlegst du, welche Späße auf der Fete stattfinden sollen. Und du erzählst natürlich vorher deinen Eltern von deiner Idee und bittest sie um Erlaubnis.

9. Ein Fußgelenkband basteln

Das viersträngige Band kannst du aus Strickgarn, Küchengarn oder anderen Fäden flechten, die du zu Hause findest.

Schritt 1: Du faltest zwei 1 m lange Fäden zur Hälfte und wickelst beide Fäden an der Schlaufe umeinander. Diese Schlaufe hältst du fest in deinen Händen oder klebst sie an den Tisch. Du hast jetzt vier Fäden zum Flechten.

Schritt 2: Den Faden auf der linken Seite legst du über den Faden neben ihm.

Schritt 3: Den linken Faden der beiden rechten Fäden legst du über den rechts neben ihm.

Schritt 4: Von den beiden Fäden in der Mitte legst du den rechten über den linken. Dann greifst du die beiden Fäden auf der linken und die auf der rechten Seite und ziehst beide Paare fest.

Diesen Grundstich (links über rechts, links über rechts, rechts über links und festziehen) wiederholst du, bis dein Band lang genug ist. Dann verknotest du die beiden mittleren Fäden und schneidest sie ab. Das Band wickelst du um dein Fußgelenk und bindest es mit den übrigen Fäden zusammen. Oder du schenkst es deiner besten Freundin.

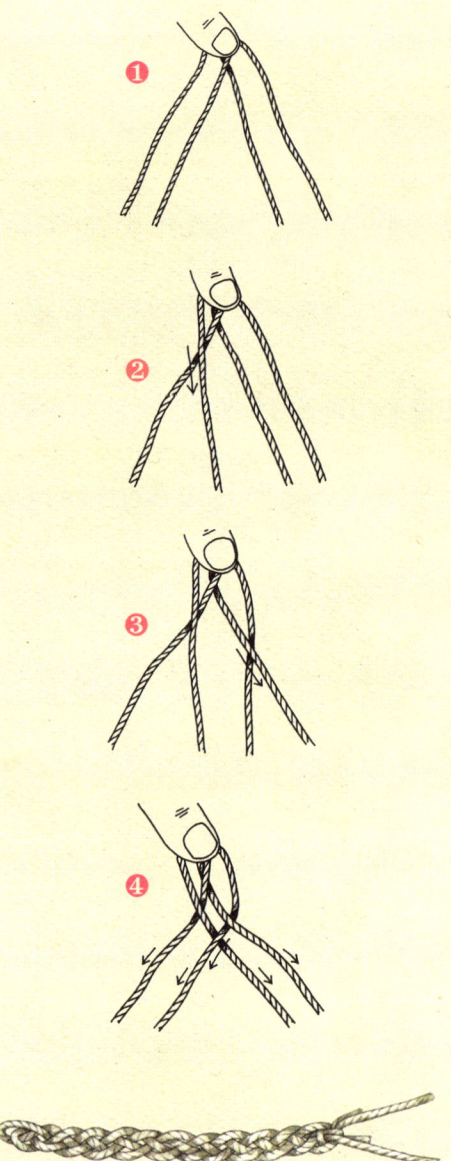

10. Quiz und Fragen

Diese Idee ist sehr gut, wenn die Unterhaltung auf einer ganz langweiligen Autofahrt einzuschlafen beginnt. Auch wenn ein Quiz zunächst etwas albern erscheint, kann es doch sehr lustig werden. Du fragst die Mitfahrer z. B. nach ihren fünf Lieblingsgerichten oder ihrem Lieblingsfilm. Du kannst aus den Kennzeichen der vorbeifahrenden Autos Sätze bilden oder erraten, aus welcher Stadt oder welchem Kreis sie kommen.

Bei dem Spiel *20 Fragen* denkt sich einer ein Tier, eine Pflanze oder ein Mineral aus. Alle anderen haben 20 Chancen, durch Fragen – die nur mit Ja oder

Nein beantwortet werden dürfen – den Begriff zu erraten (»Ich weiß es nicht« ist auch zulässig). Die erste Frage lautet oft: »Ist es größer als ein Brotkasten?« – falls ihr einen besitzt.

11. Das Auto wachsen

Du kannst euer Auto oder das eures Nachbarn wachsen. Dazu nimmst du einen Schwamm und trägst das Wachs immer stellenweise auf und verreibst es in kleinen Kreisbewegungen. Während du arbeitest, wird das Wachs trüb und weißlich. Dann polierst du die Stelle mit einem sauberen Tuch – und wendest dich dem nächsten Abschnitt zu. Achte darauf, nicht die Gummidichtungen der Fenster oder andere Teile einzuwachsen, die nicht lackiert sind (wie Spiegel und Fenster). An warmen Tagen darf man nicht wachsen, weil das Wachs durch die Sonne auf dem Lack fest wird.

12. Ein Verkleidungsfest planen

Du findest es nicht mehr so aufregend, dich zu verkleiden und anzumalen? Warum planst du nicht ein Verkleidungsfest für die Kinder deiner Nachbarschaft? Solltest du noch zögern, so denke daran, dass du dein Taschengeld damit aufbessern kannst. Hier einige Vorschläge für Spiele zum Fest.

- Alle kommen verkleidet, aber die Gesichter werden beim Fest angemalt.
- Bohnensack werfen. In einen großen Karton schneidest du ein paar Öffnungen als Ziele.
- Minigolf. Im Garten oder Hin-terhof stellst du einige Kartons auf und schneidest Löcher hinein.
- Gesichts- und Porträtmalerei (dazu brauchst du einige Spiegel).
- Äpfel fangen. In einen Eimer mit Wasser gibst du einige Äpfel. Dann kämmst du dein Haar zurück und versuchst, einen Apfel mit den Zähnen zu fassen.
- Fingernägel lackieren und Haare binden. Die Fingernägel lackierst du mit schnell trocknendem Lack und für die Haare verwendest du Bindfaden.
- Torwandschießen (gegen eine Wand mit aufgemaltem Tor) oder Basketballwürfe (wenn ihr einen Korb besitzt) der Reihe nach.
- Anzahl der Murmeln (oder Bonbons oder Centstücke) in einem Glas schätzen.
- Ballons bespritzen. Im Hinterhof oder Garten spannst du eine Leine und hängst an ihr mehrere Luftballons auf. Stellt euch hinter einer Linie auf und bespritzt die Ballons aus Spritzflaschen oder Spritzpistolen.
- Schwämme werfen. In einen großen Karton schneidest du ein paar Öffnungen, durch die einige Kinder ihren Kopf stecken. Dann werft ihr mit nassen Schwämmen auf sie.

13. Kartoffeldruck

In der Kammer oder im Keller findest du bestimmt eine alte Kartoffel. Mit einem Messer halbierst du sie. Auf die Schnittfläche malst du ein Muster und stellst es mit dem Messer frei. Dann färbst du dein Muster ein und bedruckst ein Blatt Papier. Mit dieser Technik kannst du auch deine Einladungen schmücken.

14. Daumendrücken & Schnick, Schnack, Schnuck

Beim Daumendrücken mit deiner Freundin hältst du die vier Finger einer Hand geschlossen und versuchst, mit deinem Daumen den ihrigen herunterzudrücken. Wenn euch das nicht spannend genug ist, könnt ihr auch zum Armdrücken übergehen.

Wenn auch das nicht hilft, spielt ihr Schnick, Schnack, Schnuck (oder Schere, Stein, Papier). Dazu zählt ihr gemeinsam bis drei und stellt dann mit der Hand ein Symbol dar. Der Stein schlägt die Schere, weil er härter ist als sie. Die Schere ist besser als das Papier, weil sie es schneiden kann. Das Papier

siegt über den Stein, weil es den Stein einwickeln kann. Gleiche Symbole bedeuten Unentschieden.

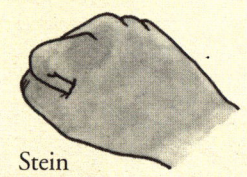

Stein

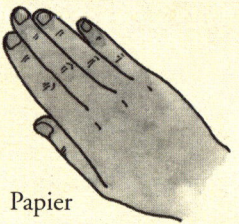

Papier

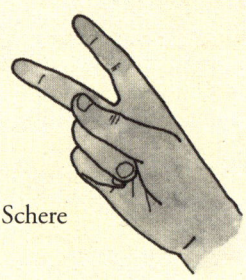

Schere

Scharade

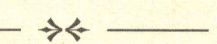

Dieses Spiel ist ein Worträtsel, bei dem Wörter pantomimisch dargestellt werden. Scharade wird seit Jahrhunderten gespielt und kann sehr lustig sein, weil es unzählige Möglichkeiten für Missverständnisse gibt.

Teilt euch in Gruppen auf oder bestimmt eine Person, die vor den anderen spielt. Wenn du dran bist, wählst du einen Satz mit sieben oder weniger Wörtern aus. Du darfst aber kein einzelnes Wort oder einen Namen nehmen (obwohl Namen im Satz vorkommen dürfen). Mit Körperbewegungen, Gesten deiner Arme und Gesichtsmimik gibst du wortlose Hinweise auf deinen Satz. Du ruderst z. B. mit den Armen, wenn dein Satz »Ruder, ruder, ruder dein Boot!« lautet. Du kannst auch die Anzahl der Wörter anzeigen. Folgende Zeichen werden bei Scharade verwendet:

Die Anzahl der Wörter	Du zeigst die Anzahl mit deinen Fingern an.
Ein bestimmtes Wort, das du erklärst	Du zeigst seine Stelle mit den Fingern an, nachdem das Publikum die Anzahl der Wörter erraten hat.
Die Anzahl der Silben eines Worts	Lege die entsprechende Anzahl von Fingern auf deinen Arm.
Großer Begriff	Schwinge deine Arme vor und zurück.
Titel eines Films	Drehe an einer altmodischen Filmkamera.
Zitat	Mit deinen Fingern zeichnest du Anführungszeichen in die Luft.
Titel eines Lieds	Du stellst eine Sängerin mit Mikrofon dar.
Titel eines Buchs	Du spreizt deine Finger und hältst die Hände so, als ob du ein Buch lesen würdest.
Die Länge eines Wortes	Führe deine Hände eng zusammen oder weiter auseinander.
Vergangenheit	Wenn jemand ein Wort in der Gegenwart vermutet, obwohl es in der Vergangenheit steht, winkst du mit deinen Händen rückwärts über deine Schulter. Vermutet jemand dagegen ein Wort in der Gegenwart, obwohl es in der Vergangenheit steht, winkst du nach vorn.
Genau! Du hast es erraten!	Du tippst dir auf die Nase.
Das Wort klingt wie	Du hältst deine Hand hinter dein Ohr. Du benutzt diese Geste nicht, um einen Hinweis auf das Wort zu geben, sondern einen Hinweis auf seine Aussprache.
Kürzer	Du führst mit der Hand einen Karateschlag vor, wenn jemand eine längere Version des richtigen Wortes sagt.
Länger	Du ziehst deinen Daumen und Zeigefinger zusammen und spreizt sie anschließend, wenn jemand eine kürzere Version des Wortes sagt.
Mehrzahl	Du verhakst deine beiden kleinen Finger miteinander, um anzuzeigen, dass die Mehrzahl gesucht wird.
Eigenname	Du klopfst dir mit der Handfläche vor die Stirn.
Du irrst dich gewaltig, lass uns neu beginnen	Du schwingst deine Arme vor der Brust über Kreuz.

Wenn die Mitspielerinnen deinen Satz nicht erraten, kannst du auch einzelne Buchstaben pantomimisch darstellen. Wenn du häufiger buchstabieren musst, solltest du dir das nächste Mal einen leichteren Satz ausdenken oder deine Pantomime verbessern.

Jo-Jo

Seit seiner Entstehung hat sich dieses Spiel weltweit verbreitet. Wie viele andere Dinge (Papier, Schießpulver, Papiergeld, Schubkarren, Schach und der Drachen, um nur einige zu nennen) wurde Jo-Jo in China erfunden. Von dort fand es seinen Weg nach Griechenland. Das älteste erhaltene Jo-Jo aus Tonscheiben stammt aus dem Jahr 500 v. Chr. Im 16. Jahrhundert benutzten Jäger auf den Philippinen eine Jo-Jo-ähnliche Waffe für die Jagd. Als das Jo-Jo im 17. Jahrhundert Frankreich erreichte, bestand es aus Glas und Elfenbein und wurde *Joujou de Normandie* (Spielzeug der Normandie) genannt. Etwas später kam es nach England und hieß dort *Bandalore, Incroyable* (das Unglaubliche) oder *Quiz* (Ulk). Mitte des 19. Jahrhunderts wurde es auch in den USA *Bandalore* genannt, doch 1916 veröffentlichte die Zeitschrift *Scientific American* einen Artikel, in dem das Spielzeug als *Yo-Yo* (das philippinische Wort für »zurückkehren«) bezeichnet wurde. Dieser Name blieb. Der philippinische Einwanderer Pedro Flores führte 1928 sein selbst gebautes Jo-Jo in San Francisco vor. Er hatte eine Firma gegründet, die das Spielzeug herstellte. Es bestand aus Holz und besaß einen Faden, der um eine Achse gewickelt und nicht an ihr verknotet war, sodass sich das Jo-Jo drehen konnte. Flores Vorführung beeindruckte den Geschäftsmann Donald Duncan so sehr, dass er gleich die ganze Firma kaufte. Das Jo-Jo wurde ein gigantischer Erfolg!

VORBEREITUNG

Welches Jo-Jo?

Bei Jo-Jos kannst du zwischen zwei verschiedenen Bauarten wählen, die man auch Shapes nennt. Der Standard-Shape besitzt eine insgesamt runde Form und eignet sich für Schleifentricks. Der Butterfly-Shape erinnert an einen Schmetterling und das Jo-Jo besteht aus zwei Kegeln, die an ihren Spitzen verbunden sind. Diese Jo-Jos eignen sich besser für Schnurtricks. Auch die Achse spielt eine wichtige Rolle. Einige Jo-Jos haben eine starre Achse, während bei anderen die Achse gelagert ist.

Den Faden anpassen

Der Faden soll so lang sein, dass er von deinem Bauchnabel bis zum Boden hinabreicht. Ist er länger, musst du ihn kürzen. Rolle ihn ab, lege das Jo-Jo auf den Boden und halte den Faden bis zum Bauchnabel hoch. In das überschüssige Ende bindest du einfach eine Schlaufe.

Eine Zugschleife binden

Der Faden besitzt eine Schlaufe, die aber nicht über deinen Finger passt. Aus dieser Schlaufe bindest du eine Zugschleife. Dazu führst du ein Stück des Fadens direkt unterhalb der Schlaufe durch diese und ziehst die neue Schleife fest. Diese kannst du dir über den Zeigefinger ziehen.

Die Fadenspannung überprüfen

Wenn der Faden zu locker ist (du bemerkst dies, wenn das Jo-Jo am Ende des Fadens baumelt und sich nicht aufrollen will), rollst du ihn vollständig ab und drehst das Jo-Jo im Uhrzeigersinn, bevor du den Faden wieder aufwickelst. Ist er dagegen zu fest (das Jo-Jo springt ohne Drehungen zurück), rollst du ihn erst vollständig ab und drehst dann das Jo-Jo gegen den Uhrzeigersinn. Danach wickelst du den Faden wieder auf.

Platz schaffen

Achte darauf, dass sich in deiner Umgebung keine Gegenstände befinden oder Personen aufhalten, die du mit deinem Jo-Jo treffen kannst.

JO-JO-TECHNIKEN UND TRICKS

Beim Jo-Jo sind zwei Begriffe sehr wichtig: *Sleeping* und *Looping*. Wenn sich das Jo-Jo am Ende des Fadens dreht, nennt man das Sleeping (Schlafen). Es ist die Grundlage für nahezu jeden Trick. Das Looping (Überschlag) ist das Gegenteil des Sleepings, bei dem du das Jo-Jo immer in Bewegung halten musst.

Anziehungskraft

Beim klassischen Spiel rollt sich das Jo-Jo ab und auf. Du ziehst die Schleife über deinen Finger und hältst das Jo-Jo in deiner Handfläche. Dann drehst du deine Hand so herum, dass das Jo-Jo nach unten zeigt, und lässt es fallen. Bevor es am Boden ist, ziehst du leicht am Faden, damit es sich wieder aufrollt.

Wegwerfen

Du hältst das Jo-Jo in deiner Handfläche, die nach oben zeigt. Achte darauf, dass der Faden so gewickelt ist, dass er sich von deinem Finger zu dir hin abwickelt und nicht von dir weg. Die Hand hältst du vor deinen Körper und dein Mittelfinger zeigt dabei zur Schulter. Dann wirfst du das Jo-Jo vom Körper weg zum Boden. Kurz vor Ende des Fadens bewegst du dein Handgelenk zum Körper, damit das Jo-Jo zurückkommt.

Der Schläfer

Du hältst das Jo-Jo wie beim Wegwerfen. Mit dem Handgelenk schleuderst du das Jo-Jo kräftig zum Boden. Während das Jo-Jo nach unten fällt, drehst du deine Hand herum, sodass die Handfläche nach unten zeigt. Dann lässt du das Jo-

Jo am Fadenende sich ein bis zwei Sekunden drehen, bevor du es mit einem Ruck wieder nach oben ziehst.

Mit dem Hund gehen

Im Gegensatz zu einem Spaziergang mit einem echten Hund spielst du diesen Trick zu Hause auf einem Teppich. Dabei wirfst du einen Schläfer und lässt das Jo-Jo sanft auf dem Teppich landen. Durch seine Drehung wandert das Jo-Jo über den Teppich. Mit einem Ruck holst du das Jo-Jo in deine Hand zurück.

Kinderwiege

Auch dieser Trick beginnt mit dem Schläfer, aber von einer höheren Ebene als normal, und er ist schwierig. Du hältst deine Hand über deinen Kopf und wirfst das Jo-Jo weg. Deine freie Hand bringst du zwischen Faden und Körper, sodass ihre Handfläche auf den Körper weist. Mit kleinem Finger und Daumen der freien Hand greifst du den Faden etwa ein Drittel unterhalb der anderen Hand. Mit der Jo-Jo-Hand greifst du den Faden etwa 15 cm oberhalb des Jo-Jos. Die Jo-Jo-Hand hebst du über die freie, sodass ein Dreieck entsteht. In dessen Mitte befindet sich das Jo-Jo. Dann schwingst du das Jo-Jo wie bei einer Kinderwiege hin und her. Mit einem Ruck holst du das Jo-Jo zurück in deine Hand.

Wurf nach vorn

Du hältst das Jo-Jo wie beim Wegwerfen. Dann führst du deine Hand an die Seite, sodass die Handfläche nach hinten zeigt. Jetzt schleuderst du das Handgelenk nach vorn. Kurz vor dem Fadenende ziehst du das Jo-Jo zurück in deine Handfläche, die nach oben zeigt. Mit der Handfläche fängst du das Jo-Jo. Dieser Trick ist schwer, und du brauchst dich keinesfalls zu ärgern, wenn er nicht beim ersten Mal funktioniert.

Um die Welt

Für diesen Trick benötigst du mindestens 2 m freie Fläche um dich herum. Der Trick beginnt mit einem Wurf nach vorn. Du wirfst das Jo-Jo aus deiner Hand, aber du ziehst es nicht zurück. Stattdessen schwingst du es in einem großen Kreis über deine Schulter, deinen Kopf und um deinen Körper. Wenn du den Kreis geschlossen hast und das Jo-Jo wieder in seiner Ausgangsposition ist, ziehst du es zurück.

Jo-Jos haben sogar schon den Weltraum erobert! Zusammen mit neun anderen Spielzeugen war ein Jo-Jo der Firma Duncan am 12. April 1985 an Bord des Spaceshuttles *Discovery*. Astronaut David Griggs spielte als erster Mensch Jo-Jo im Weltraum. Sieben Jahre später nahm Shuttle *Atlantis* ein Jo-Jo Silver Bullet 2 mit auf seine Mission.

Rhetorik

Das griechische Wort Rhetorik bedeutet »Redekunst«. Gemeint ist die Kunst, bei öffentlichen Vorträgen oder politischen Reden Worte und Argumente so einzusetzen, dass sie die Zuhörer beeindrucken und überzeugen. Als einer der ersten Philosophen hat sich Aristoteles (384–322 v. Chr.) mit der Rhetorik befasst und drei Elemente unterschieden, die eine gute Rede ausmachen. Sie stützt sich auf den Charakter des Redners (ethos), auf die Emotionen, die beim Publikum hervorgerufen werden (pathos), und natürlich auf das Argument (logos). Das letztere hat Aristoteles für das wichtigste Element gehalten. Denn letztendlich können nur gute Argumente ein Publikum wirklich überzeugen. Argumente kann ein Redner natürlich mit bestimmten rhetorischen Figuren betonen und sie so besonders geschickt einsetzen. Einige dieser Figuren werden hier kurz vorgestellt:

ALLUSION

Die Allusion ist eine Anspielung auf einen bekannten Vorfall oder ein bekanntes Ereignis, das als Bild oder Vergleich benutzt wird: »Wenn Sie so weitermachen, werden Sie Ihr Waterloo erleben!« – »Diese Entscheidung halte ich für ein salomonisches Urteil.«

ANAPHER

Die Anapher besteht aus der bewussten Wiederholung des Anfangs aufeinanderfolgender Sätze. Auf diese Weise wird die Aussage besonders betont: »Ich glaube Ihnen nicht, Frau Müller. Ich glaube Ihnen nicht, dass sie von dem Vorfall nichts gewusst haben.« – »Ich beschwöre Sie ein letztes Mal, stimmen Sie zu. Ich beschwöre Sie, geben Sie der Reform eine Chance.«

EPIPHER

Die Epipher ähnelt der Anapher, nur dass diesmal das Satzende zur Hervorhebung wiederholt wird: »Du verlangst noch mehr Geld? Gut, ich gebe dir Geld!« – »Wenn du dich so verhältst, hast du keine Chance. Alle, die sich darauf eingelassen haben, hatten keine Chance.«

GEMINATIO

Geminatio ist die Wiederholung eines Wortes in einem Satz, um die Wirkung zu verstärken: »Niemals, niemals werde ich das zulassen!« – »Verschwinde, du Betrüger, verschwinde und lass dich nie wieder blicken!« – »Du redest von Werten, kennst aber keine Werte.«

INVERSION

Bei der Inversion wird die übliche Wortstellung im Satz verändert oder umgekehrt, um eine Tatsache oder einen Zusammenhang zu betonen: »Eine Lügnerin ist sie!« (statt: »Sie ist eine Lügnerin!«) – »Ein Schandfleck ist dieser Schulhof!«

KLIMAX

Die Klimax ist eine Steigerung, oft mit Hilfe von Zahlen, die einen bestimmten Zusammenhang hervorheben soll.

»Die Schüler sitzen an manchen Tagen drei, vier, manchmal sogar fünf Stunden an ihren Hausaufgaben.« – »Bei einigen Dieben haben wir zwanzig, dreißig oder noch mehr Beutestücke sichergestellt.«

PARALIPSE

Mit Hilfe der Paralipse gibt ein Redner vor, ein bestimmtes Thema nicht ansprechen zu wollen, spricht es aber dadurch gerade an.

»Ich möchte nicht ein weiteres Mal die jüngsten Vorfälle erwähnen, aber …« – »Ganz zu schweigen vom Außenminister, der wieder einmal …« – »Ich werde nicht auf den Beschluss zu sprechen kommen, der die Öffentlichkeit so beunruhigt …«

PROLEPSIS

Die Prolepsis ist die Vorwegnahme eines möglichen Gegenarguments. Auf diese Weise nimmt man dem Gegner die Gelegenheit, es vorzubringen, und kann umgehend mit einem eigenen Argument kontern: »Natürlich könnte man nun auf die aktuellen Zahlen verweisen, aber dennoch …« – »Selbstverständlich ist mir bekannt, dass auch andere an dem Auftrag interessiert sind, aber …«

RHETORISCHE FRAGE

Eine rhetorische Frage ist eine Frage, die keine Antwort erfordert, auf die keine Antwort erwartet wird. Sie wird nur gestellt, um den Gegner lächerlich zu machen, zu verunsichern oder eine Tatsache oder einen Zusammenhang auf besondere Weise zu betonen: »Ja, in welcher Zeit leben Sie eigentlich?« – »Sie haben doch Ohren, oder?« – »Und das glauben Sie wirklich?«

Boccia, Hufeisen werfen, Shuffleboard, Rasenbowling und Ringe werfen

BOCCIA

Für Boccia brauchst du pro Team vier Kugeln einer Farbe, eine Zielkugel, die man auch Pallino nennt, sowie ein Maßband, um die Abstände zu messen. Jedes Team kann bis zu vier Spielerinnen haben. Das Spielfeld ist meist 4 m breit und 24 m lang und von einer etwa 10 cm hohen Holzumfassung umgeben.

Vor Beginn des Spiels entscheiden die Teams durch Münzwurf, wer anfängt. Beide Teams werfen ihre Kugeln von der Grundlinie aus. Das erste Team wirft die Zielkugel, die bis hinter die Mittellinie rollen muss. Dasselbe Team wirft dann die erste Kugel und versucht, diese so nahe wie möglich an der Zielkugel zu platzieren. Dann wirft das zweite Team seine erste Kugel. Wenn diese Kugel näher an der Zielkugel als die des ersten Teams liegt, ist das erste Team wieder an der Reihe. Liegt sie aber weiter weg, darf das zweite Team noch einmal werfen. Das Team, dessen Kugel näher an der Zielkugel liegt, tritt zur Seite und lässt das andere Team werfen. Die Runde endet, wenn alle Kugeln geworfen wurden.

Das Team, dessen Kugel am nächsten an der Zielkugel liegt, erhält für die gewonnene Runde einen Punkt. Die Teams einigen sich darüber, wie viele Punkte ein Team zum Sieg benötigt. Normalerweise braucht man zwischen 10 und 15. Nach jeder Runde sammeln die Teams ihre Kugeln ein und gehen auf die andere Seite des Feldes. Das siegreiche Team beginnt die nächste Runde.

Tipps: Du hältst die Kugel wie beim Kegeln in deiner Handfläche. Beim Werfen gehst du leicht in die Knie und wirfst die Kugel dann. Achte darauf, dass deine Füße die Grundlinie nicht berühren.

Du versuchst, deine Kugel nahe an die Zielkugel zu werfen, eine gegnerische Kugel von der Zielkugel wegzustoßen oder die Zielkugel näher an eine eigene Kugel zu legen.

Du darfst deine Kugel gegen die Seitenbegrenzung spielen, nicht aber an die hintere Umrandung. Trifft sie dennoch dagegen, wird deine Kugel in dieser Runde nicht gewertet (die Kugel bleibt im Spiel, wenn sie zuerst eine andere Kugel trifft).

ITALIENISCH BEIM BOCCIA	
Brava!	Sehr gut! (zu einer Frau oder einem Mädchen)
Bravo!	Sehr gut! (zu einem Mann oder Jungen)
No	Nein
Si	Ja
Uffa!	O nein!
Scusami!	Entschuldigung!
Non c'è problema!	Kein Problem!
Non vale!	Das ist Betrug! Unfair!
Ma che dici?	Worüber redest du?
Stai scherzando?	Willst du mich auf den Arm nehmen?
Non scherzo!	Ich mache keinen Spaß!
Per carità.	Du machst wohl einen Scherz.
Hai finito, no?	Du bist fertig, nicht wahr?
Fa un freddo cane!	Es ist kalt! (wörtlich: Es ist ein kalter Hund!)
Non lamentari, c'è chi sta peggio.	Beklage dich nicht, hier sind Leute, denen es viel schlechter geht.
Tutto è bene quel che finisce bene.	Alles ist gut, was gut endet.

HUFEISEN WERFEN

Bei diesem Spiel wirfst du mit zwei Hufeisen nach einem Stab am anderen Ende des Feldes. Früher wurde das Spiel mit richtigen Hufeisen gespielt, doch heute nimmt man Hufeisen aus Metall, Gummi oder Plastik.

Auf einem offiziellen Spielfeld gibt es zwei Stäbe, die 12 m auseinanderliegen. Jeder Stab ist tief im Sand verankert. Die Stäbe sind häufig bis zu einem Meter lang. Sie werden aber so tief in den Boden geschlagen, dass oben nur noch 40 cm herausragen. Die Stäbe stehen dabei leicht zum Werfer geneigt. Der Platz, von dem aus du wirfst, kann sogar betoniert sein. So ein offizielles Spielfeld ist aber gar nicht erforderlich. Du kannst auf jedem Untergrund ein Spielfeld anlegen und einen Stab am Strand oder im Garten in den Boden schlagen.

An jedem Abwurfplatz steht ein Team und wirft seine Hufeisen auf den Stab am gegenüberliegenden Spielfeldende. Jedes Team besitzt eine eigene Hufeisenfarbe. Wenn ihr vom gleichen Abwurfplatz aus werft und euch dabei abwechselt, könnt ihr auch versuchen, gegnerische Hufeisen vom Stab wegzuschießen.

Während des Wurfs muss sich das Hufeisen in der Luft drehen, um vor dem Stab auf dem Boden aufzutreffen, zu ihm hinzugleiten und ihn (im Idealfall) zu umringen. Hufeisen besitzen an der Unterseite einen kleinen Noppen. Du hältst das Hufeisen so, dass sich der Noppen oben befindet. An ihm zupfst du beim Abwurf mit dem Daumen, um dem Hufeisen den richtigen Drall zu geben. Zum Werfen gehst du leicht in die Knie, setzt einen Schritt nach vorn und wirfst das Hufeisen aus dem Handgelenk zum Stab. Wie bei jeder Wurfart folgt der Körper der Bewegung.

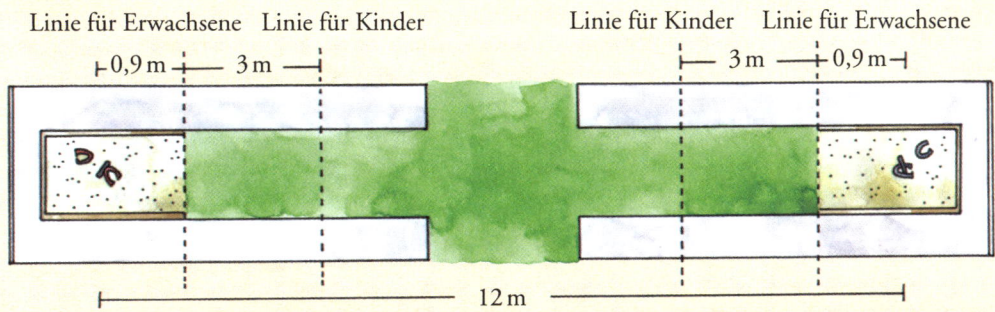

Linie für Erwachsene   Linie für Kinder   Linie für Kinder   Linie für Erwachsene
⊢0,9 m⊣   3 m   ⊣   ⊢   3 m   ⊣0,9 m⊣

12 m

Wertung:

Wenn das Hufeisen den Stab umringt...3 Punkte
Wenn das Hufeisen den Stab berührt...2 Punkte
Wenn das Hufeisen weniger als 15 cm vom Stab entfernt ist......1 Punkt
Wenn das Hufeisen mehr als 15 cm entfernt ist.........................0 Punkte

Sieger:

Um zu gewinnen, brauchst du (dein Team) mehr Punkte als deine Gegnerinnen (die anderen Teams), oder ihr vereinbart eine Höchstzahl wie 10, 21 oder 42 Punkte.

SHUFFLEBOARD

Das Spiel findet man auf Hotelanlagen in südlichen Ländern. Auf dem schlauchförmigen Spielfeld befinden sich an beiden Enden Dreiecke, in die vier Scheiben mit langen Stäben, die man auch Cues nennt, geschoben werden müssen. Die Dreiecke sind in Zonen unterschiedlich hoher Punktzahlen unterteilt. Bleibt eine Scheibe auf einer weißen Linie liegen, wird sie nicht gewertet. Landet sie dagegen im Feld »10 AUS«, werden zehn Punkte abgezogen.

Auf jeder Seite des Feldes steht eine Spielerin und legt ihre vier Scheiben in das Grundfeld »10 AUS«. Abwechselnd schieben sie nun ihre Scheiben mit dem Cue in das Dreieck am anderen Feldende und versuchen, die Scheiben in den Zonen mit den höchsten Werten unterzubringen. Man kann auch gegnerische Scheiben aus dem Dreieck herausschießen oder in das Grundfeld »10 AUS« stoßen.

Nachdem alle Scheiben gespielt sind, wertet jede Spielerin ihre Scheiben für diese Runde. Dann spielt ihr weiter, bis eine Spielerin 75 Punkte oder eine andere Punktzahl, auf die ihr euch vorher geeinigt habt, erreicht hat.

RASENBOWLING

Bei diesem Spiel rollt jede Spielerin drei oder vier Kugeln auf eine Zielkugel zu. Diejenige, deren Kugel der Zielkugel am nächsten kommt, gewinnt die Runde und beginnt die nächste. Der amerikanische Präsident George Washington bat seinen Gärtner, einen Rasenplatz an seinem Wohnsitz in Mount Vernon für Rasenbowling anzulegen. Angeblich war sogar die englische Königin Elizabeth I. eine große Anhängerin dieses Spiels, das in England »Bowls« heißt. Norwegische Wikinger spielten ein Spiel, das sie *Varpa* nannten. Die Polynesier spielen *Ula Miaka*. In Frankreich ist eine Variante des Boule sehr beliebt, die man Pétanque nennt. Die Zielkugel heißt bei diesem Spiel *Cochonnet* (Schweinchen).

Mit einem Satz Kugeln und einer Zielkugel kannst du Rasenbowling fast überall spielen. Wenn du kein Geld ausgeben willst, nimmst du alte Softbälle. Dann suchst du dir ein Stück Rasen (einen Hinterhof, ziehst Linien am Strand oder auf einem Parkplatz), vereinbarst Spielregeln – und schon hast du Spaß am Spiel.

RINGE WERFEN

Dieses Spiel war früher bei Seeleuten sehr beliebt als Zeitvertreib auf langen Seereisen und auch bei Auswanderern während der Überfahrt in ihre neue Heimat. In ihrer Freizeit bastelten sie Ringe aus Tauen (auf Schiffen gab es viele Taue) und warfen sie auf Ziele an Deck ihres Schiffes. Daraus entwickelte sich ein Spiel mit Metallringen, die bis zu 4,5 kg schwer waren, und sogar eine Variante für Kneipen und Wohnzimmer.

Du kannst das Spiel mit allen Zielstäben spielen, die du in den Boden bringst (oder du kaufst dir ein Spiel aus Plastikringen und ein Zielfeld mit Punkten).

Wie man ein Turnier organisiert

Ein Turnier bietet für viele Spielerinnen oder Teams eine gute Gelegenheit, an einem Nachmittag oder Wochenende in mehreren Spielen gegeneinander anzutreten. Hierfür eignen sich Spiele im Freien, aber auch spannende Brettspiele. Einer ist der Turnierleiter, während andere als Zeitnehmer oder Schiedsrichter tätig sind. Du kannst dein Turnier mit Plakaten, einer Anzeigetafel und einem Pult mit Mikrofon ausstatten.

Um genau planen zu können, musst du wissen, wie viele Spielerinnen oder Teams teilnehmen. Eine gerade Teilnehmerzahl macht die Planung einfacher, aber eine ungerade Anzahl ist auch kein Hindernis. Wenn du weißt, wer teilnimmt, legst du fest, wer gegen wen spielt und in welcher Reihenfolge.

Es gibt drei wichtige Turnierarten.

RUNDENTURNIER

Bei dieser Turnierart spielt jede Spielerin oder jedes Team gegen jede andere Spielerin oder jedes andere Team. Wenn vier Teams teilnehmen, können auf zwei Spielfeldern oder an zwei Tischen jeweils zwei Teams gleichzeitig gegeneinanderspielen.

Bei nur einem Spielfeld oder Tisch müssen zwei Teams aussetzen. Du notierst dir, wer welche Spiele gewonnen oder verloren hat, und ermittelst den Sieger – bei einem Gleichstand am Ende wird ein Entscheidungsspiel ausgetragen.

Runde 1	Runde 2	Runde 3
A gegen B	A gegen C	A gegen D
C gegen D	B gegen D	B gegen C

Rundenturnier

AUSSCHEIDUNGSTURNIER

Diese Turnierart nennt man auch »K.-o.-Turnier«, weil ein Team nach einem verlorenen Spiel ausscheidet. Zu Beginn des Turniers lost du die Paarungen aus, bei denen immer zwei Teams gegeneinander antreten. Auf dem Spielplan schreibst du die Paarungen auf die linke Seite (siehe Abbildung). Die Sieger der ersten beiden Paarungen und der letzten beiden spielen in der nächsten Runde gegeneinander. Nach der zweiten Runde spielen wieder die siegreichen Teams gegeneinander. Das letzte Spiel, das Finale, bestreiten die Sieger des Halbfinales. (Bei manchen Turnieren wie z. B. der Fußballweltmeisterschaft spielen die Verlierer des Halbfinales um den dritten Platz.)

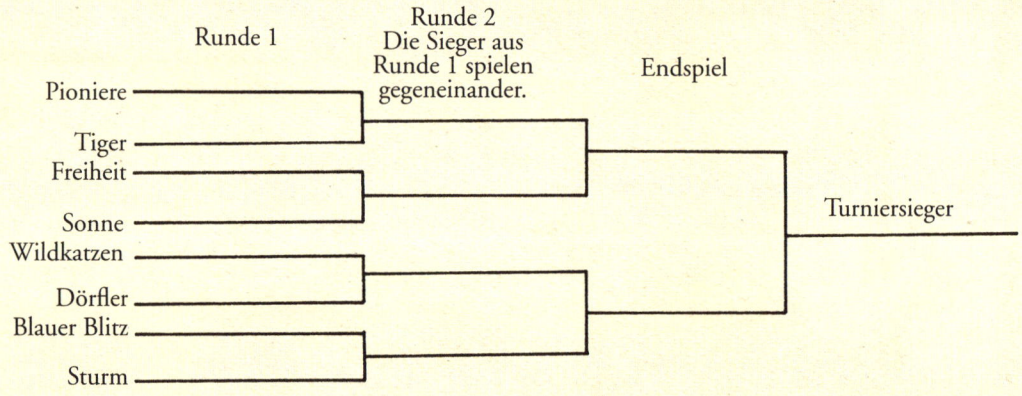

Ausscheidungsturnier

DOPPEL-K.-O.-TURNIER

Diese Turnierart bietet den Teams eine zweite Chance, wenn sie ihr erstes Spiel verloren haben. Die Verlierer der ersten Runde spielen gegeneinander. Die Sieger dieser Runde, die man auch Trostrunde nennt, treffen dann auf die Sieger der ersten Runde und können immer noch das Turnier gewinnen. Spielpläne für ein solches Turnier findest du leicht im Internet zum Herunterladen.

FREUNDSCHAFTSTURNIER

Ohne Regeln und ohne große Vorbereitung könnt ihr auch ganz zwanglos nur um des Spaßes willen spielen. Wer verliert, setzt aus und gönnt sich eine Pause. Eine Gesamtsiegerin braucht bei einem solchen Turnier gar nicht ermittelt zu werden.

Für jedes Turnier solltest du die Spielregeln genau festlegen. Für Spiele kann die normale Spieldauer gelten oder eine verkürzte, damit ihr mehr Spiele durchführen könnt. Hier einige Beispiele: Beim Hufeisenwerfen hat jeder hat drei Würfe; jedes Federballspiel dauert zehn Minuten; beim Wasserpistolenwettbewerb hat man fünf Schüsse, um eine Kerze zu löschen.

Berühmte Frauen
Fünfter Teil

KÜNSTLERINNEN UND SCHRIFTSTELLERINNEN

Clara Schumann

Clara Schumann war nicht nur die Ehefrau des berühmten Komponisten Robert Schumann, sondern selbst ebenfalls eine sehr bekannte Pianistin und Komponistin.

Clara kam 1819 als Clara Josephine Wieck in Leipzig auf die Welt. Ihr Vater Friedrich arbeitete als Musiklehrer und ihre Mutter war Sängerin. Beide Eltern spielten und unterrichteten Klavier und besaßen ein Musikgeschäft. Noch vor ihrer Geburt entschied der Vater, dass Clara später Musik studieren solle. Dafür arbeiteten ihre Eltern hart. Clara erhielt nicht nur von frühester Jugend an Klavierunterricht, sondern lernte auch Gesang, Violine, Komposition und Notenlesen. Im Alter von neun Jahren trat sie zum ersten Mal auf. Ihr erstes Solokonzert gab sie mit elf Jahren, und nur ein Jahr später startete sie zu einer Konzertreise.

Aber Claras Talent forderte auch seinen Preis. Ihre ersten Worte sprach sie erst mit vier Jahren. Ihre Eltern stritten sich wegen ihrer Entwicklung und gaben sich gegenseitig so lange die Schuld, bis sie sich schließlich scheiden ließen. Clara und ihr jüngerer Bruder waren hin- und hergerissen, dann zog Clara zu ihrem Vater und sah ihre Mutter nur noch selten.

Musikalisch entwickelte sie sich weiter. Bereits mit zehn Jahren schrieb sie ihr erstes Konzert: *Quatre Polonaises op. 1.* Nur sechs Jahre später wurde ein anderes Konzert als Premiere vom Leipziger Gewandhausorchester uraufgeführt, das der berühmte Komponist Felix Mendelssohn dirigierte. Sie spielte in Salons in Leipzig vor dem Geheimrat Goethe und wurde bereits als Teenager in Berlin, Dresden, Paris und Venedig als virtuose Pianistin gefeiert.

Im Jahr 1830 traf sie Robert Schumann, der bei ihrem Vater Unterricht nahm und auch dort wohnte. Sieben Jahre später bat dieser ihren Vater, Clara heiraten zu dürfen. Doch der Vater verweigerte seine Einwilligung und verbot Clara jegliche Beziehung (auch brieflich) zu Robert. Der Vater drohte Robert sogar, ihn zu erschießen, sollte er sich seiner Tochter nähern.

Im September 1839 reichten Clara und Robert Schumann Klage bei Gericht ein. Doch erst am 12. September 1840 konnten sie heiraten – einen Tag vor ihrem 21. Geburtstag (an dem sie volljährig wurde und keine Einwilligung mehr benötigte).

Beide unterrichteten zuerst am Konservatorium in Leipzig, aber nach einigen Jahren zogen sie zunächst nach Dresden und dann nach Düsseldorf. Dort konzentrierte sich Clara auf ihre Arbeit als Pianistin, während Robert komponierte und dirigierte. Von ihren acht Kindern starb eines bereits in jungen Jahren. Robert Schumann genoss das Ansehen als Pianist und Komponist, aber er kämpfte auch gegen seine Depressionen. Auch seine Stellung als Dirigent in Düsseldorf brachte Probleme mit sich. Nach einem Selbstmordversuch 1854 wurde er in eine Heilanstalt in Endenich eingewiesen, in der er zwei Jahre später starb.

In dieser schweren Zeit fand Clara Trost in der Musik. Sie zog mit ihren Kindern 1857 nach Berlin, wo sie weiter auftrat, unterrichtete und das Werk ihres Mannes veröffentlichte. Ihre Konzerte nutzte sie, um seine Werke vorzustellen (38 Konzerte gab sie außerhalb Deutschlands). Dazu führte sie erstmalig Werke von Frédéric Chopin und ihrem Bekannten Johannes Brahms auf, der häufig als Babysitter einsprang, wenn sie auf Tournee war.

Clara war als einfühlsame Pianistin bekannt, die tiefe Gefühle auszudrücken vermochte. Ihre Fähigkeiten wurden mit denen von Franz Liszt verglichen, dem berühmtesten Pianisten der Zeit.

Ihre Kompositionen entstanden zwischen ihrem neunten Lebensjahr und 1853, drei Jahre vor Roberts Tod. In dieser Zeit schrieb sie 66 Stücke, davon waren 20 Solostücke für Klaviere, vier Stücke für Klavier und Orchester und 29 Stücke Vertonungen von Gedichten der Schriftsteller Heine, Rückert und Goethe. Obwohl Kompositionen von Frauen in dieser Zeit ungewöhnlich waren – Komponieren wurde als Kunst der Männer betrachtet –, liebte Clara ihre Werke. Sie schrieb ihrem Ehemann: »Komponieren bereitet mir ein großes Vergnügen ... Es gibt nichts, was die Schaffensfreude übertrifft, wenn man die Stunden der Selbstvergessenheit genießt und in einer Welt voller Töne lebt.«

Das Gewandhaus in Leipzig veranstaltete 1878 eine Feier zum fünfzigjährigen Jubiläum ihres ersten Auftritts, in deren Mittelpunkt Clara selbst stand. Sie betrat die mit Girlanden und Blumen geschmückte Bühne zu einem ihrer letzten Konzerte, bei dem sie nur Werke ihres Ehemanns Robert Schumann spielte. Im gleichen Jahr wurde sie als »Erste Klavierlehrerin« an das Dr.-Hoch-Konservatorium in Frankfurt am Main berufen, an dem sie bis 1892 lehrte. Am 12. März 1891 gab sie mit 71 Jahren ihr letztes Konzert.

Im Alter trat Clara weniger häufig auf, weil schmerzhaftes Rheuma sie plagte. Sie blieb eine geachtete Klavierlehrerin und eine vertraute Beraterin ihres treuen Freundes Brahms. Im März 1896 erlitt sie im Alter von 77 Jahren einen Schlaganfall, von dem sie sich nicht mehr erholte. Als letzten Wunsch bat sie ihren Enkel Ferdinand, ihr die *Romanze in Fis-Dur* vorzuspielen, die Robert für sie geschrieben hatte. Während sie der Musik zuhörte, starb sie am 20. Mai 1896 und wurde neben ihrem Mann begraben.

Paula Modersohn-Becker

Paula Becker wurde am 8. Februar 1867 in einem Vorort von Dresden geboren. Ihr Vater war ein weltgewandter Ingenieur, ihre Mutter eine gebildete Adelige. Wie ihre sechs Geschwister erhielt sie eine gute Schulbildung, doch auch Musik, Literatur und Kunst wurden von den Eltern vermittelt. So nahm Paula Klavierunterricht, sie besuchte Konzerte und malte schon früh Bilder.

Im Jahr 1888 zogen die Beckers nach Bremen, da der Vater dort eine Stelle als Baurat annahm. Im neuen Haus richtete sich Paula ein kleines Atelier ein. Die Malerei wurde mehr und mehr zu ihrer großen Leidenschaft. Mit Hilfe ihrer Mutter knüpfte sie Kontakte zu zahlreichen Künstlern, die in Bremen und der Umgebung lebten. Auf Einladung ihrer Tante reiste sie 1892 für ein halbes Jahr nach London, führte ihr den Haushalt und nahm an einer Privatschule Malunterricht.

Wieder zurück in Bremen, besuchte sie das Lehrerinnenseminar, um endlich einen Beruf zu erlernen. Den Malunterricht aber setzte sie fort und belegte sogar einen sechswöchigen Kurs in Berlin. Kunst studieren konnte sie nicht, denn damals wurden Frauen an den Kunstakademien noch nicht zugelassen. Dafür nutzte sie eine kleine Erbschaft, um im Jahr 1898 nach Worpswede zu ziehen, einer bekannten Künstlerkolonie, die vor allem von modernen Künstlern sehr geschätzt wurde. Sie richtete sich dort ein neues Atelier ein und nahm Kontakt zu anderen Malern auf. Dazu gehörten auch Otto Modersohn und dessen Frau.

Die Erbschaft reichte auch aus, um 1899 für einige Monate nach Paris zu fahren, um dort die Bilder im Louvre zu studieren. Außerdem nahm sie Malunterricht bei bekannten Künstlern. Im April erhielt sie Besuch von Otto Modersohn, der jedoch plötzlich wieder abreisen musste, da seine Frau im Sterben lag. Auch Paula kehrte wenig später nach Worpswede zurück. Regelmäßig besuchte sie den Witwer und verliebte sich schließlich in ihn. Am 25. Mai 1901 heirateten die beiden, und aus Paula Becker wurde Paula Modersohn-Becker. Sie verbrachte drei glückliche Jahre, in denen sie zahlreiche Bilder malte, ohne damit an die Öffentlichkeit zu treten. Für sie gab es einfach keine Möglichkeit, an Ausstellungen teilzunehmen. Ihre Bilder waren zu modern und entsprachen nicht dem damals geltenden Kunstverständnis.

Im Jahr 1903 fuhr sie erneut für zwei Monate nach Paris. Während dieser Zeit traf sie regelmäßig den berühmten Bildhauer Auguste Rodin (1840–1917) und dessen Privatsekretär, den Schriftsteller Rainer Maria Rilke (1875–1926). Nach ihrer Rückkehr malte sie weitere Bilder, die den Einfluss ihrer Pariser Studien erkennen lassen. Doch noch immer sahen die Freunde des Paares in Paula nur die Frau des berühmten Malers Otto Modersohn.

Im Februar 1905 reiste Paula ein weiteres Mal nach Paris. Mehr und mehr versuchte Paula in dieser Zeit, sich vom Einfluss ihres Mannes zu befreien und auf eigenen Füßen zu stehen.

Ein Jahr später, am 23. Februar 1906, verließ sie Otto, der von ihrer Entscheidung überrascht wurde, und zog nach Paris, ihrer Lieblingsstadt. Ihr Versuch jedoch, sich auch finanziell unabhängig zu machen, scheiterte. Sie konnte ihre Bilder einfach nicht verkaufen, obwohl namhafte Kollegen sich begeistert über ihre Arbeiten äußerten. Im Oktober kam es dann in Paris zu einer Versöhnung mit ihrem Mann, der bis zum März 1907 bei ihr in Paris blieb.

Während dieser Zeit wurde sie schwanger und brachte am 2. November ihre Tochter Mathilde zur Welt. Es war ein Wunschkind und Paula war überglücklich. Doch dann erlitt sie am 20. November eine Embolie und starb.

Während ihrer gesamten Schaffenszeit hat Paula Modersohn-Becker nur fünf Bilder verkauft. Berühmt wurde sie erst nach ihrem Tod. Die Kunsthalle Bremen veranstaltete 1913 eine große Ausstellung und zeigte 129 ihrer Gemälde, die auf größtes Interesse stießen. Heute gilt sie als eine der bedeutendsten und eigenständigsten Künstlerinnen des 20. Jahrhunderts.

Mary Shelley

Mary Godwin wurde am 30. August 1797 in London geboren. Ihre Mutter, Mary Wollstonecraft, eine bekannte Schriftstellerin und Frauenrechtlerin, starb kurz nach ihrer Geburt. Ihr Vater war der Philosoph William Godwin, der Mary und ihre Schwester Fanny mit Hilfe eines Kindermädchens erzog. Neben der Schule erhielten sie auch zu Hause Unterricht in Sprachen, Geschichte und Philosophie. Auch lernten die beiden Mädchen, wie man Geschichten erfindet und schreibt.

Im Alter von 16 Jahren lernte sie den Dichter Percy Bysshe Shelley (1792–1822) kennen, einen Bewunderer ihres Vaters. Die beiden verliebten sich ineinander und wurden ein Paar. Gegen den Willen des Vaters heiratete Mary den Dichter und unternahm mehrere Reisen mit ihm in die Schweiz und nach Italien. Von den vier Kindern, die sie bekommt, überlebt nur eines. Während einer Reise an den Genfer See im Mai 1816 traf das junge Paar mit Freunden zusammen und verbrachte viele Regentage mit dem Erfinden von Schauergeschichten. Auch Mary dachte sich eine aus, die sie 1818 veröffentlichte: *Frankenstein oder der moderne Prometheus.*

Zwar schrieb die begabte Schriftstellerin später auch noch andere Romane. Doch der Frankenstein wurde im Laufe der Zeit ihr bekanntestes Werk. Es handelt von dem jungen Arzt Viktor Frankenstein, der einen Aufenthalt an der Universität von Ingolstadt dazu nutzt, aus Leichenteilen einen neuen Menschen zu erschaffen.

Der Roman, der auch vor den Möglichkeiten der modernen Naturwissenschaften warnt, machte die englische Autorin weltberühmt. Mary Shelley starb am 1. Februar 1851. Ihr Mann Percy war schon 1822 bei einem Bootsunglück ums Leben gekommen.

Schnitzen

— ✄ —

Zum Schnitzen brauchst du nur ein kleines Messer, um damit ein Stück Holz zu bearbeiten. Schnitzen ist einfach und fast so alt wie die Menschheit. Bereits zu der Zeit, als die Menschen noch in Höhlen wohnten, erfanden sie auf diese Weise das Rad. Ein kreativer Mensch nahm sich ein großes Stück Holz, bearbeitete es kreisförmig mit seinem Feuerstein, und fertig war das Rad.

Schnitzen geht langsam und ein Objekt entsteht nur nach und nach. Du kannst es als Hobby betreiben oder damit nur deine Bleistifte anspitzen.

Ein Schweizer Armeemesser oder ein Taschenmesser eignen sich am besten. Im Wald oder einem Park suchst du dir geeignete Äste. Du kannst das Holz aber auch in einem Bastelgeschäft kaufen. Das Messer hältst du in der rechten Hand (wenn du Rechtshänderin bist, sonst in der linken), in der anderen den Ast und beachtest beim Schnitzen diese drei Sicherheitsregeln.

Regel 1: Immer von deinen Händen, Armen und dem Körper wegschneiden. Vielleicht kommt irgendwann der Augenblick, in dem du denkst: »Es würde doch sehr viel schneller und leichter gehen, wenn ich die Schnittrichtung einmal umkehre, um diese kleine Kerbe zu schnitzen.« Und genau in diesem Augenblick rutscht das Messer ab und du schneidest dir in die Hand. Glaube es uns. Wir haben dieses Unglück bereits erlebt. Du hältst das Messer deshalb immer so in deiner Hand, dass die scharfe Seite der Klinge von deinem Körper weggerichtet ist. Du kannst auch einen Schutzhandschuh an der Hand tragen, in der du den Ast hältst.

Regel 2: Niemals ein Messer auf andere Leute richten. Niemals!

Regel 3: Immer mit scharfer Klinge schnitzen. Vielleicht glaubst du sogar, eine stumpfe Klinge ist sicherer. Doch mit einer stumpfen Klinge musst du mehr Kraft aufwenden und erhöhst die Wahrscheinlichkeit, dass das Messer abrutscht und du dich schneidest.

SO WIRD GESCHNITZT

Einige Leute nehmen sich ein Stück Holz und folgen nur ihrer Inspiration. Andere dagegen skizzieren z. B. zuerst ein Tier, ein Gesicht, eine kleine Schale oder ein Boot. Sie arbeiten nach ihrer Zeichnung und notieren sich Ideen für zukünftige Projekte, die ihnen einfallen. Ein Muster kannst du direkt auf das Holzstück malen.

Als Erstes probierst du, aus einem Astende eine Spitze zu schnitzen. Darauf kannst du später beim Grillen ein Würstchen aufspießen oder den Stock als Pflanzenstütze im Garten verwenden. Später schnitzt du eine Kugel, die du dann in einen Kopf verwandelst. Auf dem Zeltplatz kannst du dir auch Messer und Gabel schnitzen oder aus einem größeren Holzstück eine Schale. Deine Objekte verzierst du mit Kreuzschraffur, kleinen Kerben oder Linien.

Wenn dir das Schnitzen mit Messer und Holz noch zu gefährlich erscheint, kannst du auch mit einem Plastikmesser oder sogar einem Holzspatel schnitzen – wenn du einen Apfel, eine Kartoffel oder ein Stück Seife bearbeitest. Auf die Seife malst du einen Fisch. Dann schnitzt du die Form heraus – du kannst sogar oben oder unten eine Flosse einplanen. Um Fehler auszubessern, rubbelst du die entsprechende Stelle mit etwas Wasser.

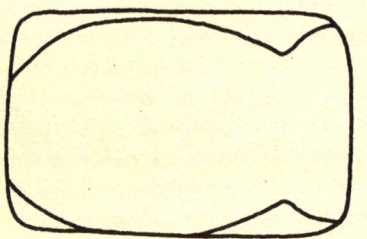 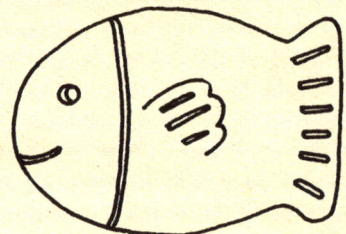

Ein Bühnenstück aufführen

»Die ganze Welt ist eine Bühne
Und alle Fraun und Männer bloße Spieler.«
William Shakespeare, *Wie es euch gefällt*

Der griechische Dichter Thespis führte wahrscheinlich als Erster ein Drama auf einer Bühne auf. Er stellte mit Masken verschiedene Charaktere dar. Ein Chor begleitete ihn und kommentierte seine Darstellung. Nach der Überlieferung zog Thespis mit einer Wanderbühne auf einem Karren durch das Land. Zu seinen Ehren nennen Schauspieler ihre Wohnwagen auch Thespiskarren.

Der Engländer William Shakespeare ist vermutlich der bekannteste Schauspieler und Dichter in der Geschichte des Theaters. Er verfasste zahlreiche Tragödien, Komödien und Historiendramen, erzählte unglaubliche Geschichten und prägte Hunderte Sprichwörter, die heute noch berühmt sind (z. B. »Gut gebrüllt, Löwe!«, »Der Rest ist Schweigen« oder »Etwas ist faul im Staate Dänemark«).

Das Theater ist auch heute noch trotz der Konkurrenz des Fernsehens und des Kinos ein bedeutender Bestandteil unserer Kultur. Und jedes Mädchen, das eine Szene aus ihrem Lieblingsstück aufgeführt hat, weiß, wie viel Spaß die Bühne bereiten kann.

EIN STÜCK INSZENIEREN

Für ein gutes Theaterstück brauchst du einige Zutaten. Am wichtigsten ist deine Vorstellungskraft. Am zweitwichtigsten ist eine gute Story. Ob du Shakespeare, ein anderes berühmtes Stück oder sogar dein eigenes Werk inszenierst, die Handlung muss deine Fantasie beflügeln, sie muss spannend sein und unterhaltsam. Und du musst natürlich wissen, was du spielen willst. Ein Musical? Eine Tragödie? Wie viele Schauspielerinnen braucht man dafür? Nachdem du dich entschieden hast, wendest du dich den praktischen Dingen zu: Du suchst Schauspielerinnen und Mitarbeiterinnen, um das Stück auf die Bühne zu bringen.

DAS ENSEMBLE UND DIE BÜHNENMITARBEITER

Auf der Bühne agieren die engagierten Bühnenkünstler (Schaupieler, Sänger, Tänzer), die alle zusammen das Ensemble bilden. Aber für eine Aufführung sind auch viele Mitarbeiter nötig, die hinter der Bühne arbeiten. Diese Liste zeigt dir, welche Positionen du besetzen solltest, damit deine Mannschaft vollständig ist.

Position	Aufgabe
Produzentin	Sie ist für die geschäftlichen Aspekte einer Theaterproduktion verantwortlich. Sie wählt meist das Stück aus, engagiert eine Regisseurin und wirbt Sponsoren. Sie legt auch die Eintrittspreise und das Datum der Aufführung fest und entwickelt Marketing und Werbung.
Regisseurin	Sie überwacht die gesamte Produktion. Sie weiß, wie das Stück inszeniert und gespielt werden muss, und weist die Schauspieler und Mitarbeiter an.
Schauspielerinnen	Sie stellen die Charaktere des Stücks dar.
Theatermanagerin	Sie ist für den Verkauf der Eintrittskarten verantwortlich und weist den Zuschauern die Plätze zu.

Bühnenmanagerin	Sie ist dafür verantwortlich, dass alles reibungslos abläuft und dass die Schauspieler ihre Requisiten und Kostüme erhalten. Sie achtet auf die Bühnenaufgänge (an denen die Schauspieler die Bühne betreten) und alle anderen Bereiche der Bühne.
Assistentin der Bühnenmanagerin	Sie unterstützt die Bühnenmanagerin und arbeitet während der Vorstellung hinter der Bühne.
Kostümmanagerin	Sie entwirft, näht, kontrolliert und pflegt die Kostüme. Eine Assistentin kann sie dabei unterstützen.
Maskenbildnerin	Sie ist für die gesamte Maske (Wimpern, Perücken, Schminke und Körperbemalung) verantwortlich und schminkt die Schauspieler.
Lichttechnikerin	Sie ist für alle elektrischen Anlagen wie Scheinwerfer zuständig.
Bühnenbildnerin	Sie entwirft und erstellt die Bühnenaufbauten.
Requisitenmanagerin	Sie ist für alle Ausstattungsgegenstände (wie Geschirr) verantwortlich, die die Schauspieler benötigen, die aber nicht unmittelbar zur Bühne gehören.
Toningenieurin	Sie ist für Mikrofone, Musik und Toneffekte verantwortlich.

Für ein kleines Theaterstück brauchst du natürlich nicht viele Leute. Wenn du ein Eine-Frau-Stück aufführst, brauchst du nur dich. Aber wenn du mit anderen ein Stück spielst, brauchst du eine Regisseurin, Schauspieler und Bühnenmitarbeiter.

DIE GANZE WELT IST EINE BÜHNE

Du musst dir auch überlegen, wo du dein Theaterstück aufführst. Wenn deine Schule eine Aula mit Bühne besitzt, kannst du diese eventuell benutzen. Du kannst aber auch das Wohnzimmer oder einen Hinterhof zur Bühne machen.

Für die Bühne solltest du die Wirkung von Kulissen, Requisiten und Farben nicht unterschätzen und deinen Einfallsreichtum und die gute alte Muskelkraft aktivieren. Mit einigen Freundinnen, allerlei Krimskrams – von Papierrollen über Kartons bis zu Sperrholzplatten – sowie jemandem, der handwerklich begabt ist, baust du die Kulissen.

Kostüme findest du vielleicht auf dem Dachboden in einer alten Truhe mit Kleidern deiner Großmutter oder Mutter. Auch in einem Secondhandshop kann man geeignete Kleidung finden. Ausgefallene Kostüme kannst du auch selbst nähen oder deine eigene Kleidung benutzen, sofern sie einigermaßen deiner Vorstellung von der Rolle entspricht. Du brauchst auch Eintrittskarten und ein Programmheft.

PROBEN UND KOSTÜMPROBEN

Eine Probe bedeutet Üben, und du übst eine Rolle, indem du jede Szene einzeln übst, bis du diese beherrschst. Du kannst auch jeden Tag ein paar Szenen proben. Kurz vor der Aufführung übst du aber das gesamte Stück von der ersten bis zur letzten Szene als Ganzes. Auch bestimmte Effekte und Musik, wenn diese zum Stück gehören, müssen geprobt werden. Die letzte Probe ist die Kostümprobe, bei der jede Schauspielerin in ihrem Kostüm und mit sämtlichen Requisiten auftritt und ihre Rolle so spielt, wie sie diese vor dem Publikum vorführt. Für die Kostümprobe kannst du einige ausgewählte Zuschauer einladen, damit die Schauspielerinnen schon einmal vor Zuschauern spielen können.

AUFFÜHRUNG

Schauspieler sind abergläubisch. Am Theater glauben die meisten Schauspieler, dass es schiefgeht, wenn ihnen jemand Glück wünscht. Deshalb wünschst du allen Schauspielerinnen vor der Aufführung nur »Hals- und Beinbruch!«.

Stimmübungen

Wenn eine Schauspielerin auf der Bühne singt und spricht, versucht sie mit ihrer Stimme den gesamten Raum zu durchdringen. Dazu muss sie die Luft aus ihrem Brustkorb pressen. Um diese Atemtechnik zu üben, streckst du die Zunge heraus und hechelst wie ein Hund. Dabei unterstützen die Zwischenrippen- und Bauchmuskeln deine Atmung. Du hechelst weiter und versuchst dabei, »Ha!« zu sagen. Diese Technik übst du auch mit anderen Wörtern und lässt dabei deine Bauchmuskeln arbeiten. Dann sprichst du wieder normal, aber mit Unterstützung deiner Bauchmuskulatur. Du wirst dadurch lauter und schonst deine Stimmbänder. Diese Atemtechnik brauchst du auch zum Singen.

Normalerweise dehnt sich unser Brustkorb beim Einatmen aus und der Bauch zieht sich leicht zusammen. Beim Ausatmen zieht sich der Brustkorb zusammen und der Bauch dehnt sich aus. Beim Singen (und Sprechen auf der Bühne) atmen wir stärker über den Bauch. Dieser dehnt sich beim Einatmen stärker aus als der Brustkorb und zieht sich beim Ausatmen wieder zusammen. Zum Üben legst du eine Hand auf deinen Bauch und fühlst, wie er sich ausdehnt und zusammenzieht.

DER EINE-FRAU-AUFTRITT

Eines der berühmtesten Beispiele eines dramatischen Monologs (Selbstgesprächs) finden wir in Shakespeares *Hamlet*, als dieser laut über seine Situation nachdenkt. Den Anfang des Monologs kennst du bestimmt:

Sein oder Nichtsein, das ist hier die Frage:
Ob's edler im Gemüt, die Pfeil' und Schleudern
Des wütenden Geschicks erdulden, oder,
Sich waffnend gegen eine See von Plagen,
Durch Widerstand sie enden. Sterben – schlafen –
Nichts weiter! – und zu wissen, dass ein Schlaf
Das Herzweh und die tausend Stöße endet,
Die unsers Fleisches Erbteil – 's ist ein Ziel,
Aufs innigste zu wünschen. Sterben – schlafen –
Schlafen! Vielleicht auch träumen! – Ja, da liegt's:
Was in dem Schlaf für Träume kommen mögen,
Wenn wir den Drang des Ird'schen abgeschüttelt,
Das zwingt uns stillzustehn. Das ist die Rücksicht,
Die Elend lässt zu hohen Jahren kommen.
Denn wer ertrüg der Zeiten Spott und Geißel,
Des Mächt'gen Druck, des Stolzen Misshandlungen,
Verschmähter Liebe Pein, des Rechtes Aufschub,
Den Übermut der Ämter und die Schmach,
Die Unwert schweigendem Verdienst erweist,
Wenn er sich selbst in Ruhstand setzen könnte
Mit einer Nadel bloß? Wer trüge Lasten
Und stöhnt' und schwitzte unter Lebensmüh'?
Nur dass die Furcht vor etwas nach dem Tod –
Das unentdeckte Land, von des Bezirk
Kein Wandrer wiederkehrt – den Willen irrt,
Dass wir die Übel, die wir haben, lieber
Ertragen, als zu unbekannten fliehn.
So macht Bewusstsein Feige aus uns allen;
Der angebornen Farbe der Entschließung
Wird des Gedankens Blässe angekränkelt;
Und Wagestücke hohen Flugs und Werts,
Durch diese Rücksicht aus der Bahn gelenkt,
Verlieren so der Handlung Namen. – Still!
Die reizende Ophelia. – Nymphe, schließ
In dein Gebet all meine Sünden ein.

Guten Tag, Auf Wiedersehen und Danke – rund um den Globus

Einschließlich sämtlicher Dialekte existieren mindestens 6700 Sprachen auf der Erde. Die Tabelle zeigt dir, wie du in einigen davon *Guten Tag*, *Auf Wiedersehen* und *Danke* sagst.

Sprache	Land	Guten Tag	Auf Wiedersehen	Danke
Amharisch (Amarenna)	Äthiopien	Selam, Teanastellen	Chou, Tasanababata	Amesegenallo
Arabisch (al-Arabiyya)	Nordafrika und Mittlerer Osten	Ahlan, Marhaba, Es salaam aleikom (dem man antwortet: Wa aleikom es salaam), Salaam, Labas (in Marokko)	Ma`a salama	Shukran
Balinesisch (Basa krama)	Bali und angrenzende Inseln	Nach Tageszeit: Selamat pagi (Guten Morgen), Selamat siang (Guten Mittag), Selamat sorc (Guten Abend)	Die Person, die bleibt, sagt: Selamat jalan (Friede auf eurem Weg). Die Person, die geht, sagt: Selamat tinggal (Friede deinem Leben). Einfacher: Sampai ketemu	Terima kasi
Baskisch (Euskara)	Baskenland entlang der Grenze zwischen Frankreich und Spanien	Kaixo	Agur	Eskerrik asko
Bengalisch (Bangla)	Bangladesch, Indien England	Namaskar, a salaam alaykum	Bidaay, shuva-bidaay	Dhanyabaad
Bosnisch (Bosanski)	Bosnien-Herzegowina	Zdravo, merhaba	Do vidjenja	Hvala, Hvala vam (mit zusätzlichem Respekt)

Sprache	Land	Guten Tag	Auf Wiedersehen	Danke
Chocta	Stammessprache der Chocta, Oklahoma und Mississippi, USA	Halito	Chi pisa lachike	Yakoke
Dänisch (Dansk)	Dänemark, Grönland	Hej, Goddag, Hejsa	Farvel	Tak, Mange tak
Englisch (English)	Nordamerika, Großbritannien, Australien, Neuseeland	Hello, Hi, Hey, good to see you, greetings, g´day (Australien))	Good-Bye, Bye, Bye-bye	Thank you, thanks (zwanglos)
Esperanto	Welthilfssprache, die 1887 entwickelt wurde	Saluton	Is la revido	Dankon, Donkon al vi
Französisch (Français)	Frankreich und ehemalige Kolonien	Salut, Bonjour	Au revoir, Adieu	Merci, Merci beucoup
Deutsch	Deutschland, Österreich, Schweiz	Hallo, Guten Tag, Grüß Gott	Auf Wiedersehen	Danke, Danke schön
Griechisch (Elliniki)	Griechenland	Yia sou, Yassas (zwanglos)	Adio, Yia sou und Yia sas (beides bedeutet Hallo und Auf Wiedersehen)	Efkharisto
Haitianisch (Kreyòl)	Haiti	Alò, Bonjou	Orevwa, Tchaw, Babay	Mèsi, Granmèsi
Hausa	Westafrika	Sannu	Sai an jima	Na gode
Hawaiisch (Olelo Hawai`i)	Hawaii	Aloha, Aloha mai	Aloha	Mahalo
Hebräisch (Iwrit)	Israel	Shalom, Ma nishma, Hi	Shalom	Toda, Toda raba
Hindi	Indien, Ostasien	Namaste, Namaskar, Helo (am Telefon)	Alavidha, Namaste	Shukriya, Dhanyavaad
Isländisch (Islenska)	Island	Halló, Góðan daginn	Bless, Bless bless	Takk, Takk fyrir

Sprache	Land	Guten Tag	Auf Wiedersehen	Danke
Igbo	Nigeria	Ndeewo, Kadu	Ka o di, Ka omesia	Imela, Dalu
Indonesisch (Bahasi Indonesia)	Indonesien	Selamat siang, Halo, Hai	Sampai jumpa. Selamat jalan (sagt die Person, die bleibt) Selamat tinngal (sagt die Person, die geht)	Terima kasih banyak (förmlich), Makasih (zwanglos), Thanks ya (sehr leger) Trims (Dialekt)
Inuit (Inuktitut)	Arktisches Kanada, Alaska, Grönland	Ai, Ainngai	Assunai, Ilaaniul	Nakurmik, Quana
Italienisch (Italiano)	Italien	Buon giorno, ciao	Arrivederci, Ciao, a domani, Addio, Pronto (am Telefon)	Grazie
Japanisch (Nihongo)	Japan	Konnichi wa (Betonung auf der zweiten Silbe), Ohayo (Guten Morgen), Moshi-moshi (am Telefon)	Sayonara, Jaa ne (zwanglos unter Freunden), Bye-bye	Arigato, Domo arigato, Arigato gozaimasu (wenn man eine Feier verlässt, die noch läuft), Ja ma ta (bis bald!)
Kirgisisch (Kirghizi)	Kirgistan, Zentralasien	Salaam	Ghoshn	Rakhmat
Koreanisch (Hangukmal in Südkorea, Chosonmal in Nordkorea)	Nord- und Südkorea	Ahnyong, Annyong haseyo (förmlich), Yeoboseyo (am Telefon)	Ahnyong, Chalga hasseyo	Kamsa hamnee-da (förmlich), Komapsumnida (zwanglos)
Kurdisch (Kurdî)	Irak, Iran, Türkei	Silaw. Roj bs (ausgesprochen Ros-basch), als Antwort: Bashem	Xwahafiz	Shukur, Sipas
Lateinisch (Lingua latina)	Im alten Rom und seinen Kolonien	Ave, Salve	Vale (zu einer Person), Valete (zu mehreren Personen)	Gratias ago tibi (GAT), Gratias
Lenape	Stammessprache im Delaware-Tal, USA	Hè	Lápich knewël	Wanishi

Sprache	Land	Guten Tag	Auf Wiedersehen	Danke
Madagassisch	Madagaskar	Manao ahoana, Salama	Veloma	Misatra
Mandarin (Pu tong hua)	China	Ni hao ma (Ni hao wie am Telefon)	Zai jian	Xie xie
Maorisch (Te Reo maori)	Neuseeland	Kia ora	Haere rã, e noho ra (sagt die Person, die geht)	Kia ora
Mongolisch (Mongol)	Mongolei	Sain baina uu, Sainu	Bayarta, Daraa uulzii (bis bald!)	Bayarlalaa, Gyalailaa
Navajo (Diné Bizaad)	Stammessprache der Apachen, USA	Yá`át`ééh	Hágoónee	Ahéhee
Niederländisch (Nederlands)	Niederlande, Suriname, Niederländisch Antillen, Aruba	Hallo, Goeden dag, Goeie dag, Morgen	Tot ziens, Dag	Dank u (förmlich), Dank je (zwanglos)
Persisch (Farsi)	Iran	Salaam	Kho'da hafez, Masalaam	Tashakkur, Mamoon, Merci, Moshakir, Mo`he`shaker`am
Polnisch (Polska)	Polen	Dzien dobry, Czesz (ausgesprochen: schesch), witaj	Do widzenia, Nara	Dziekuje, Dziekujemy (zu mehreren Personen) Dzieki (zu Freunden)
Portugiesisch (Portogues)	Portugal, Brasilien, Angola, Mosambik	Ola, Oi, Bom dia (Guten Morgen), Boa tarde (Guten Nachmittag), Noa noite (Gute Nacht)	Adeuas, Tchau	Obrigada (von einer Frau oder einem Mädchen), Obriado (von einem Mann oder Jungen)
Russisch (Russki Yazik)	Russland	Priwjet	Do svidaniya, Poka	Spasibo
Spanisch (Español)	Spanien, Mittelamerika, Südamerika	¡Hola!	Adiós, Hasta luego (bis später!), Hasta pronto (bis bald!)	Gracias, Muchas gracias, Te pasaste (in Lateinamerika)

Sprache	Land	Guten Tag	Auf Wiedersehen	Danke
Swahili (Kiswahili)	Kenia, Ost- und Mittelafrika	Jambo, Salama, Hujambo	Kwa heri (zu einer Person), Kwa herini (zu mehreren Personen)	Asante
Tagalog	Philippinen	Kamusta, Hello, Hi	Palaam	Salamat, Salamat po
Tamil	Indien	Vanakkam, Alo, Hi	Poyittu varén	Nandri
Tibetisch (Bod Skad)	Tibet und Grenzgebiete	Oloy, Tashidelek	Tashidelek	Tudiche (ausgesprochen: tu-di-tschei)
Türkisch (Türkçe)	Türkei	Merhaba, Selam	Güle güle, Hosçakal (ausgesprochen: hosch-scha-kal)	Tesekkürler, Tesekkür, Tesekkür ederim, Sagolun, Sagol, Mersi
Ungarisch (Magyar)	Ungarn	Szia (ausgesprochen: si-ja), Sziastok (zu mehr als einer Person) und ähnlich Hello und Hellostok	Viszlat (zwanglos), Szia und Sziastok	Köszönöm, Köszi
Urdu	Pakistan	Asalam alaykum, Namaste	Khuda-hafiz, Salaam	Shukriya
Walisisch (Cymraeg)	Wales	Hylo, sut mae?	Da bo chi (ausgesprochen: dah-boh-ki)	Diolch, Diolch yn fawr
Xhosa (isiXhosa)	Südafrika, Lesotho, Botswana	Molo (zu einer Person), Molweni (zu mehreren Personen)	Hamba ka-kahle (sagt die Person, die bleibt), Sala kahle (sagt die Person, die geht)	N´kosi
Yoruba (ede Yorùbá)	Nigeria, Benin, Togo	Ago o, Ba wo ni (die Antwort darauf lautet: Dadani esa; zusätzlich existieren 15 weitere Möglichkeiten)	Ó dà bò	E se é. O se (zu einem Jüngeren), E se (zu einem Älteren), E seun (förmlich)

Schwimmen

—— ✄ ——

Beim Schwimmen bewegst du Arme und Beine, um im Wasser vorwärtszugleiten. Du kannst dabei wie ein Hund paddeln oder einen der vier Schwimmstile erlernen.

FREISTIL

Dieser Stil wird heute am häufigsten verwendet. Er wurde vermutlich um 1873 von dem Engländer John Arthur Trudgen entwickelt. Der hatte amerikanische Ureinwohner beobachtet, die beim Schwimmen den Kopf ins Wasser tauchten und ihre Arme wie die Flügel einer Windmühle bewegten. Den Europäern, die ihren Kopf beim Schwimmen immer über Wasser behielten, war dieser Schwimmstil bis dahin unbekannt. Bei Wettkämpfen wurde er bald als »Freistil« bezeichnet, weil ihn nahezu alle Schwimmer für die Diszplin »Freistil« benutzten, in der der Schwimmstil frei gewählt werden konnte. Denn mit diesem Stil war man am schnellsten. In Deutschland nennt man diesen Schwimmstil auch Kraulen.

Du legst dich mit dem Bauch auf das Wasser, streckst beide Arme nach vorn und hältst den Kopf unter Wasser. Während dein linker Arm gestreckt bleibt, ziehst du den rechten Arm nach unten durch entlang deiner Beine bis zur Wasseroberfläche. Dann drehst du deinen Kopf nach rechts aus dem Wasser, um Luft zu holen. Aber achte darauf, dass du nur deinen Kopf und nicht den gesamten Körper drehst. Dann führst du deinen rechten Arm über deinen Kopf zurück in seine Ausgangsposition und drehst den Kopf wieder nach unten. Diese Schritte wiederholst du mit dem linken Arm. Während der Armbewegungen führst du mit deinen Beinen Scherenschläge aus, um schneller zu schwimmen. Wenn du beide Armbewegungen beherrschst, atmest du zunächst nur bei jedem zweiten und später bei jedem dritten Armzug.

BRUSTSCHWIMMEN

Das Brustschwimmen wurde 1904 als olympische Sportart aufgenommen. Dieser Schwimmstil ist der langsamste und älteste der vier Stile. In einer eiszeitlichen Höhle in Ägypten zeigen Wandmalereien Schwimmer beim Brustschwimmen. Dieser

Schwimmstil besitzt den Vorteil, dass du beim Schwimmen nach vorn siehst und bei jedem Zug, bei dem dein Kopf aus dem Wasser auftaucht, Luft holen kannst.

Das Brustschwimmen besteht aus verschiedenen Bewegungen der Arme und der Beine. Zu Beginn sind die Arme ausgestreckt und die Handflächen zeigen nach außen, sodass sich die Handrücken berühren. Dann ziehst du deine Hände nach außen und hinten, als ob du Wasser zur Seite schiebst. Während du deine Ellbogen beugst und die Arme zur Seite führst, hebst du den Kopf und holst Luft. Danach taucht dein Kopf wieder unter Wasser und du führst die Hände wieder zusammen mit den Handflächen nach außen. Du streckst deine Arme wieder nach vorn und setzt zum nächsten Schwimmzug an. Um den Beinschlag zu üben, hältst du dich am Beckenrand fest und legst dich mit ausgestreckten Beinen auf den Bauch. Dann beugst du deine Knie und drehst deine Füße, sodass die Fersen nach oben zeigen. Wie bei einer Grätsche ziehst du deine Füße nach außen und bringst sie wieder in einer kreisförmigen Bewegung zusammen. Jetzt kombinierst du die Schwimmzüge der Arme mit denen der Beine. Achte darauf, dass du deine Knie beugst, wenn du deine Arme öffnest (und das Wasser mit den Handflächen zur Seite drückst).

Der verhältnismäßig komplizierte Schwimmzug verläuft in mehreren Phasen. Zuerst sind die Arme ausgestreckt mit den Handflächen nach außen und dem Kopf unter Wasser, während die Beine zusammen und ausgestreckt sind. Dann ziehst du die Hände nach außen und zu deinem Körper, während du gleichzeitig die Knie beugst und deine Füße anziehst. Während deine Arme am Körper liegen, hebst du den Kopf für einen Atemzug und schlägst mit den Füßen nach außen. Danach streckst du die Arme aus mit den Handflächen nach außen, dein Kopf taucht unter und deine Beine sind gestreckt.

RÜCKENSCHWIMMEN

Das Rückenschwimmen erinnert an einen umgekehrten Freistil. Dazu ziehst du die Arme seitlich durchs Wasser und führst einen kraftvollen Beinschlag aus. Im Gegensatz zum Freistil liegst du mit dem Rücken auf dem Wasser.

Du legst dich mit dem Rücken auf das Wasser und hältst die Arme seitlich gestreckt. Dann hebst du einen Arm aus dem Wasser und hältst ihn dabei gestreckt neben deinem Körper. Sobald dein Arm in Höhe des Ohres ist, führst du den anderen Arm nach unten. Den ersten Arm ziehst du kreisförmig ins Wasser, während du den zweiten Arm aus dem Wasser nach oben führst. Dabei befindet sich ein Arm immer oberhalb des Wassers, während der andere unter Wasser ist. Den Arm unter

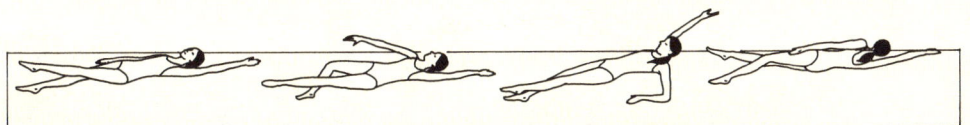

Wasser beugst du im Ellbogen, um mehr Kraft zu entwickeln. Beide Arme bewegst du wie Windmühlenflügel kreisförmig. Mit deinen Füßen führst du abwechselnd kräftige Beinschläge aus. Dabei hältst du den Körper flach im Wasser. Um Spritzer zu vermeiden, führst du die Hand mit dem Daumen zuerst aus dem Wasser, während du sie beim Eintauchen drehst, sodass der kleine Finger zuerst eintaucht.

SCHMETTERLINGSSCHWIMMEN ODER DELFIN

Der schwierigste Schwimmstil wurde nach 1930 entwickelt und erlebte 1956 seine olympische Premiere. Dieser Stil besteht aus einem Armschlag und einem wellenförmigen Beinschlag, bei dem sich beide Beine auf- und abbewegen. Obwohl die wellenförmige Bewegung der Beine und das gleichzeitige Herausschnellen der Arme schwierig erscheint, liegt das Geheimnis dieses Stils vor allem im Beinschlag.

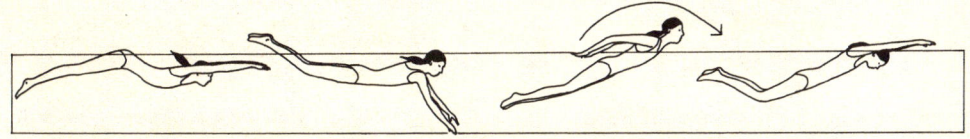

Erst stellst du dir vor, du bist eine Meerjungfrau mit einem Fischschwanz anstelle der Beine. Dann schließt du die Beine und bewegst sie vom Brustkorb abwärts wie eine Welle. Zunächst übst du diesen Wellenschlag, und sobald du ihn beherrschst, setzt du deine Arme ein. Dazu tauchst du mit dem Kopf unter und hältst die Arme seitlich gestreckt. Nach nur einer Wellenbewegung führst du deine Arme nach unten und aus dem Wasser, über deinen Kopf und wieder in das Wasser. Während du deine Arme nach oben ziehst, hebst du den Kopf zum Atmen. Sobald deine Arme wieder in das Wasser tauchen, senkst du auch deinen Kopf. Du ziehst deine Arme durch das Wasser bis zu deinen Beinen, machst eine Wellenbewegung und ziehst die Arme wieder nach oben. Später versuchst du, nur bei jedem zweiten Zug zu atmen.

ROLLWENDE

Bei Wettkämpfen berühren Schwimmer nicht einfach den Beckenrand und drehen sich zur nächsten Bahn um, sondern machen eine Rollwende. Sie ähnelt einem Salto unter Wasser und man drückt sich dabei mit beiden Füßen vom Rand ab.
Vorbereitung: Du übst zunächst an Land, um ein Gefühl für die Rolle vorwärts zu entwickeln. Im Wasser übst du zuerst deine Atemtechnik, damit dir bei der Roll-

wende kein Wasser in die Nase strömt. Dazu stehst du im Wasser und holst durch die Nase bei geschlossenem Mund tief Luft. Dann tauchst du und atmest durch die Nase wieder aus. Diese Übung wiederholst du mehrere Male.

DIE ROLLWENDE AUSFÜHREN

Im Schwimmbecken: Wende aus dem Stand Du suchst dir eine Stelle, bei der dir das Wasser bis zum Bauchnabel reicht. Die Arme streckst du nach vorn. Schließe den Mund und hole durch die Nase tief Luft. Dann springst du und machst dabei eine Rolle – drücke das Kinn auf die Brust, beuge die Knie und drücke sie gegen den Bauch – wie bei einem Salto. Unter Wasser atmest du dabei durch die Nase aus.

Im Schwimmbecken: Schwimmen und wenden Du schwimmst auf dem Bauch und hältst die Arme seitlich. Nach einigen Beinschlägen machst du eine Rolle wie bei einem Salto. Dann übst du die Wende nach einigen Schwimmzügen. Nach drei Freistilzügen und drei bis vier Beinschlägen übst du die Rolle unter Wasser.

Am Beckenrand: Wende aus dem Stand Du stehst etwa eine Körperlänge vom Beckenrand entfernt, streckst deine Arme nach vorn und springst in eine Rolle. Achte darauf, dass du während der Rolle aus der Nase ausatmest. Nach etwa einer Dreivierteumdrehung streckst du deine Beine aus und versuchst, mit deinen Füßen den Rand zu berühren. Unter Wasser liegst du auf dem Rücken, wenn deine Füße den Rand berühren. Diese Übung wiederholst du mehrere Male, um ein Gefühl für die Bewegungsabläufe zu erhalten.

Die Rollwende ausführen: Du schwimmst eine Bahn, bis du etwa eine Körperlänge vom Beckenrand entfernt bist. Dann drückst du dein Kinn auf die Brust, vollziehst eine Rolle und atmest währenddessen durch die Nase aus. Nach der Hälfte der Rolle streckst du die Beine gegen die Wand aus und drückst dich mit den Füßen ab. Dabei liegst du mit dem Bauch nach oben im Wasser und deine Arme sind nach vorn gestreckt (über dem Kopf und die Finger berühren sich). Dann drehst du dich um die Längsachse und schwimmst weiter.

Praktische Tipps für den Alltag

EINEN SAUM NÄHEN

Kennst du die einfachste Methode, einen Saum zu nähen? Du bräuchtest gar nicht nähen! Aus der Kurzwarenabteilung eines Kaufhauses holst du dir ein Saumband zum Aufbügeln und nimmst das Bügeleisen. Aber einen Saum mit Nadel und Faden zu nähen, ist eine praktische und leicht erlernbare Fähigkeit. Dazu benötigst du eine Nadel, Faden, Stecknadeln und ein Bügeleisen. Dann ziehst du das Kleidungsstück an und markierst mit Stecknadeln den neuen Saum. (Nach einer Faustregel ist ein Hosensaum etwa 2,5 cm und ein Rock- und Kleidersaum ungefähr 5 cm breit.) Den neuen Falz an deinem Kleidungsstück bügelst du und wendest das Kleidungsstück zur linken Seite. Dann nimmst du einen Faden, der farblich zum Stoff passt, fädelst ihn durch das Nadelöhr ein und verknotest ihn. Du stichst die Nadel am oberen Saumrand durch den Stoff und ziehst den Faden bis zum Knoten durch. Nun nähst du den Saum rundherum an und achtest dabei darauf, dass alle Stiche den gleichen Abstand haben und nicht zu fest sind. Am Ende schließt du die Naht mit einem Doppelknoten ab, schneidest den restlichen Faden ab und bügelst den Saum.

EINEN KNOPF ANNÄHEN

Du suchst die Stelle, an der der Knopf vorher befestigt war, und entfernst die restlichen Fäden. Dann holst du dir eine Nadel und etwa 25–30 cm Faden, der farblich entweder zum Stoff oder zum Knopf passt. Den Faden ziehst du bis zur Hälfte durchs Nadelöhr und verknotest die Enden. Auf der Innenseite des Kleidungsstücks stichst du an der Stelle, an die der Knopf soll, durch das Gewebe und ziehst den Faden vollständig auf die Außenseite. Dann führst du die Nadel durch eines der Löcher im Knopf und schiebst ihn auf das Gewebe. Den Faden ziehst du fest an und stichst durch ein anderes Loch im Knopf auf die Innenseite des Kleidungsstücks. Wenn der Knopf mehr als zwei Löcher besitzt, führst du die Nadel jetzt von der Innenseite durch das dritte Loch und ziehst ihn fest. Bei vier Löchern nähst du den Knopf kreuzweise an. Wenn du den Faden nahezu vollständig vernäht hast, befestigst du den Knopf auf der Innenseite durch einen Doppelknoten des Fadens und schneidest den restlichen Faden ab.

EINE VERSTOPFUNG IN DER TOILETTE BESEITIGEN

Das wichtigste Werkzeug, um eine Verstopfung zu beseitigen, ist die Saugglocke, die man auch Pümpel nennt. Sie besitzt ein glockenförmiges Ende mit einem Rand. Zur Benutzung setzt du die Saugglocke auf den Abfluss und drückst sie fest an. Achte darauf, dass der Glockenrand den Abfluss fest verschließt. Das spürst du, wenn du die Saugglocke hochziehst und sie wieder in ihre Position zurückspringt. Dann drückst du die Saugglocke hinunter und ziehst sie wieder hoch. Du pumpst etwa vier- bis fünfmal, ohne den dichten Sitz der Glocke zu unterbrechen. Diese Bewegungen, insbesondere das schnelle Pumpen, lösen die Verstopfung. Anschließend ziehst du die Saugglocke aus der Toilette. Ein saugendes Geräusch zeigt dir an, dass die Verstopfung in das Fallrohr gesunken ist. Hörst du dieses Geräusch nicht, musst du nochmals pumpen.

EIN FEUER IN DER KÜCHE LÖSCHEN

Wenn Öl in einem Topf oder einer Pfanne brennt, schiebst du den Topf mit einem Kochlöffel von der Herdplatte, ziehst einen Backhandschuh an und legst den Deckel (oder einen großen Teller) auf den Topf. Brennendes Öl darf man niemals mit Wasser löschen, weil sonst das brennende Öl explodiert und weitere Brände auslösen kann (außerdem kann es dich schwer verletzen!). Wir sprechen hierbei aus Erfahrung, nachdem wir nach einem solchem Wassereinsatz die Küche renovieren mussten.

Wasser darfst du nur benutzen, wenn Papier, Holz oder Kleidung brennt. Bei einem Feuer an elektrischen Anlagen wie dem Herd darfst du ebenfalls kein Wasser zum Löschen benutzen. Elektrische Anlagen werden mit einem Schaumlöscher erstickt, der Kohlendioxid enthält. Wenn ihr keinen Schaumlöscher zu Hause habt, bringst du dich in Sicherheit und alarmierst die Feuerwehr.

EINE VERSTOPFUNG IM ABFLUSSROHR BESEITIGEN

Manchmal kannst du eine Verstopfung mit einfachen Hausmitteln beseitigen. Du vermischst eine halbe Tasse Backpulver mit einer halben Tasse Essig. Aus der Schule weißt du, dass Backpulver und Essig heftig miteinander reagieren. Die Mischung schüttest du in den Abfluss und wartest einige Stunden, bevor du mit Wasser nachspülst.

Bei einer Verstopfung durch Fett nimmst du eine halbe Tasse Salz, eine halbe Tasse Backpulver und einen Teekessel kochendes Wasser. Du gibst alles in den Abfluss und lässt deine Mischung über Nacht wirken. Um Verstopfungen vorzubeugen, wendest du folgenden Reiniger einmal wöchentlich an: Du mischst eine Tasse Backpulver, eine Tasse Salz und eine viertel Tasse Remouladensoße. Von dieser Mischung gibst du eine viertel Tasse in den Abfluss und schüttest eine Tasse kochendes Wasser sofort nach. Nach zehn Sekunden spülst du mit kaltem Wasser.

EIN BILD AUFHÄNGEN

Nach einer alten Faustregel soll ein Bild so hängen, dass sich sein Mittelpunkt genau auf Augenhöhe des Betrachters befindet. Bei Erwachsenen beträgt diese Höhe etwa 160 cm. Mit einem Zollstock misst du vom Boden diese Höhe ab und markierst die Stelle mit einem kleinen Stückchen Kreppband. Dann misst du auf der Rückseite des Bildes den Abstand zwischen dem Aufhänger am Bilderrahmen und dem Mittelpunkt des Bildes. Die entsprechende Länge schneidest du vom Kreppband ab und klebst es von der markierten Stelle aus an der Wand senkrecht in die Höhe. Dort schlägst du einen Nagel in die Wand. Anschließend entfernst du das Kreppband von der Wand und hängst das Bild am Nagel auf.

Bei Bilderrahmen mit zwei Aufhängern misst du den Abstand des Bildmittelpunkts zu beiden Aufhängern, schneidest zwei entsprechende Teile vom Kreppband und klebst sie von der markierten Stelle aus an der Wand schräg in die Höhe. An jedes Kreppbandende schlägst du in gleicher Höhe (!) einen Nagel in die Wand.

Wenn du mehrere Bilder in einer Reihe aufhängen willst, rollst du zuerst eine Rolle Pergamentpapier auf dem Boden aus. Darauf legst du die Bilder in der gewünschten Reihenfolge und zeichnest ihre Umrisse mit einem Stift nach. Dann entfernst du die Bilder (und legst sie in derselben Reihenfolge auf den Boden oder schreibst dir die Reihenfolge auf, um sie nicht durcheinanderzubringen). Mit Kreppband befestigst du das Pergamentpapier in Augenhöhe an der Wand und schlägst an jeder Markierung für die Aufhänger einen Nagel ein. Nachdem du das Papier von der Wand abgenommen hast, hängst du die Bilder auf.

Kalligrafie

— >‹ —

Der Begriff Kalligrafie setzt sich aus den griechischen Wörtern *kallos* (schön) und *graphein* (schreiben) zusammen und bezeichnet die Kunst des schönen Schreibens.

Vor Erfindung des Buchdrucks in der Mitte des 15. Jahrhunderts wurden Texte handschriftlich mit Schreibfeder und Tinte auf Pergament verfasst. Schreiber kopierten Bücher Buchstabe für Buchstabe mit ausgefeilten Schriften, die eindrucksvoll aussehen. Viele Kulturen kennen auch heute noch kunstvoll gestaltete Handschriften. Vor allem die arabische, chinesische und die westliche Kalligrafie erreichten ein hohes Niveau.

Die westliche Kalligrafie, um die es hier geht, nennt man auch römische Kalligrafie, weil sie auf dem römischen Alphabet basiert. Dieses entstand um 600 v. Chr. aus den phönizischen, griechischen und etruskischen Buchstaben. Das ursprüngliche römische Alphabet, das ein reines Großbuchstaben-Alphabet war, spiegelte die römischen Leitlinien der Architektur wider und ging auf geometrische Figuren wie Kreis, Quadrat und Dreieck zurück. Eine Kursivschrift (die man später als ältere römische Kursivschrift bezeichnete) wurde für die alltäglichen Schreibarbeiten der Politiker, Kaufleute und Schulkinder entwickelt. Diese zwanglose, weniger geometrische Schrift wurde bis in das dritte Jahrhundert benutzt. Ungefähr zu dieser Zeit entstand daraus die jüngere römische Kursivschrift, die die Grundlage unserer heutigen Schrift bildet.

Aus der frühen römischen Schrift entwickelten sich die Unziale sowie gotische und kursive Schriftgattungen als Grundschriftarten der modernen westlichen Kalligrafie. Mithilfe der Unziale schrieben und kopierten im sechsten Jahrhundert Mönche religiöse Schriften. Um 1300 entwickelte sich die eng laufende gotische Schrift, um mehr Text auf einer Seite unterzubringen. Die Kursivschrift, die wir heute mit der Kalligrafie verbinden, entstand gegen Ende des 15. Jahrhunderts.

Die Erfindung des Buchdrucks und des Kupferstichverfahrens im 17. Jahrhundert verdrängte die handschriftliche Kalligrafie, die noch für persönliche Briefe und förmliche Einladungen verwendet wurde. Doch das Vermächtnis der Schönschreibkunst blieb erhalten und bildet heute die Grundlage vieler moderner Schriftarten, wie man sie auch in der Schriftensammlung seines Computers findet.

UNZIALE

Der Name dieser Schriftart leitet sich von dem lateinischen Wort *uncia* ab und bedeutet »ein zwölftel Fuß«. Die Unziale ist eine Majuskelschrift, die nur aus Großbuchstaben besteht. Als sie entwickelt wurde, beanspruchte ein einzelner Buchstabe gegenüber anderen Schriftarten nur ein zwölftel Fuß (oder Zoll) des Platzes. Charakteristisch für die Unziale sind breite, runde Buchstaben, die nicht miteinander verbunden sind. Diese Schriftart war zwischen dem vierten und neunten Jahrhundert vorwiegend eine Buchschrift. Im siebten Jahrhundert wurden die Buchstaben der Unziale kleiner und enger, Ober- und Unterlängen (Striche ober- und unterhalb der kleinen Buchstaben) entstanden und einige Buchstaben waren wie bei der Kursivschrift miteinander verbunden. Diese Schriftart, die man *Halbunziale* nennt, wurde vorwiegend für philosophisch-theologische und juristische Texte verwendet.

GOTISCHE SCHRIFT

Man nennt diese Schriftart auch *Textura* oder Mönchsschrift, weil sie angeblich im 11. Jahrhundert von Mönchen entwickelt wurde. Obwohl sie in Deutschland bis in das 20. Jahrhundert benutzt wurde, ist sie sehr schwer zu lesen. Sie entwickelte sich aus den runden Schriftarten wie der Unziale, die mit der Zeit schmaler wurden. In den Büchern mussten mehr Informationen auf einer Seite untergebracht werden, sodass Kalligrafen engere Buchstaben entwickelten. Gleichzeitig verknüpften

Unziale

sie einzelne Buchstaben wie bei der Kursivschrift, schufen Kontraktionen (Zusammenziehung mehrerer Vokale) und Abkürzungen und verkürzten die Ober- und Unterlängen, um mehr Platz zu gewinnen. Auch aus diesem Grund führten sie neben den Großbuchstaben die Kleinbuchstaben ein, die man auch *Minuskeln* nennt. Die Großbuchstaben wurden zu schmückenden Textelementen mit geschwungenen Linien. Dadurch entwickelten sich auch persönliche Schreibstile – es gab Vereinbarungen über geschwungene Linien und dekorative Elemente, aber keine festen Regeln. Während die Kleinbuchstaben einheitlich geschrieben wurden, ließen die prachtvollen Großbuchstaben jeden Text einzigartig erscheinen. Diese Schriftart führte Mitte des 15. Jahrhunderts zur Entwicklung der Lettern im Buchdruck. In der modernen Kalligrafie wird heute eine lesbare Version dieser Schriftart für Zeugnisse und Einladungen benutzt.

KURSIVSCHRIFT

Die gotische Schrift wurde entwickelt, um das Neue Testament in die gotische Sprache zu übertragen. Doch im 15. Jahrhundert galt diese Schrift in Italien als barbarisch und unzivilisiert. Dort bevorzugte man die fließende, geneigte Handschrift, die man *Kursivschrift* nannte (im Englischen heißt sie heute noch *italic*). Der italienische Gelehrte Niccolo Niccoli hat diese Schriftart entwickelt, weil er die gotische Schrift ablehnte und auch schneller schreiben wollte. Seine Schriftart verband einzelne Buchstaben und brauchte weniger Striche pro Buchstabe, ähnlich wie die Handschrift, die wir heute in der Schule lernen. Seine größte Veränderung war das kleine a, das nun kreisförmig und in einem Zug geschrieben wurde.

Aa Bb Cc Dd Ee Ff Gg

Hh Ii Jj Kk Ll Mm

Nn Oo Pp Qq Rr Ss

Tt Uu Vv Ww Xx

Yy Zz

Gotische Schrift (Textura)

Aa Bb Cc Dd Ee Ff
Gg Hh Ii Jj Kk Ll
Mm Nn Oo Pp
Qq Rr Ss Tt Uu Vv
Ww Xx Yy Zz

Kursivschrift

HANDWERKSZEUG

Die Kalligrafen benutzten früher eine Kielfeder und Tinte, aber du kannst heute besondere Kalligrafiestifte kaufen. Gute Kalligrafiestifte besitzen abnehmbare Federn und verwenden eine Spezialtinte, die in den Tank des Stifts gefüllt wird. Einfachere Kalligrafiestifte haben besonders geformte Federn, die den traditionellen Federn ähneln. Wenn du noch keinen Kalligrafiestift besitzt, beginnst du am besten mit einfacheren, weil diese preiswerter sind. Du kannst dir auch einen Kalligrafiestift selbst basteln, indem du einfach zwei Bleistifte miteinander verbindest.

Dazu spitzt du zwei Bleistifte an. Mit Klebeband verbindest du beide Bleistifte oben und unten. Du hältst deinen Kalligrafiestift so, dass du mit beiden Minen gleichzeitig schreibst. Der Text wird zwar etwas groß, aber dafür kannst du den doppelten Umriss bei einzelnen Buchstaben später mit Farbe ausmalen oder mit einem Muster verzieren.

KALLIGRAFIE ANWENDEN

Zuerst besorgst du dir einen Kalligrafiestift, Papier, ein Bleistift und ein Lineal.

Hilfslinien: Mit dem Lineal zeichnest du auf unlinertes Papier die Grundlinie (auch Schriftlinie). Dann markierst du vier Federbreiten über der Grundlinie einen Punkt auf dem Blatt. In dieser Höhe zeichnest du eine Parallele zur Grundlinie. Das ist die X-Linie. Zwei Federbreiten darüber zeichnest du die H-Linie und eine Federbreite über dieser die K-Linie ein. Unterhalb der Grundlinie zeichnest du im Abstand von drei Federbreiten die P-Linie.

K-Linie
H-Linie
Mittellinie oder X-Linie
Grundlinie
P-Linie

Federbreite

Schreiben: Du hältst deinen Kalligrafiestift im 30°- bis 45°-Winkel zur Grundlinie und übst senkrechte Striche. Dazu beginnst du oben und ziehst den Stift nach unten. Dann übst du waagrechte Striche von links nach rechts. Dabei darfst du den Stift nicht zu fest aufdrücken, sondern führst ihn wie beim Malen mit leichter Hand über das Blatt.

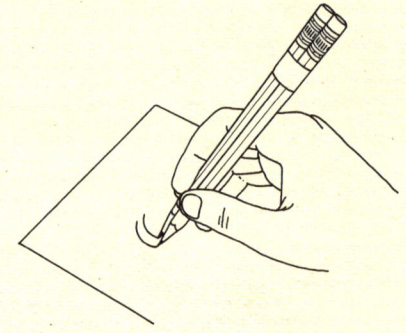

Antikes Papier herstellen

Altmodisch aussehendes Papier eignet sich sehr gut für Einladungen zum Tee, für eine Schriftrolle, Ankündigungen deines Theaterstücks im Hinterhof und natürlich als persönliches Briefpapier.

DAS BRAUCHST DU:

- ✦ Kochendes Wasser
- ✦ Krug
- ✦ Schwarzen Tee in Beuteln (oder Kaffee/löslichen Kaffee)
- ✦ Papier
- ✦ Pinsel
- ✦ Kuchenblech oder flache Pfanne

Zuerst bringst du das Wasser zum Kochen (bitte dafür einen Erwachsenen um Hilfe). Das kochende Wasser gießt du in den Krug und hängst mehrere Teebeutel hinein. Ein Krug Tee sollte ausreichen, wenn du nicht gerade den Brockhaus abschreiben willst.

Wenn du die Papierränder einreißt, verstärkt dies den antiken Effekt. Während der Tee zieht, befeuchtest du die Papierränder mit einem Pinsel. Ungefähr 1 cm vom Papierrand legst du ein Lineal an und reißt daran entlang einen aufgeweichten Streifen Papier ab. Das gerissene Papier saugt den Tee besser auf und wird dadurch dunkler.

Nach etwa 20 Minuten schüttest du den Tee auf das Blech oder in die Pfanne. Dann legst du das vorbereitete Papier für einige Minuten hinein. Danach lässt du es auf einem Handtuch trocknen. Aus den Teebeuteln presst du etwas Wasser heraus und wischst mit ihnen über das Blatt Papier. Du kannst an einigen Stellen auch Tee auf dem Papier zerreiben, dann erhältst du dort dunkle Flecken. Um zusätzliche Falten und Knicke zu bekommen, legst du das Blatt Papier für 5 Minuten in den 200 °C heißen Backofen.

Diese Methode funktioniert auch mit Kaffee. Dazu kochst du einen superstarken Kaffee und behandelst das Papier wie mit dem Tee. Du kannst auch einige Körnchen Kaffeepulver auf dem Papier verteilen, um dunklere Stellen zu erhalten.

Wie man debattiert

Eine Debatte ist eine öffentlich geführte Diskussion in Form eines Streitgesprächs. Geführt wird eine Debatte im Allgemeinen von Politikern in einem Parlament oder einem anderen öffentlichen Rahmen, etwa einer Fernsehsendung. Eine Debatte dient dazu, die politischen Ansichten der verschiedenen Parteien deutlich zu machen, sodass die Zuhörer die Unterschiede leicht feststellen können. In einem Parlament geht jeder Abstimmung eine Debatte voraus, in der noch einmal alle wichtigen Argumente ausgetauscht werden. Daher gilt die Debatte als ein bedeutendes Instrument innerhalb der Demokratie. Damit eine Debatte nicht ausufert oder ein Redner kein Ende findet, wird sie von einem Gesprächsleiter geführt. Im Deutschen Bundestag in Berlin ist dies der Präsident des Bundestags. In einer Fernsehsendung wie zum Beispiel *Hart aber fair* oder *Anne Will* kommt diese Aufgabe der Moderatorin oder dem Moderator zu. Eine Debatte folgt also klaren Regeln, zu denen auch eine Begrenzung der Redezeit und ein Verzicht auf persönliche Angriffe zählen.

Für den Teilnehmer einer Debatte bedeutet dies, dass er seine Rede oder sein Statement gut vorbereiten und für einen klaren Aufbau sorgen muss. Er muss sich kurz fassen und seine Argumente deutlich herausstellen und auf den Punkt bringen. Denn nur wenn er seine Überzeugung unmissverständlich und überzeugend formuliert, kann er sich behaupten und durchsetzen. Da eine Debatte kein harmloser Meinungsaustausch ist, sondern ein echtes Streitgespräch, dürfen und müssen die Redner ihre Gegner auch mit harten Aussagen und Angriffen provozieren. Nur so werden die Meinungsunterschiede besonders deutlich. Andererseits muss der Gesprächsleiter darauf achten, dass in einer Debatte persönliche Beleidigungen jedweder Form unter allen Umständen unterbleiben. In diesem Fall kann er einem Redner das Wort entziehen.

Entgleisungen dieser Art werden jedoch einem erfahrenen und geübten Redner nie passieren. Er setzt aber nicht nur auf gute Argumente, sondern auch auf den geschickten Einsatz von rhetorischen Mitteln. Dazu gehören nicht nur die auf Seite 237 erklärten rhetorischen Figuren, sondern auch folgende »Kniffe«:

Gute, plastische Beispiele: Viele Gesetze oder finanzpolitische und sozialpolitische Zusammenhänge sind kompliziert. Wer sie jedoch mit einfachen und leicht verständlichen Beispielen verdeutlichen kann, gewinnt an Überzeugungskraft. Ihm folgen die Zuhörer eher als einem Redner, dessen Erklärungen nur schwer nachvollziehbar sind. Besonders gut geeignet sind Beispiele, die aus dem Alltag der Menschen stammen, also der tägliche Einkauf, die Arbeit oder die Freizeit.

Das Moment der Überraschung: Neben den bekannten Argumenten kann ein Redner besonders gut punkten, indem er plötzlich noch gänzlich unbekannte Argumente vorbringt. Dies können neue Zahlen, wissenschaftliche Studien, Fakten oder Enthüllungen sein. Manche Redner recherchieren daher vor einer Debatte sehr gründlich. Besondere Wirkung zeigen solche neuen Argumente, wenn sie erst kurz vor Schluss der Debatte eingebracht werden. So hat der Gegner kaum eine Möglichkeit, auf sie zu reagieren, während sie dem Publikum gut im Gedächtnis bleiben.

Der Griff in die Vorgeschichte: Jedes Thema hat eine Vorgeschichte. Es wurde also schon früher über eine Gesetzesvorlage oder ein Steuersparmodell gestritten. Auch wurden bestimmte Themen bereits vor den letzten Wahlen aufgegriffen. Ein guter Redner sieht sich also genau an, was seine Gegner früher zu einem Thema gesagt haben. So kann er in der Debatte an der richtigen Stelle seine Gegner zitieren und sie mit ihren eigenen Aussagen konfrontieren. Stehen diese im Widerspruch zu seinen aktuellen Aussagen, wird er natürlich in die Enge getrieben.

Längste Wörter

In der deutschen Sprache gibt es mehr lange Wörter als in anderen Sprachen, da man Substantive beliebig zu Komposita zusammensetzen kann. In anderen Sprachen müssen längere Wortungetüme meist durch Trennungsstriche unterteilt werden. So sind sie auch leichter lesbar. Allerdings werden von Sprachwissenschaftlern Wortschöpfungen nicht anerkannt, die zwar viele Substantive beinhalten, aber keinen Sinn oder Bezug haben und auch in keinem Text erscheinen.

Das längste englische Wort ist *Pneumonoultramicroscopicsilicovolcanoconiosis* und hat 45 Buchstaben. Es bezeichnet eine Krankheit, eine besondere Form der Staublunge, und ist ein wissenschaftliches Kunstwort.

Das längste deutsche Wort, das je offiziell in Gebrauch war, ist: *Donaudampfschiffahrtselektrizitätenhauptbetriebswerkbauunterbeamtengesellschaft*.
   Da diese Gesellschaft, die vor dem Ersten Weltkrieg (1914–1918) zur Donaudampfschifffahrtsgesellschaft in Wien gehörte, nicht mehr existiert, zählt dieses Wort mit seinen 79 Buchstaben leider nicht mehr.

Im November 2007 wurde die *Grundstücksverkehrsgenehmigungszuständigkeitsüber-tragungsverordnung* nach nur vier Jahren wieder abgeschafft. Daher zählt auch dieses Wort mit 67 Buchstaben nicht.

Zum Glück haben die Juristen nachgedacht und am 19. Januar 2000 ein weiteres Wort erfunden, nämlich das *Rindfleischetikettierungsüberwachungsaufgabenübertra-gungsgesetz,* das vollständig sogar *Rinderkennzeichnungs- und Rindfleischetikettie-rungsüberwachungsaufgabenübertragungsgesetz* heißt. Aber es zählt natürlich nur die Kurzform mit seinen 63 Buchstaben. Da es in Gesetzestexten und Amtsblättern steht, ist es ein gültiges und auch gebräuchliches Wort und somit das längste aktuelle Wort der deutschen Sprache. Auch andere lange Wörter stammen aus der Sprache der Juristen, etwa das *Bundesausbildungsförderungsgesetz* mit 34 Buchstaben.

WORTSCHÖPFUNGEN VON SCHRIFTSTELLERN

Nicht nur Juristen sind ausgezeichnete Wortschöpfer, sondern auch Schriftsteller, die immer wieder neue Wörter erfinden. Sehr bekannt ist etwa »Der *satanarchäolü-genialkohöllische* Wunschpunsch« von Michael Ende. Er bringt es immerhin auf 30 Buchstaben.

Etwas länger ist das englische Wort *supercalifragilisticexpialidocious,* das Mary Pop-pins in dem gleichnamigen Film von Walt Disney von 1964 singt. Es hat 34 Buch-staben und heißt auf Deutsch *superkalifragilistigexpialigetisch* und hat sogar 35 Buchstaben.

LÄNGSTES PALINDROM

Ein Wort, das man von hinten wie von vorn lesen kann, nennt man Palindrom. Be-kannte Beispiele sind Otto, Hannah oder Rentner. Palindrome sind sehr selten, vor allem in der deutschen Sprache. Als längste gelten der *Retsinakanister* mit 15 und der *Reliefpfeiler* mit 13 Buchstaben.

LÄNGSTES ISOGRAMM

Ein Wort, in dem jeder Buchstabe gleich oft vorkommt oder nur einmal vorkommt, ist ein Isogramm. Als längste Isogramme gelten das *Fachbildungsprojekt* mit 19 und der *Dialogschwerpunkt* mit 17 Buchstaben

Längstes Wort, in dem sich jeder zweite Buchstabe wiederholt, ist der *Panamakanal.*

Ein Garten auf der Fensterbank

— ❋ —

Viele Kräuter und sogar einige Gemüsesorten für die Küche wachsen auch auf der Fensterbank. Dazu brauchst du folgende Dinge:

- ✦ Einen Blumentopf, einen alten Topf, oder irgendeinen Behälter, der mindestens 10 cm tief ist, damit die Wurzeln darin Platz finden.
- ✦ Blumenerde (normale Erde mit Vitaminen)
- ✦ Holzstäbe, um die Pflanzen zu stützen
- ✦ Holzspatel (vom Eis am Stiel), um die Namen der Pflanzen aufzuschreiben
- ✦ Wasser
- ✦ Viel Sonnenlicht – eine Fensterbank nach Süden oder Westen eignet sich am besten (Nordfenster empfangen am wenigsten Licht)

Das Einpflanzen ist sehr einfach. Du füllst Blumenerde in einen Blumentopf und pflanzt die Setzlinge oder Samen ein. Anschließend begießt du die Erde mit Wasser. Pflanzen wachsen jedoch nicht immer und du weißt leider nie, warum sie nicht angehen. Sie können auch sehr langsam keimen, sodass du manchmal vergisst, sie zu gießen.

Wir beschreiben hier einige Pflanzen und wie man sie behandelt, aber du kannst auch andere Pflanzen aussuchen. Für deine Auswahl nimmst du einen Balkonkasten, damit du jede Pflanze einsetzen kannst, die du entdeckst (wie Bohnen oder Kerne von Äpfeln, Kürbissen, Birnen oder Orangen, die du erst trocknen lässt). Wenn eine Pflanze wächst und sie dir gefällt, setzt du sie in einen Blumentopf um.

Avocado

Du wäschst den Kern und lässt ihn einige Tage trocknen. Dann entfernst du die braune Schicht und steckst mehrere Zahnstocher in den Kern. Den gespickten Kern legst du auf ein Glas Wasser, sodass die Spitze des Kerns in das Wasser taucht. So kannst du beobachten, wie die Wurzeln wachsen. Die Avocado wächst aber auch, wenn du den Kern einfach einpflanzt.

Möhren

Das farnartige Grün der Möhren pflanzt du mit einem Teil der orangefarbenen Möhre ein. Daraus wachsen keine neuen Möhren, aber eine hübsche Pflanze.

Mais

Du lässt ungekochte Maiskörner an einem schattigen Platz trocknen. Nach einigen Wochen schneidest du die Kerne heraus und pflanzt sie ein.

Knoblauch

Von einer Knoblauchknolle trennst du mehrere Zehen ab und pflanzt sie so ein, dass die Spitze nach oben zeigt. Nach etwa sechs Wochen sprießen erste Triebe. Mehrere Monate später erscheinen große Ranken, die man auch Schäfte nennt (manche Menschen benutzen sie zum Kochen). Wenn schließlich mehr als die Hälfte des Schafts gelb geworden ist, kannst du deinen Knoblauch ernten. Dazu gräbst du die neuen Knollen aus. Mehrere Knollen kannst du zu einem Zopf flechten und sie an einem dunklen Ort etwa einen Monat lagern, damit sich der intensive Geschmack entwickelt.

Ingwer

Von einer frischen Ingwerwurzel schneidest du ein Stück ab und pflanzt es ein. Nach etwa sechs bis zehn Monaten kannst du frischen Ingwer ernten.

Gräser

Obwohl Gräser in der Küche nicht verarbeitet werden, bieten sie dir jede Menge Spaß. Für dieses Projekt benötigst du nur wenige Samen.

Die Samen steckst du in die Blumenerde oder mischst sie mit etwas Blumenerde und füllst damit einen alten Strumpf. Den Strumpf verknotest du, legst ihn in eine Schüssel und gießt ihn regelmäßig. Nach einigen Tagen wächst Gras aus dem Strumpf.

Linsen

Du legst sechs bis acht Linsen unterschiedlicher Farbe in den Topf, bedeckst sie mit Blumenerde und beobachtest, was geschieht.

Süßkartoffel

Süßkartoffeln sind Kletterpflanzen. Du füllst ein Glas mit Wasser und steckst Zahnstocher in die Längsseiten einer Süßkartoffel. Dann legst du sie so auf das Glas, dass das schmale Ende in das Wasser taucht. Nach zwei Wochen erscheinen die ersten Triebe. Du schneidest drei bis vier Triebe ab und pflanzt sie ein.

Die Ranke der Süßkartoffel wächst an Wänden oder einem Gitter hoch. Du kannst eine Süßkartoffel im Frühjahr oder Sommer auch im Garten in die Erde einpflanzen.

Optische Täuschungen

——— >‹‹ ———

Wusstest du, dass du auch mit dem Gehirn siehst? Die Sehkraft besteht aus dem Sehen (mit den Augen) und der Deutung (durch das Gehirn). Unsere Augen funktionieren wie eine Kamera. Wenn du etwas siehst, fallen Lichtstrahlen durch mehrere Teile deines Auges. Das Licht trifft zuerst auf die Hornhaut (den durchsichtigen Teil des Auges), fällt dann auf die Pupille (die dunkle Öffnung in der Mitte) und dann auf die Linse. Diese bricht die Lichtstrahlen und bündelt sie auf die Netzhaut, sodass ein Bild des Objekts entsteht, das du siehst. Doch dieses Bild steht auf dem Kopf. Der Sehnerv leitet dieses Bild an das Gehirn weiter, das das Bild umdreht. Das Gehirn muss aber die Signale beider Augen verarbeiten, die unterschiedliche Bilder desselben Objekts weiterleiten.

Die Verarbeitung im Gehirn erfolgt sofort. Doch manchmal sind die Informationen an das Gehirn nicht ausreichend. Es vergleicht deshalb diese Informationen mit bereits vorher gespeicherten Bildern (Gedächtnis). Aber manchmal funktioniert dieser Vergleich nicht richtig. Diese »Schwäche« nutzt die optische Täuschung, bei der das Gehirn sich einfach »verschätzt«.

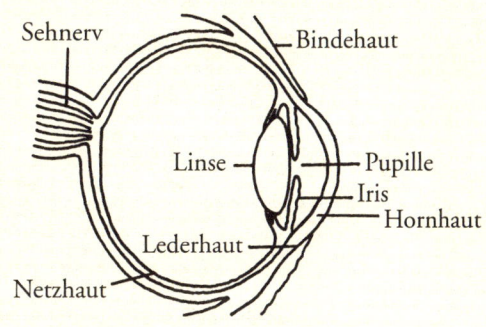

Der Hintergrund des Auges ist mit empfindlichen Lichtrezeptoren ausgestattet, die wie ein Film in einer Kamera arbeiten. Das Bild, das sie empfangen, hängt jedoch von der Lichtmenge ab, die in das Auge fällt. An einer Stelle des Hintergrundes tritt der Sehnerv durch die Netzhaut, an der keine Lichtrezeptoren sitzen und keine Informationen aufgenommen werden können. Diese Stelle nennt man den »blinden Fleck«. Mithilfe der Abbildung unten entdeckst du nicht nur den blinden Fleck, sondern auch, wie dein Gehirn arbeitet.

Du schließt dein linkes Auge und bedeckst es mit einer Hand. Dann siehst du mit dem rechten Auge auf das Pluszeichen. Dabei siehst du immer noch den schwarzen Kreis rechts, auch wenn du ihn nicht direkt anschaust. Jetzt bewegst du deinen Kopf immer näher auf die Abbildung zu, während du weiter das Pluszeichen ansiehst. Ab einem bestimmten Punkt verschwindet der Kreis vollständig!

An diesem Punkt fällt das Licht des Kreises auf den blinden Fleck und dein Gehirn erhält keine Informationen darüber, was sich auf der Seite befindet. Es vermutet, dass die rechte Seite der Abbildung ganz dem Hintergrund des Pluszeichens auf der linken Abbildungsseite entspricht. Aber du weißt jetzt, dass das Gehirn die Informationen falsch gedeutet hat. Wenn du dich weiter der Seite näherst oder dich entfernst, siehst du den Kreis wieder.

SECHS BEKANNTE OPTISCHE TÄUSCHUNGEN

Ebbinghausillusion

Die Ebbinghausillusion betrifft wie die Müller-Lyer-Täuschung die Größenwahrnehmung. Der Mittelkreis rechts, der von kleineren Kreisen umgeben ist, erscheint größer als der Mittelkreis links mit den größeren Kreisen drum herum. Tatsächlich sind jedoch beide gleich groß.

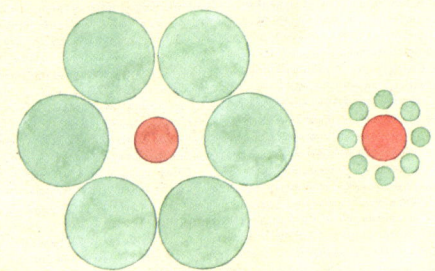

Rubinsche Vase

Diese berühmte Täuschung entwickelte der dänische Psychologe Edgar Rubin um 1900. Der Trick an diesem Bild sind seine zwei Dimensionen – es besitzt keine Tiefe, die dem Gehirn sagen würde, welche Fläche den Vordergrund und welche den Hintergrund bildet. Deshalb kann man in diesem Bild die mittlere Fläche (die dann eine Vase darstellt) oder die umgebende Fläche (die dann zwei Gesichter im Profil darstellt) als Vordergrund deuten. Nachdem du beide Sichtweisen erkannt hast, kannst du schnell zwischen beiden Ansichten hin- und herschalten.

Müller-Lyer-Täuschung

Der deutsche Psychiater Franz Müller-Lyer entdeckte 1889 diese Täuschung. Alle Geraden sind gleich lang, obwohl sie unterschiedlich lang erscheinen – wohl weil unser Gehirn die Pfeile an den Enden jeweils anders deutet.

Penrose-Dreieck

Dieses »unmögliche Dreieck« täuscht durch Farbnuancen und Schatten eine dreidimensionale Form vor. Sie erscheint uns glaubhaft, aber sie ist tatsächlich nicht zu verwirklichen.

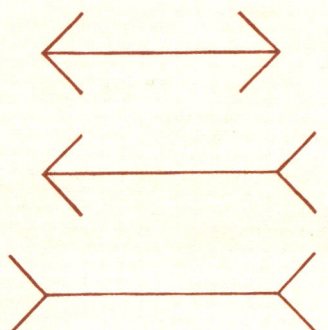

Junges Mädchen/Ältere Frau

Auch dieser bekannten Täuschung fehlt die Tiefe, die das Gehirn unterstützt, um Vordergrund und Hintergrund zu erkennen. Du siehst entweder ein junges Mädchen mit einem fantasievollen Hut oder eine ältere Frau mit einer Haube. Die Täuschung erschien 1888 auf der Postkarte eines unbekannten Künstlers.

Hermanngitter

Diese Täuschung stellte Ludimar Hermann im Jahr 1870 vor. Wenn du auf das Gitter siehst, erkennst du scheinbar graue Kreise in den Schnittpunkten. Schaust du jedoch etwas länger auf einen einzelnen Kreis, dann ist er sofort verschwunden.

Einen Mutter-Tochter-Buchklub gründen

Der irische Schriftsteller C. S. Lewis sagte einmal: »Wir lesen, um zu wissen, dass wir nicht allein sind.« Viele Mädchen reden mit Freundinnen oder Eltern über Bücher, um sich mit den wichtigsten Menschen in ihrem Leben über sie zu unterhalten und dabei die Welt zu entdecken.

Buchklubs haben eine lange Tradition. Vor allem Frauen gründeten Buchklubs, seit es Bücher zum Lesen gibt. Bücher entführen uns aus unserem Alltag in Welten, von denen wir nichts ahnten. Bei Besprechungen in Buchklubs lernen wir Menschen kennen, die wir sonst nie getroffen hätten. In dem Roman *The Mother-Daughter Book Club* von Heather Vogel Frederick gründen vier Mädchen mit ihren Müttern einen Buchklub und besprechen innerhalb eines Jahres den Roman *Little Women* von Louisa May Alcott. Die Mädchen erlebten wie die Mütter Höhen und Tiefen, aber die Gruppe einte das gemeinsam gelesene Buch.

WIE DU EINEN BUCHKLUB GRÜNDEST

Du fragst einige Mädchen und ihre Mütter, ob sie Interesse an einem Klub haben. Vier bis sechs Mutter-Tochter-Paare reichen völlig aus. So kommt jedes Mitglied bei einer Besprechung auch zu Wort. (Bei größeren Gruppen besteht die Gefahr, dass sich einige Mitglieder nicht an der Diskussion beteiligen können.) Du kannst auch einige Mädchen fragen, die du noch nicht so gut kennst, um neue Freundschaften zu schließen. Zunächst einigt ihr euch, wie häufig ihr euch trefft und welches Buch ihr besprechen wollt. Danach hat jedes Mitglied Zeit, das Buch zu lesen und sich Gedanken zu machen, wie es im Klub weiterghen soll.

Wenn sich nicht genügend Mütter und Töchter für deinen Buchklub finden, suchst du dir andere Mitgliedergruppen. Du gründest z. B. einen Klub nur für Mädchen, für Jungen und Mädchen oder für Mädchen und ihre Väter. Dein Buchklub könnte auch nur kurzzeitig existieren, um ein oder zwei besondere Bücher zu lesen und über sie zu reden.

Manche Gruppen brauchen einige Zeit, bis sie ihren Rhythmus finden. Sei geduldig! Viele Gruppen begannen begeistert und verloren dann schnell ihr Interesse, während andere Gruppen lange Zeit brauchten, bis fruchtbare Diskussionen entstanden. Einige Gruppen bestehen schon seit der Grundschule und treffen sich noch heute regelmäßig.

Das Treffen des Buchklubs sollte einmal im Monat stattfinden. Dann bleibt ausreichend Zeit für die Buchlektüre.

Bei uns waren manche Treffen arbeitsaufwendige Ereignisse, weil einige Mitglieder viel Zeit damit verbrachten, kleinere Mahlzeiten vorzubereiten. Wenn dir diese Arbeit Spaß bereitet, kannst du auch einen Imbiss anbieten. Andererseits trefft ihr euch ja, um über Bücher zu reden. Ein kleiner Imbiss ist also völlig ausreichend.

Mit etwas Glück entwickelt sich eine freie und lockere Unterhaltung. Sollte die Diskussion jedoch stocken, kannst du sie mit einfachen Fragen beleben: *Wer ist deine Lieblingsfigur und warum? Welches Kapitel gefiel dir am besten und warum? Was gefiel dir überhaupt nicht?* Die beste Diskussion entfaltet sich zwar spontan und nicht geplant, aber solche Fragen können zu Beginn hilfreich sein.

Aber über welche Bücher wollt ihr überhaupt sprechen? Das *Secret Book for Girls* enthält z. B. eine Liste von Jugendbuchklassikern. Doch es gibt noch viele andere Bücher, die nicht auf der Liste stehen

und lesenswert sind. Was du liest, hängt auch von deinem Alter ab, deiner Lesewut und davon, was dir gefällt. Lehrer und Bibliothekare kennen viele Bücher, sodass du sie immer nach interessanten oder spannenden Büchern fragen kannst.

In manchen Gruppen schlägt jedes Mitglied der Reihe nach ein Buch vor, während andere Gruppen sich so häufig treffen, dass sie zusammen über die Bücher der folgenden zwei Monate entscheiden. Du kannst auch festlegen, dass nur Taschenbücher besprochen werden oder solche Bücher, die ihr in der Bücherei ausleihen könnt.

Ihr könnt euch auch für ein bestimmtes Thema entscheiden oder für einen bestimmten Autor, dessen Bücher ihr der Reihe nach behandelt. Vielleicht bevorzugt deine Gruppe geschichtliche Romane wie die über den Vulkanausbruch von Pompeji, die mittelalterliche Mongolei oder San Francisco während des Goldrausches. Im nächsten Jahr sind dann Fantasy-Bücher dran und solche über Feuer speiende Drachen wie *Eragon*. Das darauf folgende Jahr verbringt ihr mit Mädchenbüchern wie *Anne auf Green Gables* oder *Alice im Wunderland*. Die Entscheidung liegt bei dir und den Mitgliedern deines Buchklubs.

Tipps querbeet

1. Popcorn auf dem Herd: Du gibst in einen Topf zwei Esslöffel Öl, sodass der Boden gerade bedeckt ist, und stellst die Herdplatte auf mittlere Hitze. Wenn das Öl warm ist, gibst du drei bis vier Popcorns hinein.

Sobald diese platzen, schüttest du eine halbe Tasse Popcorn dazu. Dann setzt du den Deckel auf den Topf. Während des Erwärmens bewegst du ihn hin und her. Jetzt wird es laut im Topf. Du nimmst den Topf immer wieder von der Herdplatte, damit die Kerne nicht verbrennen und platzen können.

Wenn das Geräusch nachlässt, schüttest du das Popcorn in eine Schüssel mit etwas geschmolzener Butter und Salz. Du kannst das Popcorn auch mit Zucker süßen oder Ketchup oder Chilipulver hinzufügen.

Das folgende Geheimrezept verwendest du, falls du einmal nur mit einer Mikrowelle, braunem Papier und zwei Esslöffeln Popcorn auf einer einsamen Insel strandest. Du faltest das Papier zu einer Tüte und gibst das Popcorn hinein. Die Tüte legst du einige Minuten in die Mikrowelle und gibst anschließend etwas Butter und Salz dazu.

2. Die fünf längsten Flüsse der Erde: Der Nil in Nordafrika, der Amazonas in Südamerika, der Jangtse in China, der Obusen-Ob-Irtysch in Asien und der Mississippi-Missouri in den Vereinigten Staaten von Amerika.

3. Die Tanzschritte zu YMCA: Du musst nie wieder über die Tanzschritte zu YMCA auf einer Party oder bei einem anderen Fest nachdenken.

Y Hebe deine Arme wie zu einem Siegeszeichen.

M Aus der Y-Position beugst du die Ellbogen und berührst mit den Fingerspitzen deinen Kopf.

C Du beugst beide Arme nach links.

A Du berührst deine Hände über dem Kopf.

4. Einige bewährte Hausmittel gegen Schluckauf: Schlucke einen Teelöffel Zucker. Trinke sehr kaltes Wasser. Kitzle mit deinem Finger den Gaumen. Halte die Luft an, während du bis zehn zählst. Hebe deine Arme über den Kopf und atme tief ein. Und das älteste, aber zuverlässigste Mittel: Bitte jemanden, dir einen Schrecken einzujagen.

5. Sich einen Teelöffel an die Nase hängen: Mit diesem Trick kannst du deine Familie beim Mittagessen unterhalten. Methode Nr. 1: Du legst den Löffel waagerecht auf deinen Nasenrücken. Dafür suchst du den Schwerpunkt des Löffels und balancierst ihn aus.

Methode Nr. 2: Hänge den Löffel mit der Vertiefung (Laffe) an deine Nasenspitze. Weil Silberbesteck zu schwer ist, nimmst du einen leichteren Löffel. Du neigst deinen Kopf nach hinten und rubbelst den Löffel an deiner Nase, um etwas Reibung zu erzeugen. Wenn das nicht funktioniert, hauchst du die Laffe an. Hilft auch das nicht, reibst du mit den Fingern an der Laffe (sie wird dadurch fettig).

6. Das singende Weinglas: Wie mit dem Löffeltrick kannst du auch damit die Zeit überbrücken, während ihr auf den Nachtisch wartet. Bleikristallgläser eignen sich hierzu am besten. Du feuchtest deinen Zeigefinger an und fährst mit ihm über den oberen Rand des Glases. Um unterschiedliche Töne zu erzeugen, nimmst du mehrere Gläser mit verschiedenen Mengen Wein. (Der Trick funktioniert, weil dein Finger Schwingungen erzeugt, die sich im Glas und dem Wein ausbreiten.)

7. Dosentelefon: Dieses Telefon funktioniert über kurze Entfernungen. Du brauchst dazu zwei Konservendosen, die du gut reinigst (und die scharfen Kanten abfeilst, damit du dich nicht am Ohr verletzt). Mit einem Dorn bohrst du ein Loch in den Boden jeder Dose, durch die du einen Bindfaden ziehst. Verknote seine Enden im Innern der Büchsen. Dann spannst du den Bindfaden und »telefonierst« mit deiner Freundin.

8. Topografische Karte und Kompass: Eine topografische Karte zeigt dir die Formen und Gewässer eines Geländes mit allen dort befindlichen Objekten. Die Höhenlinien dieser Landkarten zeigen dir, wie viel Meter sich das Gelände über den Meeresspiegel erhebt. Liegen die Höhenlinien dicht beieinander, ist das Gelände sehr steil. Liegen sie dagegen weit auseinander, handelt es sich um ein flaches Gelände.

Wenn ein Wanderweg nahezu senkrecht Höhenlinien schneidet, gehst du steil bergauf oder bergab. Folgt der Weg dagegen den Höhenlinien, befindest du dich auf einem flacheren Weg.

Einen Kompass hältst du waagerecht und ruhig, bis die Nadel steht. Dann drehst du den äußeren Ring des Kompasses, bis die Nadelspitze genau auf Norden zeigt. Wenn du ihn mit einer Karte benutzt, musst du auch die Karte so ausrichten, dass sie nach Norden zeigt (im Allgemeinen weist der obere Rand nach Norden).

9. Auf einem Grashalm pfeifen: Du suchst dir einen Grashalm, der mindestens 7 cm lang und sehr breit ist. Wenn in der Mitte eine Ader verläuft, hast du einen geigneten Halm gefunden.

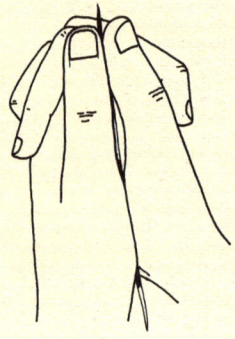

Du legst den Grashalm zwischen deine Daumen. In der Mitte entsteht dadurch ein kleiner Spalt, durch den der Grashalm verläuft. Der Grashalm muss straff gespannt sein. Deine Finger hältst du so, dass ein kleiner Hohlraum (Resonanzkörper) entsteht. Jetzt bläst du (dazu spitzt du die Lippen zu einem schmalen Schlitz) in den Spalt zwischen den Daumen. Dadurch versetzt du den Grashalm in Schwingungen und erzeugst einen Ton. Wenn du die Daumenspitzen vor- und zurückbewegst, änderst du die Tonhöhe.

10. Einen Schatz verstecken: Hierfür besorgst du dir ein dickes altes Buch. Die ersten Seiten blätterst du um und nimmst dann einige der folgenden Seiten zur Hand. Mit einem Teppichmesser schneidest du in diese Seiten ein Rechteck. Mit den folgenden Seiten verfährst du ebenso, bis das Buch innen ausgehöhlt ist. Im Regal unterscheidet es nichts von einem normalen Buch.

11. Der Text zu dem Lied »Nehmt Abschied Brüder«: In englischsprachigen Ländern singen die Menschen an Silvester um Mitternacht die erste Strophe des alten schottischen Volksliedes »Auld lang syne« (Vor langer Zeit). Die deutsche Version wurde für Pfadfinder geschrieben, die das Lied zum Abschied bei ihren Treffen singen:

Nehmt Abschied, Brüder, ungewiss
ist alle Wiederkehr,
die Zukunft liegt in Finsternis
und macht das Herz uns schwer.

Refrain:
Der Himmel wölbt sich übers Land,
Ade, auf Wiederseh'n!
Wir ruhen all in Gottes Hand,
Lebt wohl, auf Wiederseh'n.

Die Sonne sinkt, es steigt die Nacht,
vergangen ist der Tag.
Die Welt schläft ein,
und leis' erwacht
der Nachtigallen Schlag.
Refrain

So ist in jedem Anbeginn
das Ende nicht mehr weit.
Wir kommen her und gehen hin
und mit uns geht die Zeit.
Refrain

Nehmt Abschied, Brüder, schließt
den Kreis,
das Leben ist ein Spiel.
Nur wer es recht zu spielen weiß,
gelangt ans große Ziel.
Refrain

Bildnachweis

Alle Illustrationen und die Bilder der optischen Täuschungen stammen von Alexis Seabrock, mit Ausnahme von: Klaus Henkelmann: S. 23, 85, 106

12 iStock/Jan Tyler; 82 ullstein bild; 94/95 Ministry of the Enviroment, Gouvernment of Japan; 107 clipart.com/Jupiter Images Corporation; 124 akg/North Wind Picture Archives; 126 ullstein bild – AP; 147 INTERFOTO/Nachum T. Gidal; 148 ullstein bild; 282 clipart.com/Jupiter Images Corporation.

Danksagung

Ein spezieller Dank geht an unsere Lektorin Serena Jones und alle bei HarperCollins und The Stonesong Press, an unsere wunderbare Illustratorin, Alexis Seabrook und an Serenas jüngere Schwester, Phoebe, die großes Talent bei unserer Titelfindung bewiesen hat.

Andi Buchanan möchte sich besonders bedanken bei ihrer Agentin, Laura Gross, den Familien Buchanan und Bineubaum, insbesondere Gil, Nate und Emi, den wagemutigen Leserinnen Sidra und Sadie (Die Vorbilder für unsere Kartenspielenden Mädchen) und Nola und Margo (Die Vorbilder für unsere Football Werfer und Fänger), Rachael Teacher, Barbara Card Atkinson und der vierten Klasse von Betsy, die bewiesen hat, dass in ihr exzellente Schriftsteller und Erzähler sind.

Miriam Peskowitz dankt den Machern von Wordspace, von denen sie alles über Traumdeutung und Camping gelernt hat: Hilary Beard, Tamar Chansky, Meredith Broussard, Eileen Flanagan, Jude Ray, Andrea Ross, Eleanor Stanford und Lori Tharps. Dank auch an Deb Valentine, Cheryl Bruttomesso und an Samiras Lehrer, Coaches und Freunde, an Shirley Cruikshank, Megan Pincus Kajitani, Alex Kajitani, Sam Stoloff, der ihr unter anderem gezeigt hat, wie man auf einem Grashalm pfeift, an die Familien Ricks-Dolgenos, Bromley-Zimmerman, McKenzie und Lighte-Grant: Peter, Julian, Hattie und Tillie. Besonderer Dank gilt ihren Eltern, Myra und Danny Peskowitz, ihrer zweiten Familie, den Bairds, und ihrer täglichen Inspiration, dem Leben mit Gelassenheit zu begegnen: Rob, Samira und Amelia Jane.